- Peter Neckermann ✱1842 †1902
  ⚭ Barbara Neckermann (geb. Barth) ✱1835 †1911
  - Josef Carl Neckermann ✱1868 †1928

…ner
Agnes Br…ner

- Josef Neckermann ✱1912 †1992
  ⚭ *Annemarie Neckermann (geb. Brückner)* *✱1915 †1989*
  - Peter Neckermann ✱1935 †2006
    ⚭ *Jutta Neckermann (geb. Völk)* *✱1939*
    - Susanne Neckermann ✱1961
    - Christian Neckermann ✱1964
  - Eva-Maria „Evi“ Pracht (geb. Neckermann) ✱1937
    ⚭ *Hans Pracht* *✱1925 †1991*
    - Josef-Johannes „Jo-Jo“ Pracht ✱1961 †1984
    - Martina Pracht ✱1964
  - Johannes Neckermann ✱1942
    ⚭ *Ingrun Neckermann (geb. Möckel)* *✱1949 †1977*
    - Markus Neckermann ✱1967
    - Julia Neckermann ✱1969
    - Lukas Neckermann ✱1975
- Walter Neckermann ✱1914 †1972
  ⚭ *Else Neckermann (geb. Leininger)* *✱1915 †2000*
  - Peter Neckermann ✱1941 †2001
  - Marlene Neckermann ✱1944
- *Liselotte „Lilo“ Bräuer (geb. Brückner)*
  ⚭ *Ullrich Bräuer*

Der Stammbaum erfasst nur die im Buch genannten Personen

Kristin Feireiss

Wie ein Haus aus Karten

Kristin Feireiss

Wie ein Haus aus Karten

Die Neckermanns –
meine Familiengeschichte

Ullstein

ISBN: 978-3-550-08899-5

Lektorat: Andrea Böltken

Satz: LVD GmbH, Berlin
Gesetzt aus der Goudy
Druck und Bindearbeiten: GGP Media GmbH, Pößneck
Printed in Germany

Meinen Söhnen Matthias und Lukas im Andenken an ihre Urgroßmutter Jula Neckermann

»Es gibt kein richtiges Leben im falschen.«

Theodor W. Adorno

Davor

Auf der Suche nach meiner Vergangenheit, die mit unterschiedlicher Intensität mein ganzes Leben andauert, habe ich mir von den Menschen und Dingen, die ich nicht aus eigener Anschauung kenne, ein Bild gemacht. Oft sind es brüchige, flüchtige Gebilde, die sich aus Erzählungen meiner Großmutter Jula Neckermann, Berichten meiner Pflegeeltern Annemarie und Josef Neckermann, Gesprächen mit Verwandten und Freunden, Fotos, Briefen und Dokumenten zusammensetzen. Die Bilder der Vergangenheit sind durchzogen von meinen Wünschen und Hoffnungen. Erst allmählich und oft schmerzlich kommt die Wirklichkeit hinzu.

Eigene Erinnerungen an meine frühe Kindheit kann ich nicht zu Hilfe nehmen. Ich habe sie verloren. Mit jedem Wort aber, das ich niederschreibe, hole ich meine Erinnerung zu mir zurück. Der Schleier des Vergessens, der sich über die ersten acht Jahre meines Lebens breitet, ist vom vielen Zupfen und gelegentlichen Zerren an einigen Stellen porös geworden. Manchmal glaube ich schon, einen Faden in Händen zu halten, mit dessen Hilfe ich das gesamte Gewebe auftrennen und das darunter Verborgene freilegen kann.

Oft ist das Erinnernwollen anstrengend, fast so, wie wenn man im Morgengrauen einen guten Traum mit aller Macht festhalten und in den Tag hinüberretten möchte und hilflos dabei zusehen muss, wie er sich dennoch unaufhaltsam und unwiederbringlich entzieht, um ins Vergessen zurückzugleiten. Manchmal hat das Vordringen in die Vergangenheit, in die der Familie und die eigene, auch etwa Indiskretes, Gewaltsames. Die Erinnerungen liegen nicht schön gebündelt zum

Abrufen bereit. Sie sind sperrig, wehren sich, versuchen zu entkommen.

Dann wieder sprudeln sie ungebändigt. Einem solchen unaufhörlichen Strom, der nicht ruhig in seinem Flussbett dahinfließen will, sondern sich verzweigt und in Rinnsalen verliert, entspringen meine nicht immer zu vermeidenden Abschweifungen, welche die angestrebte Chronologie der Geschichte durchbrechen.

Orientierung beim Erinnern wie beim Schreiben bieten mir die Wohnorte meiner Kindheit und Jugend. An ihnen ranken sich die Geschichten wie an einer Hauswand empor, um dort Halt zu finden, selbst wenn manche so üppig wuchern, dass sie, ungeachtet ihrer ursprünglichen Verankerung in Ort und Zeit, bis in die Gegenwart hineinreichen.

Erster Ort

Das Landhaus an der Rehwiese

Mein Geburtshaus sehe ich zum ersten Mal mit siebzehn Jahren. Es ist ganz anders, als ich es mir nach den Erzählungen meiner Großmutter Neckermann vorgestellt habe. Krieg und Nachkriegsjahre haben Wunden geschlagen, die nicht mehr zu heilen sind. Als ich das Haus an der Rehwiese, das meine Familie 1943 überstürzt verlassen hat, 1959 wieder betrete, ist von der alten Pracht nichts mehr geblieben.

Für Dr. Hans Lang ist das Anwesen im Kirchweg 27, als er es 1936 zum ersten Mal sieht, genau das, was er sich immer vorgestellt hat: ein von englischen Vorbildern inspiriertes Landhaus in bester Lage in Berlin-Nikolassee. Die von dem Architekten Hermann Muthesius, der sich als Initiator der sogenannten Landhausbewegung in Deutschland einen Namen gemacht hat, inmitten eines Parks erbaute Villa erwirbt mein Vater von einer jüdischen Kaufmannsfamilie, die offensichtlich in der Textilbranche tätig ist. Auch wenn ich über keine Kaufunterlagen verfüge, ist davon auszugehen, dass es sich in dieser Zeit um einen Zwangsverkauf gehandelt haben muss. Dafür spricht auch, dass sich meine älteste Schwester Uschi an große Mengen Stoffballen, Federboas und Kleiderpuppen erinnert, welche die jüdischen Vorbesitzer in der Eile des Auszugs auf dem Dachboden zurückgelassen haben.

Ob mein Vater beim Kauf des Anwesens die Zwangslage der jüdischen Eigentümer finanziell ausgenutzt hat, darüber kann ich nur spekulieren. Ausschließen kann ich es nicht. Für ihn jedenfalls steht fest: Er hat einen angemessenen Rahmen für sich und seine Familie gefunden. Er steht in den Startlöchern zu seiner beruflichen Karriere, und er hat Großes im Sinn.

Der Tag, an dem sich meine Eltern zum ersten Mal begegnen und der schicksalhaft über ihr weiteres Leben entscheiden sollte, ist auf einem kleinen gefalteten Zettel vermerkt, der an meinen Vater gerichtet ist. Ich entdecke ihn in einem Stapel alter Unterlagen, als ich die umfangreiche Korrespondenz meiner Mutter zu ordnen versuche. Darauf steht: »Mein lieber Hansi! In Erinnerung an den 2. Februar 1927, an den Tag, an dem wir uns zum ersten Mal begegnet sind, schicke ich Dir viele liebe Grüße. Ich hab Dich sehr, sehr lieb. Deine Mady«. Auf dem Zettel steht kein Datum, eine Nachlässigkeit, die auch bei fast allen Briefen meiner Mutter festzustellen ist und die die chronologische Zuordnung ihrer umfangreichen Korrespondenz sehr erschwert hat.

Im späteren Hochzeitsbuch wird diese Begegnung in blumigen Versen geschildert: »... rief man in Würzburg all/die Gäste hin zum flotten Bühnenball/Und hier – o lasst die Herzen höher schlagen/hat sich das hehre Schicksal zugetragen/dass Mady ihren Hansi erstmals sieht./Man steht, bestaunt sich und das Herz erglüht.« Dass meine Mutter rettungslos und romantisch verliebt ist, macht auch ein Foto von 1928 deutlich. Es zeigt ihren Arbeitstisch, der von einem gerahmten Porträt meines Vaters beherrscht wird. Links und rechts davon stehen Vasen mit Rosen und Margeriten, auf der Tischplatte sind Rosenblätter drapiert. Das Stillleben erinnert mich unwillkürlich an den Maialtar meiner Großmutter Neckermann, nur dass die Anbetung meiner Mutter nicht der Heiligen Maria gilt, sondern meinem Vater.

Jula Neckermann ist von dem Verehrer ihrer Tochter Mady beeindruckt, von seiner eleganten Erscheinung, seinen gewandten Umgangsformen und seinen wissenschaftlichen Erfolgen. Auch sein selbstsicheres Auftreten gefällt der stolzen Frau. Vielleicht erinnert er sie auch an ihren gerade erst verstorbenen Mann Josef Carl. Ihre beiden Söhne Josef und Walter dagegen stehen dem forschen Eindringling in die Neckermann-Familie von Beginn an skeptisch gegenüber.

Viel Zeit bleibt Jula nicht, die Qualitäten und Mängel ihres zukünftigen Schwiegersohns genauer unter die Lupe zu nehmen, denn ihre Tochter stellt sie vor ein Ultimatum. Mady erklärt, dass sie sich umbringen werde, wenn sie ihren Hans nicht heiraten dürfe. Dabei reißt sie sich vor den Augen ihrer überraschten Mutter mit einer theatralischen Geste die Kleider vom Leib. Statt auf Hochzeitsreise zu gehen, wird Mady in ein Mädchenpensionat nach England geschickt, wo sie sich mit der kalorienreichen Internatskost über ihren Kummer hinwegzutrösten versucht.

Wenn sich ihr übermäßiger Appetit auch nicht gerade vorteilhaft auf ihre Figur auswirkt, ein Gutes hat er doch: Ihre Mutter erkennt, wie ernst es der Tochter mit der ersten und einzigen großen Liebe ihres Lebens ist. Dass sie schließlich der Hochzeit zustimmt, liegt aber nicht nur am Kummerspeck, sondern auch an Madys unmissverständlicher Drohung, sie werde nicht länger Jungfrau bleiben können. Der Hochzeitstermin wird festgesetzt, und meine Mutter nimmt so schnell wieder ab, wie sie die Pfunde zugelegt hat.

Auf der ersten Aufnahme, die Mady zusammen mit ihrem Verehrer, dem Referendar der Rechte Dr. Hans Lang, zeigt, wirkt sie in ihrem Matrosenkleid, den blickdichten Strümpfen und mit einer Größe von einem Meter achtzig eher mächtig und etwas steif. Auf einem anderen Foto tanzt sie, immer noch füllig, aber inzwischen wieder beschwingt, im weißen Spitzenkleid, einen Blumenkranz im Haar, mit ihren Freundinnen einen Reigen. Und während sie auf einem weiteren Bild aus dieser Zeit noch in einem schwarzen, hochgeschlossenen Kleid mit streng nach hinten gekämmten Haaren zu sehen ist, bietet ein Foto, das wenige Monate danach entstanden ist, einen anderen Anblick: Die sichtlich erblondeten Haare sind in großen Locken hochgesteckt, die schlanken, überlangen Beine schauen frech unter einem geblümten Rock hervor, und der burschikose Matrosenkragen von einst ist einem Dekolleté gewichen, das die mädchenhaften Rundungen ihres Busens erahnen lässt. Ihre Körpergröße betont Mady nun selbstbewusst durch hohe Absätze. Zwischen den beiden Aufnahmen liegen Welten, und doch ist nur ein Jahr vergangen, das entscheidende Jahr ihres Lebens. Meine Mutter hat geheiratet.

Die kirchliche Trauung findet am 26. April 1930 in der Hofkirche zu Würzburg statt. Sie, Maria Jula Babetta Neckermann, genannt Mady, ist einundzwanzig, der Referendar und Doktor der Rechte Hans Lang vierundzwanzig Jahre alt. Als Trauzeugen sind in der Heiratsurkunde Nr. 241, Aufgebotsverzeichnis 289, die beiden Mütter angegeben: die Großkaufmannswitwe Jula Neckermann, einundfünfzig Jahre, und Margareta Lang, sechsundfünfzig Jahre. Das Hochzeitsfoto, das, wie damals üblich, sehr formell wirkt, zeigt ein elegantes, schönes Paar, das ernst in die Kamera blickt: der Bräutigam im Cut, die Braut in einem langen, fließenden Seidenkleid. Der Schleier, unter dem die blonden Locken hervorquellen, umschließt den Kopf wie eine Kappe. Mady hat sich bei ihrem Mann untergehakt, in der freien Hand hält sie ein Bukett aus weißen Lilien, die sich bis auf den Boden zu ergießen scheinen.

An der Hochzeitsfeier meiner Eltern nehmen, vorausgesetzt, alle Gäste haben sich in das bereits erwähnte Hochzeitsbuch eingetragen, rund dreißig Personen teil. Außer zwei Freundinnen meiner Mutter aus dem Pensionat und den Partnern der gemeinsamen Anwaltspraxis meines Vaters sind nur Familienmitglieder anwesend. Mein Onkel Josef Neckermann ist, das geht aus der Gästeliste hervor, ohne seine zu diesem Zeitpunkt noch minderjährige heimliche Braut Annemarie Brückner zum Fest erschienen. Vier Jahre später wird Josef sie heiraten.

Mady wird modebewusst. Ihr erster Mantel als frisch verheiratete Frau hat einen Kragen aus Fuchspelz, beim nächsten ist bereits der gesamte Saum mit Pelz besetzt, und bei dem ersten Ball, den das Paar gemeinsam besucht, umhüllt ein Cape aus Hermelin ihre schmalen Schultern. Ein weiteres Foto zeigt meine Mutter lässig an ein Kabriolett gelehnt. Sie trägt einen breitkrempigen Hut und blickt versonnen lächelnd in die Ferne.

Unter all den Fotos, auf denen meine Eltern elegant gekleidet für die Fotografen posieren, entdecke ich eines, das anders ist und das mich besonders berührt. Es scheint wie aus Versehen in das Potpourri der Selbstdarstellungen geraten zu sein. Mein Vater hat das Foto auf der Hochzeitsreise aufgenommen. Seine schlafende junge Frau ist darauf zu sehen. Die Decke bis unters Kinn gezogen, hat sie sich in die Kissen vergraben. Die blonden Locken sind ihr ins Gesicht gefallen. Mit ihren entspannten Zügen erinnert sie an das Mädchen, dem sie gerade erst entwachsen ist. Nun ist sie eine junge Frau, die liebt und nichts mehr will, als dem schillernden Mann an ihrer Seite gerecht zu werden.

Mit einem Gardemaß von einem Meter neunzig und einer stattlichen Figur ist mein Vater eine auffallende Erscheinung. Die schwarzen Haare, die schon in jungen Jahren an den Schläfen zurückzuweichen beginnen, sind nach hinten gestrichen, die Augen graugrün, die Augenbrauen dicht, die Lippen klar gezeichnet. Auf fast allen Fotos, die ich in Ermangelung eines persönlichen Eindrucks intensiv studiert habe, lächelt er mokant. Hans Lang ist ein attraktiver Mann, der auf Frauen, meist gewollt, eine starke Faszination ausübt – eine Tatsache, der meine Mutter im Laufe ihres gemeinsamen Lebens mit unterschiedlichen Strategien begegnet.

Auf den meisten Fotos, die um 1930 entstanden sind, trägt mein Vater einen tief in die Stirn gedrückten Borsalino und die damals hochmodischen Hosen mit weitem Schlag. In einem Alter, in dem meine Söhne am liebsten in Jeans herumgelaufen sind, bevorzugt er Anzüge aus edlen Stoffen. Die breite Fliege wird sein Markenzeichen, mal gepunktet, mal gestreift und immer in leuchtenden Farben. Eine Großaufnahme zeigt ihn vor der Spielbank in Baden-Baden an eine Horch-Limousine gelehnt. Die Hände lässig in den Taschen seines Jacketts vergraben, schaut er hinter einer in die Stirn gefallenen dunklen Haarsträhne selbstbewusst, fast herausfordernd in die Kamera.

Wie bei seiner Garderobe legt Hans auch bei seinem Gefährt Wert auf Extravaganz. Dass ein Auto für ihn eher ein elegantes Spielzeug darstellt als ein nützliches Fortbewegungsmittel, ist auch dem Hochzeitsbuch zu entnehmen. Angesichts der späteren tragischen Ereignisse muten die in Sütterlinschrift festgehaltenen Reime, die Jopi Pfeiffer als selbsternannter Chronist der Familien Neckermann und Lang auf der Hochzeit meiner Eltern vorgetragen hat, makaber an: Jopi berichtet von den Fahrkünsten meines Vaters mit Auto, aber ohne Führerschein und später mit Führerschein, aber ohne Verantwortung. Was seine Fahrweise zusätzlich beeinträchtigt, ist die Tatsache, dass Hans zeit seines Lebens links und rechts nur mit Mühe unterscheiden kann und im Zweifelsfall den linken Winker betätigt, wenn er rechts abbiegen will.

So leichtsinnig und unbekümmert sich Hans in seinem Privatleben gibt, so ernsthaft und zielstrebig verfolgt er seine berufliche Laufbahn. Als Mitglied der katholischen Studentenverbindung Gothia wird mein Vater 1. AStA-Vorsitzender der Würzbürger Universität und hält anlässlich des 10. Deutschen Studententages 1926 vor viertausend Teilnehmern eine vielbeachtete Rede. In einer AStA-Schrift aus diesem Jahr werden »seine weltmännische Gewandtheit und vornehme Distanz« sowie seine »unbeirrbare, konsequente Haltung« gerühmt. Sein Studium schließt Hans als Jahrgangsbester in Bayern mit *summa cum laude* ab und wird der jüngste Doktorand aller juristischen Fakultäten Deutschlands. Am 1. Januar 1930 erscheint seine Doktorarbeit unter dem Titel »Der Haushaltsplan im Deutschen Reich und im Freistaat Bayern« im Verlag Ferdinand Schöningh in Paderborn. Als Herausgeberin fungiert die Görres-Gesellschaft. In seinem Vorwort dankt mein Vater seinem Professor und Lehrer, Geheimrat Prof. Dr. Laforet, der »mich zur Bearbeitung des Themas anregte und mir immer seine Unterstützung gewährt hat, obwohl er nicht durchweg meine Rechtsanschauung teilt«.

Nach dem Studium lässt sich mein Vater in Würzburg als Anwalt in einer Kanzleigemeinschaft mit einem Bundesbruder der Gothia nieder und wird mit sechsundzwanzig Jahren jüngstes Mitglied des Würzburger Stadtrats. Daneben arbeitet er als wissenschaftlicher Assistent für öffentliches Recht bei seinem Doktorvater Laforet und strebt eine wissenschaftliche Karriere an.

Im August 1934 begegnen meine Eltern während eines Urlaubs in Ascona Professor Verveyen, einer ebenso faszinierenden wie schillernden Persönlichkeit. Das junge Paar freundet sich mit dem eleganten älteren Herrn an, und dieser erstellt den beiden, ausgehend von »Handlinien, Kopfform und Gesicht«, Analysen ihrer Persönlichkeit. Der Professor nennt es »Charakterbilder«. Meinem Vater bescheinigt Verveyen ein ungewöhnliches Maß an logisch-analytischer Intelligenz und ein empfindliches Ehrgefühl. Er bezeichnet ihn als »einen schönheitssinnigen Idealrealisten, dem die Meinung seiner Mitmenschen völlig gleichgültig ist, dessen Kritik aber von ätzender Schärfe sein kann«. In seinem Gutachten heißt es weiter: »Der freundliche Blick kann über den kritischen Sinn nicht täuschen.« Auch in einer graphologischen Beurteilung, deren Verfasser mir nicht bekannt ist, werden Hans eine »erhebliche, klar sondierende kritische Intelligenz, ein glattes, gewinnendes Wesen und eine zielstrebige, zähe Durchsetzungskraft, verbunden mit kühler Gewandtheit« attestiert. Nachgiebig, so ist zu lesen, sei er nur in der äußeren Form: »Er ist Diplomat, lässt sich durch Gefühlswallungen in Beruf und Geschäft nicht beeinflussen und versteht mit Vorgesetzten und höheren Instanzen ausgezeichnet umzugehen. Er kann streng und unnachsichtig sein, nicht nur aus Pflichtgefühl, sondern auch infolge eines ehrgeizigen Herrschertriebs.«

Was mein Vater mit dem Verstand bewirkt, gelingt meiner Mutter vor allem mit Intuition. Auch von ihr gibt es ein »Charakterbild«, das der Professor mit zwischen den Zeilen zu lesender Zuneigung und Bewunderung verfasst hat. Für ihn ist meine Mutter ein »ausgesprochenes Lichtwesen«, dem er geistige und künstlerische Interessen, »innere Zielsicherheit, die Fähigkeit des Abwägens, eine ungewöhnliche Ganzheit, ein großes Maß an nachtwandlerischer Sicherheit und intuitive Menschenkenntnis« bescheinigt. Gleichzeitig sorgt er sich um diese, wie er zu sehen glaubt, »gesundheitlich zarte Frau mit dem Hang zum Okkulten und dem Sinn fürs Geheimnisvolle«, die er als einen mimosenhaft zurückgezogenen Menschen wahrnimmt: »Wenige Menschen werden in sie eindringen, von wenigen wird sie erkannt.«

Der unbekannte Verfasser, der auch für meine Mutter ein graphologisches Gutachten erstellt hat, kommt zu ganz anderen Schlüssen. Das ihr darin bescheinigte »hochgespannte Selbstgefühl, ihr vitales Geltungsbedürfnis, ihre echte Einfühlung verhindernde Eitelkeit, ihre selbstisch wirkenden Züge« hält er für so übermächtig, dass »die Schreiberin nicht daran dächte, Wesentliches ihres Charakters zu verheimlichen«. Ob eine und, wenn ja, welche dieser sehr unterschiedlichen Beurteilungen zutrifft, vermag ich nicht zu sagen. Die Menschen, die meiner Mutter im Laufe ihres Lebens begegnen, beschreiben sie als einen offenen, tatkräftigen und unkomplizierten Menschen. Für meinen Vater dürften das seiner Frau im graphologischen Gutachten zugeschriebene Geltungsbedürfnis wie auch ihre Eitelkeit kein Problem dargestellt haben, waren ihm diese Wesenszüge doch an sich selbst vertraut.

Wie bei der Beurteilung meines Vaters bezieht sich auch der Schlusssatz im »Charakterbild« meiner Mutter auf die Beziehung der Ehepartner zueinander. Da steht: »Die beiden Partner haben eine sehr gute Konstellation in den Gegensätzen, nicht zu verschieden, um die Einheit zu gefährden, und verschieden genug, um Langeweile zu verhüten.« Bei meiner Mutter ist noch ein Satz hinzugefügt. Er lautet: »Im männlich-weiblichen Gefühlsleben bildet ein Ereignis eine Dominante. Der Fall der Ehe hebt sich ab.« Um was für ein offensichtlich einschneidendes Ereignis es sich dabei gehandelt haben mag, weiß ich nicht, wohl aber, dass der ahnungsvolle Professor bereits bei dem frisch verheirateten Paar die Besonderheit dieser Beziehung erkannt hat. Sie gründet auf der freien Liebe im Rahmen einer festen ehelichen Bindung. Mein Vater gibt die Regeln vor, und Mady hält sich daran.

Mein Urgroßvater väterlicherseits, der ebenfalls den Namen Hans trägt, stammt aus einem Dorf namens Nickweiler im Hunsrück. Er ist Volksschullehrer und hat sechzehn Kinder. Die Familie gehört zu den ärmsten der Gemeinde und lebt auf einem kleinen Hof am Rande des Dorfes. Urgroßvater Lang hätte gern allen seinen Söhnen ein Studium ermöglicht, aber dafür reicht das Geld nicht. Also tritt er den Hof an den Ältesten ab, verbunden mit der Bitte, den jüngsten und begabtesten Bruder studieren zu lassen, sofern der Hof genug abwirft. Auf diese Weise kommt mein Großvater Lang in den Genuss einer akademischen Ausbildung.

Großmutter Margareta Lang, geborene Kessler, wächst dagegen als einziges Kind und früh schon Halbwaise in der Obhut ihres Vaters in einem großbürgerlichen Haus an der Löwenbrücke in Würzburg auf. Er weist sie in alles ein, was sie wissen muss, um einmal das prosperierende Unternehmen zu leiten. Es ist ein Verstehen zwischen Vater und Tochter, das einen Dritten überflüssig macht. Doch mein Urgroßvater Kessler, der es durch Fleiß, besonnenes Haushalten und geschicktes Taktieren zu Geld und Ansehen, zu Weinbergen und Ländereien gebracht hat, träumt von Enkeln. »Ich fahre vierspännig, meine Enkel sollen einmal sechsspännig fahren«, bringt er seinen Lebenstraum auf den Punkt.

Margareta fügt sich seinem Wunsch, und der stolze Brautvater richtet seiner Tochter eine herrschaftliche Hochzeit aus. Großmutter Lang bekommt vier Kinder. Das erste, ein Sohn, stirbt im Alter von drei Monaten, weil die Muttermilch infektiös ist. Danach kommt ein Mädchen, Greta. Nach ihr wird Maja geboren, dann endlich wieder ein Sohn. Das ist mein Vater. Er wird auf den gleichen Namen wie schon sein Vater und sein Großvater, Hans, getauft. In den Augen meines Großvaters Lang zählt nur er. Das Verhältnis zwischen Vater und Sohn ist auf der einen Seite von Forderungen und auf der anderen von Ablehnung geprägt. Hans, der bereits mit siebzehn Jahren das Abitur am humanistischen Alten Gymnasium in Würzburg ablegt, ist gerade zwölf Jahre alt, als er zum ersten Mal eine Drei im Zeugnis nach Hause bringt. Es ist kurz vor Weihnachten. Zur Strafe nimmt der Vater seinem Jüngsten am Heiligen Abend alle Geschenke weg und verbrennt sie vor dessen Augen im offenen Kamin.

Die Mutter meines Vaters, die ihren Nachzügler abgöttisch liebt, macht es ihm mit ihrer übermäßigen Fürsorge auch nicht leichter. Aus Angst, Hans könnte etwas zustoßen, darf er weder Schwimmen noch Radfahren lernen. Rodeln ist nur erlaubt, wenn das Hausmädchen Minna dabei ist. Da ist Hans bereits in der Pubertät. Mady hat später viel Mühe, dem Muttersöhnchen im fortgeschrittenen Alter all das beizubringen, was man eigentlich in der Kindheit erlernt. Erfolg hat sie vor allem beim Schwimmunterricht. Um ihr zu beweisen, dass er ein gelehriger Schüler ist, nimmt Hans an einem Wettschwimmen quer über den Main bei Würzburg teil. Er gewinnt. Nach der Zurschaustellung seines sportlichen Könnens kehrt Hans dem Schwimmsport jedoch ebenso schnell den Rücken wie bald darauf dem Reiten. Ein erster Versuch im Reitstall seiner Schwiegermutter Jula Neckermann, den er wohl vor allem deswegen unternimmt, um mit seiner jungen Frau ausreiten zu können, findet mit dem Muskelkater danach ein jähes Ende. Mein Vater kann mit Schmerzen nicht umgehen und will sie sich schon gar nicht selber zufügen. Das allzu behütete Aufwachsen unter den Fittichen seiner Mutter ist sicher einer der Gründe dafür, dass Hans, kaum von zu Hause ausgezogen, nachhaltig über die Stränge schlägt. Die unerbittlichen Zurechtweisungen seines Vaters haben zur Folge, dass Hans seine eigenen Kinder kritiklos vergöttert.

Großvater Lang stirbt im Sommer des Jahres 1918 an einem Herzanfall, und Großmutter Margareta ist nun aller Ehepflichten ledig, allerdings auch eines Teils ihres ursprünglich üppigen Vermögens. Sie hat nicht verhindern können, dass ihr Mann Kriegsanleihen aufgenommen, sich verspekuliert und damit das schwiegerväterliche Vermögen erheblich dezimiert hat. Was ihr bleibt, und das ist nicht wenig, verdankt sie vor allem der Tatsache, dass sie die wirtschaftlichen Fähigkeiten ihres Mannes realistisch eingeschätzt und rechtzeitig entsprechende Gegenmaßnahmen ergriffen hat. Geschickt und unbemerkt legt sie schon zu seinen Lebzeiten größere Geldbeträge zur Seite, und es gelingt ihr auch, einige Mietshäuser, die sich in ihrem Besitz befinden, seinem Zugriff zu entziehen. So kann sie ihren Kindern ein stattliches Erbe sichern und verfügt zudem über genügend Mittel, um ihrer über die rechte Mainseite Würzburgs hinaus gerühmten Mildtätigkeit freien Lauf zu lassen. In einer Zeit, in der das Leben in Deutschland noch ganz unter patriarchalischem Vorzeichen steht, ist meine Großmutter Lang eine erstaunlich selbstbewusste und unabhängige Frau.

Am 17. Juni 1937 erliegt sie wie ihr Mann einem Herzinfarkt. Sie ist auf dem Rückweg von Exerzitien im Kloster Himmelspforten, als sie auf der Straße zusammenbricht. Jede Hilfe kommt zu spät. Als praktizierende Katholikin hätte sich Großmutter Lang wohl keinen schöneren Tod wünschen können. In der Erinnerung meines Cousins Helmut Knab, des Sohnes meiner Tante Greta, sieht sie in ihrer schwarzen, plissierten Bluse auf dem Totenbett so friedlich aus, dass er glaubt, sie schlafe nur.

Wie meine Großmutter Lang stammt auch meine Großmutter Neckermann aus einer wohlhabenden, alteingesessenen Würzburger Familie. Ihre Mutter, die wie sie den Vornamen Jula trägt, wird am 12. Februar 1840 geboren. Es ist dasselbe Jahr, in dem auch ihr späterer Mann, der königlich bayerische Kommerzienrat Franz Josef Lang, zur Welt kommt. Meine Urgroßeltern führen eine glückliche, partnerschaftliche Ehe. Doch sie ist nur von kurzer Dauer. Meine Urgroßmutter stirbt mit vierundvierzig Jahren und hinterlässt fünf Töchter, von denen ich nur vier Namen in Erfahrung bringen kann: Franka, Toni, Thea und Jula, meine spätere Großmutter.

Jula ist die Jüngste. Als ihre Mutter stirbt, ist sie fünf Jahre alt. Ihr Vater, Kommerzienrat Franz Josef Lang, nicht verwandt mit der Familie meines Vaters, ist Inhaber einer Sektkellerei in Würzburg. Die unterirdischen Weinlager sind so groß, dass während des Ersten und Zweiten Weltkriegs mehrere Hundert Menschen darin vor den Bomben Zuflucht finden. Über den unterirdischen Gewölben befindet sich das Grundstück am Friedrich-Ebert-Ring. Es liegt an einem Grüngürtel, der sich bis zur Residenz erstreckt. Die Sandsteinmauer des Anwesens ist so hoch, dass Jula als Kind das Gefühl hat, von einem Burgwall aus in die Tiefe zu blicken. Die überlebensgroßen steinernen Löwen, die das Firmenwappen der Sektkellerei meines Urgroßvaters majestätisch einrahmen, bewachen das Paradies ihrer Kindheit, das auch zum Paradies meiner Kindheit wird.

So behütet und wohlbestellt diese Welt auch ist und sosehr sich mein Urgroßvater Franz Josef bemüht, neben der Leitung der Sektkellerei immer wieder Zeit für seine Jüngste zu finden, Julas Kindheit und Jugend sind dennoch überschattet vom Verlust der Mutter. Für die Betreuung des Nesthäkchens und der älteren Schwestern stellt mein Urgroßvater eine Haushälterin aus dem fränkischen Umland ein, die den Mädchen keine Schul-, wohl aber Herzensbildung vermittelt. Sie heißt Marie Ullrich und ist vier Jahre älter als die verstorbene Mutter. Für die Mädchen ist die Anwesenheit der ruhigen, liebevollen Frau, die immer im Hintergrund bleibt und doch im ganzen Haus Wärme und Geborgenheit verbreitet, eine glückliche Fügung. Die Jüngste hängt mit besonderer Zuneigung an ihr. Wie im Leben ist die Haushälterin Marie auch im Tod Teil der Familie geblieben. Als sie mit 95 Jahren, fast zwanzig Jahre nach meinem Urgroßvater, stirbt, wird sie im Familiengrab beigesetzt.

Mein Urgroßvater muss nicht nur ein erfolgreicher Unternehmer gewesen sein, sondern auch ein besonders liebevoller, großherziger Mensch. Eine Aufnahme zeigt ihn auf den Stufen seines Hauses sitzend, auf dem Schoß seine jüngste Tochter. Auf diesem Foto ist er Ende vierzig, und doch erweckt er den Eindruck, als wäre er der Großvater und nicht der Vater des kleinen Mädchens auf seinen Knien. Seine Statur wirkt behäbig, fast gedrungen, sein Gesicht ist füllig, die Wangen sind von einem weißgrau gesprenkelten Vollbart eingerahmt. Seine Augen blicken ruhig und wohlwollend in die Kamera. Mein Urgroßvater strahlt Güte und Gelassenheit aus, und er ist stolz auf seine Töchter, von denen der Jüngsten eine besondere Auszeichnung zuteilwird.

Als Kaiser Franz Josef I. von Österreich mit seiner Gemahlin Elisabeth, die als Sissi in die Welt- wie in die deutsche Kinogeschichte eingegangen ist, Würzburg besucht, widerfährt seinem Namensvetter eine hohe Ehre. Da die Bocksbeutel der »Sektkellerei Franz Josef Lang«, ein nur in Franken hergestellter Weißwein, dessen Kennzeichen eine bauchige Flasche ist, als die besten der Gegend gelten, darf mein Urgroßvater das Kaiserpaar mit einem besonders edlen Tropfen beschenken. Als die Kutsche Kaiser Franz

Josefs und seiner Gemahlin unter dem Jubel der Würzburger Bevölkerung den Residenzplatz erreicht, hält der Zug an. Jula, jung, schön und einer Ohnmacht nahe, geht in einem weißen Organzakleid, einen Blütenkranz im Haar und eine Weinflasche in der Hand, auf die offene Kutsche zu und überreicht der hohen Frau den Bocksbeutel. Die Kaiserin bedankt sich huldvoll und schenkt meiner Großmutter zur Erinnerung an diesen für sie unvergesslichen Augenblick eine kleine Brosche. Sie besteht aus drei zierlichen Goldstäben. Auf jedem glänzt ein kleiner Edelstein: ein Saphir, ein Smaragd und ein Rubin. Die Brosche besitze ich noch heute.

Dieses Ereignis zählt zu den Höhepunkten der Jungmädchenjahre meiner Großmutter Jula, zu denen auch die gemeinsamen archäologischen Exkursionen ins fränkische Umland gehören: Vater und Tochter forschen nach Hünengräbern und übergeben ihre Funde später den Dorfmuseen der Gegend.

Als junges Mädchen hat Jula auch gemalt, Öl auf Leinwand. Ich besitze eines ihrer Bilder, ein Stillleben. Es stellt eine Glasschale mit Rosen dar. Wassertropfen perlen von ihnen ab. Jedes einzelne Blatt scheint zum Greifen nah zu sein. Jula hat die Blüten in dem Moment festgehalten, in dem sie noch einmal ihre volle Kraft und Schönheit entfalten, ehe sie verwelken. Auf einem anderen Ölbild liegt eine junge Frau in einem fließenden, griechisch anmutenden Gewand am Ufer eines Sees. Sie lässt eine Hand ins Wasser gleiten, als wollte sie nach der Seerose greifen, die vor ihr schwimmt.

In dieser Zeit ist Jula oft allein und wohl auch einsam, was sich noch verstärkt, als ihre ältere Schwester Therese im Alter von neunzehn Jahren an einer unheilbaren Krankheit stirbt. Vielleicht ist das eine Erklärung für ihre elegisch wirkenden Gemälde. Die drei großen Schwestern sind aus dem Haus, der Vater tagsüber in der Sektkellerei. Ein geselliges oder gar gesellschaftliches Leben findet im Haus meines Urgroßvaters nach dem Tod seiner Frau nicht mehr statt. Er hat nie wieder geheiratet.

Als Jula ins heiratsfähige Alter kommt, sucht ihr Vater einen standesgemäßen Ehemann für sie aus, so wie das in gutbürgerlichen Familien zu Beginn des vorletzten Jahrhunderts üblich ist. Jula ist nicht nur eine gute Partie, sie ist schön, und sie ist stolz. Ihre Zurückhaltung, die sie bis ins hohe Alter nicht ablegt und die ihr immer wieder als Unnahbarkeit ausgelegt wird, entspringt jedoch mehr ihrer Verletzlichkeit als einer vermeintlichen Arroganz.

Es dauert nicht lange, da erklärt Franz Josef seiner Tochter, dass er den passenden Ehemann für sie gefunden habe. Dass sie diesen Mann nie wird lieben können, fühlt Jula in dem Moment, in dem sie ihm zum ersten Mal begegnet. Sie weiß es, aber sie spricht es nicht aus. Es kommt ihr gar nicht in den Sinn, sich gegen den Wunsch des Vaters aufzulehnen. An dem Tag, an dem der Termin der offiziellen Verlobung festgelegt werden soll, erkrankt Jula. Sie bekommt hohes Fieber, behält keine Nahrung mehr bei sich und verliert täglich an Gewicht. Die konsultierten Ärzte sprechen von Nervenfieber, aber erklären können sie sich die Symptome nicht. Selber ratlos, raten sie dem Vater, seine Tochter in ein Krankenhaus einzuweisen. Mein Urgroßvater lehnt den Rat der Ärzte ab und das Consilium die Verantwortung.

Als Franz Josef an diesem Abend wieder am Krankenbett seiner Tochter sitzt, die in einen unruhigen Fieberschlaf gefallen ist, sucht er in ihren Zügen nach einer Erklärung. Je länger er sie betrachtet, desto deutlicher wird ihm bewusst, dass es etwas ganz anderes sein muss, was seine Jüngste krank macht, so krank, dass die Ärzte um ihr Leben fürchten. Zum ersten Mal kommt ihm der Gedanke, dass er seine Tochter nie gefragt hat, ob sie sich ein Leben mit dem von ihm ausgewählten Ehekandidaten überhaupt vorstellen könne. Ob sie glaubt, ihn einmal lieben zu können. Mein Urgroßvater verweilt lange am Krankenbett seiner Tochter und begreift allmählich die subtilen Verstrickungen zwischen Körper und Seele. Jula ist das damals nicht bewusst. Sie hätte es sich vermutlich auch nicht eingestanden. Mein Urgroßvater löst die Verlobung, und seine Tochter findet langsam wieder ins Leben zurück.

Es ist das Benediktinerkloster, dessen Mönche meiner Großmutter Jahrzehnte später regelmäßige Besuche abstatten, in dem sie ihrem zukünftigen Mann zum ersten Mal begegnet. Jula, von ihrer Krankheit langsam genesen, sitzt in der ersten Reihe, wenn sie sonntags das Hochamt besucht. Dort ist für Kommerzienrat Lang und seine Familie eine ganze Kirchenbank reserviert. Doch er selbst ist selten dabei, meist wird Jula von der Haushälterin Marie und den Schwestern begleitet. Verstohlen betrachtet Jula auf dem Weg zu ihrer Kirchenbank den Mann, der in der Reihe hinter ihr Platz genommen hat. Er erregt ihre Aufmerksamkeit. Sie hat das Gefühl, dass auch er sie beobachtet. Auf dem Nachhauseweg folgt ihr der Unbekannte in angemessenem Abstand. In der Erinnerung meiner Großmutter hat es Monate gedauert, bis geschieht, was dann geschieht. Auf dem Weg von der Kirche nach Hause verliert Jula, in einiger Entfernung von ihrem unbekannten Verfolger, einen ihrer Handschuhe. Jahrzehnte später ist es ihr, von mir hartnäckig danach befragt, unmöglich zu sagen, ob sie den Handschuh mit Absicht hat fallen lassen.

Ich glaube, das Unterbewusstsein hat bei meiner Großmutter wieder einmal die Hand im Spiel. Auch was ihr Verfolger damals gedacht hat, ist nicht übermittelt. Sicher aber ist: Er hat seine Chance genutzt. Er hebt den Handschuh auf und reicht ihn meiner Großmutter. Das ist der erste Schritt auf seinem Weg, mein Großvater zu werden.

Aus dieser Zeit stammt ein liebevoll gezeichnetes Porträt meiner Großmutter. Es ist eine Kohlezeichnung. Julas Gesicht wirkt zeitlos schön und voller Ebenmaß, auch wenn ihre Ohren mit den langen Ohrläppchen ungewöhnlich groß sind. Sie haben mich als Kind beunruhigt, weil solchen Ohren nichts entgeht. Die Augenbrauen sind dicht und am Nasenansatz buschig, die Nase selbst ist lang und bestimmt die Gesichtszüge. Auch die schön geschwungenen Lippen sind, wie alles in diesem Gesicht, etwas überdimensioniert. Was jeden, der meiner Großmutter zum ersten Mal begegnet, und auch meinem Großvater wird es damals nicht anders ergangen sein, fasziniert, sind ihre großen graugrünen Augen. Sie können in allen Schattierungen lächeln, liebevoll und sanft, verschwörerisch und wissend, ironisch und romantisch. Die Augen meiner Großmutter können auch weinen, ohne dass eine Träne unter ihren Lidern hervorquillt. In diesen Augen liegt der Himmel.

Wenn ich dagegen das Foto meines Großvaters Josef Carl Neckermann betrachte, das während meiner Würzburger Kindheit auf dem Bücherregal im Wohnzimmer steht, fällt es schwer, ihn mir in der romantischen Szene ihrer ersten Begegnung vorzustellen. Doch es gibt ein Indiz dafür, dass auch ihm große Gefühle nicht fremd sind. In dem Bilderrahmen mit seinem Porträt steckt ein gepresstes Edelweiß, das Josef Carl unter Einsatz seines Lebens auf einer Bergtour für seine Frau gepflückt hat. So jedenfalls hat es mir meine Großmutter erzählt, und ich wage nicht, daran zu zweifeln. Im Allgemeinen aber ist Großvater Neckermann preußisch streng, unnahbar und pflichtbewusst, und so sieht er auch aus. Er hat, wie Goethes »Wilhelm Meister«, etwas »Gehaltenes, Beherrschtes, Gemessenes«. In meiner eher nüchternen Betrachtung sieht er aus, als hätte er einen Stock verschluckt. Als Kind flößt mir das Foto von Großvater Neckermann Angst ein, und ich bin froh, dass ich meine Großmutter nicht mit ihm teilen muss.

Dem Leben in ehelicher Gemeinschaft entspringen in angemessenem Abstand drei Kinder: 1909 die Tochter Maria-Barbara, Mady genannt, drei Jahre darauf Sohn Josef, für den seine Mutter keinen Kosenamen hat, und schließlich 1914 Walter, das Nesthäkchen, den sie liebevoll Walti nennt. Die Ehe ist für meine Großeltern ein nicht versiegender Quell der Liebe und der Freude, ein Abonnement auf immer währende Harmonie ist sie nicht. Meinungsverschiedenheiten gibt es in politischen Fragen, aber nur dann, wenn es sich nicht vermeiden lässt. Ihr Sohn Josef schreibt dazu in seinen *Erinnerungen:* »Mein Vater war absolut und knöchern konservativ.«* Seiner Mutter bescheinigt er, dass sie »eher zu demokratischeren, liberalen Positionen« neigte. Die reaktionäre Haltung meines Großvaters lässt sich tatsächlich nur schwer mit

* Die Zitate aus Josef Neckermanns Lebenserinnerungen sind hier und im Folgenden seinem Band *Erinnerungen*, aufgezeichnet von Karin Weingart und Haryey T. Rowe, Frankfurt a. M./Berlin 1990, entnommen.

der Denk- und Gefühlswelt seiner Frau vereinbaren, die durch Verständnis, Großherzigkeit und Toleranz geprägt ist. Gutmütig, wie Josef seine Mutter beschreibt, ist sie indes nie gewesen. Meine Großmutter ist gütig. Gutmütigkeit ist ein Zeichen von Schwäche, meine Großmutter aber ist stark.

Die unterschiedliche politische Haltung hat die Beziehung meiner Großeltern zueinander nie anhaltend getrübt. Eine der wenigen Abmachungen in ihrer Ehe besagt, nie im Streit einzuschlafen. Ich weiß nicht, wer von beiden in solchen Situationen der Erste gewesen ist, der im ehelichen Doppelbett die Hand ausstreckt. Wie meine Großmutter mir mit dem Anflug eines Lächelns versichert, sind sie morgens immer versöhnt aufgewacht. Diese ursprünglich für die Eheleute gedachte Abmachung bringt meine Großmutter später auch erfolgreich in das Zusammenleben mit mir, ihrer jüngsten Enkelin, ein.

Wenn es darum geht, anderen zu helfen, gibt es keine Meinungsverschiedenheiten zwischen den Eheleuten, sie tun es beide. Was bei meinem Großvater allerdings Mäzenatentum genannt wird, fällt bei seiner Frau unter Nächstenliebe. Die Aufgaben des Paares sind klar verteilt. Josef Carl, der wie seine Frau gern reitet und sogar einige Erfolge bei Springturnieren und Treibjagden vorweisen kann, unterstützt Sportvereine wie den »Reitturnier Verband« und die »Würzburger Rudergesellschaft«, was gleichzeitig mit Ehrenämtern verbunden ist. Seine Frau Jula fördert junge Musiker. Auch das hat Folgen: regelmäßige Hauskonzerte, denen die Familienmitglieder an Sonntagnachmittagen im Salon des Hauses ausgesetzt sind.

Als ich über vierzig Jahre später die alten Familienfotos wieder betrachte, bekommt das strenge Bild meines Großvaters Neckermann für mich auf einmal weiche Züge. Er wirkt nicht mehr so unnahbar, obwohl seine Rolle als Oberhaupt der Familie nicht zu übersehen ist. Eines der Bilder ist wie eine Pyramide aufgebaut. Im Gras sitzen die beiden Söhne Josef und Walter, beide im Schneidersitz, beide tragen graue Anzüge mit kurzen Hosen und schwarze Wollstrümpfe. Die Haare sind artig aus dem Gesicht gekämmt.

Vergleicht man die Brüder, so fällt der Unterschied ins Auge. Josef hat die Arme lässig über der Brust verschränkt und schaut frech und unternehmungslustig in die Kamera, so als wäre er auf dem Sprung. Die Hände des jüngeren Bruders Walter sind artig im Schoß gefaltet, die Schultern verlegen hochgezogen, der Blick ist fragend. In der zweiten Ebene der Pyramide sitzen die Frauen der Familie auf einer Bank. Mady, die ja eigentlich in die Reihe der Kinder gehört, ist gleichberechtigt neben ihrer Mutter und deren Schwestern platziert. Die Spitze der Pyramide bildet Großvater Neckermann. Er blickt ernst, aber nicht distanziert. Die Hand hat er auf die Schulter seiner Frau gelegt. Er kennt seine Verantwortung.

Großvater Neckermann ist Kohlengroßhändler »en gros und en detail«. Sein Vater, der Metzger- und Innungsmeister Peter Neckermann, gehört als Abgeordneter der Bayerischen Volkspartei dem Deutschen Reichstag an. In den Lebenserinnerungen seines Enkels Josef ist über sein Leben nichts zu erfahren. Nur die Umstände seines Todes werden erwähnt. Er stirbt bei einem Ausflug mit der Kutsche zu seinem Weingut in Thüngersheim bei Würzburg. Der Weg dahin führt über einen Bahnübergang. Die schrillen Pfiffe der Lokomotive erschrecken die Pferde, sie scheuen, und die Kutsche stürzt um. Mein Urgroßvater wird bei dem Unfall tödlich verletzt.

Der Umstand, dass Großvater Neckermann zunächst wie sein Vater eine Metzgerlehre macht, kommt der Familie während des Ersten Weltkriegs zugute. Mein Großvater schlachtet und räuchert auf dem Grundstück am Friedrich-Ebert-Ring. Die Tatsache, dass er dies gezwungenermaßen »schwarz« tun muss, zeigt, dass er, der Tadellose, im Notfall für seine Familie auch einmal über seinen moralischen Schatten springen kann. Die Kriegsjahre sind ein solcher Notfall.

Mit dreiundzwanzig Jahren kehrt mein Großvater dem Metzgerberuf den Rücken, gründet einen eigenen Betrieb und wird Inhaber der »Kohlengroßhandlung J. C. Neckermann«. Er hat Erfolg und bald auch schon alles, was für ihn dazugehört: einen Pferdefuhrpark, eine Reederei am Main und fast hundert Angestellte. Später kauft er sich bei der Frankfurter Zeitung ein und eröffnet eine Annahmestelle der Süddeutschen Klassenlotterie. Was für seine Kunden gut ist, ist auch gut für ihn. Also spielt er von nun an im Lotto, obwohl er im Gegensatz zu meinem Vater keine Spielernatur ist. Josef Carl Neckermann betrachtet es eher als Test der von ihm angebotenen Dienstleistung. Er gewinnt die damals unglaubliche Summe von 100 000 Mark.

Großvater Neckermann ist nicht nur Unternehmer, er ist auch gläubiger Katholik, was eingedenk des Umstands, dass die göttliche Vorsehung wohl auch bei der Brautwahl ihre Hand im Spiel hatte, nicht verwunderlich ist. Während der Unruhen 1918 sorgt er sich um die Besitztümer der Kirche, mit dem Ergebnis, dass er in Würzburg das Kloster der Franziskaner nebst Kirche kauft. Er will damit einer eventuellen Beschlagnahmung des klerikalen Vermögens zuvorkommen. Da er seiner Frau in einer Kirche zum ersten Mal begegnet ist, ist dies nicht nur eine generöse, sondern auch eine symbolträchtige Tat.

Meine Großeltern haben im anderen die große Liebe gefunden. Sie dauert ihr gemeinsames Leben, und sie überlebt den Tod meines Großvaters. Eine solche Liebe wünscht meine Großmutter auch mir. »Du wirst einen guten Ehemann finden. Ich weiß es. Ich bete jeden Abend dafür«, sagt sie eines Tages zu mir, so als wäre das zwischen ihr und dem lieben Gott bereits beschlossene Sache. Damals bin ich zwölf Jahre alt. Ich habe im Laufe meines Lebens vier Ehemänner, die man alle als gute Menschen bezeichnen kann, und dennoch habe ich es bei dreien von ihnen nicht allzu lange ausgehalten. Vielleicht hat meine Großmutter mit ihren diesbezüglichen Gebeten doch des Guten ein wenig zu viel getan.

Großvater Neckermann stirbt vier Tage vor Heiligabend, am 20. Dezember 1928. Es ist ein besonders kalter Winter. Über Nacht ist Neuschnee gefallen. Er geht wie jeden Morgen vor der Arbeit noch in die Kirche. An diesem Tag hat er einen anstrengenden geschäftlichen Termin. Da er sich nicht wohl fühlt, geht mein Großvater danach nicht mehr in die Firma, sondern direkt nach Hause.

Als er unerwartet in der Tür steht, betrachtet ihn Jula voller Sorge. Er kommt sonst nie so früh nach Hause. Es ist zwölf Uhr. Josef Carl tritt auf seine Frau zu und sagt ruhig: »Ich muss jetzt sterben.« In ihren Armen schließt er seine Augen für immer.

Das Gedenkbildchen, das aus Anlass seines Todes gedruckt wird, zeigt meinen Großvater als eleganten Herrn in der Mode seiner Zeit gekleidet, mit Stehkragen, breiter, gemusterter Fliege und einer Rose am Revers. Der Spruch, den meine Großmutter für ihren Mann ausgesucht hat, passt zu seiner strengen, verschlossenen Miene: »Gekämpft, gerungen, vom Tode bezwungen.« Tröstlich klingt das nicht, eher wie eine verlorene Schlacht. Dieser Sinnspruch auf dem Gedenkbildchen meines Großvaters macht aber auch die Maxime deutlich, welche die Familie Neckermann seit Generationen prägt: Leben heißt kämpfen.

Als ihr Mann stirbt, ist Jula Neckermann Ende vierzig. Sie hat drei unmündige Kinder und ist Inhaberin einer Kohlengroßhandlung. Auch wenn sie und ihr Mann über geschäftliche Dinge gesprochen haben und sie vom ersten Tag der Ehe an Vollmacht über alle Konten besitzt, im Unternehmen mitgearbeitet hat sie bis dahin nicht. Jula ist in den sogenannten besten Jahren und eine attraktive, stattliche Frau. Dickes, störrisches Pferdehaar, das kaum zu bändigen ist, türmt sich auf ihrem Kopf. Einen Meter achtzig groß, überragt sie mit ihrer schlanken, hohen Gestalt ihre Umgebung. Am Todestag ihres Mannes tauscht meine Großmutter ihre modisch elegante Garderobe gegen das schlichte Schwarz der Witwenkleidung. Auch für sie gilt: Leben heißt kämpfen, und sie weiß, dass das Wohl der Familie nun allein von ihr abhängt.

Nach dem Ende des Trauerjahrs stellen sich die ersten Verehrer ein, die der Witwe Neckermann in jeder Weise beistehen wollen und um ihre Hand anhalten. Es sind durchaus ernst zu nehmende und wohlhabende Bewerber darunter. Beim Wühlen in der Fotokiste meiner Großmutter, einer mit Stoff bezogenen, ausrangierten Pralinenschachtel mit rosa Rosen darauf, entdecke ich ein Foto von einer Frühlingswiese mit einem Tisch, an dem meine Großmutter, meine Mutter und ein stattlicher Herr mit Vatermörderkragen, gestreifter Weste und Geheimratsecken sitzen. Ein wenig ähnelt er meinem Großvater. Er ist es aber nicht. Der Herr auf dem Foto ist einer von denen, die es sich in den Kopf gesetzt haben, Jula Neckermann noch einmal zum Altar zu führen.

Ich will wissen, warum sie nie wieder geheiratet hat. Meine Großmutter muss keinen Augenblick nachdenken, bevor sie mir antwortet: »Ich habe nicht geglaubt, dass ich noch einmal so lieben kann. Weniger wollte ich nicht.« Und sie fügt pragmatisch, wie sie ist, hinzu: »Wenn es meinen Kindern an etwas gefehlt hätte, wenn ich ihnen keine gute Ausbildung hätte ermöglichen können, dann, und nur dann, hätte ich einen Heiratsantrag angenommen. Vielleicht sogar den des Herrn auf dem Foto.« Es ist nicht dazu gekommen.

Beim Tod meines Großvaters Neckermann ist sein ältester Sohn Josef sechzehn Jahre alt. Er ist ein gelehriger Schüler seines Vaters, der auf dem Höhepunkt der Bewunderung des Sohnes stirbt. Die Wertvorstellungen des Vaters nimmt der junge Josef begierig in sich auf, ohne sie in Frage zu stellen. Der Wille zum Erfolg, die Leistung als Messlatte, das Streben nach beruflicher wie gesellschaftlicher Anerkennung sind für Josef Werte, die ihm sein Vater vorgelebt hat. Josef berichtet in seinen *Erinnerungen* davon, wie stolz er ist, bei Spaziergängen mit seinem Vater im Hofgarten »mitzuerleben, wie Offiziere, hohe Beamte und die Inhaber der großen Geschäfte ihn zuvorkommend grüßten«. Wie sein Vater möchte auch er einen eigenen Platz im Würzburger Dom haben, ein, wie er feststellt, »Privileg, das nur wenige Bürger genossen«.

Obwohl ihm seine Mutter nach dem plötzlichen Tod des Vaters zurät, das Abitur zu machen und zu studieren, geht Josef 1929 mit der Mittleren Reife von der Schule ab. Er glaubt es seinem Vater schuldig zu sein, der ihm das Versprechen abgenommen hat, so schnell wie möglich die Firma zu übernehmen. Dieser Schritt meines Pflegevaters, der für seine persönliche wie berufliche Entwicklung von weitreichender Bedeutung sein wird, beginnt mit einem Selbstbetrug. Es ist nicht der Wille des Vaters, sondern sein eigener.

Der Vater erwartet zwar von ihm, im Notfall sofort mit dem Reiten aufzuhören und sich auf die Schule zu konzentrieren, damit der Sohn so schnell wie möglich einen Beruf erlernen und die Firma übernehmen kann. Von Schulabbruch hat er nichts gesagt. Gerade der verfrühte Abschied von der ohnedies ungeliebten Schule, den Josef später immer wieder vor sich selber zu Unrecht mit diesem Versprechen begründet und überdies glaubt, vor anderen rechtfertigen zu müssen, ist eine der Wurzeln seines Minderwertigkeitsgefühls, das er nie ganz überwinden wird.

Josefs Verlangen nach Anerkennung ist nicht zu stillen, denn der, von dem er sie ersehnt, sein Vater, ist tot. Zu Lebzeiten hat er sie ihm schroff verweigert. Seine mahnenden Worte nach Josefs erstem Erfolg auf einem Reitturnier müssen für den glücklichen Sieger niederschmetternd gewesen sein. Noch nach Jahrzehnten kann sich mein Pflegevater an den Wortlaut erinnern: »Du hast zwar gewonnen, aber da hast du nur Glück gehabt, dass die anderen nicht gesehen haben, was du alles falsch gemacht hast.« Und der Vater fügt hinzu: »Das wollte ich dir nur sagen, damit du nicht denkst, du hättest etwas Außergewöhnliches geleistet.«* Josef aber will Außergewöhnliches leisten. Selbst noch als alter Mann wird er bedauern, dass ihn sein Vater nicht auf der Höhe seines Erfolgs erlebt hat.

Was Josef bei seinem Vater beklagt, dass ihm »das akademische Milieu, das in unserer Universitätsstadt in vieler Hinsicht den Ton angab« verschlossen bleibt, darunter leidet er später selbst. Sein unstillbares, fast kindliches Verlangen nach Bewunderung wird durch den von ihm als Makel empfundenen Umstand, kein Akademiker zu sein, noch verstärkt. Es ist nicht die Sorge, nicht wissenschaftlich arbeiten zu können, unter der Josef leidet, es ist der Ausschluss von karrierefördernden Kontakten, den er fürchtet. In seinen *Erinnerungen* findet er dafür dramatische Worte: »Das Gespenst der Deklassierung stand wie eine schwarze Wand vor mir.« Statt weiter die Schulbank zu drücken, wird Josef Lehrling bei der

---

* Carl Friedrich Mossdorf, *Josef Neckermann – Weltmeister und Olympiasieger*, München 1969, S. 21.

Hypo Bank. Einen Rhetorik- und Rezitationskurs bei Paul Scarla gibt er, kaum dass er ihn begonnen hat, wieder auf. Auch der Versuch, sein Abitur im Abendstudium nachzuholen, scheitert. Doch Josef hat Ambitionen. »Aufgrund fehlender Entfaltungs- und Entwicklungsmöglichkeiten« kehrt er der elterlichen Kohlengroßhandlung schon bald den Rücken. Das Versprechen seinem Vater gegenüber ist längst vergessen.

Josef ist getrieben von der Vorstellung, dass man ohne Beziehungen »in dieser Welt ein Dreck« ist und »wer sie nicht nutzt: … ein Oberdepp«. Mein Pflegevater ist kein Oberdepp, und er erfüllt auch ohne Studium wichtige Voraussetzungen für eine berufliche wie gesellschaftliche Karriere: Er verfügt über ein gepflegtes Äußeres, gute Manieren und ein weltmännisches Auftreten. Seine Garderobe ist modisch elegant, und er liebt schnelle Fahrzeuge, auch wenn er sich zunächst auf den Horch seiner Mutter beschränken muss, bevor sie ihrem Ältesten ein zweizylindriges 750er-BMW-Motorrad kauft. Eine Steigerung stellt das durch Vermittlung seines zukünftigen Schwiegervaters erworbene Sechs-Zylinder-Audi-Cabriolet mit weißer Karosserie, schwarzem Schlechtwetterdeck und roten Polstern aus Safranleder dar.

Alles, was mit Reichtum, Ansehen und Einfluss zu tun hat, übt auf Josef von früh an eine unwiderstehliche Faszination aus. Eine Einladung bei Rothschilds, die seine Mutter bewerkstelligt, lässt ihn vor Ehrfurcht erschauern. Nach diesem Besuch ist Rothschild sein großes Vorbild, dessen Platz kurz darauf Rockefeller einnimmt, wenn Josef auch seine mangelnden Englischkenntnisse daran hindern, den Sprung über den Großen Teich zu wagen. Solche Abende im Kreise angesehener Persönlichkeiten sind für Josef erste Fingerübungen in Sachen Karriereplanung.

Dass es Klassenunterschiede gibt, wird Josef bereits als Junge bewusst, als er zum ersten Mal reitet. Josef ist stolz auf seine, wie er sie nennt, »elitäre« Reitkleidung, und er betrachtet das Reiten als Vorrecht der sozial Privilegierten, was natürlich auch zu Gegenreaktionen führt. Sein Resümee: »Hoch zu Ross machte man sich zur Zielscheibe aufgestauten Klassenhasses, zum Symbol des gesellschaftlichen Unterschieds.« Wenn schon gesellschaftlicher Unterschied, dann möchte er ihn von oben erleben und nicht von unten.

Der Reitsport ist neben seiner beruflichen Karriere seine zweite große Passion. Pferde gehören von klein auf zu seiner Welt. Als er im Reitstall seines Vaters zum ersten Mal auf ein Pferd gesetzt wird, kann er noch nicht laufen. Später reißt er sich darum, die Kaltblüter, die die Kohlenfuhrwerke ziehen, zu füttern und zu versorgen. Sein Reitlehrer bringt ihm nicht nur die Technik bei, die man für diesen Sport braucht, sondern auch die Haltung. Vater Handke, wie Josef ihn nennt, fasst sie in einem Wort zusammen: Disziplin. Und noch etwas kommt schon bald hinzu: Reiten ist für Josef kein Selbstzweck, Reiten bedeutet für ihn sich messen und siegen. Auch die sportliche Passion meines Pflegevaters hat ihre Wurzel in seinem Drang, der Beste zu sein, getreu dem von ihm nicht in Frage gestellten Satz seines Turnlehrers: »Wenn du im Sport etwas leistest, wirst du es auch im Leben zu etwas bringen.«

Annemarie Brückner, Josefs spätere Frau, die als kleines Mädchen von ihren Freunden liebevoll »Bröckele« genannt wird und später Annemi und Ami, soll es nach dem Willen ihrer ambitionierten Mutter im Leben ebenfalls zu etwas bringen. Großmutter Brückner mit dem schönen Vornamen Agnes lässt sich nach der Geburt der zweiten Tochter die Brust, die ihr zu groß und unförmig erscheint, operieren. Für die damalige Zeit ein ebenso seltenes wie mutiges Unterfangen. Ihren zart und sensibel wirkenden Ehemann, Richard, zwingt sie zwar nicht, bei dieser Operation dabei zu sein, wohl aber bei der Geburt der zweiten Tochter Annemarie. Das hat zur Folge – und ist von Agnes wohl auch so beabsichtigt –, dass sie keine weiteren Kinder mehr bekommen muss. Großvater Brückner will seine Frau nicht noch einmal so leiden sehen. Nach zwei unter Schmerzen geborenen Töchtern, für die ihr Mann ihr ewig dankbar ist, ist das Thema Nachwuchs zwischen ihnen abgeschlossen.

Auf einer vergilbten Fotografie, die ich unter alten Unterlagen finde, als alle darauf abgebildeten Personen bereits tot sind, sitzt Großmutter Brückner, eine stattliche und elegante Frau in den besten Jahren, auf einem Empiresofa. Annemi, etwa fünf Jahre alt, mit kurzgeschnittenen glatten Haaren und großen, ernsten Augen, hat ihren Arm auf das Knie der Mutter gestützt. Liselotte, die Ältere, mit geflochtenen Schnecken über den Ohren, kniet auf dem Sofa, ebenfalls an ihre Mutter gelehnt. Der Kontakt, den die Mädchen, beide in Rüschenkleidern und mit übergroßen Satinschleifen im Haar, zu ihrer Mutter suchen, wird von dieser nicht erwidert. Ihr Blick ist auf die Kamera gerichtet.

Die Erziehung der standesbewussten Mutter zielt nicht auf eine eigenständige Berufslaufbahn der Töchter, sondern darauf, dass diese ihre zukünftige Rolle an der Seite eines erfolgreichen Mannes zur Zufriedenheit aller, vor allem des Ehemanns, erfüllen. Liselotte, Lilo genannt, erfüllt nicht die Hoffnungen ihrer Mutter. Mit Annemi hat diese mehr Glück. Sie ist hübsch, musisch begabt, nimmt Klavierunterricht und hat eine klare, volle Altstimme. Das zierliche, selbstbewusste Mädchen lernt Steppen, und auch da zeigt sie Talent. Nach ihren ersten Auftritten in der Tanzschule, mit Zylinder, Stöckchen und Steppschuhen, sagt man der Kleinen eine große Karriere voraus. Ihr einziger Makel ist ein Asthmaleiden, gegen das sie sich mit Hilfe eines Inhaliergeräts, das sie noch in den ersten Jahrzehnten ihrer Ehe immer bei sich trägt, tapfer zu wehren versucht.

Den Vater der ungleichen Schwestern, Richard Brückner, erlebe ich als einen sanften Mann. Da ich mich an meinen Vater nicht erinnern kann und mein Pflegevater selten zu Hause ist, ist er einer der wenigen Männer meiner Kindheit und frühen Jugend. In meiner Vorstellung sehe ich ihn eher Rilke-Gedichte rezitieren und Hesse lesen als *Mein Kampf,* was er aber tatsächlich mit Begeisterung tut. Großvater Brückner ist Hitleranhänger, worüber in der Familie nie gesprochen wird. Und er ist überzeugt: »Jetzt geht es wieder aufwärts.« Als es mit seinem Autohandel vorübergehend abwärtsgeht, lässt seine Begeisterung für die NSDAP unvermittelt nach. Es ist weniger politische Einsicht als persönliche Enttäuschung, die schließlich zum Gesinnungswandel führt.

Als Josef Annemi im Sommer 1928 im Hügelbad bei Würzburg zum ersten Mal begegnet, lässt ihm dieses Mädchen, wie mein

Pflegevater gern und oft erzählt, keine Ruhe mehr. Und er erinnert sich: »Das Erste, was mir ins Auge fiel, war ihr Badeanzug. Eng. Rot. Ausgeschnitten. Den halben Schenkel gab er frei.« Aber auch der Rest ist ansehnlich, wie Josef bald darauf registriert: »Blonder Pagenkopf, tolle Figur, schlank, dabei doch sportlich-kräftig«. Es sind weniger ihre musischen Begabungen als ihre sportlichen Talente, die Josef beeindrucken.« Sie schwimmt mit Ausdauer, spielt begeistert Tennis und bewegt sich nicht nur auf der Eisbahn geschickt und graziös. Annemi ist bei der ersten Begegnung, die, wie bei meinen Eltern, über ihr weiteres Leben entscheiden wird, dreizehn Jahre alt. Sie nennt ihren neuen Freund spontan Necko, ein Kosename, den er zeit seines Lebens behalten wird.

Necko hat sich Hals über Kopf verliebt, und er gesteht es seiner Angebeteten. Diese jedoch ist zunächst zurückhaltend, wie es sich für eine wohlerzogene höhere Tochter gehört. Sie möchte, dass Josef um sie kämpft, und er weiß auch schon bald, wie. Um so oft und so unverfänglich wie möglich mit ihr zusammen sein zu können, schlägt er Annemi vor, ihr Reitstunden zu geben. Das hat noch keiner ihrer Verehrer getan. Sie willigt ein, so wie später auch in die heimliche Verlobung.

Eine leidenschaftliche Liebe, wie Josef seine damaligen Gefühle beschreibt, hat Annemi nicht gleich erfasst. Sie lässt sich weiter umwerben, aber auch sie ahnt, dass es ernst wird. Am Tag ihrer Konfirmation erklärt ihr Necko, dass er sie heiraten werde. Als ihre Eltern, Richard und Agnes Brückner, die Ernsthaftigkeit der Beziehung zu erfassen beginnen, greifen sie zu dem gleichen Mittel, das meine Großmutter Neckermann bei ihrer Tochter Mady angewendet hat. Auch Annemi kommt erst einmal ins Internat. Necko hat es nicht leicht, bei der zukünftigen Schwiegermutter einen standesgemäßen Eindruck zu machen. Für mütterliche Skepsis ist es allerdings zu spät. Ihr Mann Richard hat, nachdem Josef dessen Bedingung bezüglich der finanziellen Sicherung der Tochter nachgekommen ist, bereits seinen Segen gegeben. Er besteht auf einer Beteiligung seines Schwiegersohns an der Kohlengroßhandlung J. C. Neckermann. Meine Großmutter hat damit kein Problem. Kummer bereitet ihr dagegen, dass Annemi protestantisch und zudem nicht willens ist zu konvertieren. Die junge Braut erklärt sich dennoch bereit, mit ihrer zukünftigen Schwiegermutter und ihrem Verlobten zu einer Privataudienz bei Papst Pius XI. nach Rom zu fahren.

Neckos Firmpate Pater Aquilin, Pönitentiar beim Vatikan, der Jahrzehnte später noch einmal seinen Draht zu Gottes erstem Diener zum Wohle der Familie Neckermann einsetzt, hat das Treffen arrangiert. Papst Pius XI. zeigt sich aufgeschlossen und erklärt, die junge Braut könne ihren protestantischen Glauben beibehalten, wenn sie verspreche, die zukünftigen Kinder katholisch zu erziehen. Annemi verspricht es, und sie wird es halten.

Als meine Großmutter mir Jahrzehnte später von der Privataudienz bei Pius XI. erzählt, ist ihre Erinnerung daran noch immer lebendig. Sie ist nicht nur von der verständnisvollen Reaktion des Pontifex beeindruckt, die gleich zwei Familien aufatmen lässt, sondern auch von der Begegnung mit diesem von stillem Ernst und nachdenklicher Frömmigkeit geprägten Kirchenmann und dessen Haltung, dass jeder Mensch seinem in der Taufe erworbenen Glauben treu bleiben könne. Pius XI. vertraut jedoch darauf, dass die Überzeugungskraft der katholischen Glaubenslehre am Ende siegen werde. Bei meiner Pflegemutter hat sie es nicht. Sie ist ihrem protestantischen Glauben treu geblieben.

Die Brautleute Josef und Annemarie können, nach erfolgreich abgeschlossener Mission von ungetrübtem Glück beseelt, nun vor den Traualtar treten und dies auch noch mit dem Segen des Papstes. Am Morgen des 16. August 1934 steigt Josef in den Lincoln mit Chauffeur, den ihm sein zukünftiger Schwiegervater zur Verfügung gestellt hat, um seine Braut für die Kirche abzuholen. Wegen einiger Zwischenfälle verspätet sich der Bräutigam, was Annemi mit einem fragenden »Wo bleibst du denn, Necko …?« quittiert. Ein Satz, den wir Kinder später immer wieder aus ihrem Munde hören, manchmal ärgerlich, meist aber resigniert.

Was den Bräutigam an seiner Hochzeit besonders beeindruckt, ist, wie liebevoll und aufwendig seine Mutter den großen Tag für ihn und seine Braut ausgerichtet hat. Die Kirche gleicht einem Meer aus weißen Blumen, und das anschließende Fest im »Russischen Hof«, damals, wie Josef voller Stolz feststellt, »das vornehmste Hotel der Stadt«, wird im großen Stil gefeiert, so wie es sich für einen Neckermann gehört. So berauschend das Hochzeitsfest ist, so ernüchternd gestaltet sich die anschließende Hochzeitsreise. Als ihre frisch getraute neunzehnjährige Jüngste zusammen mit ihrem Mann auf dem Weg nach Venedig ist, wird Agnes Brückner krank. Kaum in der Lagunenstadt angekommen, erreicht das Honeymoonpaar ein Telegramm folgenden Inhalts: »Mutter liegt im Sterben.« Die Hochzeitsreise wird abgebrochen und Großmutter Brückner bald wieder gesund.

Das Hochzeitsfoto zeigt zwei große Kinder, sehr schön und sehr zart. Dennoch spricht nichts Vitales, Fröhliches aus dem Foto des schönsten Tages im Leben. Der dunkle Hintergrund, der eine kunstvoll bemalte Stofftapete erkennen lässt, wirkt elegant und stilvoll, und so sind auch die beiden Brautleute gekleidet. Annemi trägt ein hochgeschlossenes, eng anliegendes Brautkleid, Necko einen Frack mit Myrte am Revers. Seine schmale, feingliedrige Hand, an der ein Siegelring ins Auge fällt, hält einen schwarzen Zylinder und einen weißen Handschuh, während die Hände der Braut ein Blumenbouquet aus weißen Orchideen umfassen, dessen Bänder dekorativ bis zum Boden fließen und dort mit der langen Schleppe eins werden, die aus optischen Gründen im Vordergrund des Bildes drapiert ist. Josef steht hinter seiner zierlichen Frau, sie berühren sich nicht, doch man spürt, diese beiden Menschen haben ähnliche Vorstellungen von dem Weg, den sie gemeinsam gehen, und dem Rahmen, in dem sie sich bewegen wollen. Die ernsten, gefassten Gesichter des Brautpaars mit dem vorsichtigen Ansatz eines Lächelns berühren mich.

Als Annemi und Necko heiraten, haben meine Eltern bereits die ersten vier Jahre ihrer Ehe hinter sich. Mit Zielstrebigkeit und nicht ohne dramatische Effekte haben sie sich über alle Hindernisse hinweggesetzt. Sie sind jung, verwöhnt, lebenslustig und vor allem verliebt. Im September 1931 kommt mein Bruder, der wie sein Vater und sein Großvater Hans heißt, aber Mockel genannt wird, zur Welt und macht deutlich, wie ernst es Mady mit ihrer Warnung bezüglich ihrer Jungfräulichkeit gewesen ist. Mein Vater hätte gern noch etwas mit dem Nachwuchs gewartet, dennoch kann man den Erstgeborenen als Wunschkind bezeichnen. Das junge Paar wohnt zu Beginn seiner Ehe auf dem Anwesen meiner Großmutter Neckermann am Friedrich-Ebert-Ring in Würzburg, das damals noch außerhalb der Stadt im Grünen liegt. An den Walnussbaum, den meine Eltern am Tag ihrer Hochzeit pflanzen, kann ich mich noch erinnern, vor allem an die pelzigen Nüsse, die ich als Kind aufgesammelt habe.

Elf Monate nach Mockels Geburt folgt meine Schwester Maria-Barbara, Uschi genannt. Im schmiedeeisernen Pavillon am Ende des Gartens setzen an einem warmen Sommerabend im August 1932 bei Mady die Wehen ein. Als endlich die Hebamme eintrifft, ist meine Schwester bereits auf der Welt. Inzwischen fast achtzig Jahre alt, hat sie bis heute den Satz nicht vergessen, den unsere Mutter gesagt haben soll, als sie feststellt, dass sie wieder schwanger ist: »Wenn's ein Mädchen wird, ertränke ich es im Main.« Vielleicht hat sie das gesagt. Vielleicht nicht. Sie ist eine impulsive Frau, sie ist jung, sie möchte immer mit ihrem Mann zusammen sein, und sie fühlt sich einem zweiten Kind so kurz nach dem ersten nicht gewachsen. In einem späteren Gespräch ist meine Schwester davon überzeugt, dass sich der Vater in dieser Weise geäußert hat. Von wem dieser unbedachte Ausspruch letztlich stammt und ob er überhaupt gefallen ist, ändert nichts an der Tatsache, dass meine Eltern zu diesem Zeitpunkt kein weiteres Kind wollen. Die Lösung kommt in Gestalt des Kindermädchens Änne, die für einige Jahre bei den beiden Großen die Mutterstelle einnimmt. Ich bin froh, dass meine Eltern die ersten Jahre ihrer Ehe in vollen Zügen genießen können. Viel Zeit sollte ihnen nicht bleiben.

Ich blättere in einem Fotoalbum meiner Mutter aus diesen Jahren. Es erweckt den Eindruck, dass das Leben der Jungvermählten nur aus Festen bestanden hat. Die Abbildungen zeigen Mady in unterschiedlichen, immer aber aufwendigen Faschingskostümen. Da sie auf den Fotos meist ohne ihren Mann zu sehen ist, vermute ich, dass mein Vater hinter der Kamera steht, um seine strahlende, lebenslustige Frau mit den vielen Gesichtern und Verkleidungen einzufangen. In einer einzigen Faschingszeit schlüpft Mady in vier verschiedene Rollen. Sie ist das verspielte Kammerkätzchen mit weißer Schürze und Staubwedel in der Hand, die Femme fatale in Netzstrümpfen und kurzem schwarzem Satinrock, eine Zigarettenspitze im Mundwinkel, die folkloristische Russin im bunt gestreiften, schwingenden Rock mit Bändern im Haar und schließlich die feurige Spanierin mit weit geöffnetem Fächer. Die Faschingskostüme lässt Großmutter Neckermann wie Jahrzehnte später auch für mich bei ihrer Schneiderin anfertigen, die zweimal in der Woche zu ihr nach Hause kommt.

Aus heutiger Sicht würde man meine Eltern als Glamourpaar bezeichnen, aber auch damals sorgen sie bei ihren gesellschaftlichen Auftritten für Gesprächsstoff: Meine Mutter im weißen Hermelin und mit tiefem Dekolleté, das ihre noch immer mädchenhafte Brust dekorativ zur Geltung bringt, Hans in Cut und weißen Handschuhen. Dr. Burau, ein Geschäftspartner und Freund meines Vaters, der nach dessen Tod in die Firma meines Pflegevaters Josef Neckermann eintritt, berichtet von einem Ball, bei dem meine Eltern wieder einmal, diesmal allerdings ungewollt, alle Blicke auf sich ziehen. Es beginnt zu regnen, als das Paar in einer schwarzen Limousine vorfährt. Mady, die um ihre hochgesteckten Locken fürchtet, greift, ohne lange zu überlegen, nach dem Saum ihres Abendkleides und stülpt sich den Rock über den Kopf, gerade in dem Augenblick, als sie die Treppe zum Festspielhaus emporschreitet. Dass die nach ihr kommenden Gäste, darunter Dr. Burau, nicht nur ihre überlangen Beine bewundern können, sondern auch die weißen Strumpfhalter und das passende Spitzenhöschen, scheint Mady nicht zu irritieren. Unter dem Baldachin des Hauptportals angelangt, rückt sie ihr Kleid zurecht, dreht sich lächelnd um und zieht die Schultern wie zur Entschuldigung ein wenig hoch. Die Umstehenden lachen und klatschen, auch mein Vater. Er ist stolz auf seine Frau. Darauf, dass sie sich lächelnd und souverän über unpraktische Anstandsregeln hinwegsetzt, darauf, dass sie schön ist und sich für ihn immer noch schöner macht.

Mein Vater liebt es, mit seiner lebenslustigen, eleganten Frau private Feste und große Bälle zu besuchen, doch die Tage und später auch die Nächte sind neben der Arbeit in der Kanzlei zunehmend von seinen politischen Aktivitäten angefüllt. Dr. Hans Lang ist Mitglied der Bayerischen Volkspartei und der Bayernwacht, der militanten Schutzgruppe dieser Partei, die, wie es im Nachruf auf meinen Vater heißt, »1933 nur durch das Eingreifen einflussreicher Persönlichkeiten daran gehindert wird, dem Nationalsozialisten in Bayern mit Waffengewalt entgegenzutreten«.

Die Gründe der rechtskonservativen Bayerischen Volkspartei, sich zunächst gegen die Nazis zu stellen, bevor sie wie alle anderen rechten Parteien schließlich in der NSDAP aufgeht, sind vermutlich nicht primär in einem heroischen Kampf gegen die Inhalte des Nationalsozialismus zu suchen, sondern vor allem in der Tatsache, dass die NSDAP ab 1931 im Freistaat Bayern zur zweitgrößten Partei geworden ist und somit für die Bayerische Volkspartei eine Konkurrenz im Kampf um die Wählerstimmen darstellt. Dass die Bayernwacht über ein beachtliches Waffenarsenal verfügt, das sich in ihrem Würzburger Hauptsitz, der Gothenburg, befindet, ist der Gestapo, die sich 1933 in der Festung Marienburg auf den Hügeln über Würzburg einquartiert hat, nicht verborgen geblieben.

Es ist März 1933. Eine Hausdurchsuchung der Gothenburg steht bevor. Hans erfährt davon über Mittelsmänner und entwickelt, um die Entdeckung der dort gelagerten Waffen zu verhindern, einen Plan, der Züge eines Räuber-und-Gendarm-Spiels trägt. Für seine Frau hat er einen besonderen Auftritt vorgesehen, für den ihre auffallende Erscheinung und ihre Schlagfertigkeit entscheidende Voraussetzungen sind. Sie ist Hauptdarstellerin in einem Spiel, in dem sie ihr Leben riskiert. Dass sie keinen Augenblick glaubt, ernsthaft in Gefahr zu sein, ist verständlich, denn Drehbuchautor und Regisseur ist ihr eigener Mann.

Mady muss unter den Augen der Gestapo die Karabiner in großen Kartons aus der Burg schaffen, ohne dabei entdeckt zu werden. Zunächst werden sie mit Toilettenpapier gefüllt. Die Gestapo hält Mady an. Sie muss die Kartons öffnen. Als Toilettenpapierrollen herausfallen, gibt es Gelächter bei den Männern, und meine Mutter lacht mit. Die Szene wiederholt sich noch ein paarmal. Als sich dann tatsächlich Karabiner in den Kartons befinden, fragt keiner mehr nach dem Inhalt. Die Waffen versteckt Mady in den Rollladenkästen im Haus ihrer Mutter in der Sterngasse.

Meine Großmutter kennt das Risiko, aber sie nimmt es in Kauf. Sie toleriert die politische Überzeugung ihres Schwiegersohns nicht nur, sie teilt auch seine christlich geprägten Werte. Als kurz darauf eine Horde der SA und zwei Polizisten der Stadt Würzburg die Gothenburg durchsuchen, finden sie lediglich ein verrostetes Seitengewehr und einen Spielzeugrevolver.

*

1934 muss die inzwischen vierköpfige Familie Lang von Würzburg nach Frankfurt in Hessen übersiedeln. Mein Vater kann in Bayern seinen Beruf als Jurist nicht mehr ausüben. Ein offizielles Berufsverbot gibt es damals noch nicht, wohl aber seit 1933 ein Gesetz zur »Wiederherstellung des Berufsbeamtentums« und in dessen Folge weitere Notverordnungen und Erlasse für besondere Fälle, zu denen wohl auch mein Vater gehört. Vielleicht hat auch nur eine eindringliche Warnung der neuen Machthaber den Anstoß für den überstürzten Ortswechsel gegeben. Einer der Gründe ist die Veröffentlichung einer Dokumentation, in der mein Vater die zwielichtige Vergangenheit der gerade aufsteigenden Nazigrößen anprangert. Meine Großmutter hat mir davon erzählt, und auch in den *Erinnerungen* meines Pflegevaters befindet sich ein Hinweis, dass sein »Schwager Rechtsanwalt Dr. Hans Lang … kurz vor 1933 ein Buch über die maßgeblichen Leute der NSDAP veröffentlicht, das ihm seither großen Ärger einbrachte«.

Was Necko lapidar als »großen Ärger« bezeichnet, bedeutet für meinen Vater das Ende seiner juristischen Laufbahn. Während Hans Lang zu dem Schluss kommt, der ehemalige Freikorpsmann und Duzfreund Hitlers, Ernst Röhm, sei »ein Haudegen und bramarbasierender Landsknecht«, und zahlreiche seiner Vergehen wie die seiner Reiterkameraden aufdeckt, hält Josef sich in Röhms Entourage auf, der es, wie er schreibt, »genoss, mit zwölf, dreizehn Reiterkameraden, ich meist neben ihm, hoch zu Ross Hof zu halten«.

Meine Schwester Uschi glaubt einen weiteren Grund dafür zu kennen, dass unser Vater seinen Berufsweg aufgeben muss. In seiner Doktorarbeit hat er sich intensiv und kritisch mit Fragen des Staatsrechts auseinandergesetzt. In einer wissenschaftlichen Analyse, mit der er sich eindeutig politisch exponiert, weist mein Vater nach, dass die Machtübernahme Hitlers unter rechtsstaatlichen Aspekten illegal und damit das Dritte Reich nicht auf einem rechtsstaatlichen Fundament aufgebaut ist. Diese Vermutung wird durch ein Jahre später aufgesetztes Dokument der Geheimen Staatspolizei, Staatspolizeileitstelle München, bestätigt. Darin steht, dass das Reichssicherheitshauptamt die Auswertung des bei der Sektion der Görres-Gesellschaft sichergestellten Schriftwechsels über die Herausgabe dieser Abhandlungen angeordnet habe. Wörtlich heißt es: »Da das Reichssicherheitshauptamt Wert auf die gegnerische Stellungnahme zur nationalsozialistischen Gesetzgebung legt, bitte ich diese Dienststelle, unmittelbar über die politische Haltung der Verfasser zu informieren.« Einer der Verfasser ist Dr. Hans Lang.

Die Auswirkungen seiner nazifeindlichen Veröffentlichungen holen meinen Vater auch in Frankfurt ein. Da es ihm nie in den Sinn gekommen ist, klein beizugeben, beschließt er, die Juristerei an den Nagel zu hängen, nach Berlin zu ziehen und als Textilkaufmann Karriere zu machen. Gelernt hat er diesen Beruf nicht, doch das hindert ihn nicht, noch im selben Jahr eine Kleiderfabrik zu gründen, der er den Namen »Dr. Hans Lang und Co KG« gibt. Es ist die erste in einer Reihe von Firmen, die mein Vater in den folgenden Jahren ins Leben ruft.

In Berlin angekommen, lassen sich die Geschäfte gut an. Das ist der Moment, in dem Hans beschließt, für sich und seine Familie einen seinen Ambitionen angemessenen Rahmen zu suchen. Das herrschaftliche Landhaus im Kirchweg 27 thront auf der höchsten Erhebung eines mehr als 4000 Quadratmeter großen Geländes, das in Terrassen zur Rehwiese hin abfällt. Die Familie Lang, meine Eltern Hans und Mady und die beiden Ältesten Uschi und Mockel, zieht noch im selben Jahr, 1936, in die Muthesius-Villa ein. Auch meine Großmutter Neckermann ist zeitweise dabei. Später werden dort die beiden Nachzügler, meine Schwester Jula Margareta, Juli genannt, und ich, geboren.

Während sich meine Mutter um die Einrichtung kümmert, was bei der Größe des Hauses ein zeitraubendes Unterfangen ist, interessiert sich mein Vater vor allem für den Garten. Die Terrassen werden entfernt und stattdessen wellenförmige Hügel nach dem Vorbild englischer Gärten angelegt. Mein Bruder Mockel hat das Haus an der Rehwiese mit seinen Giebeln, Erkern und Türmen in einem Brief an seine Großmutter ein »Märchenschloss« genannt. Er selbst sieht aus wie ein Märchenprinz. Nur hat seine Geschichte kein Happy End.

Vor mir liegt eines der wenigen Fotos, das ich vom Haus an der Rehwiese besitze. Es ist auch das einzige Foto, auf dem mein Bruder Mockel und ich zusammen abgebildet sind. Die großen Fenster des Wintergartens geben den Blick auf einen blühenden Garten frei. Mein Bruder hockt im Schneidersitz auf dem Steinboden. Er trägt ein leichtes, kurzärmeliges Hemd und kurze Hosen. Seine schwarzen, vollen Haare sind wie bei seinem Vater nach hinten gekämmt, lange dunkle Wimpern verschatten ovale Augen, die unter dichten Brauen verträumt in die Ferne blicken. Vor ihm liegt auf einem bauschigen Damastkissen ein wenige Wochen altes Baby. Das bin ich. Das Foto ist im Sommer 1942 aufgenommen. Mein Bruder ist damals elf Jahre alt.

Die Familie hat gute und glückliche Zeiten im Haus an der Rehwiese verbracht, obwohl die meisten davon Kriegsjahre sind. Was in den Erzählungen meiner Großmutter auf mich den nachhaltigsten Eindruck macht, ist besagter Wintergarten mit den riesigen Panoramascheiben, die auf Knopfdruck im Boden versinken. Es ist ein einladendes, gastliches Haus und der Wintergarten Mittelpunkt vieler Feste. Meine Eltern lieben die Geselligkeit, sie lieben es, Freunde um sich zu versammeln. Meine Großmutter erzählt, dass sie selbst bei Fliegeralarm, während Bombengeschwader über den nächtlichen Berliner Himmel dröhnen, hinter zugezogenen Vorhängen Roulett spielen. Der Einsatz ist hoch. Mein Vater ist ein Spieler, nicht nur beim Roulett. Und meine Mutter spielt mit, ihr Leben lang.

Die fast gleichaltrigen Geschwister Uschi und Mockel haben sich in ihrem neuen Zuhause schon bald ihre eigene Welt geschaffen. Als meine Schwester sieben Jahre alt ist, bekommt sie, was sie sich immer gewünscht hat: einen Hund. Es ist ein Terriermischling, und sie nennt ihn Kora. Ist Kora läufig, rennen die Geschwister mit ihr über die Rehwiese, um Rüden anzulocken. Die kläffende Meute verfolgt die Hündin wunschgemäß bis in den Garten, wo die Geschwister jeden Hund an einem Baum festbinden. Dass dieses Schicksal schließlich auch einen Jungen aus der Nachbarschaft ereilt, weil den beiden für ihr Indianerspiel ein Feind fehlt, macht deutlich, dass die Kinder, ganz sich selbst überlassen, allmählich jede soziale Bindung an ihre Umwelt verlieren. Als die Mutter des gefesselten Jungen an der Haustür klingelt, um ihren Sohn zu befreien und sich bei meinen Eltern zu beschweren, ist mein Vater wieder einmal im richtigen Moment zu Hause und stellt sich vor seine beiden Großen. Ein Fehlverhalten seiner Kinder kann er nicht erkennen. »Es ist doch nur ein Spiel«, bagatellisiert er den Vorfall. Spielverderber sind für ihn immer die anderen.

Für meine älteren Geschwister ist dieser Vater ein Geschenk des Himmels. Auch wenn er selten zu Hause ist und oft nur für eine Nacht bleibt, um auszuschlafen und die Wäsche zu wechseln, bevor er wieder auf Reisen geht, vermittelt er ihnen das Gefühl einer starken Präsenz. Er scheint immer gerade dann aufzutauchen, wenn sie ihn brauchen. Meine Geschwister fühlen sich wie große Teufel oder kleine Götter, da auch hinter verschlossenen Türen keine Strafpredigt folgt.

Im hintersten Winkel des Gartens steht eine Trauerweide, deren Äste so tief herabhängen, dass sie wie ein grünes Zelt wirken, daneben befindet sich ein kleines Haus mit Garage und Chauffeurswohnung. Sie ist unbewohnt, nur Ratten hausen dort. Die Erwachsenen stellen Fallen auf und vergessen sie. Als die Geschwister zum ersten Mal die verwesten Rattenkadaver sehen, laufen sie schreiend davon. Später kommen sie zurück und spielen mit ihnen.

Die ordentlich frisierten Kinder in Sonntagskleidung sind Uschi und Mockel nur für den Fotografen. Auf einem Foto aus dieser Zeit, im Atelier eines bekannten Berliner Porträtfotografen aufgenommen, sitzen sie vor einem kunstvoll drapierten Samtvorhang. Beide blicken aus großen, schwarzen Knopfaugen geradeaus in die Kamera, beide haben sie eine Bubikopffrisur, beide tragen sie die gleichen Rüschenblusen, wie man sie von Kinderporträts des ausgehenden 19. Jahrhunderts kennt. Aber da ist noch etwas, was meine Aufmerksamkeit erregt. Die Geschwister sitzen da wie Verschworene. Sie müssen sich nicht einmal ansehen, um das deutlich zu machen.

Es dauert lang, bis meine Eltern erkennen, dass die symbiotische Beziehung ihrer Ältesten nicht nur praktisch ist für sie, sondern in ihrer Ausschließlichkeit auch problematisch für die Geschwister. Noch aber machen sie sich darüber keine Gedanken. Es kommt ihrem Lebenswandel dieser Jahre entgegen. Sie haben wenig Zeit für ihre Kinder. Das ist auch der Grund, warum mein Bruder Mockel zu spät eingeschult wird und Uschi zu früh. So können die Geschwister zusammen zur Schule und in dieselbe Klasse gehen. In diesem unzertrennlichen Duo hat mein Bruder die Führung übernommen, nicht nur auf dem Schulweg. In der zweiten Klasse kann Uschi zwar ihren Namen schreiben, aber sie kennt weder ihren Geburtsort noch ihr Geburtsdatum. Auf die Frage: »Was hast du heute auf?«, antwortet sie abwesend: »Das weiß Mockel.«

Wenn die Kinder von der Schule nach Hause kommen, werfen sie ihre Schulranzen in die Ecke der holzgetäfelten Eingangshalle, von der neben dem offenen Kamin eine breite, geschwungene Eichenholztreppe nach oben führt. Meistens aber nehmen sie den Weg rechts durch die Küche über den Dienstbotentrakt, von wo eine schmale Stiege nach unten in den Keller und nach oben zu ihren Zimmern führt. Der Kindertrakt im ersten Stock hat eine Terrasse zum Garten hin, die so groß ist, dass man darauf sogar Rad fahren kann. Doch dafür interessieren sich die beiden ebenso wenig wie für ihre kleine Schwester Juli, die 1938 zur Welt kommt, obwohl diese besonders süß, besonders blauäugig und zunächst auch besonders fröhlich ist. Das Baby stört ihre Zweisamkeit. Die beiden Ältesten sind auch nicht darauf vorbereitet worden, dass die Familie größer wird. Vielleicht hat meine Mutter lange gezögert, ihnen zu sagen, dass sie wieder schwanger ist, weil sie nach mehreren Fehlgeburten fürchten muss, auch dieses Kind zu verlieren. Und dann hat sie es wohl ganz vergessen.

Meine Schwester Juli ist in den Jahren im Haus am Kirchweg nahezu isoliert. Mady hat kaum Zeit für ihre Kinder. Doch während sich die beiden Großen immer enger zusammenschließen und in ihrer eigenen Welt leben, in der die Erwachsenen ohnedies keinen Platz haben, ist Juli allein, ohne Spielgefährten, vor allem aber ohne die kontinuierliche liebevolle Zuwendung der Mutter.

Dass Mady, auch wenn sie zu Hause bleibt, für meine älteren Geschwister nicht der emotionale Mittelpunkt des Familienlebens ist, macht die Antwort meiner Schwester Uschi auf meine Frage deutlich, was unsere Mutter denn in diesen Jahren gemacht habe. Viel Zeit habe sie für die Kinder nicht gehabt, meint meine Schwester. Meistens sei sie mit dem Vater geschäftlich unterwegs gewesen, habe mit ihm zusammengearbeitet, gelegentlich habe sie auch den Webstuhl benutzt, der eines Tages in der Eingangshalle des Landhauses steht. Die Frage, ob Mady das Weben als Hobby betrieben habe oder um neue Muster für die Stoffkollektion der Firma zu entwerfen, kann meine Schwester nicht beantworten.

Genau erinnert sie sich aber an das intensive gesellschaftliche Leben, das die Eltern führen, und daran, wie sie, bereits für den Abend gekleidet, in Frack und Ballkleid noch schnell für einen Gutenachtkuss in ihr Schlafzimmer huschen. Sie erinnert sich auch, dass die Eltern die beiden Großen schon früh auf Feste mitnehmen und sie aus diesem Anlass in unbequeme Abendkleidung stecken, wie Hühner in einen zu engen Verschlag. Juli ist noch zu klein. Sie bleibt zu Hause. Sie beginnt zu kränkeln, schließlich bekommt sie Asthma. Von da an wird sie regelmäßig verschickt. Aus einem der Kindererholungsheime schreibt Juli eine Karte: »Ich weine so viel. Ich will nach Hause. Holt mich doch ab.« Die Karte ist voller Fehler und kaum zu entziffern. Meine Schwester ist sieben Jahre alt. Sie wird nicht abgeholt. Das Gefühl, nirgends dazuzugehören, das in den ersten Lebensjahren von ihr Besitz ergreift, begleitet meine Schwester ihr Leben lang.

Im Gegensatz zu ihr hat Uschi in diesen Jahren nichts vermisst. Sie hat alles, was sie will, und das ist ihr Bruder Mockel. Ihm öffnet sie sich, allen anderen gegenüber ist sie verschlossen, oft auch unwirsch und aggressiv. Wenn die Kinder aus der Speisekammer Marmelade und Schokolade stibitzen, ihre Anziehsachen achtlos auf dem Boden verteilen und mit schmutzigen Stiefeln über den Teppich laufen, ist es immer nur Uschi, die von den Hausmädchen ausgeschimpft wird. Sie ist die Ruppige, Störrische. Sie macht in dieser Zeit ihre Spielsachen kaputt und reißt ihren Puppen Arme und Beine aus. Mockel dagegen wird von allen geliebt. Uschis Verhältnis zu ihrem Bruder hat das nicht getrübt. Sie liebt ihn ja auch.

Da die Eltern nur selten zu Hause sind, passen ständig wechselnde Hausangestellte auf die Kinder auf. Es sind von der Partei dienstverpflichtete junge Mädchen, die den vorübergehenden Arbeitsplatz im Haus an der Rehwiese nach ein paar Monaten gut genährt wieder verlassen. Meine Mutter hat einfach nicht wahrgenommen, dass ein Großteil der Würste, Schinken und Eier nicht in den Mündern ihrer Kinder landet, sondern von den stets wechselnden Dienstmädchen zu ihren eigenen Familien geschafft wird. Uschi und Mockel haben sich nie darüber beschwert. Sie haben vermutlich nicht einmal bemerkt, wie dünn sie geworden sind.

Großmutter Neckermann, inzwischen wieder in Würzburg, ist bei einem Besuch in Berlin entsetzt über die untergewichtigen und in ihren Augen verwahrlosten Enkel. Kurz entschlossen nimmt sie die beiden mit nach Würzburg, um sie unter ihren Fittichen wieder aufzupäppeln. Es ist das zweite Mal innerhalb weniger Jahre, dass sie sich zu einem solchen Schritt gezwungen sieht. Meine Mutter erhebt keinen Einspruch, schließlich erkennt sie selbst, wenn auch zu spät, den schlechten körperlichen Zustand ihrer Ältesten. Für die »Zwillinge«, wie Uschi und Mockel oft genannt werden, ist es eine glückliche Fügung, mehrere Monate bei ihrer Großmutter Neckermann verbringen zu dürfen.

Auf diese Weise kommen die Geschwister wieder einmal nach Würzburg. Das großbürgerliche Haus aus dem 19. Jahrhundert, das die Familie Neckermann in der Sterngasse im Stadtzentrum bewohnt, liegt nur wenige Minuten vom Domplatz entfernt. Das dünne Pfeifen des Wasserkessels ist den Kindern dort ebenso vertraut wie der volle Klang der Kirchenglocken, der in der Bischofsstadt zum guten Ton gehört. Meine Schwester Uschi erinnert sich an den Hinterhof des Hauses, in dem nicht nur Kohle gelagert wird, sondern auch die Pferdewagen stehen, auf denen sie transportiert wird. Im Wohnzimmer erregt ein großer barocker Aufsatzsekretär aus schwarzem Eichenholz ihre Neugierde. Es sind die vielen kleinen Schubfächer, hinter denen sie Geheimnisvolles vermutet, und die fremdländisch anmutenden Intarsien – Engel, die Masken in Händen halten, ein Harfenspieler im Hermelin, eine Dschunke auf hoher See –, an denen sich ihre kindliche Phantasie entzündet.

Großmutter Neckermann und Großmutter Lang, die auf der linken Mainseite in Würzburg lebt, überbieten sich gegenseitig beim Verwöhnen der Enkel. Da bei den Kindern Rachitis diagnostiziert wird, stellt Großmutter Neckermann ein Erholungsprogramm auf. Einmal täglich dürfen die Geschwister in Begleitung des Hausmädchens Therese, das meine Großmutter mit sechzehn Jahren bei sich aufnimmt und die ihr bis zu ihrem Tod treu ergeben dient, einen Spaziergang von der Sterngasse am Mainufer entlang über die Löwenbrücke zu ihrer Großmutter Lang machen. Sie tun es mit Freude, denn dort wartet schon ein Glas Rotwein auf sie, das mit einem Zuckerei angereichert ist. Der Alkohol, darin sind sich beide Großmütter einig, ist in diesem Fall als Medizin zu betrachten und somit erlaubt.

Mockel, der mit fünf Jahren schon lesen und schreiben kann, schickt begeisterte Briefe an die Eltern. Er tippt auf der Schreibmaschine der Kohlengroßhandlung Neckermann einen Brief an seinen Vater: »Du sollst einmal versuchen, eine Streichholzschachtel mit dem Mund vom Boden aufzuheben. Nichts darf den Boden berühren, keine Hände und kein Knie. Ich kann es in Grätsche und Hocke.« Aus dieser Zeit stammt auch ein Weihnachts-Wunschzettel. Mein Bruder hat zehn Wünsche an das Christkind, und sie sind durchnumeriert. Der erste Wunsch ist ein Weihnachtsbaum, der letzte »ein paar Geschenke zum Selberbasteln fürs nächste Jahr«, dazwischen hofft er auf »etwas Schokolade, einen Drehbleistift, ein paar Heftchen zum Lesen, eine Schreibmappe und ein paar Gesellschaftsspiele«. Spielsachen für Jungen seines Alters sind nicht darunter.

In Würzburg sind nicht nur die Geschwister glücklich, die dank der doppelten großmütterlichen Pflege schon bald wieder zu Kräften kommen, sondern auch die beiden Großmütter. Für Margareta Lang ist es ihr letzter Sommer.

»Ich bin da«, steht in Kinderschrift unter einem kleinen handkolorierten Bildchen, das eine Wiege zeigt. Darin kann man ein Baby vermuten, von dem aber nichts zu sehen ist. Auf die Rückwand der Wiege ist ein rotes Herz gemalt. Es sieht so aus, als wäre dieses Baby direkt von irgendwoher in die Wiege gefallen. Kein Name steht da, nicht der des Kindes und auch nicht der der Eltern. Aber Sonne, Mond und Sterne, um die Wiege herumdrapiert, signalisieren, dass wohl alles seine Ordnung hat. Klappt man das Kärtchen auf, ist zu lesen: Eva Kristine Lang, 1. Juli 1942, Berlin-Nikolassee, Kirchweg 27. Mehr nicht. Das scheinbar elternlose kleine Wesen ohne erkennbare familiäre Bindung, die wichtig genug gewesen wäre, in der Geburtsanzeige genannt zu werden, bin ich wohl immer geblieben, auch in der Zeit, als meine Eltern noch am Leben sind.

Dass auch ich, wie zuvor meine Schwester Uschi und lange vor ihr meine Großmutter Neckermann, eigentlich ein Junge hätte werden sollen, steht in einem Gedicht, das der treue Familienchronist Jopi Pfeiffer zu meiner Geburt verfasst hat. Doch während mein sonst so gläubiger Urgroßvater Franz Josef beim Anblick seiner fünften Tochter Jula den gotteslästerlichen Ausspruch getan haben soll: »Gottes Wunder – alles Plunder«, halten sich meine Eltern bei meiner Geburt mit ähnlich abfälligen Bemerkungen bezüglich meines Geschlechts zurück. Auch das Gedicht zu meiner Geburt endet versöhnlich: »Jetzt klein – ein Mädel bloß – einst wird es groß!«

Für ihr viertes Kind erhält meine Mutter ein knappes Jahr später das »Ehrenkreuz der deutschen Mutter«. Den entsprechenden Ausweis stellt am 31. Mai 1943 der Ortsgruppenleiter Berlin-Schlachtensee aus.

Auch durch die Namengebung wird das Neugeborene von der Familiengeschichte abgeschnitten. Im Gegensatz zu meinen Geschwistern wird mir kein Vorname aus der verzweigten Ahnenreihe zuteil, die eine Fülle wohlklingender Mädchennamen aufzuweisen hat. Stattdessen kämpft mein Vater, in Bewunderung für die französische Königin Marie Antoinette, darum, seine jüngste Tochter mit deren Namen schmücken zu dürfen. Die Tatsache, dass im Dritten Reich fremdländische Vornamen verboten sind und jeder auf das traditionsreiche deutsche Namengut zurückgreifen muss, hat mir im Laufe meines Lebens sicher Hänseleien und spöttische Bemerkungen erspart. Bei seinem zweiten Vorstoß hat mein Vater, auch wenn es sich dabei wieder um eine ausländische Herrscherin handelt, mehr Glück und ich auch. Er kann den Beamten davon überzeugen, dass Königin Kristina von Schweden durchaus in das Bild der »arischen Rasse« passt, und gegen Eva gibt es ohnedies nichts einzuwenden. So werde ich auf den Namen Eva Kristine getauft, aus dem schon bald der Kosename Tini wird. Als ich diese »Tini« Jahrzehnte später nicht mehr sein will und auf meinem Vornamen Kristine – später dann Kristin – bestehe, ist das der erste Schritt auf dem mühevollen Weg zu mir selbst.

*

Jahrzehnte meines Lebens glaube ich, dass mir das Schicksal ein behütetes erstes Lebensjahr geschenkt hat, ein Jahr voller Wärme und Nähe, aus dem all das Ur- und Selbstvertrauen erwachsen ist, um das ich immer wieder beneidet werde. »Wie kannst du nur so selbstbewusst sein?« Diese Frage wird mir oft gestellt und nicht nur mit Bewunderung. »Es ist mein erstes Lebensjahr«, antworte ich dann. So muss es gewesen sein. Erst als mir meine ältere Schwester Uschi ebenfalls diese Frage stellt und ich ihr meine übliche Antwort gebe, eröffnet sich mir ein neues Kapitel in der Wahrnehmung meiner Kindheit.

Im Zuge meiner Recherchen über mein erstes Lebensjahr besuche ich meine Cousine Annemie, die Tochter meiner Tante Greta Knab. Annemie kann sich genau erinnern, denn sie hat dieses Jahr an meiner Seite verbracht. Meine Mutter stillt mich wenige Wochen nach der Geburt ab. Zunächst ist das kein Problem. Der Muttermilchersatz ist auf Bezugsschein erhältlich und wird sogar nach Hause geliefert. Doch der Sommer 1942 ist ungewöhnlich heiß und schwül. Die Ersatzmilch, die jeden Morgen am Gartentor abgestellt wird, bleibt oft Stunden in der Sonne stehen, weil die Dienstmädchen vergessen haben, sie ins Haus zu holen. Die Milch verdirbt. Das anfänglich noch pausbackige Baby bekommt Durchfall und nimmt in wenigen Tagen so stark ab, dass man um sein Leben fürchtet.

Das ist der Moment, in dem meine Cousine Annemie in mein Leben tritt. Sie hat gerade ihr Physikum in Würzburg bestanden und möchte in Berlin weiterstudieren. Ihr Vater, mein Onkel Emil Knab, schickt seine Tochter mit einem Koffer voller hochwertiger Babynahrung, die er dank seiner Beziehungen als Apotheker besorgen kann, nach Berlin. Von da an wohnt Annemie für ein Jahr im Kirchweg. Sie soll für mich sorgen, und sie tut es, gewissenhaft und liebevoll. Als ich Annemie mehr als vierzig Jahre danach in Hofheim besuche, erzählt sie mir, dass sie es als Herausforderung angesehen habe, mich gesund zu pflegen. Leicht ist es nicht. Durch die verdorbene Milch kommt zum Durchfall noch ein schwerer, juckender Ausschlag am ganzen Körper hinzu. Damit sich das

Baby nicht kratzen kann, werden Körper, Arme und Beine mit Binden umwickelt. Das Zimmer ist abgedunkelt. Bis auf Annemie und meine Eltern darf es niemand betreten. Bei schönem Wetter wird der Kinderwagen mit dem vermummten Baby unter einen schattigen Baum in den Garten geschoben. Annemie erinnert sich an den Terriermischling Kora, der neben dem Kinderwagen sitzt und Wache hält.

Die Eltern besuchen ihre Jüngste in dieser Zeit nicht oft, und auch die älteren Geschwister nehmen sie zunächst kaum wahr. Uschi wendet sich enttäuscht von dem Baby ab, das man nicht einmal auf den Arm nehmen darf. Das Kind ist in Binden eingewickelt, aber es hat keine Bindung. Noch heute leide ich unter klaustrophobischen Zuständen. Seit dem Gespräch mit meiner Cousine Annemie weiß ich, warum.

*

Als ich mit siebzehn Jahren, im gleichen Alter, in dem mein Bruder stirbt, den einzigen Ort aufsuche, an dem wir zusammen auf einem Foto abgebildet sind, unser Haus an der Rehwiese, sind von dem Wintergarten nur noch Überreste vorhanden. Die Steine sind längst von Hausbewohnern zum Ausbessern benutzt worden. Die Panoramafenster sind zugemauert. Die ehemalige Küche beherbergt einen Lebensmittelladen. Eine Reinigung ist in der großen Eingangshalle untergebracht. Die Balkone sind baufällig und nicht mehr zu betreten. Auf der Terrasse im ersten Stock steht ein Bretterverschlag, der als zusätzlicher Wohnraum dient. Im weiträumigen Wohnzimmer sind Zwischenwände eingezogen worden. Da, wo einst eine einzige Familie gelebt hat, sind nun sieben Parteien unter unwürdigen Bedingungen untergebracht.

Meine Schwester Uschi und ich sind zusammen nach Berlin geflogen, um das Haus im Kirchweg zu begutachten. Wir machen zahllose Fotos, nüchterne Dokumente des Verfalls. Wir sprechen mit Bewohnern, die sich zu Recht über die unzumutbaren Zustände beschweren. Die Kosten für die dringend nötigen Reparaturen sind zu hoch, die Mieteinnahmen zu niedrig, und unsere Schwester Juli will nicht länger auf ihren Anteil vom Erbe warten. Sie ist entschlossen, bei Hamburg einen Bauernhof zu kaufen und Bäuerin zu werden. Wir müssen eine Entscheidung treffen, meine Schwestern Uschi und Juli und, da ich noch nicht volljährig bin, Dr. Voigt. Er ist mein Vormund und soll meine Interessen vertreten. Doch er gerät, da er inzwischen Justitiar im Unternehmen meines Pflegevaters Josef Neckermann geworden ist, in einen Interessenskonflikt. Und der fällt nicht zu meinen Gunsten aus.

Würde West-Berlin, das Ende der 50er Jahre auf dem Höhepunkt des Kalten Krieges einen großen Unsicherheitsfaktor darstellt, überhaupt noch eine Chance bekommen? Würde das Grundstück nicht mit jedem weiteren Jahr des Wartens noch mehr an Wert verlieren? Wir entscheiden uns, das Haus zu verkaufen. Necko schaltet für die Verhandlungen einen weiteren Anwalt der Firma Neckermann ein. Diesmal ist es Dr. Klaus. Zur selben Zeit wird meine Schwester Uschi, die sich ebenfalls um einen Käufer bemüht, von dem Vorsitzenden der CDU-Parteizentrale in Berlin kontaktiert. Er ist an der Muthesius-Villa interessiert und sichert meiner Schwester zu, das Haus zu erhalten und zu restaurieren. Uschi setzt sich mit Dr. Klaus in Verbindung, um den Vertrag vorzubereiten. Dieser lehnt ab. Er habe bereits einem Käufer eine mündliche Zusage gegeben, die er nicht mehr rückgängig machen könne, ohne sein Gesicht zu verlieren. Mein Pflegevater ergreift nicht Partei für uns.

Ohne dessen Unterstützung wagt meine Schwester Uschi nicht, dem Firmenanwalt zu widersprechen, obwohl das ihr vorliegende Angebot höher ist. Sie ist zu diesem Zeitpunkt kein kleines Mädchen mehr, sondern eine verheiratete Frau und Mutter. Ich, inzwischen achtzehn Jahre alt und, wenn damals auch noch nicht volljährig, so doch alt genug, mich für den Verkauf meines Geburtshauses zu interessieren, erfahre von diesem Zwischenspiel erst ein halbes Jahrhundert später.

Das forsche Auftreten des Anwalts mag noch zu erklären sein, die Reaktion meiner sonst durchaus geschäftstüchtigen Schwester aber verwundert mich. Sie lässt sich einschüchtern, obwohl es um ihre Interessen geht und die ihrer Geschwister. Im Leben von uns drei Schwestern sollte es schon bald zu weiteren Begebenheiten dieser Art kommen, bei denen wir, die Pflegekinder, nicht einmal versuchen, die eigene Meinung oder eine als richtig empfundene Entscheidung durchzusetzen. Stattdessen tun wir, was von uns erwartet wird: dankbar sein.

Wir haben dem Interessenten des Firmenanwalts das Anwesen an der Rehwiese für 300 000 Mark überlassen. Die Geschichte Berlins hat sich anders entwickelt. Keiner konnte das voraussehen. Auch ich habe damals nicht geahnt, dass ich einmal in meine Geburtsstadt zurückkehren würde. Als ich es schließlich Jahrzehnte später tue, begegne ich meinem Geburtshaus noch einmal.

Ich bin im Kirchweg eingeladen. Es dämmert, als ich vor dem Haus stehe. Im streng geometrisch angelegten Vorgarten blühen dunkelrote Rosen. Ihr Duft liegt schwer und betäubend in der Luft. Als sich die Eingangstür öffnet und den Blick in eine große holzgetäfelte Halle freigibt, suchen meine Augen wie selbstverständlich den hohen offenen Kamin. Er ist da, wo ich ihn erahnt habe, und es brennt Feuer darin. Alles kommt mir gleichzeitig unwirklich und vertraut vor, als wäre ich dort in einem früheren Leben schon einmal gewesen. Es ist nicht mein Geburtshaus, sondern das Nachbarhaus, das von demselben Architekten erbaut worden ist und in dem nun ein befreundeter Architekt mit seiner Familie lebt. Ich erzähle dem Gastgeber, dass meine Eltern nebenan gewohnt haben, damals, als die Villa noch stand. Er kann nicht verstehen, dass wir den Abriss des Hauses nicht verhindert haben. Ich habe keine Antwort, zumindest keine, die sich in wenige Sätze fassen ließe. Ich nehme das Buch über Muthesius-Villen in Berlin, das der Gastgeber aus dem eingebauten wandhohen Bücherregal holt, und streife, Seite um Seite umblätternd, durch mein Geburtshaus. Das Buch zeigt Grundrisse und Schnitte und eine Vielzahl von Fotos, die ich noch nie zuvor gesehen habe. Ich bin traurig über alles Unwiederbringliche, Endgültige.

An diesem Abend erfahre ich, dass mein Geburtshaus gleich nach dem Verkauf abgerissen wird. An seiner Stelle entsteht binnen weniger Monate ein Supermarkt. Er hat in dieser Villengegend gefehlt und garantiert hohe Umsätze. Das Grundstück wird parzelliert, und auf dem abfallenden Gelände zur Rehwiese hin wird ein Mehrfamilien-Apartmenthaus errichtet. Heute stehen Muthesius-Villen unter Denkmalschutz. Der Architekt aus dem Kirchweg hat dafür gesorgt.

Der Zufall will es, dass ich meinem Geburtshaus noch einmal begegne. Ich habe durch meine Beschäftigung mit Architektur Julius Posener getroffen, einen alten, verschmitzten, blitzgescheiten und streitbaren Architekturhistoriker, der mir wie kein anderer die Welt der Architektur erschlossen hat. Ich unterstütze ihn, der schon zu Lebzeiten eine Legende der deutschen Architekturgeschichte ist, dabei, seine Biographie über den Architekten Hans Poelzig zu beenden, an der er schon seit Jahren arbeitet. Es dauert Monate, sich gemeinsam durch die Manuskript- und Aktenberge zu wühlen. Manchmal, wenn wir genug vom Stöbern, Schreiben und Korrigieren haben, machen Julius und ich Spaziergänge um die Krumme Lanke und entlang der Rehwiese.

Seine Augen funkeln vor Entzücken, wenn wir an Muthesius-Villen vorbeikommen, von denen es noch etliche in Zehlendorf gibt. Manchmal klingeln wir auch. Die Bewohner kennen den liebenswürdigen kleinen Mann mit der großen Liebe zur Architektur. Auch vor dem Kirchweg Nr. 27 halten wir an, da, wo früher mein Elternhaus gestanden hat. Julius Posener kennt meine Geschichte. Ich habe sie ihm erzählt. Er beschreibt mein Elternhaus in leuchtenden Farben und allen Details, so als stünde es vor mir, genauso herrschaftlich und einladend wie damals. »Es muss schön sein, in einem solchen Haus zur Welt zu kommen«, meint Julius und fügt lächelnd hinzu: »Sei nicht traurig, die schönen Dinge leben im Kopf weiter.«

Dazwischen 1

Der giftgrüne VW Käfer ruckelte über die Schlaglöcher. Jeder harte Stoß des Wagens setzte sich wie ein Stromschlag über die Wirbelsäule bis in jenen Teil des Gehirns fort, in dem der Schmerz zu Hause ist. Sechshundert Kilometer Transitstrecke Frankfurt–Berlin. Doch die Schlaglöcher hatten auch ihr Gutes. Sie rissen den Fahrer und seine Begleiterin immer wieder aus ihrer Erschöpfung.

»Hol mich hier raus!«, hatte die junge Frau Stunden zuvor am Telefon gefleht. Ihre tränenerstickte Stimme machte es ihm schwer, sie zu verstehen; zu beruhigen vermochte er sie auch nicht. »Ich muss weg von hier!«, rief sie immer wieder in den Hörer, als müsste sie Hunderte Kilometer mit ihrer Stimme überbrücken. Fort von einer Ehe, die sie mit instinktiver Gewissheit als gescheitert erkannt hatte, obwohl sie ihr bis vor kurzem als Garant ungetrübter Harmonie mit sich selbst, ihrem Mann und ihrer Familie erschienen war. Einer Harmonie, nach der sie sich sehnte und die sie dennoch nicht ertrug. Weg aus einer Ehe, die die Bande an eine Familie, die ihr nach dem Tod der eigenen Eltern zugefallen und in der sie aufgewachsen war, nicht gelockert, sondern vielmehr noch enger geschnürt hatte. Denn während sie sich durch die Allmacht ihrer Pflegeeltern zunehmend bedroht fühlte, hatte ihr Ehemann sie bereits akzeptiert. Ihren Entschluss konnte und wollte sie nicht mehr in Frage stellen, nachdem sie bereits ihr ganzes bisheriges Leben in Frage gestellt hatte, das sie wie ein Kaffeewärmer umhüllt hatte, bis die Luft zum Atmen immer knapper geworden war. Ein Zurück gab es nicht. Sie hatte alle Brücken hinter sich abgebrochen und wusste, dass sie mit der Ungnade ihrer Familie zu rechnen hatte.

Die junge Frau hatte sich aus der neureichen Frankfurter Bürgerlichkeit mit Hilfe ihres Retters im freien Fall in den verebbenden Strudel der 68er Jahre nach Berlin katapultiert. Obwohl beide der gemeinsamen Flucht aus Frankfurt zunächst mehr Bedeutung beimaßen als einer Ehe, war ihnen schon bald die offizielle Bestätigung ihrer Zweisamkeit wichtig. Die Hochzeit war für sie die natürliche Folge des von ihnen beschrittenen Weges. So wie man einen Schuh, den man anzieht, auch zuschnürt, ohne darüber nachzudenken. Vor allem aber brauchten sie einander. Beide hatten sie im selben Jahr verloren, was ihnen das Liebste war: er seine Mutter, sie ihren Sohn.

Jahre zuvor waren sie sich zum ersten Mal in Berlin begegnet, wohin ihre Pflegeeltern sie nach dem Abitur geschickt hatten, um auf der Lette-Schule, wie es sich für höhere Töchter gehörte, einen Grundkurs in Hauswirtschaftslehre zu absolvieren. An dem Abend ihrer ersten Begegnung, einer Abrissparty in Dahlem, saß die junge Frau allein auf dem Treppenabsatz einer alten Villa. Sie fühlte sich verloren, während die Paare zu dem sanften Sound Neil Youngs einem Kornfeld gleich auf der Tanzfläche hin- und herwogten. Er stand in einer Gruppe am Rand. Sie hatte ihn entdeckt, noch bevor er sie wahrnahm. Er kam auf sie zu, ziel- und selbstsicher, so als wäre die lange Narbe, die von der Augenbraue über das Lid direkt am Auge vorbei tief in die Wange einschnitt, kein Makel, sondern eine Auszeichnung. Als er vor ihr stehenblieb, sagte er unvermittelt: »Sie sehen aus wie eine Generalstochter. Sie passen nicht hierher.«

Doch er fand, dass sie zu ihm passe, auch noch, als sie nach einem halben Jahr nach Frankfurt zurückkehren musste, zum Unwillen der Pflegeeltern ohne Abschlusszeugnis. Sie hatte zu viele Stunden geschwänzt. Das war auf sein Konto gegangen, sein kleines Segelboot und den heißen Berliner Sommer. Der junge Mann hatte sie schon damals gefragt, ob sie ihn heiraten wolle. Ihre Entscheidung war schließlich gegen ihn ausgefallen, gegen eine in ihren Augen ungewisse Zukunft, eine Zukunft, die ihr Angst machte und die ihre Pflegeeltern ohnedies nicht gebilligt hätten. Damals hatte sie sich bei der Wahl ihres ersten Ehemanns für eine in ihren Augen kalkulierbare Welt entschieden. Wer nicht kalkulierbar war, war sie selbst.

Als sie nach vier Jahren wieder die Telefonnummer ihres damaligen Freundes wählte, genauso lange hatte ihre erste Ehe gedauert, war er am Apparat. Er war nicht einmal erstaunt, als hätte er auf ihren Anruf gewartet. Sie hatte ihren Mann, wie es in der Klageschrift hieß, »böswillig verlassen«. Nach der Rechtsprechung der 60er Jahre, in der noch das Schuldprinzip galt, war sie die Schuldige. Der Schuldspruch bedeutete für sie den Verlust ihres Sohnes. Er wurde dem Vater zugesprochen. Ihr Schwiegervater hatte ihr bei ihrer letzten Begegnung gedroht, sie im hintersten Winkel der Welt aufzuspüren, sollte sie versuchen, mit seinem Enkel, den er sehr liebte, wegzugehen. Auch ihre eigene Familie, die einflussreich genug gewesen wäre, den Ausgang des Scheidungsprozesses zu ihren Gunsten zu beeinflussen, stellte sich nicht hinter sie, sondern hinter den verlassenen Ehemann. Die Pflegetochter hatte den Familienkodex verletzt, nach dem private Probleme intern geregelt werden. Man arrangierte sich, aber man ließ sich nicht scheiden. Die Folgen einer Zuwiderhandlung waren ihr bekannt. Das Urteil hieß Ausgrenzung.

Später, als ihr Sohn erwachsen war, befand auch er sie für schuldig. Er zeigte ihr Dokumente, die in seinen Augen belegten, dass sie ihn freiwillig und ohne Druck aufgegeben hatte. Sein entscheidendes Argument war ihre Stärke: »Du hast in deinem Leben immer erreicht, was du wolltest. Wenn du mich gewollt hättest, hättest du mich bekommen.« Die Beweisführung war aus seiner Sicht folgerichtig, denn er kannte seine Mutter nur als starke, durchsetzungsfähige Frau. Richtig war sie dennoch nicht. Ihre Stärke war erst allmählich gewachsen. Sie war das Resultat ihres Überlebenswillens.

Nachdem sie ihren Sohn verloren hatte, verlor sie für viele Jahre ihre Fruchtbarkeit. Der sie erfolglos behandelnde Hormonspezialist, der ihre Symptome als »psychische Amenorrhoe« diagnostizierte, erklärte ihr, dass sich ihr Schmerz in ihrem Körper eingenistet und Teile seiner natürlichen Funktionen außer Kraft gesetzt habe. Derart tiefgreifende funktionale körperliche Fehlentwicklungen würden, abgesehen von Kriegszeiten, nur selten auftreten, und wenn, dann als Folge eines schweren Schocks. Die Trennung von Mutter und Sohn war der folgenschwerste Einschnitt im Leben beider Menschen. Mutter und Sohn hatten Wun-

den davongetragen, die sie sich nicht gegenseitig lecken konnten. Sie haben es beide überlebt, viele Jahre aber nicht gemeinsam.

Die Frau heiratete in Weiß. Auch beim zweiten Mal. Diesmal jedoch nicht in einem bodenlangen Brautkleid aus Brüsseler Spitze, sondern in einem weißen Wollkleid mit Rollkragen, zu dem sie weiße Stiefel trug. Wenigstens die Farbe sollte sie noch an eine normale Hochzeit erinnern. Ihr Mann entschied sich, wie jeden Tag, für eine helle Kordhose, dieselben gefütterten Stiefel wie jeden Tag in diesem kalten Winter und einen alten Lammfellmantel, den er von seinem ersten Gehalt als Assistenzarzt auf dem Flohmarkt gekauft hatte. Nach der standesamtlichen Trauung gingen sie nach Hause in ihre Anderthalbzimmerwohnung mit Kochnische am Savignyplatz. Sie legte eine orangefarbene Tischdecke auf, die zu der orangefarbenen überdimensionalen Papierblume passte, die in einem Tonkrug auf dem Boden stand. Sie tranken Tee und aßen Bienenstich, den Lieblingskuchen ihrer Kindheit.

Die kleine Wohnung war ihr Hamsternest. Die junge Frau kuschelte sich in ihre neue Welt ein wie in eine Daunendecke. Sie liebten einander wie Ertrinkende, und sie lebten wie Ertrinkende. Beide klammerten sich an alles, was sie über Wasser hielt. Sie buk für ihn Weihnachtsplätzchen nach Rezepten seiner verstorbenen Mutter, obwohl es nicht Weihnachten war. Hatte er Nachtdienst im Krankenhaus, kam sie zu ihm, weil sie nicht allein sein konnte, gerade nachts. Kaum schloss sie die Augen, träumte sie von ihrem Sohn. Es waren Träume ohne Hoffnung. Im Traum war er noch ein Baby und lag in einem Papierkorb. Als sie ihr Kind herausholen wollte, wurde es immer kleiner, bis es schließlich ganz verschwand. Sie schrie im Traum und in der Realität. Ihr Mann weckte sie.

Tagsüber versuchte sie ihr verdorrendes Selbstgefühl wieder aufzubauen. Was ihr dabei half, war der Umstand, dass sie die Einzige war, die die Nähe ihres ebenso liebevollen und sensiblen wie aufbrausenden und manischen Mannes gelassen ertrug. Nach den Jahren ihrer ersten Ehe, in denen sie als die Schwierige, Kapriziöse gegolten hatte, tat es ihr gut, die Verständnisvolle zu sein. Zunächst war sie es auch.

Zweiter Ort

Die Apotheke am Marktplatz

Es ist das Jahr 1943. Die Familie Lang muss Berlin verlassen und zieht nach Hofheim in Unterfranken zu der Schwester meines Vaters, Greta Knab, und ihrer Familie. Grund für die überstürzte Abreise ist eine Aufforderung der Regierung, der zufolge Mütter mit kleinen Kindern sich mit Beginn der Flächenbombardements der Großstädte in ländlichen Gebieten in Sicherheit zu bringen haben. Mein Vater begleitet seine Familie nicht nach Hofheim. Er bleibt in Berlin, um sich, solange es geht, an Ort und Stelle um seine Geschäfte zu kümmern.

Leicht fällt der Abschied von Berlin nicht. Die Familie muss ihr erstes gemeinsames Zuhause aufgeben, eines, das sie gestaltet hat, das sie mit Leben erfüllt hat, das sie geliebt hat. In seiner »Vorrede für die Nachgeborenen«, einer Schrift, die ich unter den Unterlagen meines Vaters finde, schreibt Günther Weisenborn: »Jeder Mensch findet in seinem Leben bestimmte Augenblicke, in denen ihm Türen aufgingen, wichtige Momente der inneren Biographie, die er nicht vergisst.« Der Abschied vom Kirchweg in Berlin ist ein solcher wichtiger Moment für meine Eltern. Aber die Türen gehen nicht auf, sie gehen zu, für immer. Das Landhaus an der Rehwiese haben meine Eltern nicht verkauft. Sie haben fest daran geglaubt, einmal dorthin zurückzukehren.

Greta, die älteste Schwester meines Vaters, die in den Hofheimer Jahren zur zentralen Figur der zusammengewürfelten Großfamilie wird, hat nichts von der Leichtigkeit, geschweige denn dem Leichtsinn ihres Bruders. Schon als kleines Mädchen hat sie einen strengen Zug um den Mund, der sich im Laufe ihres Lebens zur Furche vertieft. Ein Foto von 1904 zeigt sie mit ihrer Schwester Maja. Die Mädchen sind im Stil des gehobenen Bürgertums des ausgehenden 19. Jahrhunderts gekleidet: karierte Rüschenröcke, überdimensionale Hüte aus Tüll, schwarze Lackschuhe. Sie halten aufgespannte Sonnenschirme aus Brüsseler Spitze in den Händen. Die verspielt elegante Kleidung, auf die ihr Großvater Kessler so viel Wert gelegt hat, passt nicht recht zu den ernst blickenden Gesichtchen mit den durchdringenden Augen.

Als Greta heranwächst, vermeidet sie es bewusst, auch nur ansatzweise weibliche Reize ins Spiel zu bringen. Es gibt ein Foto von ihr, auf dem das ursprünglich naturgelockte Haar, durch einen Mittelscheitel geteilt, straff nach hinten gekämmt ist. Sie bevorzugt Kleider mit Stehkragen, die ihre aufrechte Haltung noch unterstreichen. Greta, die Unnahbare, will nicht gefallen, aber sie hat Ambitionen. Sie spielt besser Klavier, als dies für höhere Töchter üblich ist, und sie macht eine Ausbildung zur Säuglingsschwester, als sie nach der Mittleren Reife die Schule verlässt. Zum Abschlussexamen kommt es nicht. Sie hat Prüfungsangst. Später möchte Greta dennoch das Abitur nachholen und studieren, aber der Vater, der so unerbittlich auf die akademische Ausbildung seines Sohnes Hans achtet, gesteht den weiblichen Familienmitgliedern eine solche nicht zu.

Seine zweite Tochter Maja, die ihn schmetterlingsgleich umschwirrt, betrachtet er dagegen mit Wohlgefallen und Wehmut. Sie erfüllt sein Ideal der zugewandt-ergebenen Frau und macht ihm zugleich schmerzlich deutlich, was ihm in seiner Ehe an der Seite seiner selbstbewussten, durch ihre Herkunft unabhängigen Frau versagt geblieben ist.

Greta, die Ältere, verstaut das Bündel ihrer unerfüllten Träume nicht ohne Bitterkeit in den Tiefen ihres einsamen Herzens. Aus dem enttäuschten Mädchen wird eine strenge junge Frau. Als sich ein ernsthafter Bewerber einfindet, beschließt sie zu heiraten, um auf diese Weise dem Elternhaus den Rücken kehren zu können. Das

Jawort des Vaters hängt jedoch an einem seidenen Faden. Gretas Auserwählter, der Apotheker und Offizier der Reserve Emil Knab, versucht die allmählich versiegende Konversation bei seinem Antrittsbesuch im herrschaftlichen Haus der künftigen Schwiegereltern in Würzburg durch die Bemerkung zu beleben, dass er den Krieg bereits für verloren halte. Dass Großvater Lang nichts davon hören will und den Ahnungslosen beinahe vor die Tür setzt, liegt nicht an seiner Vaterlandsliebe, sondern an besagten Kriegsanleihen, die er im Bewusstsein seiner gutverzinsten patriotischen Pflicht in großem Umfang aufgenommen hat und um die er nun zu Recht fürchtet.

Greta und Emil Knab bekommen drei Kinder. Als ihr Ältester, Helmut, geboren wird, ist Greta gerade dreiundzwanzig Jahre alt, danach folgen Annemie und Margarete. 1931 erfüllt sich Emil Knabs Lebenstraum. Er möchte eine Apotheke kaufen und sich niederlassen, und er findet sie in Hofheim in Unterfranken in zentraler Lage am Marktplatz gegenüber der Kirche. Um die dafür aufgenommenen Schulden abzahlen zu können, wird streng gewirtschaftet. Die Familie spart. Mein Cousin Helmut erinnert sich an seinen Herzenswunsch, eine Kamera, und an die Reaktion seiner Mutter: »Solange wir keinen Esstisch haben, brauchst du auch keinen Fotoapparat.«

Das neue Zuhause der Familie Lang im Fachwerkhaus am Marktplatz mit seinen schmalen Gängen, dem Dachboden, dem gepflasterten Innenhof und der angrenzenden Scheune mit den hohen, wackeligen Leitern, auf die wir nicht steigen dürfen, es aber dennoch heimlich tun, ist für die Lang-Geschwister ein einziger großer Abenteuerspielplatz. Während Mady in den wenigen Augenblicken, in denen sie in dieser Zeit zur Ruhe kommt, wehmütig an Berlin zurückdenkt, fühlen sich die Kinder mit dem ihnen eigenen Pragmatismus vom ersten Tag an in ihrer neuen Umgebung wohl. Wenn Tante Greta vor Festtagen in den gepflasterten Innenhof der Apotheke geht, in den wegen der hohen Mauern nur selten ein Sonnenstrahl fällt, um in der von Hand betriebenen Eismaschine für die Großfamilie Speiseeis zuzubereiten, folgt ihr die Kinderschar und betrachtet andächtig das Wunder der Eiswerdung. In der Mitte des Holztrogs befindet sich ein Metallzylinder, der mit Brucheis umgeben wird. Ein Zahnrad, das die Tante unaufhörlich dreht, sorgt dafür, dass sich die rübenzuckersüße Masse im Zylinder in Speiseeis verwandelt.

Während der Hof von allen Bewohnern des Hauses betreten werden darf, ist der Dachboden für uns Kinder verbotenes Terrain. Dort sind in einem Holzverschlag die gefährlichen Medikamente aus der Apotheke aufbewahrt. Ich prüfe täglich, ob Onkel Emil nicht doch einmal vergessen hat, die Tür zum Dachboden abzuschließen. Nur an seiner Hand darf ich in diese verbotene Welt hinaufsteigen, die sich hinter einem Lattenverschlag mit einem schwarzen Totenkopf darauf verbirgt. Oft geschieht das nicht. Den gestrengen Onkel, der mit seiner mächtigen Statur, seinem kantigen Gesicht mit den buschigen Augenbrauen und seiner dröhnenden Stimme von allen respektiert und von einigen gefürchtet wird, und mich verbindet ein geheimer Pakt. Er nennt mich Stine, und Stine darf alles. Vor dem Schlafengehen schickt er mich zu meiner Freude und zur Empörung seiner Frau zur Brauerei nebenan, um einen Krug frisch gezapftes Bier für ihn zu holen. Später, auf seinem Schoß sitzend, darf ich den Schaum, der in der Nase kitzelt, abschlürfen.

Kommen in der Apotheke die bei allen Hausbewohnern beliebten kleinen Werbeproben für Hautcremes oder Zahnpasta an, steckt er sie mir heimlich zu, noch bevor die anderen sie entdecken. Auch Tante Greta verwöhnt mich, und gelegentlich wetteifern beide um die Gunst der Jüngsten. Da ich zu dieser Zeit blass und kränklich bin, aber kein Obst essen will, handelt Tante Greta mit mir ein Abkommen aus, das angesichts des chronischen Eiermangels jener Jahre eine Provokation für die übrigen Familienmitglieder darstellt. Für jede Erdbeere, die ich esse, macht mir Tante Greta ein Zuckerei.

Der Garten mit den von Birken eingefassten Kieswegen, den Obstbäumen und der gusseisernen Pumpe, der nicht weit von der Apotheke entfernt liegt, ist mein liebster Spielplatz. Einen mit

Rutsche und Schaukel gibt es ohnedies nicht im Dorf. Im Garten steht auch eine kleine Holzhütte mit einer noch kleineren überdachten Veranda davor. Die Hütte ist für die Gartenwerkzeuge vorgesehen. Hier richte ich mir mit der ersten Freundin meines Lebens, Helga, ein eigenes Zuhause ein. Immer wieder schleppen wir heimlich Kissen, Decken, Teller, Tassen und Besteck dorthin. Am Wochenende tun das die Erwachsenen, denn dann findet das Familienleben im Garten statt.

Ich höre, dass meine Freundin Helga ein Flüchtlingskind ist, und glaube, dass jedes Mädchen, das ein engelsgleiches Gesicht, blonde Locken und einen Buckel hat, ein Flüchtlingskind sei. Mein Cousin Helmut, der inzwischen mit dem Medizinstudium begonnen hat, will mit Helga einen Spezialisten aufsuchen. Er vermutet, dass es sich bei der Erkrankung des Mädchens um Knochentuberkulose handelt. Der Vater meiner Freundin lehnt eine Behandlung seiner Tochter mit den Worten ab: »Uns hat ein Fluch getroffen, da hilft auch kein Arzt.« Die schöne, bucklige Helga heiratet jung und stirbt jung.

Der Krieg ist in vollem Gang. Mady ist in großer Sorge um ihre Mutter, die noch immer in Würzburg lebt. Sie nimmt ihr unersetzliches Fahrrad und radelt nach einem Bombenangriff auf Würzburg zu ihr. Es sind über hundert Kilometer, aber sie macht keine Pause. In einem ihrer unzähligen Briefe berichtet sie davon. Sie eröffnen einen Einblick in diese Zeit und sind gleichzeitig lebhafte und liebevolle Zeugnisse der Persönlichkeit meiner Mutter. Sie schreibt an ihre Schwägerin Annemi: »Die Bombe fiel kurz nach dem Voralarm. Zu diesem Zeitpunkt war meine Mutter noch auf der Treppe. Das Treppenfenster brach durch den Luftdruck und stürzte über sie.« Ruth Gatzke, Julas Großnichte und spätere Sekretärin meines Vaters, eine ebenso unerschrockene wie kräftige Frau, ist als Erste zur Stelle. Sie nimmt meine verängstigte Großmutter kurz entschlossen auf den Arm und trägt sie in den Luftschutzkeller.

Mady lässt nichts unversucht, ihre Mutter nach Hofheim zu holen, aber es gelingt ihr nicht. Resigniert schreibt sie an Annemi: »Du kennst sie ja. Ihr Pflichtbewusstsein ist zu groß, dabei dürfte sie in ihrem Alter doch ein wenig mehr an sich denken.« Zu dem allgemeinen Leid der Kriegsjahre kommt der persönliche Kummer meiner Großmutter. Und er wiegt schwer. Die Frau ihres jüngsten Sohnes Walter, Else, die mit ihren Kindern Peter und Marlene zusammen mit ihrer Schwiegermutter Jula nach dem ersten Bombenangriff auf die Würzburger Innenstadt auf das außerhalb des Zentrums gelegene Familiengrundstück am Friedrich-Ebert-Ring zieht, macht dieser das Leben zur Qual. Geliebt von ihren Kindern und ihrem Mann Walter, der zu dieser Zeit an der Front ist, nicht aber von den übrigen Neckermann'schen Familienmitgliedern, die ihre schrille, derbe Art ablehnen, zahlt Else zurück, und sie zahlt heim. Es trifft meine Großmutter. Sie darf keines der Betten benutzen. Tagelang muss sie auf einem Liegestuhl übernachten. Der Kühlschrank wird verschlossen. Das Badezimmer darf sie nicht betreten. Ihre Kinder hält Else Neckermann dazu an, nicht mit ihrer Großmutter zu sprechen.

Überwunden hat meine Großmutter das Erduldete nicht. Sie hätte sich als Oberhaupt der Familie durchsetzen können, aber sie schweigt und erträgt. Nicht Hilflosigkeit ist die Ursache ihres Verhaltens, es ist ihre persönliche Entscheidung. Sie möchte ihren jüngsten Sohn, der von klein auf ihres Schutzes bedurfte, nicht in einen Konflikt stürzen, denn Walter liebt sie beide, seine Frau und seine Mutter.

Wenige Wochen nach dem ersten Bombenangriff auf Würzburg folgt die völlige Zerstörung der Stadt. Zum ersten Mal in ihrem Leben hört Mady ihre Mutter, die sie nach einem erneuten Luftangriff endlich am Telefon erreicht, weinen. Mady packt wieder einmal, ohne lange nachzudenken, ihr Fahrrad und radelt in zehn Stunden von Hofheim nach Würzburg. Um fünf Uhr früh kommt sie an. Der Brief, den sie nach ihrer Rückkehr an ihre Schwägerin Annemi schreibt, gibt wenig Aufschluss über ihre eigene Verfassung nach der langen, gefährlichen Fahrt, wohl aber über die ihrer Mutter: »Mutti schluchzte wie ein Kind und war seelisch und körperlich fertig. Sie spricht kein Wort.« Mady packt das Nötigste zusammen und verlässt mit ihrer Mutter und deren Faktotum Therese die brennende Stadt. Obwohl Zugfahrten wegen der Bombenangriffe lebensgefährlich sind, nutzt sie die nächste Möglichkeit. In Hofheim wird meine Großmutter Neckermann von Emil und Greta Knab liebevoll aufgenommen, so als wäre es die eigene Mutter.

Was im Hinblick auf diese Begebenheit nicht in den Briefen meiner Mutter, wohl aber in den *Erinnerungen* meines Pflegevaters steht, ist der Umstand, dass Josef am 16. März 1945 einen anonymen Anruf bekommt, in dem ihm »eine unbekannte Männerstimme mit starkem Akzent« mitteilt, dass »Würzburg noch heute zerstört wird«. Er nimmt die Warnung ernst und ruft seine Schwester Mady in Hofheim an mit der Bitte, die Mutter umgehend aus Würzburg zu holen. Ob die Warnung ihres Bruders oder die Tränen ihrer Mutter sie bewogen haben, Mady hat keinen Augenblick gezögert. Mein Pflegevater schreibt: »Meine Schwester stellte keine langen Fragen. Sie fuhr sofort los und holte unsere Mutter ab.« In dieser Nacht wird Würzburg in ein Trümmerfeld verwandelt. Die Bischofsstadt gleicht einem Friedhof.

Mady schreibt Annemi in einem ihrer gehetzten Briefe, was meine Großmutter, die bis dahin erfolgreich versucht hat, Haltung zu bewahren, in einen so bedauernswerten Zustand versetzt hat, bittet sie aber, Necko gegenüber nichts vom Verhalten der Schwägerin zu erwähnen, um die angespannte Situation zwischen den Brüdern nicht weiter zu verschärfen. Annemi hält sich nicht daran. Josef ist empört, und auch er schweigt nicht. Die gegenseitigen Anschuldigungen belasten den ohnedies labilen Familienfrieden.

Es ist nicht allein das Vertrauen meiner Mutter in ihre Schwägerin Else, das in dieser Zeit zerbricht, auch die Beziehung zur Frau ihres Bruders Josef bekommt einen Sprung. Meine Mutter kann ihr nicht mehr bedingungslos vertrauen. Tief enttäuscht fragt sie Annemi in einem Brief: »Warum hast Du das getan? Warum hast Du das weitergegeben? Was hast Du damit erreichen wollen? Ich könnte mich ohrfeigen, Dir so viel erzählt zu haben.«

Das vorübergehende Zerwürfnis mit ihrer Schwägerin wird angesichts der Sorgen, die sich Mady um ihren eigenen Mann macht, zum Nebenschauplatz. Er ist wieder einmal geschäftlich in Polen. Im Februar 1945 schreibt meine Mutter: »Ich bin manchmal ganz unglücklich, wenn ich daran denke, was noch alles kommen wird und was aus den Kindern wird. An unsere Verluste in Kalisch und Lissa denke ich gar nicht mehr. Ich machte mir nur Sorgen, bis ich wusste, dass Hansi gut herausgekommen war. Er war in Berlin gewesen, um endlich die Genehmigung zur Verlagerung des Rüstungsbetriebs zu bekommen. Es war nicht möglich, und so fuhr er am Sonntag zurück, kam aber gar nicht mehr nach Lissa, da die russischen Panzerspitzen schon in der Nähe waren. Leider gingen auch seine warme Wäsche, seine Schuhe und seine Anzüge dabei zum Teufel. Außer seiner Aktentasche hat er nichts gerettet. Auch alle deutschen Angestellten kamen glücklich heraus. Das Leben ist die Hauptsache.«

Dass mein Vater in Kalisch, Lissa und Lodsch auch noch während des Krieges mit Unterstützung des damaligen Staatssekretärs im Wirtschaftsministerium, Dr. Franz Hayler, Textilfabriken und, wie meine Mutter schreibt, Rüstungsbetriebe aufbauen und betreiben kann, ist ebenso erstaunlich wie bedenklich. Erst Anfang 1945 muss er sie aufgeben. Mein Vater verfolgt die Idee, in Polen eine umfassende Produktionskette aufzubauen, die von der Schafzucht bis zum fertigen Stoff reicht. Man muss davon ausgehen, dass in seinen Betrieben vorwiegend polnische und jüdische Zwangsarbeiter beschäftigt sind.

Die Frage, ob meine Mutter die politischen Hintergründe der geschäftlichen Unternehmungen ihres Mannes kennt, ob sie weiß, dass gerade in Lodsch, dem ehemals von Juden geprägten polnischen Textilzentrum, das zusammen mit einem großen Teil Posens als »Warthegau« ins Dritte Reich eingegliedert wird, und 200 000 Juden zwischen 1939 und 1944 das dort errichtete Ghetto Litzmannstadt durchlaufen, muss in diesem Zusammenhang gestellt werden. Eine Antwort gibt es nicht. Ihren Briefen nach zu urteilen, an deren Wahrhaftigkeit ich nicht zweifle, hat sie diese Zusammenhänge nicht durchschaut.

In Hofheim werden die Vorräte knapp, der Wohnraum auch. Doch meine Mutter, die treibende Kraft der Hofheimer Gemeinschaft, lässt sich nicht unterkriegen. An ihre Schwägerin Annemi schreibt sie: »Ich wachse an den Aufgaben, und gesundheitlich bin ich noch recht stabil.« Und sie fährt fort: »Wir beginnen jetzt schon mit der Arbeit im Mistbeet. Der Salat steht schon recht gut, und nun hoffen wir, ihn mit Decken, Matten etc. durchzubekommen. Als Mangelware haben wir nur Zucker und Salz, das nicht zu bekommen ist. Höchstens 50 Gramm pro Kopf.«

Zunächst lebt die Großfamilie von den vielen Vorräten aus dem Garten, doch die Lebensmittel reichen schon bald nicht mehr aus, da die Hausgemeinschaft fast täglich größer wird. Um Nachschub heranzuschaffen, zweigt meine Mutter in der Apotheke Medikamente ab und fährt damit aufs Land, um sie gegen Schinken, Kartoffeln, Bohnen und Eier einzutauschen. Oft ist Mady den ganzen Tag mit dem Fahrrad unterwegs. Diese Touren sind nicht ungefährlich, das weiß sie. Einmal begegnet sie einem desertierten Soldaten. Getan hat er ihr nichts. Sie teilt mit ihm die Angst, den Hunger und die Lebensmittel.

Keiner, der an der Apothekentür klingelt, wird abgewiesen. Es ist vor allem meine Mutter, die sich in dieser Situation durchsetzt. Eine Frau und ihre fünf kleinen Kinder finden in der Apotheke Unterschlupf, nachdem sie acht Tage auf der Landstraße herumgeirrt sind. Mady schreibt an ihre Schwägerin Annemi: »Ich habe bis jetzt nur ein Zimmer für sie. Mir tun all die armen Menschen so leid. Wer weiß, wann wir so dastehen. Was soll man tun? Man überlegt so viel und kommt mit seinen Gedanken doch nicht weiter.«

Mady tauscht in dieser Zeit klaglos ihre elegante Garderobe der Berliner Jahre gegen die den veränderten Lebensbedingungen angepasste Kittelschürze ein. Nur ein paar gute Kleidungsstücke und den dunkelroten Lippenstift hebt sie sich für die Tage auf, an denen ihr Mann nach Hause kommt. Oft geschieht das nicht. Die häufige Abwesenheit des Vaters hat die uneingeschränkte Bewunderung seiner ältesten Tochter Uschi, die sie zeit ihres Lebens wie einen kostbaren Schatz bewahrt, nicht beeinträchtigt, im Gegenteil. Während die Hilfsbereitschaft der Mutter für sie selbstverständlicher Bestandteil des täglichen Lebens ist, erfüllt es meine Schwester mit Stolz, als der Vater einen neunzehnjährigen Kriegsheimkehrer, der im Hofheimer Lazarett nur unzureichend versorgt wird, in die Familie aufnimmt und ihm in seiner Firma Arbeit gibt. Als die Schulen in Hofheim vorübergehend geschlossen werden, unterrichtet der junge Mann die beiden Ältesten.

Der häusliche Friede der Großfamilie, um den sich alle mit unterschiedlicher Intensität bemühen, wird immer wieder von Erschütterungen heimgesucht. Bei dem beachtlichen Konfliktpotential, das das Zusammenleben von inzwischen fast zwanzig eigenständigen und eigenwilligen Menschen unter einem Dach mit sich bringt, ist das nicht verwunderlich, auch wenn meine Tante Greta ein strenges Regiment führt. Sie selbst ringt nur bei den gelegentlichen cholerischen Ausbrüchen ihres Gatten Emil, aus denen dieser sanft wie ein Lämmchen hervorgeht, um Fassung. Tante Greta hat es sich zur Aufgabe gemacht, in ihrem Haus für Ordnung und Moral zu sorgen. Leicht ist das nicht. Das Hausmädchen Traudel entdeckt sie im Bett ihres Sohnes Helmut. Noch in derselben Nacht wirft sie ihren missratenen Sprössling aus dem Haus. Traudel, in den Augen der gestrengen Greta die Ursache des Übels, darf dennoch bleiben. Meine Tante kann auf keine zupackende Hand verzichten. Das Hausmädchen bekommt jedoch die Auflage, sofort die Küche zu verlassen, wenn Tante Greta sie betritt.

Auch das andere Dienstmädchen, Zilli, führt einen Lebenswandel, den sie nicht billigen, aber auch nicht verhindern kann. Der kaffeebraune Ludwig, ein in Hofheim stationierter GI, hat nicht nur ein Auge auf Zilli geworfen, er versorgt auch die Familie mit Zigaretten und Schokolade. Bei seinen täglichen Besuchen wirft er die Jüngste, das bin ich, durch die Luft und tanzt mit ihr auf dem Arm durch die Küche. Das Wohnzimmer darf Ludwig nicht betreten. Dass er zumindest einmal Zillis Kammer betreten haben muss, wird rundum sichtbar, als ihre karierte Kittelschürze über dem Bauch zu spannen beginnt. Kurz vor der Geburt des deutsch-amerikanischen Vermächtnisses löst sich Ludwig in Luft auf, und für die Familie beginnen schokolade- und zigarettenarme Zeiten.

Damit nicht genug, wird Tante Gretas zehnjährige Tochter Margarete zusammen mit meiner Schwester Uschi und meinem Bruder Mockel in der Schule mit Kondomschächtelchen erwischt. Der Schulrat will die Kinder von der Schule weisen. Deren wahrheitsgemäße Erklärung, sie hätten sie leer in der Apotheke gefunden und ihre Radiergummis darin verwahrt, glaubt der Schulrat nicht. Es ist mein Vater, der die Sache in die Hand nimmt. Es gelingt ihm, den Beschluss dank seiner Autorität und seines Ansehens rückgängig zu machen. Sein Vorschlag, bei dem der Schulrat nicht das Gesicht verliert, ist gut kalkuliert. Mein Vater verpflichtet sich, die Kinder zu einem Psychologen zu schicken. Getan hat er es nicht.

Während Tante Greta herrisch und mürrisch für einen geregelten Tagesablauf sorgt, Emil zusammen mit meinem nur sporadisch auftauchenden Vater für die finanzielle Basis des Haushalts zuständig ist und meine Großmutter mit ihrem gütigen Herzen im ganzen Haus ein Gefühl von Geborgenheit verbreitet, sorgt meine Mutter nicht nur für Lebensmittel, sondern auch für Lebensfreude.

Die Liebe meiner Eltern zu Festen ist seit ihren ersten gemeinsamen Bällen bei der Gothia ungebrochen. Nur ein Weihnachtsfest muss ausfallen, da mein Vater Scharlach bekommt, Großmutter Neckermann zur selben Zeit mit Keuchhusten in ihrer Kammer liegt und Greta mit Diphtherie das Bett hüten muss.

Der 40. Geburtstag meines Vaters am 27. August 1946 ist ein rauschendes Fest. Es wird, da die Apotheke für alle Gäste zu klein ist, in den ein paar Hundert Meter entfernten Garten verlegt. Das Gartenhaus ist festlich geschmückt, und in den Bäumen hängen Lampions. Mein Vater betrachtet seine Familie, seine Frau, die in ihrem bunten, langen, schwingenden Rock wie eine Zigeunerin aussieht und barfuß über die Wiese tanzt, seine vier Kinder, die wie die Orgelpfeifen dastehen, während sie ein von Mockel verfasstes Geburtstagsgedicht vortragen. Alle haben sie die Kriegsjahre gesund überstanden. Er selbst ist in den besten Jahren und ein erfolgreicher Geschäftsmann. Sie haben es geschafft, gemeinsam, und sie lieben einander. Er hat allen Grund, stolz zu sein.

Auch zu dieser Familienfeier ist die fünfköpfige Neckermann-Familie angereist. Bis zum Morgengrauen wird getanzt. Dennoch hinterlässt das Fest einen Nachgeschmack. Necko beschimpft seine Schwester Mady im Laufe des Abends und wirft ihr vor, wie eine Schlampe auszusehen. Anlass für seinen Ausbruch, den alle hören und niemand versteht, ist eine Sicherheitsnadel, mit der meine Mutter ihren Rock in der Taille zusammengehalten hat.

Es fällt mir schwer, die Beziehung meiner Mutter zu mir einzuordnen, obwohl ich im Laufe der Jahrzehnte viel darüber nachgedacht habe. Die Aussagen Dritter zeichnen ein Bild, mit dem ich mich nicht zufriedengeben will. Mehr Anhaltspunkte finde ich in ihren zahlreichen schriftlichen Äußerungen. Was meine Mutter darin über ihre Jüngste schreibt, klingt liebevoll meine Person betreffend und sorgenvoll, was meine Gesundheit angeht. Auch wenn sie nicht viel Zeit hat, wenn es darauf ankommt, ist sie da.

Erst ein halbes Jahrhundert nach ihrem Tod öffnet sich mir die Tür zu unserer gemeinsamen Vergangenheit einen kleinen Spalt. Ein Foto, das ich beim Ordnen der Unterlagen entdecke und das mir nie zuvor aufgefallen ist, ruft eine Melodie in mir wach und mit ihr einen bis dahin verschwundenen Moment meiner Kindheit. Die Erinnerung ist verschwommen, aber mit starken Emotionen besetzt. Es ist eine kleine, braunstichige Fotografie mit gezacktem Rand, die an Weihnachten in Hofheim aufgenommen worden sein muss. Sie zeigt meine Mutter und mich am Esstisch. Im Hintergrund ist auf der einen Seite schemenhaft ein Weihnachtsbaum zu erkennen, auf der anderen ein Klavier. Ich kaue genüsslich an einem Hühnerbein. Meine Mutter schaut mich an, sehr ernst und sehr liebevoll. Im Vordergrund brennen Kerzen.

Die Melodie eines Liedes kommt zu mir zurück, von dem ich plötzlich glaube, dass meine Mutter es in Hofheim gesungen hat. Das Lied ist traurig, weil es vom Abschied handelt und von einem Kind, das »Heitschi Bumbeitschi« heißt. Ich habe alle, die meiner

Mutter begegnet sind, gefragt, ob sie das Lied »Heitschi Bumbeitschi« kennen. Von meinem Cousin Helmut Knab bekomme ich schließlich eine Antwort. Er kennt das Lied, auch wenn er sich nicht mehr daran erinnern kann, woher. Der Text klingt wie eine Vorahnung in meinen Ohren: »Heitschi Bumbeitschi schlaf lange/es ist ja dein Mutter fortgange/sie ist ja fortgange und kommt nimmer heim/und lässt ihr kleins Mädel allein daheim/Arme Heitschi Bumbeitschi, bum bum.«

Eine andere Begebenheit aus der Hofheimer Zeit, die ein Schlaglicht auf die Beziehung zwischen mir und meinen Eltern wirft, wird in der Familie immer wieder kolportiert, bis auch ich sie eines Tages zu hören bekomme. Jahrzehnte hat sie in mir Schuldgefühle ausgelöst, Schuldgefühle meinen Eltern gegenüber. Sie wollen mit ihrer Tochter Juli nach Bad Kissingen zur Kur fahren. Von ihren Ältesten Uschi und Mockel haben sie sich bereits verabschiedet. Aber wo bin ich? Die Großfamilie verteilt sich über das Haus und die Umgebung, um die Vierjährige zu suchen. Mein Cousin Helmut erinnert sich an die Selbstmördereiche, wie sie von den Dorfbewohnern genannt wird. Er hat mich schon oft von dort nach Hause geholt.

Ein Blitz hat den gewaltigen Stamm in der Mitte gespalten, so dass er wie eine Wunde aufklafft, deren geräumiges Inneres eine Höhle bildet. Ein Flüchtling hat sich in seinen Zweigen erhängt. Da der Tote nicht identifiziert werden kann und darum auch niemand seine Religionszugehörigkeit kennt, will ihn keine der beiden Kirchengemeinden des Dorfes beerdigen. Der katholische Pfarrer lehnt die Bestattung mit der Begründung ab, dass ein Selbstmörder keinen Anspruch auf die ewige Seligkeit habe. Der evangelische Pfarrer hat schließlich Erbarmen und begräbt ihn in geweihter Erde.

Später wird direkt neben dem Baum ein Fußballplatz angelegt und im breiten Geäst der Eiche der Sitz des Schiedsrichters eingerichtet. Eisenhaken, die in den hohlen Stamm geschlagen sind, dienen als Treppe. Auch dort kann Helmut die Ausreißerin nicht finden, obwohl er weiß, dass in den dichten Zweigen mein Lieblingsplatz ist. Meine Eltern können nicht länger warten und fahren ab. In der Nähe des Güterbahnhofs, zwischen alten Gleisen und noch älteren, ausrangierten Waggons, werde ich Stunden später gefunden. Es beginnt schon zu dämmern. Meine erste ängstliche Frage lautet: »Sind die Langs schon weg?«

Jahrzehnte später habe ich in Gesprächen mit meiner Cousine Annemie Knab etwas verstanden, was mich diese Begebenheit mit anderen Augen hat sehen lassen. In der turbulenten Großfamilie der Hofheimer Zeit, in der vor allem Tante Greta und Onkel Emil meine Bezugspersonen sind, ist mir wahrscheinlich gar nicht bewusst gewesen, dass die Langs, wie ich sie nenne, meine Eltern sind. Damals habe ich vor ihnen Angst, weil ich fürchte, dass sie mich mitnehmen.

Auch Tante Greta hat Angst, wenn auch nicht vor ihrem Bruder und seiner Frau, so doch vor deren schlechtem Einfluss auf die Familie, der ihrem Kampf gegen die häusliche Unmoral immer wieder Rückschläge versetzt. Was soll sie machen, wenn meine Schwester Uschi während des gemeinsamen Sonntagsfrühstücks ins Wohnzimmer stürzt und ruft: »Weiß jemand, wer der fremde Mann in Mamis Bett ist?« Eine Antwort bekommt sie nicht, obwohl zumindest die Erwachsenen wissen, um wen es sich handelt. Er ist Vertreter in der Firma meines Vaters. Mein Cousin Helmut erzählt mir Jahrzehnte später, dass sich die beiden Männer gut verstanden haben.

Meine Großmutter, die diese Szene miterlebt, verurteilt ihre Tochter nicht. Sie zweifelt auch in diesem, für alle Anwesenden peinlichen Moment nicht an der bedingungslosen Liebe zwischen Mady und ihrem Mann. Mady hat nach anfänglichen Bedenken das beherzigt, was ihr Mann ihr vorgelebt und für gut befunden hat, die freie Liebe in einer unverbrüchlichen Ehe. Leicht ist es ihr nicht gefallen, zu sehr ist sie auf ihren Mann fixiert, so sehr, dass sie fühlt, ihn nur halten zu können, wenn sie seine Freiheit nicht einschränkt.

Ich finde gleich mehrere von meiner Mutter abgeschriebene literarische Texte über die Ehe, die deutlich machen, wie intensiv sie sich mit diesem Thema auseinandersetzt. Einer endet mit dem Satz: »Sich zu kennen gibt es keinen hinlänglichen Grund: Der menschliche Zustand ist so hoch in Leiden und Freuden gesetzt, dass ja nicht berechnet werden kann, was ein paar Gatten einander schuldig sind. Es ist eine unendliche Schuld, die nur durch die Ewigkeit abgetragen werden kann.« Der Autor ist nicht genannt. Meine Mutter weiß, dass das Gelingen oder Scheitern ihrer Ehe allein von ihr abhängt. Nicht nur von ihrer Toleranz, sondern vor allem von ihrer Akzeptanz des alle damals gängigen Moralvorstellungen sprengenden Lebensmusters ihres Mannes.

Sowohl meine Pflegemutter Annemi Neckermann als auch mein Cousin Helmut Knab berichten mir davon, dass Mady, im Gegensatz zu ihrem Mann, der kurze Abenteuer bevorzugt, zwei länger andauernde Beziehungen hat. Es ist nicht das Einzige, was Annemi an ihrer Schwägerin irritiert. Als ich sie einmal bitte, mir etwas über meine Mutter zu erzählen, sagt sie: »Deine Mutter war so animalisch.« Als Beleg dafür schildert sie mir die folgende Begebenheit: Es ist ein besonders kalter Winter, Annemi hat sich nach Berlin durchgeschlagen, um die Langs zu besuchen. Halberfroren, mit Schüttelfrost und Fieber kommt sie im Kirchweg an. Als Mady die Tür öffnet, erschrickt sie über den erbarmungswürdigen Zustand ihrer Schwägerin. Während sie die Zitternde in die Arme nimmt, fühlt sie die Hitze des Fiebers. Mady zieht erst sich und danach Annemi die Kleider aus und trägt ihre Schwägerin ins Bett, um sie mit ihrem nackten Körper zu wärmen. Annemi hat diese Begebenheit nie vergessen. Es muss ihr schwergefallen sein, mir davon zu erzählen. Ich bin ihr dankbar dafür.

Die erste außereheliche Beziehung meiner Mutter liegt bereits vor den Hofheimer Jahren. Ihr Liebhaber ist blond und groß und trägt eine Uniform. Das ist auf dem Foto von 1938 zu sehen, das ihn unterm Weihnachtsbaum neben meiner Mutter zeigt. Er hat meine Schwester Juli auf dem Arm. Sie ist wenige Monate alt. Die beiden Großen, Uschi und Mockel, sind nicht auf dem Foto, auch nicht der Vater. Er ist mit ihnen über Weihnachten in den Skiurlaub nach Berchtesgaden gefahren. Zum ersten Mal ist die Familie an Weihnachten nicht zusammen.

Der Wunschzettel meiner Schwester Uschi an das »liebe Christkind im Himmel, Himmelsstraße, Wolkenkratzer II. Stock« stammt aus diesem Jahr. Sie schreibt: »Ich weiß ja, dass es dieses Jahr nichts gibt«, und fügt hinzu: »Überhaupt ist es schon genug, dass wir nach Berchtesgaden dürfen, denn ich freue mich so sehr.« Uschi erinnert sich an unbeschwerte Tage im Schnee. Sie macht sich keine Gedanken darüber, dass die Mutter und die kleine Schwester Juli nicht dabei sind, im Gegenteil, sie und ihr Bruder haben den Vater endlich einmal für sich allein.

Jahre später erzählt mir Uschi von dem einzigen großen Streit zwischen den Eltern, den sie miterlebt hat. Er ist diesem Weihnachtsfest vorausgegangen. Bei einem gemeinsamen Spaziergang wird mein Vater laut, meine Mutter weint, und die beiden Großen, Uschi und Mockel, sind verschreckt und fühlen sich ganz klein. Es kommt zu keiner weiteren Auseinandersetzung mehr im Beisein der Kinder. Der Freund meiner Mutter ist an der Front gefallen. Für mich bleibt er anonym, weil ich nicht einmal seinen Namen kenne. Ich hätte gerne mehr von ihm gewusst.

*

Die Rollen meiner Eltern sind klar verteilt. Mein Vater ist der Intellektuelle mit zwei linken Händen, meine Mutter die Intuitive, Zupackende. Er ist es auch, der in den Nachkriegsjahren für den Lesestoff der Familie sorgt. Einfach ist das nicht. Bücher werden noch nicht wieder gedruckt. Der Rowohlt Verlag stillt den Hunger nach Literatur mit besonderen Ausgaben. Monatlich bringt der Verlag sogenannte Lesehefte heraus, die auf Zeitungspapier gedruckt sind. Ein Heft mit rund dreißig Seiten kostet fünfzig Pfennig, der Doppelband eine Mark. Mein Vater kauft sie alle. Auf einige hat er mit Bleistift seinen Namen geschrieben. Ein paar Hefte sind noch in meinem Besitz. Sie sind teilweise stark beschädigt, zerrissen und mit Klebstreifen zusammengehalten.

Im August 1946 kommt im Rowohlt Verlag eine weitere Reihe der Lesehefte heraus, die sich »Story – Novellistik aus dem Ausland« nennt. Das Heft 2, Jahrgang 1, vom September 1946 enthält

Beiträge von Joseph Conrad, William Saroyan, Jean Giono, Hans Christian Branner und Chang Tien Yi. Ein Text von Günther Weisenborn mit dem Titel »Memorial« fasziniert mich besonders. Er vermittelt mir den nachhaltigsten und authentischsten Einblick in die Angst und Ausweglosigkeit all derer, die sich in der Zeit des Dritten Reiches gegen das Regime zu wehren versuchen. Gewehrt hat sich mein Vater wohl nur zu Beginn. Am 1. Juli 1942, am Tag meiner Geburt, wird Dr. Hans Lang unter der Nummer 8 739 482 Mitglied der NSDAP.

In einem der bereits erwähnten Zeitschriftenromane finde ich ein Blatt, auf dem ein Monolog steht, den André Gide einem fiktiven Freund und Jünger hält. Der maschinenschriftliche Text, den mein Vater aufgehoben und vermutlich auch selbst abgetippt hat, enthält Passagen, die viel über ihn und seine Haltung aussagen: »Vertraue niemandem außer der Stimme des eigenen Gewissens! Sei aufrichtig vor allem gegen Dich selbst! Erforsche Dein eigenes Wesen! Gehe Deinen eigenen Weg! Werde, der Du bist!« Auf demselben Blatt steht auch ein Text von Klaus Mann, der auf Gide reagiert: »Gide prägte mir ein, dass jedem von uns sein eigenes individuelles Gesetz mitgegeben ist, welches immer wieder aufs Neue befragt und ergründet, immer wieder befolgt sein will, ohne Rücksicht auf Mode und Vorurteile, ohne Kompromiss. Sich selbst treu sein, darauf kommt es an. Wer sich selbst verrät, wird auch der Gemeinschaft, dem sozialen Ganzen nicht dienen können. Je unabhängiger und konsequenter die Persönlichkeit, desto größer der Beitrag, den sie zum allgemeinen Wohl leisten wird.«

Wenn meine Mutter Zeit zum Schreiben findet, handelt es sich mit wenigen Ausnahmen um Briefe. Ihre Korrespondenz in den Hofheimer Jahren sagt viel über ihren Gemütszustand aus, auch wenn sie selten von sich berichtet. Alle Briefe dieser Jahre sind wohl immer in großer Eile verfasst. Muße zum Schreiben hat sie nicht. Je betroffener sie ist, desto undeutlicher das Schriftbild, die Buchstaben werden größer, schräger und spitzer, so als würden sie ihr gleich davonfliegen. Nahezu kein Satz ist grammatikalisch richtig, von Rechtschreibung und Kommasetzung ganz abgesehen.

Die Ursache für ihre vielen Briefe in dieser Zeit, vor allem an ihre Schwägerin Annemi, ist weniger in einem ausgeprägten Mitteilungsbedürfnis zu suchen als darin, dass Mady es als ihre persönliche Verpflichtung ansieht, den Kontakt zur Familie ihres Bruders Josef nicht abreißen zu lassen. Sie möchte die beiden Familien zusammenhalten.

Am 31. Oktober 1945, die Familie Lang lebt zu dieser Zeit noch in Hofheim, wird mein Pflegevater Josef Neckermann verhaftet, aber erst am 1. Dezember dieses Jahres übergibt man ihm die Anklageschrift, in der er beschuldigt wird, gegen eine Anordnung der Militärregierung verstoßen zu haben. Am 11. Dezember 1945 wird das Urteil gesprochen: schuldig. Mein Pflegevater schreibt: »Gemessen am Verlauf des Prozesses erschien mir das Strafmaß fast milde: ein Jahr ›Hard Labour‹, Zuchthaus.« Ein unglücklicher Zufall will es, dass Josef, der in Würzburg in Handschellen abgeführt wird, seiner Mutter auf der Straße begegnet. Er beschreibt das mit den Worten: »Nie zuvor und niemals danach in meinem Leben habe ich größere Scham empfunden als in diesem kurzen Augenblick.« Auf einem Wurfzettel des Würzburger Oberbürgermeisters, in dem alle Personen aufgeführt werden, die vom US-Militärgericht der Stadt ihrer »gerechten Strafe« zugeführt werden, steht unter der Nummer 490 der Name Josef Neckermann.

Trotz der wachsenden Verpflichtungen durch die Hofheimer Familiengemeinschaft besucht Mady ihren Bruder Josef regelmäßig in der Haft. Immer bringt sie Lebensmittel, Medikamente und Briefe von der Familie mit. Meine Schwester Uschi erinnert sich daran, wie lästig es ihr ist, wenn sie von ihrer Mutter den Auftrag bekommt, an Onkel Josef im Gefängnis zu schreiben. Entsprechend fallen ihre Briefe aus. Mein Bruder Mockel dagegen schreibt wie seine Mutter gerne Briefe. Er erzählt seinem Onkel Josef, dass er sich fast den ganzen Tag draußen herumtreibt, am liebsten seine Zeit am Pool des Hofheimer »Military Gouvernements« verbringt, dass er sich gern auf Englisch unterhält und mit Begeisterung Auto fährt. Er fügt hinzu: »Ich kann es schon recht gut, weil Vati und Mami mich öfters fahren lassen.« Da ist er vierzehn Jahre alt.

Mady möchte ihren Bruder mit ihren Briefen aufmuntern und ihm Zuversicht geben. Sie schreibt: »Die Hauptsache ist, sich nicht unterkriegen zu lassen. Wir müssen unseren Eltern von Herzen dankbar sein, uns so ein gutes Naturell mitgegeben zu haben. Auch wenn Stunden kommen, in denen man ganz down ist, so lassen wir uns nicht klein bekommen und fangen mit neuem Mut wieder an. Nicht wahr, liebes Brüderlein?« Während ihr Bruder Josef wegen »Betreiben eines Geschäftes ohne Erlaubnis« verurteilt wird und lange auf seine Entnazifizierung warten muss, kommt ihr Mann Hans mit heiler Haut davon, da er, strategisch vorausblickend, seinen Freund und Geschäftspartner Toni Rommel für sich eine Strafe hat absitzen lassen und zudem kurz nach dem Einmarsch der Amerikaner entnazifiziert wird.

Meine Schwester Uschi erinnert sich auch nach mehr als einem halben Jahrhundert noch lebhaft an den Einzug der Amerikaner in Hofheim. Während die Soldaten durch das eine der beiden Stadttore einmarschieren, fährt mein Vater, von einer längeren Geschäftsreise zurückkehrend, durch das andere herein. Er ist in Hochstimmung und hat Geschenke für die ganze Familie mitgebracht. Noch am selben Tag betritt ein hoher amerikanischer Offizier die Apotheke. Er will Dr. Hans Lang sprechen. Die beiden Männer ziehen sich in das Arbeitszimmer meines Onkels Emil zurück. Am nächsten Tag geht mein Vater zum Rathaus. Als er wiederkommt, erklärt er seiner Familie, so als hätte er nichts anderes erwartet: »Alles in Ordnung. Ich bin entnazifiziert. Es wird keinen Prozess geben.«

Der Gedanke, mein Vater könnte mit den Amerikanern kollaboriert haben, der mir während meiner Recherche gekommen ist, bestätigt sich nicht. In einer Antwort des U.S. Department of Justice, Federal Bureau of Investigation, vom Juni 2011 auf eine Anfrage meines Sohnes Lukas steht: »We were unable to identify responsive main file records.« Die Vermutung liegt daher nahe, dass der amerikanische Offizier ein in die USA ausgewanderter ehemaliger Bundesbruder gewesen sein könnte, der die Entnazifizierung im Sinne meines Vaters geregelt hat.

Ob diese Vermutung stimmt und, wenn ja, ob meine Mutter davon wusste, sei dahingestellt. Sie möchte diese Ungerechtigkeit des Schicksals, das den eigenen Mann bevorzugt und den Bruder benachteiligt, so gut sie kann, ausgleichen. Madys Briefe dieser Jahre offenbaren ihren tiefen Wunsch, die schicksalhafte Verquickung unglücklicher Umstände wiedergutzumachen. Wie sehr sie sich verantwortlich fühlt, zeigt ein Brief an ihre Schwägerin Annemi, in dem sie die prompte Entnazifizierung ihres Mannes mit dem Satz kommentiert: »Ein Gutes hat es. Wir können nun arbeiten für euch alle.«

Wenn meine Mutter ihren Bruder im Gefängnis besucht, übernimmt sie immer wieder die Rolle der Botin und Vermittlerin zwischen Josef und seiner Frau Annemi. Manchmal wird sie zur Trösterin. So schreibt sie an ihre Schwägerin, die mit ihren drei Kindern Peter, Evi und Johannes nach Gräfelfing bei München gezogen ist: »Wenn Josef Dich auch in der letzten Zeit vor Hetze und Geschäft arg vernachlässigt hat, so sind ihm in den letzten fünf Wochen [im Gefängnis] die Augen über sich und sein Leben aufgegangen. Es gibt nur einen Menschen auf der Welt für ihn, und das bist Du. Er hat so viel Zeit zur Selbstbesinnung, er will alles so ganz anders machen. Du sollst an erster Stelle stehen, die Kinder und nie mehr das Geschäft. Ganz neu und schön will er sein Leben mit Dir aufbauen.«

Diese von meiner Mutter an ihre Schwägerin übermittelten Einsichten entspringen wohl eher ihrer optimistischen Grundhaltung als der Selbsterkenntnis ihres Bruders, auch wenn dessen Gefängnisaufenthalt kurzfristig zu neuen Einsichten geführt haben mag. Liest man die Briefe genau, so wird deutlich, dass nicht nur die Haft das junge Paar belastet. Annemi fühlt sich alleingelassen und mit den drei kleinen Kindern überfordert, und dies nicht erst, seit sich das Gefängnistor hinter ihrem Mann geschlossen hat.

Sie findet Freunde, die ihr und den Kindern beistehen. Der rumänische Ingenieur Ilie Popescu ist einer von ihnen. Er ist von Bukarest nach München versetzt worden, um nach dem Krieg beim Aufbau des deutschen Eisenbahnnetzes zu helfen. Ilie Popescu liebt Annemi. Er ist intelligent, aufmerksam und musisch interessiert, und er liest ihr jeden Wunsch von den Augen ab, soweit das in dieser Zeit möglich ist. Kann er einen nicht erfüllen, ist er darüber trauriger als sie. Auch Annemi hat Ilie in ihr Herz geschlossen. Er gehört schon bald zur Gräfelfinger Familie. In ihren Briefen erwähnt meine Mutter immer wieder »Ilies unschätzbare Hilfsbereitschaft und Ergebenheit Annemi gegenüber«. Als Ilie Popescu nach Bukarest zurückkehren muss, hinterlässt er eine Leere in Annemis Herzen und der Familie das erste Pflegekind, seinen Landsmann Niko Hariton, der als Bergbaustudent nach Deutschland gekommen ist.

Die aufopfernde schwesterliche Zuneigung, die Mady ihrem Bruder Josef entgegenbringt, wird von diesem nur halbherzig erwidert. Mein Pflegevater schreibt in seinen *Erinnerungen*, dass sich seine Schwester Mady vor allem immer besonders gut mit den Eltern verstanden habe und nach dem Tod des Vaters die Vertraute der Mutter geworden sei: »Mady genoss als Älteste und einziges Mädchen bei meinen Eltern Privilegien, die wir Buben ihr beim besten Willen nicht streitig machen konnten. Sie war sehr lebhaft, setzte meistens ihren Kopf durch und hatte bei Vater und Mutter mehr Einfluss, als mir lieb war.« Als Josef als Junge das Reiten für sich entdeckt, kann er der Tatsache, dass seine Schwester diese Passion mit ihm teilt, nichts Positives abgewinnen. Er schreibt: »Auch meine Schwester ritt gern, was mir, als die Leidenschaft richtig von mir Besitz ergriffen hatte, gar nicht mehr recht war … es gab mir einen Stich ins Herz, wenn ich Mady auf einem ›meiner‹ Pferde sah.«

Viel mehr Sätze hat Necko in seinen vierhundert Seiten umfassenden *Erinnerungen* nicht für seine Schwester Mady übrig. Die Zeit im Gefängnis, in der sie ihm die größte Stütze und Hilfe gewesen ist, ist vergessen. Josefs tiefsitzende Vorbehalte seiner Schwester gegenüber richten sich, das wird aus seinen Äußerungen deutlich, insbesondere gegen ihren unkonventionellen Ehemann, der überdies einen Doktortitel hat. Aufhalten kann Mady die zunächst noch unterschwellige Abneigung ihres Bruders gegen ihren

Mann nicht. Sie beginnt an dem Tag, an dem dieser zum ersten Mal das Neckermann'sche Haus in der Sterngasse betritt. Seit dieser Begegnung sieht Josef das neue Familienmitglied als Bedrohung an. Diese Empfindung überdauert selbst den Tod des Rivalen.

Auch in Neckos Lebenserinnerungen flackert die Abneigung seinem Schwager gegenüber noch einmal auf. Er zitiert meinen Vater mit einem Satz, in dem er ihm berechnende Absichten bei der Verteilung des elterlichen Vermögens unterstellt: »Nun, du darfst natürlich nicht vergessen, dass wir … hm, also dass Mady auch … gewisse Rechte …« Mein Pflegevater endet mit der Bemerkung: »Ich kapierte.«

Was als Eifersüchtelei wegen des Familienvermögens beginnt, wird bei Josef zur Obsession. Die Wurzeln dieser Entwicklung liegen in seiner eigenen Familie. Josef fühlt sich in der Liebesrangordnung seiner Mutter, die er bis ins hohe Alter liebt und verehrt und zärtlich »Mutsch« nennt, zurückgesetzt. Sein jüngerer Bruder Walter bleibt ein Leben lang ihr hilfsbedürftiges Nesthäkchen. Seine große Schwester beneidet er dagegen um ihre Vertrauensstellung zur Mutter, die auch nach Madys Hochzeit unangefochten bleibt. Mehr noch: Nun kommt noch ein Schwager hinzu, der sich, vor allem nach dem Tod der eigenen Mutter, stark zu seiner Schwiegermutter hingezogen fühlt.

Neckos Antipathie gegen seine Schwester und ihren Mann bricht noch Jahre nach deren Tod immer wieder durch. Als Tante Greta an ihrem zweiten Herzinfarkt im August 1958 stirbt und mich mein Pflegevater auf die Beerdigung nach Hofheim mitnimmt, kommt es zu einem kurzen, für mich unvergesslichen Zwischenfall. Als ich meinen Onkel Emil auf dem Friedhof begrüße und ihm aus Freude über das Wiedersehen zulächele, weist mich Necko im Beisein der Trauergäste scharf zurecht. Für seine Entrüstung findet er einen Vergleich mit seiner Schwester Mady: »Du bist genauso verkommen wie deine Mutter.« Und er fügt hinzu: »Auf einer Beerdigung lächelt man nicht.« Als meine Schwester Uschi einige Wochen darauf mit einer Baskenmütze auf dem Kopf in die

Sonntagsmesse gehen will, schreit er sie, wegen ihrer unpassenden Kopfbedeckung, mit den Worten an: »Die Langs sind alle verkommen!«

Dazwischen 2

Sie saß im Journalistenclub des Springer-Hochhauses in einem ausladenden englischen Landhaussessel mit dunkelgrünem Lederbezug und hatte die Beine übereinandergeschlagen. Der Rock, den sie an Stelle der obligatorischen Jeans für die bevorstehende Unterredung angezogen hatte, ließ ihre Beine noch länger erscheinen. Er war schwarz und eng, die Jacke schwarzweiß kariert. Den Pony hatte sie am Morgen noch schnell mit der Nagelschere in Form gebracht. Sie sah aus wie eine Chefsekretärin beim Vorstellungsgespräch.

Bereit sein ist alles, dachte sie, denn dass etwas auf sie zukommen würde, war ihr klar, und sie wollte dem Angreifer weder innerlich noch äußerlich unvorbereitet gegenübertreten. In dem Journalistenclub, in den ihr Chefredakteur, ein General a. D., sie bestellt hatte, trafen sich die Springer-Redakteure in der Regel nur mit Interviewpartnern und Informanten, oder die Führungskräfte mit Geschäftsfreunden und VIPs.

Der lange Arm des Pflegevaters, mit dem er bei ihrer Scheidung gedroht hatte, ihr berufliches Fortkommen zu behindern, hatte den Springer-Verlag offensichtlich nicht erreicht. Seit einem Dreivierteljahr arbeitete sie beim Axel-Springer-Inland-Dienst, ASD, einer hauseigenen Agentur, die alle Springer-Blätter mit Nachrichten versorgte. Dass sie bereits beim ersten Anlauf eine Festanstellung als Redakteurin bekam, lag wohl nicht nur an ihrem guten Zeugnis von der »Frankfurter Neuen Presse«, wo sie als Volontärin gearbeitet hatte, sondern eher an der vom Springer-Imperium geschürten politischen Polarisierung, die eine Redakteursstellung in diesem Verlag nicht für jeden Journalisten verlockend erscheinen ließ.

Als sie ihrem damaligen zweiten Mann voller Stolz von der Anstellung bei Springer berichtete, verstand er sie nicht. Er hielt ihr vor, dass sie mit ihrer unpolitischen Höhere-Tochter-Mentalität gar nicht begreifen würde, worum es eigentlich ging. Axel Springer war Anfang der 70er Jahre des vergangenen Jahrhunderts in Berlin noch immer der Klassenfeind Nummer eins. Alle Studenten, auch ihr Mann, hatten gegen ihn und sein Imperium demonstriert.

»Ich kann mein Leben doch nicht auf euren Erfahrungen aufbauen«, hatte sie ihm und später auch seinen Freunden erklärt. Ein bisschen zu laut vielleicht, um überzeugter und überzeugender zu wirken, als sie es tatsächlich war. »Ich muss meine eigenen Erfahrungen machen«, beharrte sie. Sie machte ihre eigenen Erfahrungen schneller, als es ihr lieb war, und das Treffen im Journalistenclub war eine davon.

Es dämmerte schon, als sie, immer noch allein, ihren zweiten Kaffee bestellte. Sie blickte aus dem obersten Stock des Springer-Hochhauses an der Kochstraße über die Mauer hinweg nach Ost-Berlin. Für die Redakteure des Verlags war diese Mauer, die Deutschland physisch und geistig trennte, schon lange zum Brett vor dem Kopf geworden.

Der Chefredakteur näherte sich ihr schließlich mit dem Stechschritt des ehemaligen Generals und, davon war sie überzeugt, mit strategisch kalkulierter Verspätung. »Wir müssen miteinander reden«, sagte ihr Chef, aber dann sprach nur er. Was sie getan hatte, nannte er eine Befehlsverweigerung. Er fühlte sich offenbar noch immer an der Front.

Begonnen hatte es damit, dass die Redakteure des Axel-Springer-Inland-Dienstes eines Morgens auf ihrem Schreibtisch Stapel von »Spiegel«-Exemplaren vorfanden, die den Arbeitsplatz wie eine Armee umzingelten. Die Aufgabe war präzis gestellt. Die Redakteure hatten die »Spiegel«-Ausgaben auf negative Zitate zu Willy Brandt und dessen Politik zu durchkämmen. Der Chefredakteur benötigte das Material am folgenden Tag für eine Kampagne aller Springer-Zeitungen gegen Brandt. Als sich die junge Frau weigerte und meinte, dies sei Aufgabe des Springer-Archivs, legte man ihr nahe, nach Hause zu gehen, obwohl der Arbeitstag gerade erst begonnen hatte, zeigte aber ein gewisses Verständnis, schließlich sei sie eine Frau und darum nicht für eine systematische Recherche geeignet.

Bei dem Fall aber, der schließlich der Auslöser für die Aussprache war, lag die Situation anders. Diesmal hatte der Chefredakteur seine Mitarbeiter auf dem Höhepunkt der Springer-Kampagne gegen die antiautoritären Kinderläden in Berlin aufgefordert, Artikel zu verfassen, die diese Haltung untermauern sollten. Im Zentrum seiner Kritik stand ein Kinderladen-Modellversuch der Freien Universität, der Keimzelle der 68er-Bewegung. Die Marschroute war vorgegeben. Die Redakteure sollten »Volkes Stimme« zusammentragen: »Sprecht mit dem Taxifahrer an der Ecke, der Zeitungsfrau im Kiosk, fragt sie, ob sie auch der Ansicht sind, dass die anti-autoritären Kinderläden eine Gefahr für die öffentliche Moral darstellen und darum geschlossen werden müssen!«

»Ich brauche Sie nicht darüber aufzuklären«, fuhr er fort, als er sich im Ledersessel ihr gegenüber niedergelassen und einen Tee mit Zitrone bestellt hatte, »dass Sie als Redakteurin meiner Abteilung verpflichtet sind, meinen Anordnungen Folge zu leisten.« Ihren ruhig vorgebrachten Einlenkungsversuch, der in dieser Gelassenheit nicht ihrer inneren Verfassung entsprach, ihre Kollegen würden ja schon Taxifahrer, Zeitungsfrauen und Müllmänner befragen, sie könne doch ein Interview mit dem für das Projekt zuständigen Professor führen, lehnte er schroff ab. Danach schwiegen beide.

Langsam glitt der wässrige Blick des Chefredakteurs an ihr hinunter und blieb an der Spitze ihrer schwarzen Pumps hängen, während er sich offensichtlich eine neue Strategie zurechtlegte. »Der Rock steht Ihnen gut bei Ihren langen Beinen«, sagte er unvermittelt. »Wie geht es eigentlich Ihrem Mann? In einer jungen Ehe sollte man nicht so viel arbeiten. Ist es nicht interessant, dass Sie die einzige Redakteurin in meiner Abteilung sind?« Lächelnd fügte er hinzu: »Politikjournalismus ist doch eher etwas für Männer.«

Im Haus ihrer Pflegeeltern war nie über Politik gesprochen worden, auch wenn jedem Familienmitglied im mündigen Alter klar war, dass man CDU zu wählen hatte. Bis zu diesem Gespräch im Journalistenclub hatte sie sogar selbst noch geglaubt, Politik sei nur etwas für Politiker und nicht Teil ihrer eigenen Welt. Jetzt wurde ihr mit einem Mal bewusst, dass nichts unpolitisch war, ob sie es wollte oder nicht. Weder ihre harmlose Premierenkritik über das linksorientierte Berliner Kindertheater »Grips«, die der Chefredakteur ablehnte, da sie positiv war, noch die Befragung zu den Kinderläden. Nur, wo stand sie selbst? Sie war entschlossen, das herauszufinden. Reichlich spät, wie sie sich eingestehen musste.

Sie schwieg, als sich der Chefredakteur mit den Worten von ihr verabschiedete: »Überlegen Sie sich das mal mit der Doppelbelastung, schließlich wollen Sie bestimmt noch Kinder.« Sie schwieg auch, als er sie nach diesem Gespräch eine Woche lang jeden Tag in sein Büro bestellte, um ihr seine Enttäuschung darüber auszudrücken, dass ihre Beiträge plötzlich schlecht geschrieben seien. Er hatte wohl mit ihrer Empörung über die Durchsichtigkeit dieser Behauptung gerechnet, aber nicht mit ihr. Sie ließ sich nicht provozieren. Sie wollte den Tag ihres Ausscheidens aus dem Konzern selber bestimmen. Erst zu Hause kamen die Tränen, die sich unter dem Druck des Erlebten aufgestaut hatten. Ihr Mann tröstete sie, obwohl ihn diese Entwicklung nicht überraschte.

Drei Monate vor Jahresende reichte sie fristgerecht ihre Kündigung ein. Ihr entging die Weihnachtsgratifikation, die für die Redakteure des Springer-Verlags in diesem Jahr aus einem Fernsehapparat und einem Delikatessenkorb bestand. Das Weihnachtsgeschenk von Springer, das ihr schließlich doch noch in den Schoß fiel, war ungleich wertvoller, auch wenn sie es nicht annehmen konnte. Der Chefredakteur rief sie zu sich und bat sie, mit der Aussicht auf eine beachtliche Gehaltserhöhung, ihre Kündigung zurückzuziehen. Leicht fiel ihm das nicht. Eine regelmäßig durchgeführte hausinterne statistische Erhebung hatte ergeben, dass ihre im Axel-Springer-Inland-Dienst erschienenen Artikel von den Springer-Blättern am häufigsten abgedruckt worden waren. Sie blieb bei ihrer Kündigung und ging.

Sie hatte keine Angst mehr davor, eine neue Anstellung zu finden, eine, die sie, das hatte sie inzwischen begriffen, in Zukunft mit Bedacht wählen würde. Sie war selbstbewusster geworden seit damals, als sie aus Frankfurt geflüchtet war. Sie fühlte sich frei, aber sie war es noch nicht. Die Nabelschnur war noch nicht durchtrennt.

Was ihren zweiten Mann und sie seit dem überstürzten Aufbruch aus Frankfurt zusammengeschweißt hatte, der Halt, den jeder im anderen suchte und zunächst auch fand, die Fixierung aufeinander, führte in dem Maße, in dem sie mehr und mehr ihren eigenen Interessen nachging und sich allmählich aus der Ausschließlichkeit der emotionalen Nähe zu ihm zu lösen begann, zur Entfremdung zwischen ihnen. Als die junge Frau ihre nächste Stelle als Redakteurin bei der Berliner Tageszeitung »Der Abend« antrat und darin aufging, war das Ende der Ehe vorgezeichnet. Sie hatte das Koordinatensystem, auf dem ihre ebenso symbiotische wie fragile Beziehung beruhte, in Frage gestellt und damit die Spielregeln gebrochen. Wieder hatte sie es nur vier Jahre in einer Ehe ausgehalten.

Nachdem sie die Scheidung wie erwachsene Menschen hinter sich gebracht hatten und danach noch gemeinsam in einem Café um die Ecke saßen, gestand er ihr, dass er sie mit ihrer Sekretärin im Verlag betrogen hatte. Die Wahl der Geliebten und der Zeitpunkt des Bekenntnisses waren kein Zufall, aber es war auch nicht mehr wichtig. Was am Ende zählte, beruht darauf, dass sie in einem entscheidenden Moment ihrer beider Leben füreinander da gewesen waren. Liebe hat keinen Anspruch auf Ewigkeit, wohl aber Freundschaft. Als sie ihn Jahrzehnte später nach einem schweren Herzinfarkt an seinem Krankenbett besuchte, an das seine zweite Frau sie gerufen hatte, begegneten sie einander voller Wärme und Vertrautheit.

Dritter Ort

Die Baracke am Bach

Hofheim, die Apotheke, die beengten Wohnverhältnisse, das kleinbürgerliche Umfeld beginnen meinen Vater zu erdrücken, auch wenn er nicht oft am tagtäglichen Leben der Großfamilie teilnimmt. Er fühlt sich wie in einem Käfig gefangen und beschließt, sich in strategisch günstiger Lage im Main-Taunus-Gebiet in Oberursel niederzulassen. Er packt seine Familie und seine Direktrice Else Dieseler und startet mit dreihundertsechzig Stoffballen und fünfunddreißig Nähmaschinen im Gepäck in ein neues Leben. Ich trete diese Reise mit dem ersten Stofftier meines Lebens an, einem Dackel aus karierten und geblümten Stoffresten mit roten Schlappohren, den Frau Dieseler für mich genäht hat.

Mein Vater ist entschlossen, sein Unternehmen weiter auszubauen, neue Firmen zu gründen und reich zu werden. Zunächst erweitert er seine bisherigen Betriebe, die in Hofheim ansässigen »Textilunion Bekleidungswerke«, die für die Verarbeitung der Stoffe zuständig sind, und den »Dr. Hans Lang und Co. KG Versandhandel« im bayrischen Königsberg. Im stürmischen Aufwind der Nachkriegsjahre bekommen die Unternehmen meines Vaters Flügel. Da ein standesgemäßer Firmensitz geschäftsdienlich ist, erwirbt er eine klassizistische Villa am Schaumainkai in Frankfurt, in der sich heute das Deutsche Architekturmuseum befindet.

In einem Brief vom 9. März 1946 berichtet meine Mutter ihrem Bruder Josef zum ersten Mal von ihren Plänen, nach Oberursel zu ziehen: »Wir wollen versuchen, dort Wohnrecht zu erhalten. Mein Wunschtraum ist ja, dann eine Baracke aufzustellen. Die Sachen, die ich gerettet habe, würden auch fast ganz ausreichen. Mutti würde dann mit uns ziehen. Sie hat ja noch Möbel für ein eigenes Zimmer, und ich würde es ihr schon gemütlich machen.« Den ersten Brief nach dem Auszug aus der Apotheke in Hofheim schreibt meine Mutter am 20. Januar 1947 an ihren Sohn Mockel ins Internat. Bereits vor dem Umzug nach Oberursel haben die Eltern beschlossen, den Ältesten in ein Landerziehungsheim der Hermann-Lietz-Schulen nach Schloss Bieberstein zu schicken. Die vertrauensvolle Beziehung zwischen Mutter und Sohn findet ihre Fortsetzung in einem intensiven Briefwechsel. Mady schildert, wie sie in zwei bis unters Dach bepackten Autos mit den Kindern Uschi, Juli und Tini, den Hausmädchen Therese und Erna, meiner Großmutter Neckermann und einem sechs Wochen alten Schäferhund die Reise nach Oberursel antritt. Sie erwähnt aber auch, wie schwer der Abschied von Hofheim trotz aller Vorfreude auf das neue Zuhause fällt: »Wir waren ja immerhin vier Jahre da und waren da daheim. Das neue Daheim müssen wir uns noch erarbeiten.«

In Oberursel hat mein Vater ein riesiges Grundstück gegenüber einer Motorenfabrik gepachtet, in der zu dieser Zeit amerikanische Soldaten untergebracht sind. Kaufen kann er das von einem Bach mit Schleuse, einer Straße und einem Wäldchen begrenzte Gelände zu seinem Unmut nicht. Da 1947 für den Bau von Wohnhäusern von den Alliierten noch keine Genehmigungen erteilt werden, lässt mein Vater eine Baracke errichten. Von außen unauffällig, die Fassade aus schwarzgeteertem Holz, das Dach aus Teerpappe, ist sie von innen überraschend geräumig und hell. Zur Gartenseite hin zieht sich von einem Ende der Baracke bis zum anderen über mehr als dreißig Meter eine Terrasse, die von einem zur Wiese abfallenden Steingarten gesäumt wird, in dessen Mitte eine breite Treppe den Höhenunterschied überbrückt. An der Grenze des parkähnlichen Geländes steht ein riesiger alter Esskastanienbaum, dessen gewaltige Krone als Baumhaus dient und dessen mächtigen Stamm die Geschwister nur umfassen können, wenn sich alle an den Händen halten.

Der Flur, der in voller Länge durch die Baracke führt, ist schmal.

Die einzelnen Zimmer, die davon abgehen, kann man dagegen in ihren Ausmaßen als großzügig bezeichnen. Der Essplatz ist das Zentrum des Familienlebens und besteht aus einer über Eck in die Wand eingebauten Holzbank mit einem langen Eichenholztisch davor. Das schmale Kopfende, der Stammplatz meines Vaters, wird von einem Kamel gekrönt. Die Kachel mit seinem Lieblingstier ist in die Wand eingelassen. Wenn mein Vater nicht da ist, bleibt sein Platz leer. Die Kachel besitze ich noch heute.

Die Familie Lang nimmt von der Baracke Besitz. Zum ersten Mal, seit sie ihr Haus in Berlin verlassen hat, ist sie wieder unter sich. Meine Großmutter Neckermann gehört ebenso dazu wie die im Alter rundlich und runzelig gewordene Therese, die sich zusammen mit meiner Mutter um den Haushalt und uns Schwestern kümmert. Mady ist jedoch viel mit ihrem Mann auf Reisen, und Mockel ist gar nicht mehr dabei.

Mein Bruder wird 1947 im Internat Schloss Bieberstein eingeschult. Die Eltern glauben, mit diesem Schritt die geistige Entwicklung ihres Sohnes zu fördern, die körperliche kommt dabei allerdings zu kurz. Alle Schüler und Lehrer des Internats leiden in dieser Zeit unter Hunger. Immer wieder drehen sich die Briefe meines großen Bruders ums Essen, genauer gesagt, den Mangel daran. Er schreibt: »Unsere ganze Bude hat Zusatzmarken beantragt, und wir bekommen sie jetzt: 3,5 l Milch, 250 g Nährmittel und 125 g Butter die Woche. Dreimal in der Woche gibt es außerdem Grießbrei. Das ist gut für unsere leeren Mägen.« Ein andermal berichtet er erleichtert: »Beim Mittagessen gab es für drei Leute eine ganze Schüssel Soße und eine Schüssel Kartoffeln und als Nachtisch Kirschen. Ich hatte achtzehn Stück.« Der Hunger muss meinem Bruder sehr zugesetzt haben. Hinzu kommt, dass es im Internat an Geld für Heizmaterial fehlt. »Es ist sehr, sehr kalt«, heißt es in einem seiner Briefe. »Ich versuche mich abzuhärten. Ich habe meinen nackten Oberkörper kalt gewaschen. Hoffentlich hilfts.« Allerdings nicht gegen den Hunger, denn er fügt hinzu: »Vom Duschen wird man furchtbar hungrig.« Und er träumt davon, »zu Hause mal wieder Hefeküchlein mit Birnen zu essen«.

Mockel schreibt jeden Tag aus dem Internat, und ist das Thema Hunger abgehandelt, erzählt er von den täglichen Begebenheiten. Er wünscht sich einen eigenen Tischtennisschläger, eine Lampe, einen Kocher, Glühbirnen, Nadel und Faden zum Stopfen, Filme. Er ist fest entschlossen, sich in der neuen Umgebung wohl zu fühlen. Leicht ist das nicht. Mein Bruder hat Heimweh. In fast jedem Brief zählt er die Tage bis zu den Ferien: »Gar nichts gefällt mir. Ferien möchte ich haben, sonst nichts.«

Der ausführliche und regelmäßige Briefwechsel zwischen meiner Mutter und ihrem Ältesten zeigt eine große Vertrautheit und Offenheit zwischen ihnen. Sie hat Verständnis für ihren heimwehkranken Jungen, aber sie erinnert ihn auch an seine Pflicht: »Jetzt heißt es wieder arbeiten, seine Pflicht tun und das mit Lust. Erst wenn Du Deine Arbeit mit innerer Zustimmung machst, nicht weil Du musst, sondern weil Du willst, macht sie Dich froh und zufrieden.« Mady betrachtet das, was ein Schüler zu tun hat, als Arbeit, setzt es gleich mit ihren Pflichten, und sie lässt ihren Sohn wie einen Erwachsenen auch an ihrem Leben teilhaben. Er sieht sich in einem Bund mit seinen Eltern. Überglücklich schreibt er seiner Mutter, dass er im Internat ein paar neue schwarze Schuhe für seinen Vater auftreiben kann, dessen Schuhgröße 44 nur schwer zu bekommen ist.

Das Heimweh überfällt meinen Bruder meistens dann, wenn er Langeweile hat, und er hat oft Langeweile. Er ist zwar der Jüngste, aber auch der Beste in seiner Klasse. Im Unterricht träumt Mockel von zu Hause. Schließlich beginnt er Strategien gegen das Heimweh zu entwickeln. Er schreibt: »In traurigen Momenten gebe ich kleineren Kameraden Unterricht, betreibe Privatstudien und schreibe an einem Kriminalroman.« Da ist er sechzehn Jahre alt. Doch sosehr sich mein Bruder Mockel auch um Ablenkung bemüht, immer wieder macht sich bei ihm die Sehnsucht breit und bei seiner Mutter die Sorge. Sie antwortet: »Diesen komischen Zustand nennt man Heimweh, das haben wir alle mal durchgemacht.« Der Ratschlag, mit dem sie ihren Großen aufmuntern will, klingt so, als würde sie ihn sich selber jeden Morgen geben:

»Man nimmt sich schon beim Aufstehen vor, nicht schlechter Laune zu sein, seine Pflicht mit einem frohen Mut zu machen. Für dumme Minuten nimmt man ein Buch oder turnt oder spielt sich müde, dass alle Doofheit weggeblasen ist.«

Während ich Madys Briefe an ihren Sohn Mockel immer wieder lese, weil meine Mutter sie genau so an mich gerichtet haben könnte, die ich in meiner späteren Internatszeit zwar nicht den Hunger, wohl aber das Heimweh meines Bruders teile, versuche ich, ihr Leben in diesen Jahren nachzuvollziehen. Sie hat sicher gehofft, dass ihr großer, vernünftiger Sohn die Internatszeit gelassen hinnimmt. Sein Heimweh, sosehr sie es auch verstehen kann, bedeutet für sie eine Sorge mehr. Vielleicht ist Mady manchmal ungeduldig beim Briefeschreiben, Erklären, Ratschlägegeben und immer wieder Trösten. Ihre Sätze bringt meine Mutter oft nicht zu Ende, vielleicht weil ihre Gedanken vorauseilen oder weil sie durch die täglich an sie gestellten Anforderungen unterbrochen und abgelenkt wird. Dass ihre Briefe oft stilistisch unbeholfen und im Ausdruck unpräzise sind, hat aber wohl einen anderen Grund. Mady tut sich schwer, Gefühle in die richtigen Worte zu fassen. Manchmal scheint es, als ränge sie um jede Formulierung. Die Worte »blöd fühlen« und »Doofheit« als Umschreibung für Heimweh und Sehnsucht kommen häufig in ihren Briefen vor, so als hätte sie Angst, sie beim Namen zu nennen. Sie scheint sich vor dem Gewicht dieser Worte zu fürchten und versucht, die damit verbundenen Gefühle herunterzuspielen. Sie mag gehofft haben, dass auch Mockel sie dann nicht zu ernst nimmt.

In einem Brief meines Bruders wird deutlich, dass er nicht mehr am Religionsunterricht teilnehmen möchte, so wie auch ich mich später im Internat weigere, den Religionsunterricht zu besuchen. Beide setzen wir unseren Willen durch. Für meine Eltern, überzeugte Katholiken, stellt die Entscheidung meines Bruders ein Problem dar. Doch sie bleiben ihrer Haltung treu, ihre Kinder zu eigenverantwortlichen Menschen zu erziehen. Mein Vater, der für die offizielle Korrespondenz zuständig ist, richtet an den Heimleiter, Prof. Christiansen-Weniger, dazu folgenden Brief: »Der

Wunsch meines Sohnes, nicht mehr am Religionsunterricht teilzunehmen, ist im Einverständnis mit mir geäußert worden. Es haben uns hierbei nicht enge, konfessionelle Überlegungen geleitet, sondern die Überzeugung, dass mein Sohn Hans auf einem solch gesicherten religiösen Fundament steht, dass der bei Ihnen übliche Religionsunterricht nicht dazu beitragen kann, die klare Linie seines Charakters und seiner Erziehung zu vertiefen, sondern eher die Gefahr in sich schlösse, Zweifel in diese klare Linie zu bringen. Außerdem ist es ein Grundsatz unserer Erziehung, in diesen Fragen die volle Entschlussfreiheit meines Sohnes nicht einzuengen. Ich bin der Meinung, dass diese Freiheit für die Charakterbildung wichtiger ist als jede an sich schätzenswerte Tradition. Mit der Versicherung meiner vorzüglichen Ergebenheit verbleibe ich ...« Trotz der klaren Haltung, die mein Vater in dieser Frage einnimmt, versäumt er es nicht, seinem Sohn wenig später begeistert von einem Besuch der Wieskirche in Bayern zu berichten. Der Brief schließt mit dem Satz: »Diese Kirche zeigt uns, dass unsere Religion nichts Schweres und Bedrückendes, sondern etwas Erhabenes und Freudiges ist.«

Am Ende des ersten Internatsjahres klingen die Briefe meines Bruders selbstbewusster. Er interessiert sich für Politik, holt sich aus der Bücherei »alles, was ich bekommen kann, vor allem Bücher über die NS-Zeit«. Er möchte die »Neue Zeitung« abonnieren, ebenso die »Frankfurter Zeitung«. Und er bezieht regelmäßig die Zeitschrift »Film-Bühne«. Seine Lieblingsschauspielerin ist Katherine Hepburn. In einem weiteren Brief erzählt er, dass er auf eine Annonce geantwortet habe, in der das »Brockhaus-Konversationslexikon in sechzehn Bänden für 250 Mark« angeboten wird. Dass er die Bücher nicht für sich sucht, geht aus dem nachfolgenden Satz hervor: »Wenn ich sie bekommen kann, schreibe ich Vati die Adresse auf.« Die Bände gibt es noch heute, sie stehen in meinem Bücherregal.

Von meinem Vater finde ich eine Vielzahl von Postkarten, die er von seinen Reisen an seinen Sohn geschickt hat, aber nur wenige Briefe. Die meisten sind mit der Schreibmaschine geschrieben. Seine Schrift ist, im Gegensatz zu der meiner Mutter, winzig klein, spitz und kaum zu entziffern. Wenn mein Vater seinem Sohn in einer Zeit, in der die Not nah und das Ausland fern ist, von all den Reisen berichtet, die er nach dem Abitur mit ihm machen möchte – nach Ägypten, Südamerika, in die USA –, dann klingt das wie ein Märchen. Für meinen Vater ist das Realität, und er hält Mockel dazu an, Sprachen zu lernen. Er erwartet viel von seinem Sohn, und er hat viel mit ihm vor.

Als das Lehrerkollegium des Internats meinem Bruder nicht erlaubt, ein weiteres Mal eine Klasse zu überspringen, da er ohnedies der Jüngste ist, ist mein Vater verärgert. Der Brief an Mockel nach der endgültigen Absage des Rektors ist wie immer liebevoll, aber auch fordernd. »Ich bin wirklich sehr stolz auf Dich, dass Du den Mut hattest, noch einmal zu springen. Mit so viel Mut und so viel Energie wirst Du es bestimmt im Leben so weit bringen, wie ich es mir von Dir erhoffe. Dieser Beweis Deines Charakters ist mir wertvoller als das nun leider vergebliche Bemühen. Da Du aber nun das Jahr doch versäumst, erwarte ich, dass Du Dich dafür bemühst, in der Spitzengruppe zu bleiben.« Die Briefe des Vaters, die meist mit den Worten schließen: »Ich vermisse Dich und liebe Dich, Dein alter treuer Vater«, bedeuten meinem Bruder sehr viel. Er schreibt an seine Mutter: »Gestern kam Post von Vati. Ich war ganz stolz, dass er mir einen so langen Brief geschrieben hat.« Es ist einer der letzten Briefe meines Bruders aus dem Internat.

Drei Wochen vor seinem gewaltsamen Tod erfüllt sich Mockels größter Wunsch. Die Familie feiert diesmal ohne die Hofheimer Verwandtschaft ihr erstes Weihnachten in der gerade bezogenen Baracke. Es existiert ein Gedicht meines Bruders zu diesem Anlass. Am Ende des in Schönschrift beschriebenen Blattes hat er eine kleine Tuschezeichnung gemalt, die die Baracke darstellt. Daneben steht »Weihnachten 1947 in Oberursel von Eurem Mockel«. Mein Bruder bedichtet das ersehnte neue Zuhause und schließt voller Freude: »So feiern wir heute, groß und klein/von Herzen glücklich/das erste Weihnachtsfest/in unserem neuen Heim.«

Mein Bruder Mockel wird dieses Gedicht, in dem er all seine

Lieben mit einem Vers bedenkt, am Heiligen Abend vorgetragen haben, bevor er es den Eltern überreicht. Es wird ein feierlicher Augenblick gewesen sein, und sicher haben die Eltern ihren Sohn fest in die Arme genommen, vor allem seine Mutter, denn nur sie weiß, welche Kraft ihren Ältesten dieses erste Jahr auf dem Internat gekostet hat.

Nach Mockels Vortrag hat sich mein Vater vielleicht im ledernen Ohrensessel im Wohnzimmer niedergelassen und seinen Kindern die Weihnachtgeschichte vorgelesen. Dieses voluminöse Möbelstück, das sogar meinen stattlichen Vater klein erscheinen lässt, ist, wie der Platz am Kopfende des Esstisches, nur ihm vorbehalten. Darin macht er es sich auch bequem, wenn er, bevor er in die Firma geht, die Tageszeitung liest oder seiner Familie an seltenen Abenden aus dem Stegreif erfundene Geschichten erzählt, in denen sprechende kleine Monster mit ungeahnter Zauberkraft jede Menge Abenteuer bestehen und am Ende die ganze Welt retten.

Mein Vater liebt es, wenn seine Tochter Juli auf seinen Schoß krabbelt und sich seine Großen, Uschi und Mockel, auf die dick gepolsterten Armlehnen setzen. Er ist ein Familienmensch. Zur Vervollkommnung der Idylle fehlt nur die Jüngste, doch die ist nicht zu bewegen, sich daran zu beteiligen. Wenn mein Vater versucht, um meine Zuneigung zu werben, soll ich ihn mit den Worten abgewiesen haben: »Ich mag dich nicht, weil du ein Mann bist.«

Was mich damals zu dieser kategorischen Aussage veranlasst hat, kann ich nicht sagen. Fest steht, dass ich im Laufe meines Lebens Männern und ihrem Werben durchaus positiv begegne. Die ablehnende Haltung gegenüber meinem Vater ist wohl nur sporadisch aufgetreten, denn wie mir meine Großmutter später erzählt, habe auch ich seine Märchen geliebt. Sie hat ihren Schwiegersohn immer wieder gebeten, seine Geschichten aufzuschreiben. Er verspricht es, dazu gekommen ist er nicht mehr.

Sosehr ich mir auch den Kopf zerbreche, kann ich doch nicht mit Sicherheit sagen, ob die nachfolgende Begebenheit eigenem

Erinnern entspringt oder einer Erzählung meiner Großmutter Neckermann: Ich sehe mich im Krankenhaus. Mein Vater sitzt an meinem Bett und erzählt mir eines seiner Märchen. Das Gefühl, das ich dabei empfinde, ist warm und gut. Vielleicht ist dies ein Augenblick echten, eigenen Erinnerns, da der Gedanke daran für mich noch heute mit starken Emotionen verbunden ist. Auch bei einer anderen Begebenheit, an die ich mich zu erinnern glaube, ohne zu wissen, ob sie sich wirklich zugetragen hat, kommt ein Krankenhaus vor. Ich bin in einem Saal mit vielen Betten. In jedem Bett liegt ein Kind. In einem liege ich. Die Flügeltür zum Flur ist offen. Sie ist weiß und mit kleinen Glasfenstern durchsetzt. Eine Kordel ist davor gespannt. Dahinter stehen Eltern und winken ihren Kindern zu. Auch meine Mutter steht da und winkt. Als ich barfuß und weinend zu ihr laufe, bringt mich eine Krankenschwester zurück ins Bett.

Jahrzehnte später finde ich einen Brief meiner Schwester Uschi vom 6. November 1947, der belegt, dass ich als kleines Kind schon zu Lebzeiten meiner Eltern oft und lang im Krankenhaus gelegen habe. Meine Schwester Uschi schreibt an ihren Bruder Mockel: »Die Aufregung kannst Du Dir vorstellen, als Tini in die Klinik musste. Es muss einfach grässlich gewesen sein, wie das arme Wurm mit seiner Antipathie gegen Krankenhäuser geheult hat.«

*

Die Erinnerung ist eine verwirrende Angelegenheit. Wie viele ebenso grandiose wie hilflose Texte habe ich darüber gelesen: poetische, philosophische und psychologische. Der kategorische Umgang Peter Handkes mit dem Erinnern, wenn er in *Das Gewicht der Welt* schreibt: »Schluss mit dem Erinnern. Ich will, dass es jetzt schön ist und nicht erst in der Erinnerung«, ist nicht mein Weg. Die Auseinandersetzung Monika Marons mit dem Vergessen in *Pawels Briefen*, einem Buch, das nach der Wende in der öffentlichen Meinung zu einem »Synonym für Verdrängen und Lüge« geworden ist, ist es auch nicht.

Für Monika Maron gibt es aber auch ein unschuldiges Vergessen. Und wie sie erlebe ich »die Willkür, mit der etwas über unser Wollen hinweg entscheidet, ob eine Erinnerung in uns auffindbar oder in den Kellern unseres Gedächtnisses für eine Zeit oder sogar für immer verschlossen bleibt«, als unergründlich und unheimlich. Dennoch: Bei meinem Versuch, eine persönliche Herangehensweise an meine verlorenen Erinnerungen zu finden, den Weg ihres allmählichen Auftauchens aus dem Vergessen nachzuvollziehen und schließlich ihr Gewicht zu bestimmen, haben mir diese Texte nicht helfen können.

Umso wichtiger ist es für mich, meiner Familie immer wieder von dem zu erzählen, was ich vom Hörensagen aus meiner Vergangenheit in die Gegenwart gerettet habe. Ich beobachte mich dabei, dass ich meinen Söhnen Matthias und Lukas in schillernden Farben von ihrem Großvater Hans berichte, ohne ihn jemals erlebt zu haben. Von ihrer Großmutter Mady erzähle ich nur selten. Sie ist erst allmählich in dem Maße, in dem ich ihre Briefe und Aufzeichnungen lese, meinem Herzen näher und schließlich ganz nah gekommen. Ich bin sicher, sie wird verstehen, dass ich meinem Vater verfallen bin, sie ist es ja auch.

Im liebevollen, großen Herzen meiner Mutter hat sich mein Vater häuslich eingerichtet, und es hängt von ihm ab, wie viel Platz darin noch für andere Menschen übrigbleibt. Die Kinder sind da nicht ausgenommen. Die Liebesrangordnung meiner Mutter ist unumstößlich, und mein Vater führt sie an. Meine Cousine Annemie Knab fasst es so zusammen: »Ein Muttertier ist Mady nie gewesen.« Auch meine Schwester Uschi hat sie nie richtig als Mutter wahrgenommen. Den Unterschied zwischen ihrer Mutter und deren Schwägerin Greta Knab erklärt sie als kleines Mädchen so: »Tante Greta ist eine Frau, meine Mutter ist eine Dame.«

Uschi wird die mangelnde mütterliche Zuwendung wohl erst bewusst, als ihr Bruder Mockel ins Internat kommt. Die mittlere Schwester Juli, die mit ihren blonden Locken, den blauen Augen und der ovalen Kopfform ihrer Mutter wie aus dem Gesicht geschnitten ist, verbringt wegen ihres labilen Gesundheitszustandes zu viel Zeit in Erholungsheimen, als dass sich eine zärtliche Beziehung zwischen Mutter und Tochter hätte entwickeln können, und mir, der Jüngsten, bleibt nicht einmal die Erinnerung.

*

Die ungewöhnliche Liebe meiner Eltern, die sich in kein gängiges, konventionelles Schema pressen lässt, hält allen Belastungen stand. Sie beginnt am 2. Februar 1927 und dauert einundzwanzig Jahre. Mady ist, als sie stirbt, neununddreißig Jahre alt, und sie erwartet ihr fünftes Kind.

Ich finde einen Brief meiner Mutter, der Ausdruck dieser bedingungslosen Liebe ist. Es steht, wie bei den meisten ihrer Briefe, keine Jahreszahl darauf, nur der Tag, der Monat und eine Zeitangabe: »13. Jan., spätnachts.« In ihrer große, geschwungenen Handschrift geht der Brief über sechs Seiten. In diesem Brief nimmt Mady Abschied von ihrem Mann, da sie glaubt, dass der Abend, an dem sie ihm schreibt, ihr letzter sein wird: »Du warst und bist der einzigste und liebste Mensch auf der Erde für mich. Ich wünsche herzlichst, auch Dich ein wenig glücklich gemacht zu haben in den Jahren unseres gemeinsamen Lebens, und wenn ich gehen muss, so danke ich Gott für das schöne Leben und gehe reich und befriedigt durch Deine Liebe, Deine Kinder, weg.«

In diesem Brief bittet meine Mutter ihren Mann, nicht um sie zu trauern: »Junge, lächelnde Augen sollst Du machen, die ich immer so geliebt habe, ein neues Leben mit festem, großem Willen aufbauen. Meine zwei lieben Kerlchen lege ich nun zurück in Deine Hände, erzähle ihnen später mal von mir. Ich habe sie beide sehr, sehr liebgehabt, auch wenn ich vielleicht mehr Frau als Mutter war. Ich wünsche ihnen beiden, dass sie frohe, brauchbare Menschen werden, die mit Deiner Hilfe, Liebe, aber auch mit Strenge ihr Ziel erreichen. Küss sie innigst von mir.« Und noch etwas möchte Mady in Erwartung ihres Todes ansprechen: »Wenn Du einer Frau begegnest, von der Du glaubst, glücklich mit ihr und den Kindern zu sein, so geh nicht weiter, hol sie und werde glücklich. Ich wünsche Dir dies von ganzem Herzen. Dann wird mein Schmerz, Dich allein lassen zu müssen, etwas leichter. Ich liebe Dich, ich liebe Dich wie nichts auf der Welt. Ich küsse Deine lieben Augen, Deine zärtlichen Hände, Deinen Mund, Deinen lieben Mund und alles, was ich liebe, und alles, was mich glücklich machte. Ich segne Dein weiteres Leben, Dein Leben als treuster Freund der Kinder, Dein Leben als Mann, als Mensch. Werde glücklich, so wie wir es waren. Leb wohl, hab Dank.«

Ich lese diesen Brief immer und immer wieder. Hat sie ihn in einem Krankenhaus geschrieben, in der Nacht vor einer schweren Operation? Das würde erklären, warum ihr Mann »spätnachts«, wie sie zu Beginn des Briefes vermerkt, nicht bei ihr ist. Hat mein Vater diesen Brief jemals gelesen? Sie muss ihn vor 1938 geschrieben haben, da sie nur ihre beiden großen Kinder erwähnt. Ich frage meine Schwester Uschi, frage Verwandte, niemand kann sich an eine schwere Krankheit meiner Mutter erinnern. Meine Schwester Uschi vermutet, dass es sich um eine ihrer mitunter lebensbedrohlichen Fehlgeburten gehandelt haben könnte. In dieser Winternacht des 13. Januar glaubt Mady, kein Leben mehr vor sich zu haben, aber das, was hinter ihr liegt, ist durchdrungen von zärtlicher Liebe. Noch nach so vielen Jahrzehnten bin ich froh für meine Mutter, dass diese wundersame Frau, von der ich so gerne noch viel mehr erfahren hätte, zusammen mit ihrer einzigen großen Liebe gestorben ist.

Mein Vater begleitet mich mein ganzes Leben lang. Er beunruhigt und fasziniert mich, er steht im Zentrum meiner Sehnsüchte und meiner Phantasien. Das Fehlen eigener Erinnerungen an ihn und die nicht versiegende Flut von Fragen führen fast zwangsläufig zur Mythenbildung, die Teil der Suche nach der Vergangenheit ist und darum auch ihren Platz beansprucht. Dabei bilden seine komplexe Persönlichkeitsstruktur, seine hohe Intelligenz und seine eigenwillige Interpretation von Moral den Hintergrund vieler Handlungen, die für mich nur schwer nachzuvollziehen sind. Auch sein in wenigen Jahren erworbenes bemerkenswertes Vermögen, das, wie ich im Laufe meiner Recherche feststelle, durch ebenso weit verzweigte wie undurchsichtige geschäftliche Transaktionen zustande gekommen ist, wirft kritische Fragen auf. Meiner sehnsüchtigen Liebe zu ihm, dem nie Gekannten, hat das keinen Abbruch getan. In einem früheren Leben wäre mein Vater mit seiner Unerschrockenheit bis hin zur Skrupellosigkeit sicher Pirat auf den Weltmeeren oder Grabräuber in Ägypten gewesen. So wird er Jurist und später durch zwingende Umstände Großkaufmann.

Die Tatsache, dass mein Vater nie über seine Geschäfte spricht, dass er sechs Sprachen fließend beherrscht, darunter Russisch und Polnisch, dass er einen scharfen analytischen Verstand hat, der Umstand, dass die Amerikaner, als sie in Hofheim einmarschieren, umgehend zur Apotheke kommen, um mit Dr. Hans Lang zu sprechen, dass mein Vater sofort entnazifiziert wird und dass er durch seine nazifeindlichen Veröffentlichungen den amerikanischen Behörden bekannt gewesen sein muss, das alles hat mich über viele Jahre glauben lassen, er könnte für sie gearbeitet haben. Es hat sich nicht als wahr herausgestellt. Und wie passt das alles mit seinem Eintritt in die NSDAP 1942 zusammen, wie mit seinen zweifelhaften beruflichen Aktivitäten in Polen, wie mit seinem hohen moralischen Anspruch an sich selbst, den er in der Praxis immer wieder über Bord wirft?

Dass sich auch mein jüngerer Sohn Lukas an der Großvater-Suche beteiligt, die sich wie ein ansteckender Virus in der Familie ausbreitet, dokumentiert sein Schreiben an das Bundesarchiv in Berlin vom Frühjahr 1998 mit der Frage, ob dort Unterlagen über Dr. Hans Lang vorhanden seien. Dem Hinweis, sich an das Staatsarchiv Würzburg zu wenden, geht er nach und wird fündig. »Die Überlieferungen der NSDAP im Gau Mainfranken« seien zwar »relativ schlecht«, heißt es in der Antwort des Staatsarchivs, »da die Akten des Landratsamtes Schweinfurt und der Regierung von Unterfranken aus der Zeit des Dritten Reiches leider vollständig den Kriegsereignissen zum Opfer gefallen sind«. Dennoch liege über Dr. Hans Lang eine Gestapoakte vor (Gestapo Würzburg 5575), die auf Anfrage des SS-Wirtschafts-Verwaltungshauptamtes mit der Bitte um bevorzugte Erledigung erstellt worden ist. In dem neunseitigen Dokument vom 16. Mai 1942 geht es vor allem um die Veröffentlichungen meines Vaters und seine politische Haltung zu Beginn des Dritten Reiches. In »spionagepolizeilicher und strafrechtlicher Hinsicht« sei nichts Nachteiliges über Dr. Lang bekannt: »Lang hat in Würzburg guten Ruf und Leumund. Die wirtschaftlichen Verhältnisse sind geordnet.« Dennoch erstellt die Gestapo eine Liste aller Wahlveranstaltungen der Bayerischen Volkspartei, BVP, bei denen mein Vater 1933 auftritt. Selbst der Vertreter der Geheimen Staatspolizei, Staatspolizeistelle Würzburg, der alle Veranstaltungen besucht und sie jeweils mit dem Vermerk kommentiert: »Die Versammlung verlief ruhig«, kann nicht umhin anzumerken, dass die Ausführungen von Dr. Lang »mit großem Beifall aufgenommen wurden«.

An Beifall als spontanem Ausdruck der Bewunderung hat es meinem Vater nie gefehlt. Auch seine Sekretärin dieser Jahre, Ruth Gatzke, von allen Mausi genannt, bewundert ihren Chef. Sie ist es gewesen, die Großmutter Neckermann in der Würzburger Bombennacht aus dem zerstörten Haus in der Sterngasse in den Luftschutzkeller getragen hat. Ruth wird die Vertraute meines Vaters. Von ihrer Loyalität ihm gegenüber fühlt sie sich auch nach seinem Tod nicht entbunden. Nachdem Hans auch ihr, wie anscheinend allen attraktiven Frauen seiner Umgebung, erst einmal unter den Rock gefasst hat, was ihm seine neue Sekretärin weniger aus moralischen denn aus pragmatischen Überlegungen untersagt, kommt es zu einer vertrauensvollen, freundschaftlichen Beziehung zwischen den beiden. Sie können sich aufeinander verlassen, was angesichts der vielfältigen und oft undurchsichtigen Geschäfte meines Vaters die entscheidende Voraussetzung für ihre Zusammenarbeit ist. Ruth Gatzke, verschwiegen und geschickt, ist sie auch an seiner Seite, als er mit zunehmendem Erfolg in den Schwarzmarkthandel einsteigt.

Mein Cousin Helmut Knab erinnert sich, dass sich die Schwarzmarkttätigkeit seines Onkels Hans nicht auf Stoffe, Teppiche, Pelze, Tabak und technische Geräte beschränkt. Auch eine Feldbahn-

Lokomotive mit Anhängern und den passenden Eisenbahnschienen hat mein Vater im Angebot. Bei der beginnenden Bautätigkeit der Nachkriegsjahre keine schlechte Investition. In der kräftigen, tiefen Stimme meines damals achtzigjährigen Cousins schwingt noch immer Bewunderung mit, als er sagt: »Hans war ein Schieber, aber ein genialer.« Als Helmut seinen Patenonkel 1947 besucht, führt Hans ihn in das eleganteste Restaurant Frankfurts, das »Forsthaus«. Helmut erzählt, als sähe er es noch heute vor sich, wie Männer in Zobelmänteln und Brillantringen an den fleischigen Fingern seinem Onkel kollegial auf die Schulter klopfen. Als Hans in einer Zeit, in der kaum jemand genug zum Leben hat, eine Flasche Champagner für hundert Mark bestellt, macht das auf Helmut, der damals noch immer von einer eigenen Kamera träumt, einen unauslöschlichen Eindruck. Obwohl ich bei meinen Nachforschungen immer wieder höre, dass Schwarzmarkthandel damals ganz normal gewesen sei, so muss mein Vater wohl auch auf diesem Gebiet besonders talentiert gewesen sein.

Im Rahmen meiner Nachforschungen berichtet mir Ruth Gatzke von einem spektakulären Prozess, in den mein Vater verwickelt ist und bei dem er nur knapp mit heiler Haut, wenn auch angekratztem Image davonkommt. Bei dieser Gelegenheit erwähnt sie einen Zeitungsartikel, den sie allerdings nicht mehr finden kann. Wenige Wochen vor diesem Prozess schickt Hans sie mit 150 000 Mark in bar, die er in ungebündelten Scheinen in einer Aktentasche verstaut, nach Bremen ins Hotel Kaiserhof. Dort soll sie einen seiner Geschäftspartner treffen und ihm das Geld übergeben. Es ist nicht das erste Mal, dass mein Vater seiner loyalen Sekretärin größere Bargeldbeträge, immer verbunden mit einem Auftrag, der nicht auf offiziellem Wege abgewickelt werden kann, anvertraut. Ruth Gatzke liebt das Abenteuer. Sie sieht nicht nur verwegen aus, sie ist es auch.

Für die Reise nach Bremen gibt ihr Hans seinen Opel, obwohl er weiß, dass seine Sekretärin zwar Auto fahren kann, aber keinen Führerschein besitzt, und es außerdem nach Alliiertenbeschluss nicht erlaubt ist, sich weiter als sechs Kilometer vom Heimatort, in diesem Fall Frankfurt, zu entfernen. Im Gegensatz zu ihrem Chef verfügt sie nicht über eine »Interzonen-Reisegenehmigung für das besetzte Deutschland«, mit der er sich ungehindert mit dem Auto bewegen kann. Vorsorglich drückt Hans seiner Sekretärin eine Flasche Whisky in die Hand, von dem er in seinem Büro immer erlesene Marken vorrätig hat, ohne jemals selber einen Tropfen Alkohol zu trinken. Ruth Gatzke fährt los und wird prompt von drei schwarzen GIs angehalten. Die Flasche leeren sie alle vier gemeinsam. Sie kommt gut in Bremen an, trifft den Geschäftsfreund und überreicht ihm die Aktentasche mit den Geldscheinen, so als wäre diese Transaktion das Selbstverständlichste von der Welt.

Der Zufall, der mir bei meinen Recherchen immer wieder zu Hilfe kommt, will es, dass ich den von Ruth Gatzke erwähnten Zeitungsartikel Monate nach unserem Gespräch beim wiederholten Durchforsten alter Unterlagen entdecke. Der Ausschnitt, der inzwischen so vergilbt ist, dass ich ihn kaum entziffern kann, bringt Licht in eine in jeder Weise undurchsichtige Geschichte. In der Überschrift des Artikels aus der »Frankfurter Zeitung« vom 22. August 1947 kommt mein Vater nur rein äußerlich gut weg. Da steht: »Eleganter Großkaufmann kommt doch nicht ins Gefängnis.« Dr. Hans Lang und seinem Freund, dem Rechtsanwalt Dr. Grüning, werden Schwarzmarktschiebereien mit Tabak, Butter und Stoffen in größerem Ausmaß zur Last gelegt. Da die Anwaltspraxis von Dr. Grüning, wie Ruth Gatzke mir erzählt, zu diesem Zeitpunkt nicht mehr viele Klienten hat, die Textilunion und die weiteren Firmen meines Vaters aber florieren, nimmt Dr. Grüning die ganze Schuld auf sich, die er schließlich im Gefängnis in Butzbach absitzen muss.

Diese strategisch kalkulierte Absprache endet in einer Tragödie. Grüning, der sich darauf verlässt, dass sein Geschäftspartner das ihm gegebene Versprechen einlöst, für seine Familie zu sorgen und Vermögen für sie anzuhäufen, während er die Strafe im Gefängnis absitzt, bekommt sein Geld nicht. Mein Vater kommt ein halbes Jahr nach dem Prozess bei einem Autounfall ums Leben. Das Schicksal war bei dieser Abmachung nicht einkalkuliert.

Der Bericht des Gerichtsreporters Rudolf Eims ist ebenso engagiert wie verworren, weswegen ich den Artikel mehrmals lesen muss, um den Sachverhalt zu verstehen. Es geht dem Reporter wie dem Richter nicht nur um juristische Fakten, sondern vor allem um eine moralische Bewertung. Was ich lese, klingt wie ein Kriminalroman, bei dem ich den wirklichen »Täter« kenne.

»Ein eigenartiges Kleeblatt« nennt der Erste Staatsanwalt Dr. Kosterlitz in seiner Anklagerede vor der Frankfurter Strafkammer die Angeklagten: den früheren Staatsanwalt Dr. Johannes Grüning, der »von Ehrgeiz besessen danach trachtete, ein namhafter Wirtschaftsführer zu werden«, den Kaufmann Horst Engler, »der sich als Sekretär und Vertrauter des kommenden großen Mannes fühlte und dessen unredliche Handlungen mitmachte«, und den Ingenieur Fritz Winkler, »dem es nicht angemessen schien, in einem kleinen Handwerksbetrieb zu arbeiten, nachdem er im Krieg den Rang eines Leutnants bekleidet hatte«. So fanden sich, laut Staatsanwalt, »die drei in der ominösen Hotel- und Restaurantbetriebe GmbH zusammen, die noch nicht einmal im Handelsregister eingetragen war«.

Das ist der Augenblick, an dem mein Vater ins zwielichtige Spiel kommt: »Der Textilgroßkaufmann Dr. Lang stellte«, wie es in dem Artikel heißt, »Grüning nicht nur ohne jeden Vertrag 720 000 Mark zur Verfügung, er übergab ihm auch ohne Bestandsaufnahme, einfach aus dem Handgelenk heraus, zweitausend Meter Stoff, die zum Teil verwandt wurden, um Handwerker zu schmieren«. Weiter steht im Gerichtsbericht, dass Dr. Grüning mit einer »biederen Frau vom Land einen fragwürdigen Kreditvertrag ohne Datum und ohne die erforderliche juristische Form« abgeschlossen habe. Grüning hatte von dieser Frau Brillanten zu treuen Händen bekommen, um sie zu verkaufen und sicher anzulegen. Er veräußerte jedoch die Brillanten um ein Drittel billiger als vereinbart und investierte das Geld in Stoffe und Butterberge. Auch Grünings Sekretär, Engler, und der Ingenieur Winkler beteiligten sich an den Geschäften.

»In scharfer Weise«, so fährt der Prozessbeobachter fort, »geißelte der Staatsanwalt die Untreue, die Unterschlagung und die Schiebergeschäfte«. Nach dreitägiger Verhandlung wird das Urteil gesprochen, das dem Antrag der Staatsanwaltschaft entspricht. Dr. Grüning muss wegen der Schiebergeschäfte und der begangenen Untreue für zwei Jahre und sechs Monate ins Gefängnis, der Angeklagte Engler für ein Jahr und sechs Monate und Winkler für ein Jahr. Dem früheren Staatsanwalt Grüning wird außerdem eine Geldstrafe von 30 000 Mark auferlegt. Auch Engler und Winkler erhalten Geldstrafen.

Dass selbst der den Prozess leitende Landesgerichtsdirektor Dr. Apelt Umfang und Ausmaß der Vergehen nicht überblicken und damit auch nicht befriedigend klären kann, räumt er in seiner Urteilsbegründung ein, in der er zudem bekennt, dass »in diesem Verfahren in der Ermittlung und durch das Gericht nicht alles voll ausgeschöpft werden konnte, weil die Angeklagten zu früh aus der Untersuchungshaft entlassen worden sind und Verbindung mit den Zeugen suchen konnten«. Gegen Ende des Zeitungsartikels heißt es, dass nicht nur die Angeklagten, sondern auch der Textilkaufmann Dr. Lang, der früher ebenfalls Jurist gewesen sei, »zweifelhafte Geschäftspraktiken« an den Tag gelegt hätten: »Der Großteil des Volkes ist arm und ehrlich«, so der Vorsitzende, »und die unmoralische Haltung nur bei denjenigen festzustellen, die über gewisse Waren und Kapitalien verfügen.«

Der Gerichtsreporter äußert sich dennoch zufrieden über den Ausgang des Prozesses: »Das Gericht hat mit eindrucksvollen Strafen die Taten der Angeklagten geahndet. Auf der Anklagebank fehlte jedoch der elegante Textilgroßkaufmann Dr. Lang, der sein gewaltiges Stofflager erst einen Tag nach der Verhaftung Grünings anmeldete. Hier wird es, wie auch der Vorsitzende des Gerichts ausdrücklich vermerkte, Aufgabe der Staatsanwaltschaft sein, die erforderlichen Schritte einzuleiten.« Es ist anzunehmen, dass auf meinen Vater schon bald ein Prozess ähnlicher Art zugekommen wäre. Allerdings vermute ich, dass es ihm wieder gelungen wäre, als freier Mann daraus hervorzugehen.

Dr. Grüning, dessen Frau zum damaligen Zeitpunkt ein Kind

erwartet, sitzt seine Strafe ab. Nach dem Tod meines Vaters wendet sich Grüning an meinen Pflegevater Josef Neckermann und fordert ihn auf, das Versprechen, das Hans Lang ihm gegeben habe, einzulösen, da er, Neckermann, ja nun dessen Firmen übernommen habe. Mein Pflegevater geht auf das Ansinnen nicht ein. Dr. Grüning tritt daraufhin an die ehemalige Sekretärin meines Vaters, Ruth Gatzke, heran. Er möchte Josef Neckermann auf Zahlung der 100 000 Mark verklagen und bittet sie, in einem Prozess als Zeugin aufzutreten. Ruth Gatzke lehnt mit der Begründung ab, sie könne nicht gegen Familienmitglieder aussagen, und seien sie auch noch so entfernt. Jahre später begegnet sie Dr. Grüning zufällig in einem Cafe in der Frankfurter Innenstadt wieder. Als er Ruth Gatzke erkennt, verlässt er den Raum und geht ohne Gruß an ihr vorbei. Er hat ihre Entscheidung von damals weder vergessen noch verziehen.

In die Schiebereien großen Stils ist, wie mir Ruth Gatzke erzählt, auch der damalige Frankfurter Polizeipräsident verwickelt. Der Bundesbruder und Freund meines Vaters aus alten Tagen beteiligt sich indirekt an dessen Schwarzmarktgeschäften, indem er sie stillschweigend duldet und später davon profitiert. Ungeachtet dieser Kontakte kann der Polizeipräsident kurz vor dem genannten Prozess eine Hausdurchsuchung seiner Behörde in der Baracke in Oberursel nicht verhindern. Wenn mein Vater Stoffe größeren Umfangs zu Hause gelagert haben sollte, so sind sie bei der Durchsuchung nicht mehr da. Vielleicht ist er wieder einmal rechtzeitig gewarnt worden.

Meine Mutter berichtet ihrem Sohn in einem Brief ins Internat voller Empörung von diesem Zwischenfall: »Zwei Männer in Zivil kamen, zwei Kriminalbeamte. Eine anonyme Anzeige wegen eines riesigen Stofflagers sei bei ihnen eingegangen. Jeder Schrank, jede Schublade wurde geöffnet. Die Betten wurden umgestülpt.« Und sie fügt hinzu, dass sie um jedes einzelne Stück Stoff und jede Lebensmitteldose gekämpft habe wie eine Löwin. Aus dem Brief meiner Mutter spricht keine Mitwisserschaft, nur echte Entrüstung.

Auch wenn der Prozess für meinen Vater glimpflich abgelaufen ist, die Gefahr ist noch nicht gebannt. Seine Sekretärin Ruth Gatzke berichtet, dass mein Vater sie direkt nach dem Prozess zu sich bestellt. Er legt ihr unmissverständlich nahe, noch in derselben Nacht zu verschwinden, damit sie nicht durch weitere Nachforschungen in Bedrängnis gerate. Er verabschiedet sich von ihr mit den Worten: »Mach ein paar Tage Urlaub an der See und steck dir die Haare hoch, sie sind zu auffallend.« Dabei drückt er ihr tausend Mark in die Hand.

Mein Sohn Lukas, der bereits bezüglich der Gestapoakten fündig geworden ist, entschließt sich, Toni Rommel zu besuchen, einen der wenigen Freunde meines Vaters, der zu dem Zeitpunkt noch am Leben ist. Sein Brief an ihn mit der Bitte um ein Treffen berührt mich. Lukas schreibt: »Ich würde es mir nicht verzeihen, wenn ich in der dritten Generation nicht die Initiative ergreifen würde, mit Zeitzeugen und alten Freunden zu sprechen, um Licht in das Halbdunkel dieser Familientragödie zu leiten. Einzig und allein dienen meine Nachforschungen der Suche nach der Wahrheit über meinen Großvater, dessen Ehering nun ich an meiner Hand trage. Wie ich hörte, trug er ihn nie.«

Als Lukas zu Toni Rommel nach Offenbach bei Frankfurt fährt, ist er gerade zwanzig Jahre alt. Es ist das Jahr 1997. Er kommt von dieser Begegnung irritiert und mit drei Kassetten zurück. Vielleicht ist ihm in diesem intensiven Gespräch, das ihn in eine Zeit versetzt, die er nicht aus eigenem Erleben kennt, bewusst geworden, dass sein Großvater in seinem Leben mit allem großzügig umgegangen ist, mit der Liebe, mit dem Geld und mit der Moral. Dass ihm dies offenbar auch jeder zugebilligt hat, ist dem Gespräch mit Toni Rommel zu entnehmen, der sich für das Treffen mit meinem Sohn erst die Erlaubnis der ehemaligen Sekretärin und lebenslangen Vertrauten meines Pflegevaters, Gerda Singer, einholen muss. Seit Necko sie 1948 als Chefsekretärin eingestellt hat, wacht sie erst über ihren Chef und nach dessen Tod über die Neckermann'sche Familien- und Firmengeschichte.

Erst im Sommer 2001 höre ich die von meinem Sohn Lukas aufgenommenen Kassetten ab. Da ist Toni Rommel bereits tot. Sein Leben ist von den beiden Familien Lang und Neckermann geprägt, von denen er sich bis zu seinem Ende nicht lösen kann. Diese lebenslange Verbindung und Verstrickung, erst emotionaler, später auch wirtschaftlicher Natur, beginnt an dem Tag, an dem Toni Rommel meiner Pflegemutter zum ersten Mal begegnet. Nach dem Tod meines Vaters wird Necko dessen alten Freund als Geschäftsführer einer Werbeagentur einsetzen, die Hans Lang kurz zuvor gegründet hat.

Die Qualität der Bänder ist schlecht, aber ich erkenne Toni Rommels Stimme sofort wieder, auch wenn sie brüchig geworden ist und sein Redefluss ab und zu von Hustenanfällen unterbrochen wird. Die Stimme meines Sohnes Lukas klingt offen und freundlich. Der Verlauf des Gespräches macht deutlich, dass Toni Rommel seine anfänglichen Bedenken bald abgelegt hat. Er erzählt viel, und was seine eigene Vergangenheit betrifft, so kann er sich, wie das bei älteren Menschen oft der Fall ist, erstaunlich genau an lang zurückliegende Daten und Einzelheiten erinnern: an den Winter 1928, in dem er Annemi auf der Eisbahn trifft und ihr den Schulranzen nach Hause tragen darf, an seine ersten Flugübungen 1937 und dass die Engländer am 7. Mai 1945 in Hamburg einrücken und er wegen seiner guten Englischkenntnisse Verbindungsoffizier der Briten wird.

Der alte Freund und zeitweilige Weggefährte meines Vaters bemüht sich, die Fragen meines Sohnes genau zu beantworten, selbst wenn er in diesem Gespräch, das ihn sicher angestrengt hat, auf dessen Anmerkungen und Kommentare oft sagt: »Das haben wir nicht gewusst.« Was die beruflichen Transaktionen meines Vaters angeht, trifft das sicher zu, denn Hans habe, wie Toni Rommel berichtet, niemanden in seine Geschäfte und sein sich über Europa, die USA und Südamerika erstreckendes Netzwerk eingeweiht.

Hans besucht seinen Freund Toni Rommel wenige Wochen nach seiner Entnazifizierung in Hamburg, wo dieser bei Unilever als Abteilungsleiter tätig ist. Die Frage seines alten Freundes kommt für Toni überraschend: »Hast du Lust, für mich zu arbeiten?« Er hat Lust. Das Angebot meines Vaters, eine Hamburger Firma für ihn zu übernehmen, ist verlockend. Er stimmt zu.

Dr. Hans Lang kauft die Firma Petersen, die mit Kurzwaren handelt und deren Inhaber gestorben ist. Toni Rommel wird offiziell als Besitzer des Unternehmens eingetragen, von dem aus mein Vater vor allem Geschäfte abwickelt, über die er den von ihm eingesetzten offiziellen Inhaber nicht einmal informiert. Toni fragt auch nicht nach. Sicher ist nur, dass im Unternehmen Garne und Bänder lagern, für die es keine Verkaufserlaubnis der Alliierten gibt. Sein Freund Hans habe ihm dann eines Tages gesagt, dass er ein bestimmtes Kontingent offiziell verkaufen könne. Er tut es und wird wegen Schwarzmarktgeschäften verhaftet. In dem Gespräch mit meinem Sohn Lukas bezeichnet Toni das als »blöden Zufall«.

Mein Vater kommt umgehend nach Hamburg und besorgt ihm einen Anwalt, bittet ihn aber, seinen Namen in der Verhandlung nicht zu nennen, es hänge zu viel davon ab. Sein Freund hält sich daran. Bis zum Gerichtstermin vergehen zwei Jahre, in denen er gegen Kaution freigelassen wird. Ob diese von meinem Vater oder von Tonis zukünftigem Schwiegervater gestellt wird, geht aus dem Gespräch nicht hervor. In der Gerichtsverhandlung wird Dr. Lang als Zeuge geladen, und der von ihm bezahlte Anwalt macht, nach Aussage Tonis, seine Sache gut. Toni wird auf Bewährung freigelassen.

Und wieder ist mein Vater zur Stelle und fragt seinen Freund, ob er nicht nach Frankfurt kommen möchte, um erneut mit ihm zusammenzuarbeiten. Hans kann ihm etwas bieten, was in der damaligen Zeit einem Wunder gleichkommt. Er besorgt Toni und seiner jungen und schönen Frau Inge eine Wohnung. Zwei Zimmer, unvorstellbar. Dr. Ott, der Leiter des Wohnungsbauamtes in Frankfurt, ist ein ehemaliger Bundesbruder meines Vaters.

Ungeachtet der Tatsache, dass er seinen Freund, sicher unbeabsichtigt, aber in jedem Fall leichtsinnig ins Gefängnis gebracht hat, benutzt Hans ihn erneut. Diesmal bringt er eine Ladung Stoffballen in Tonis gerade glücklich bezogene Wohnung und bittet ihn, die Stoffe kurz für ihn aufzubewahren. Toni Rommel sagt wieder nicht nein. Er ist seinem Freund viel zu dankbar und glaubt an dessen Geschick und Glück. Die Stoffballen werden zu Matratzen umfunktioniert, damit sie bei einer Durchsuchung nicht gleich ins Auge fallen. Ohne dass sich ein Zwischenfall ereignet, holt mein Vater die Ware nach einiger Zeit wieder ab.

»Ich weiß, mein Großvater war ein Schieber«, höre ich die ruhige Stimme meines Sohnes auf dem Tonband, ohne Vorwurf, ohne Empörung. Doch der loyale Freund, der Toni immer geblieben ist, reagiert sofort. Das möchte er auf Hans nicht sitzen lassen. Er entgegnet: »Wir waren alle gezwungen, uns durch kleine Machenschaften am Leben zu erhalten.« Und er fügt, wie zur Entlastung meines Vaters, hinzu: »Ich habe auch gehamstert.« Hans hat ihm dabei geholfen. Er schenkt Toni Kämme und Reißverschlüsse, die dieser auf dem Land in Lebensmittel umtauscht.

Dass mein Vater seine Schwarzmarktgeschäfte in großem Stil betreiben kann, sei, davon ist Toni Rommel überzeugt, nur mit Billigung der Amerikaner möglich gewesen. »Dein Großvater«, erläutert er meinem Sohn, »hatte immer viele Verbündete.« Auf dessen Frage, warum sein Großvater während des Krieges vom Militär freigestellt worden sei, hat er ebenfalls eine einleuchtende Antwort. Er erklärt ihm, dass die Nazis, für die mein Vater bereits erfolgreich kriegswirtschaftlich wichtige Betriebe aufgebaut habe, in ihrer Freistellungsstrategie strategisch vorgegangen seien. Hans sei, so berichtet Toni nicht ohne Stolz auf seinen Freund, in einer Zeit, in der jeder nur ans Überleben gedacht hat, fest entschlossen gewesen, einen weltweiten Textilgroßhandel aufzubauen. Und es sei auch der politischen Führungsspitze der NSDAP nicht entgangen, dass Dr. Hans Lang über erstaunliche unternehmerische Fähigkeiten und Beziehungen verfügte, die ihr nützlicher sein konnten als sein Einsatz an der Front. Zudem waren sie daran interessiert, nach dem erwarteten glorreichen Endsieg umgehend mit dem Wiederaufbau beginnen zu können.

Mein Vater habe, nach Kenntnis seines Freundes, neben zahlreichen Unternehmen, die er aus Sicherheitsgründen nicht auf seinen Namen eintragen ließ, offiziell die Textilunion in der Mainzer Landstraße, eine Großschneiderei, die klassizistische Villa am Schaumainkai in Frankfurt, in der sein Büro gewesen sei, und eine Werbeagentur besessen. Zu diesem Zeitpunkt befindet sich Josef Neckermann, der erst am 3. Mai 1948 entnazifiziert wird, noch im Gefängnis.

Am Ende des Treffens, das beide bewegt hat, meinen jüngsten Sohn und den alten Freund seines Großvaters, sagt der hörbar erschöpfte Toni Rommel zu Lukas: »Oft habe ich deinen Großvater nicht gesehen, auch als ich für ihn gearbeitet habe. Er war immer unterwegs.« Und er fügt hinzu: »Als deine Mutter im Sommer 1942 geboren wird, ist dein Großvater nicht in Berlin.«

Ist es der Glaube meines Vaters, dass er unverwundbar sei, der ihn so unverantwortlich handeln lässt und dabei andere in Gefahr bringt? Scheut er, der Spieler, auch nicht vor dem Einsatz seiner Freunde zurück? Fragen, die schwer wiegen und noch schwerer zu beantworten sind, besonders für mich, die ich ihn nur zu gern freisprechen würde. Eines ist wohl sicher: Mein Vater ist zutiefst davon überzeugt, dass das, was er sich vornimmt, auch gelingt. Es scheint, und dies wird in allen Gesprächen, die ich während meiner Nachforschungen führe, deutlich, dass er die Menschen seiner Umgebung, Männer wie Frauen, nicht nur für sich einnimmt, sondern auch einen untrüglichen Instinkt dafür hat, wie er sie für seine Ziele einspannen kann. Mehr als ein halbes Jahrhundert später kommt es selbst seiner ehemaligen Sekretärin und Verbündeten, Ruth Gatzke, dieser klugen, lebenserfahrenen und mutigen Frau, nicht in den Sinn, dass mein Vater sie leichtfertig in Gefahr gebracht haben könnte. Er ist für sie noch immer der unwiderstehliche und geniale Gauner und Gentleman. Was seinem Charisma sicher noch eine besondere Note verleiht, ist sein Erfolg. Dr. Hans Lang ist ein Siegertyp.

Auch mein Pflegevater Josef Neckermann ist ein Siegertyp, und auch er versteht es, mit den Machthabern zu paktieren. Das Reiten bietet dem jungen Josef einen sportlichen Einstieg. Bereits ein Jahr nach Gründung der Reiter-SA tritt Josef 1934 der Organisation bei, »ohne«, wie er in seinen *Erinnerungen* schreibt, »es recht zu bemerken«. Er stellt wie viele seiner Reiterkollegen aus dieser Zeit seine Pferdeleidenschaft über die Politik. Der unheilvollen Allianz des deutschen Reitsports mit dem Dritten Reich, in dessen Netz auch Necko verstrickt ist, widmet die Chronik *100 Jahre Pferdesport und Pferdezucht in Deutschland,* die 2005 pünktlich zum Jubiläum im Warendorfer FN-Verlag erscheint, ein ganzes Kapitel. Josef Neckermann kommt darin immer wieder vor. Fest steht, der deutsche Reitsport erlangt im Nationalsozialismus, unterstützt von Goebbels' Propaganda, eine völlig neue politische Dimension. Er avanciert zum Herrensport der arischen Elite. Seit Dezember 1934 ist es Juden verboten, an Reitturnieren teilzunehmen.

Unter den deutschen Reitern ist die Bewunderung für den Führer so groß, dass die deutsche Equipe ihm, nachdem sie 1933 den schwersten Springwettbewerb der Welt, den Nationalpreis von Rom, gewonnen hat, das Siegerpferd Wotan zum Geschenk macht. Hitler telegraphiert seine dankende Ablehnung, macht aber die Rolle deutlich, die er diesem Herrensport zugedacht hat: »So innerlich glücklich mich Ihr großherziger Entschluss gemacht hat, so schwer bedrückt mich die Erkenntnis des Wertes dieses einzigartigen Pferdes und seiner nationalen deutschen Aufgabe.«

Auch Necko erfüllt nicht nur als Mitglied der Reiter-SA seine nationale deutsche Aufgabe. Über seine Reitkünste hinaus hat er als aufstrebender Jungunternehmer in vorauseilendem Gehorsam bereits 1935 Eigentum von Juden arisiert, obwohl die Verordnung zur Ausschaltung der Juden aus dem deutschen Wirtschaftsleben erst im Januar 1939 in Kraft tritt.

Was Necko interessiert, ist, welchen Nutzen ihm seine Kontakte zur Regierung im Hinblick auf die beiden großen Leidenschaften seines Lebens, die Pferde und das Geschäft, einbringen. Um hoch zu Ross den damaligen Stabschef der SA Ernst Röhm bei einem Manöver begleiten zu dürfen – Röhms Adjutant konnte nicht reiten –, lässt sich Necko sogar eine Uniform schneidern. Später dürfte ihm daran gelegen gewesen sein, diese Verbindung vergessen zu machen: Röhm wird aufgrund angeblicher Putschabsichten gegen Hitler am 30. Juni 1934 verhaftet und einen Tag später ohne Gerichtsverhandlung auf Befehl des Führers in seiner Zelle in München-Stadelheim erschossen, nachdem er sich geweigert hat, Selbstmord zu begehen.

Die Kooperation meines Pflegevaters mit der NSDAP beginnt schon bald nach der Machtübernahme und lange bevor ihm im Mai 1937 mitgeteilt wird, dass er »für würdig befunden wurde«, in die NSDAP aufgenommen zu werden. Eine Nachricht, die Josef »ahnungslos« antrifft. Ahnungslos ist Necko nicht, weder als er 1934, damals noch in der Kohlengroßhandlung seiner Mutter, trotz der Warnung seines Vetters und Generals der Luftwaffe Otto Jordan, mit den Machthabern Geschäfte zu machen, im Großraum Würzburg die neuen Fliegerhorste mit Kohle beliefert, noch bei der Arisierung des Kaufhauses Ruschkewitz und des dazugehörigen »Kleinpreisgeschäftes« Merkur, von der ihm seine Mutter eindringlich abrät.

Necko setzt sich über alle Bedenken hinweg, und er nennt auch einen Grund. Es ist die Geburt seines ersten Sohnes am 26. Oktober 1935, die auf den Tag der Übernahme der jüdischen Kaufhäuser fällt. Mein Pflegevater schreibt: »Mein Sohn sollte einmal stolz sein dürfen auf seinen tüchtigen Vater.« Und wieder kommt Neckos eigener Vater Josef Carl ins unbewusste Spiel. Wenn dieser schon nicht stolz auf seinen Sohn Josef gewesen ist, so soll sein eigener Sohn Peter wenigstens stolz auf seinen Vater sein können. Dass ein Ariseur, wie sich Josef in seinen *Erinnerungen* selbst bezeichnet, jemand ist, auf den man stolz sein kann, ist schwer nachzuvollziehen. Am 14. November 1935 wird, nach zuvor erteilter Genehmigung der NSDAP, der Kaufvertrag rechtskräftig.

Die ersten beiden Geschäfte eines jüdischen Eigentümers erwirbt mein Pflegevater noch in seiner Heimatstadt Würzburg; 1938 zieht es ihn nach Berlin, wohin er nicht nur seinen Schwiegereltern Brückner, sondern auch seiner Schwester Mady und deren Familie folgt. Necko schreibt: »Dr. Hans Lang hatte sich dort eine Bekleidungsfirma gekauft, da aus politischen Gründen an eine Wiederaufnahme seiner Anwaltstätigkeit nicht zu denken war.«

In Berlin erwirbt mein Pflegevater im Juli 1938 nach zähen Verhandlungen und unter Ausschaltung zahlungskräftiger Mitbewerber das Versandhaus des jüdischen Kaufmanns Karl Amson Joel. Dessen Firma gehört damals neben Witt, Quelle und Schöpflin zu den Großen der Branche. Bereits am 1. September 1938 teilt der frischgebackene Firmeninhaber seiner neuen Kundschaft mit, dass »ich die Wäschemanufaktur Karl Joel übernommen habe und als Wäsche- und Kleiderfabrik Josef Neckermann Textil-Versandhaus« weiterführe.

Necko liegt im traurigen Trend. Im Herbst 1938 befinden sich von ehemals 100 000 Betrieben jüdischer Inhaber nur noch 40 000 in den Händen ihrer rechtmäßigen Besitzer. Ab dem 1. Januar 1939 ist deutschen Juden »das Betreiben von Einzelhandelsgeschäften und Handwerksbetrieben sowie das Anbieten von Waren und Dienstleistungen« gänzlich untersagt.

Es klingt fast wie die Beschreibung eines sportlichen Wettkampfs, wenn Necko, kurz nachdem er Firma und Privatbesitz von Karl Amson Joel arisiert hat, diesem bescheinigt, dass er sich »unter den gegebenen Umständen ... tapfer gehalten habe.« Auch die Tatsache, dass Josef schon bald in das Haus seines Vorgängers einzieht, eine herrschaftliche Villa in der Tannenbergallee in Charlottenburg, welche die Familie Joel fluchtartig verlassen muss, entlockt ihm kein Wort der Schuld oder des Mitgefühls. Im Gegenteil, mein Pflegevater ist stolz auf das neue Zuhause. »Direkt hinter uns der Wald, zauberhaft gelegen«, ist es genau die richtige Umgebung für seine Frau Annemi, die seit ihrer Jugend an Bronchialasthma leidet. Auch sie ist glücklich, vor allem als ihr Blüthner-Flügel, der ihr aus Würzburg nachgeschickt wird, in der Tannenbergallee eintrifft.

Es sind von Anfang an ungleiche Gegner, der mehr als zwanzig Jahre ältere jüdische Kaufmann Karl Joel, der unerschütterlich daran glaubt, dass er als überzeugter Patriot und verdienter Kriegsveteran nichts vom Nazi-Regime zu befürchten habe, und der aufstrebende »arische« Jungunternehmer Josef Neckermann, der so auf seine Karriere fixiert ist, dass er das Unrechtssystem dieser Zeit nicht wahrgenommen haben will.

Unter anderen Vorzeichen hätten sich diese beiden gewieften und erfolgreichen Kaufleute sogar näherkommen können. Es gibt tatsächlich Gemeinsamkeiten: Da ist zum Beispiel die fränkische Herkunft. Karl Joel wächst in der Gemeinde Colberg bei Ansbach auf und Josef Neckermann in der Bischofsstadt Würzburg. Beide Männer haben in Meta Joel und Annemi Neckermann loyale Ehefrauen mit Familiensinn, die den kulturellen Rahmen prägen. Da gibt es die gemeinsame Vorliebe für herrschaftliche Villen im Grünen wie für das häusliche Klavierspiel, auch wenn es bei den Joels Vater Karl Amson ist, der in die Tasten greift, und bei den Neckermanns Ehefrau Annemi. Beide Familien bewundern Richard Wagner und seine Musik, ausgenommen Necko, dem alles Musische fremd ist.

Die Männer teilen dagegen ihre Begeisterung für amerikanische Straßenkreuzer, nicht nur als reines Fortbewegungsmittel, sondern als sichtbares Zeichen ihrer gesellschaftlichen Position. Ob Necko aufgrund der Tatsache, dass Karl Joel bereits Mitte der 30er Jahre einen eleganten, raumgreifenden Buick besitzt, seinen am Status orientierten Fuhrpark ebenfalls um einen Buick erweitert, ist ungewiss, nicht aber unmöglich. Eine weitere Parallele bildet der Umzug beider Unternehmer mit ihren Familien nach Berlin, um dort beruflich neu durchzustarten. Es wird für Karl Joel und Josef Neckermann wohl kaum eine Gelegenheit gegeben haben, sich über ihre Gemeinsamkeiten auszutauschen, denn sie begegnen sich nie im privaten Umfeld, sondern nur als Konkurrenten.

Es ist von Anfang an ein ungleiches Spiel, das bereits vor dem ersten Zug entschieden ist. Der Biographie *Die Joel-Story – Billy Joel und seine deutsch-jüdische Familie* von Steffen Radlmaier (München 2009), die sich wie ein spannender Kriminalroman liest und doch bestürzende Wahrheit ist, verdanke ich viele mir bis dahin unbekannte Fakten der Arisierung wie auch der Wiedergutmachungsprozesse Joel gegen Neckermann, bei denen es um Millionenbeträge geht und die sich bis in die ausgehenden 50er Jahre erstrecken. Dabei kommt erschwerend hinzu, dass »Selbstzweifel und Schuldgefühle kurz nach Kriegsende«, wie Radlmaier schreibt, »schnell vergessen« waren. Er fährt fort: »Und nach der Währungsreform 1948 machte sich in weiten Teilen der Bevölkerung Unmut über die andauernde Entnazifizierung und Entschädigungszahlungen breit.«

Für die Akten endet der Fall Karl Joel gegen Josef Neckermann am 25. März 1959. Die Tatsache, dass Necko in einer Verhandlung vom 24. Januar 1955 die Unwahrheit sagt, ändert nichts am Urteilsspruch. Necko beziffert damals sein Gesamtvermögen auf wenige Hunderttausend Mark, woraufhin eine Abfindungssumme von zwei Millionen Mark festgelegt wird. Wenige Monate danach werden die Bilanzen der Neckermann-Versand KG bekannt, in denen Neckos Privatvermögen auf mehrere Millionen Mark geschätzt wird.

Radlmaier schreibt: »Die Richter befanden den Vergleich zwischen Neckermann und Joel über zwei Millionen Mark angemessen. Sie bewerteten Neckermanns Erinnerungslücken und Falschaussagen als nicht relevant.« Der Autor bemerkt dazu an anderer Stelle: »Moral, Menschlichkeit und Verantwortung wurden nicht verhandelt.« Josef Neckermann wird juristisch freigesprochen, moralisch hat er es selbst längst getan.

Was für meinen Pflegevater das positive Ende eines jahrelangen, belastenden Rechtsstreits bedeutet, das neue Energien für seine berufliche Karriere freisetzt, ist für Karl Joel das unternehmerische Aus. Für einen Neustart fühlt er sich zu alt. Karl Joel stirbt 1982 elf Jahre nach dem Tod seiner Frau im Alter von 93 Jahren und wird auf dem jüdischen Friedhof in Nürnberg beerdigt.

Als zehn Jahre später auch Josef Neckermann stirbt, holt der Fall Joel die Familie noch einmal ein. In einem Leserbrief in der »Frankfurter Allgemeinen Zeitung« vom 21. Januar 1992 erinnert Professor Dr. Jens M. Fischer daran, dass Josef Neckermann von dem jüdischen Kaufmann Karl Joel das drittgrößte deutsche Versandhaus gekauft habe, als dieser das Land verlassen musste. Und er fährt fort: »Wer also wie Josef Neckermann 1937 ein jüdisches Versandhaus kaufte, war Nutznießer eines Staatsverbrechens und musste sich über die Begleitumstände im Klaren sein, denn er kaufte von Erniedrigten, Beleidigten und Entrechteten.«

Es bleibt nicht bei diesem Leserbrief. Im Rahmen der preisgekrönten Fernsehdokumentation »Die Akte Joel« von Beate Thalberg kommt es 2001 zu einer Begegnung der Nachkommen. Die Neckermann-Enkel, tatsächlich nur die Kinder von Johannes und Ingrun Neckermann, Julia, Markus und Lukas, treffen auf die Enkel von Karl Joel, Alexander und Billy, der zu diesem Zeitpunkt bereits eine weltweit bekannte Rock-Ikone ist.

Mein Stiefbruder Johannes, der sich im Laufe der Jahre zum Sprecher der Neckermann-Familie gemacht hat und Medienauftritte routiniert und dankbar wahrnimmt, hat seine Kinder sicher auf diesen Auftritt vorbereitet. Dass Peter und Jutta Neckermann, die öffentlichen Auftritten ohnedies nicht viel abgewinnen können, ihre Kinder Susanne und Christian nicht in den Ring geschickt haben, weil sie ahnen, wie ungleich das Zusammentreffen ausfallen würde, kann ich nur vermuten.

Steffen Radlmaier schreibt über diese Sendung: »Sichtlich unwohl sitzen sich die fünf gegenüber und haben sich wenig zu sagen. Die Kategorien von Opfern und Tätern passen ebenso wenig wie die von Anklägern und Angeklagten. Ihre Familiengeschichten haben sie sich nicht ausgesucht, aber auffallend ist, wie die Neckermanns nach Erklärungen und Entschuldigungen für das Verhalten des Großvaters suchen. ›Hat es ihm leidgetan, was er damals gemacht hat?‹, fragt Alexander Joel. ›Ja‹, antwortet der Neckermann-Enkel. ›Fühlte er sich schuldig?‹, fragt Alexander nach. ›Nein, nein. Sie wussten nicht, was sie taten. Alle machten mit‹, antwortet Julia Neckermann. Und ihr Bruder Lukas ergänzt: ›Wir haben in der Familie immer über die Gegenwart gesprochen. Und was in Zukunft passiert.‹«

Als ich mir eine Wiederholung dieser Dokumentation im Fernsehen ansehe, schleicht sich bei mir ein Gefühl ein, das sich nicht präzise, aber annäherungsweise mit Mitleid umschreiben lässt, Mitleid mit meinen beiden Neffen und meiner Nichte, weil ihnen die vermeintliche Familienehre einen klaren, kritischen und vielleicht am Ende sogar nachsichtigen und versöhnlichen Blick auf die Vergangenheit ihres Großvaters und damit auch auf ihre eigene Geschichte versperrt hat.

Einem Zusammentreffen mit den Joel-Enkeln können sie nicht gewachsen sein. Es gibt keine gemeinsame Ebene der Reflexion und keine gemeinsame Sprache. Die Neckermann-Enkel können Billy und Alexander Joel auch nicht mit Offenheit begegnen. Wie sollten sie? Offenheit hat es selbst innerhalb der Familie nicht gegeben, keine offen ausgetragenen privaten Probleme oder auch nur Meinungsverschiedenheiten. Hinzu kommt, dass sich meine Pflegeeltern auf einem Podest niedergelassen haben, an dem zu rütteln für die Familie undenkbar ist, erst recht in der Öffentlichkeit. Die Reaktionen von Markus, Julia und Lukas Neckermann in diesem Interview machen deutlich, dass dies noch gilt, als das Neckermann-»Imperium« längst untergegangen ist.

Ich habe der Zeit weit vorgegriffen. Noch ist es das Jahr 1939, und es ist Krieg. Mit dem Einmarsch der deutschen Wehrmacht in Polen am 1. September dieses Jahres beginnt der Zweite Weltkrieg. Mein Pflegevater kommentiert den Ausbruch des Krieges mit den Worten: »Hätte ich gewusst, dass dieser Tag der Beginn millionenfachen Blutvergießens werden sollte, hätte ich vielleicht besser aufgepasst.« Doch etwas bleibt Josef vom Tag des Kriegsausbruchs im Gedächtnis: »Als Arbeitstag fiel der 1. September für die ganze Wäsche- und Kleiderfabrik Neckermann ins Wasser. Wir waren alle viel zu nervös, um etwas Gescheites zustande zu bringen.«

Auch ein so schicksalhaftes Ereignis wie den Ausbruch des Zweiten Weltkrieges kann Necko nicht losgelöst von seinen geschäftlichen Aktivitäten sehen. Im Gegenteil, dieser Krieg wird für ihn zu einer beruflichen Herausforderung. Er bietet ihm neue, faszinierende Möglichkeiten, seine unternehmerische Kreativität unter Beweis zu stellen. Voraussetzung dafür ist, dass er nicht an die Front muss. Beim Wehrbezirkskommando erreicht Josef für sich und seine wichtigsten Mitarbeiter die Freistellung vom Militärdienst. Das Zauberwort, das schon seinen Schwager vor dem

Militärdienst bewahrt hat, heißt »unabkömmlich«. Statt in den Krieg zu ziehen, wird Josef Ende 1940 zum ehrenamtlichen Referenten der »Reichsstelle Kleidung und verwandte Gebiete« berufen. Neckos Aufgabe besteht darin, sich um die »Einkleidung von Hunderttausenden von Deutschen zu kümmern, die zum Arbeitseinsatz in den besetzten Gebieten dienstverpflichtet« sind. Hinzu kommen Arbeitsanzüge und spezielle Schutzkleidung für die in der Rüstungsindustrie Tätigen und schließlich die Beschaffung von Winteruniformen. Für seinen Einsatz für das nationalsozialistische Vaterland erhält Josef Neckermann das Kriegsverdienstkreuz Erster Klasse.

Mit Erklärungen zu seiner Vergangenheit in der NS-Zeit hat Necko keine Probleme. Er hat auch kein Unrechtsbewusstsein. In seinen Erinnerungen schreibt er dazu: »Wenn ich es nicht tue, macht's ein anderer.« Wenn er nicht die Kaufhäuser jüdischer Unternehmer, die auswandern wollten, gekauft hätte, wenn er nicht in polnischen Gettos die Militäruniformen für die deutschen Soldaten produziert hätte, hätten es andere getan. Er ist sogar, wie so oft, stolz auf sich und überzeugt, Gutes zu tun. Seine Begründung: »Wir gaben den Juden [im Getto] Arbeit, halfen ihnen damit zu überleben.« Ob mein Pflegevater, wie auch mein Vater, ihnen tatsächlich geholfen haben zu überleben, ist angesichts der Geschichte zu bezweifeln. Keinen Zweifel aber gibt es daran, dass die Gefangenen Necko geholfen haben, seinen Auftrag zu erfüllen. Sichtlich erleichtert meint er: »Ich weiß nicht wie, aber wir haben es geschafft. Bis Herbst 1942 waren zweieinhalb Millionen Winteruniformen fertig.« Und er fügt hinzu: »Wir taten unser Bestes.« Das hat Necko sicher getan: das, was er am besten kann, Geschäfte machen, genial und ohne Bedenken. Und er bekennt rundheraus: »Ja, ich war in dieser Zeit glücklich«, wenn er auch abschwächend hinzufügt: »Gelegentlich hatte ich ungute Gefühle.« Es ist meinem Pflegevater tatsächlich gelungen, dieses Unbehagen so sporadisch wie möglich aufkommen zu lassen. Er möchte, wie er offen bekennt, »nicht in Schwierigkeiten kommen«, auch wenn er ahnt, »dass nicht alles mit rechten Dingen zuging«. Necko wird es sein Leben lang nicht wissen wollen.

Doch zunächst ist mein Pflegevater, wie er schreibt, wieder einmal von Stolz erfüllt, dass er mit Nazi-Größen an einem Tisch sitzen darf, dass er mit Himmler ein Gespräch über Wirtschaftsfragen führen kann, dass Speer ihm Ratschläge gibt, wie er sich in diesen Kreisen zu bewegen habe. An Hitler, dem er bei einem Besuch im Führerhauptquartier die Eigenschaften der von ihm entwickelten Winteruniform erläutert, irritiert ihn nur die Schminke im Gesicht.

Necko lernt auch Hitlers chirurgischen Begleitarzt Dr. Karl Brandt kennen, der im Rahmen der Nürnberger Prozesse wegen Menschenversuchen an KZ-Häftlingen und der Tötung von Patienten aus Heil- und Pflegeanstalten zur Beschaffung von Bettenplätzen für Ausweichkrankenhäuser und Lazarette zum Tod durch den Strang verurteilt wird. Als Necko Dr. Brandt im Führerhauptquartier begegnet, findet er ihn »außerordentlich sympathisch«. Er macht auf meinen Pflegevater den »Eindruck eines kultivierten Mannes«, während er sich bei einem Besuch im Getto in Lodsch über die Schamlosigkeit des deutschen Gettoverwalters aufregt, der mit ihm den Kreißsaal des Lagers besichtigt. Die »verzweifelten Blicke der Frauen« bemerkt er, nicht aber die trost- und ausweglose Situation, in der Hunderte von Häftlingen für ihn arbeiten. Die Wahrnehmung meines Pflegevaters ist gespalten. Die Gebärenden, die ihn vielleicht an seine Frau Annemi und deren Geburten erinnern, berühren ihn persönlich, die ausgemergelten inhaftierten Frauen hinter seinen Nähmaschinen bleiben für ihn anonym. Sie haben als extrem kostengünstige Arbeitskräfte nur das vorgegebene Pensum zu erfüllen.

Dass Necko auf wirtschaftlichem Gebiet im richtigen Moment am richtigen Ort die richtigen Ideen entwickelt und sie, die Zügel fest in Händen haltend, umsetzt, indem er strategisch geschickt jedes berufliche Hindernis beiseiteschiebt, sofern er es nicht im eleganten Galopp überspringen kann, ist seine herausragende Begabung. Sie erfordert Willenskraft, Risikobereitschaft, Durchsetzungs- und Durchhaltevermögen und basiert keineswegs nur auf seinem ungeheuerlichen Arbeitspensum, auch wenn mein Pflegevater selbst seinen Fleiß für die wichtigste Voraussetzung seines Erfolgs hält. »Ohne Fleiß kein Preis« ist eine Redewendung, die er gern benutzt, ebenso wie »Arbeiten, anpacken, aufbauen«.

Wer wollte sich bei dieser Karriere und in dieser Zeit darüber wundern, dass Necko beim »Anpacken« nicht immer Samthandschuhe getragen hat? Ich kann es nicht. Auch seine Kumpanei mit dem Nationalsozialismus versuche ich aus den damaligen Umständen heraus zu verstehen, die Tatsache, dass er seine politischen Kontakte einfallsreich für seine beruflichen Interessen nutzt, ebenfalls. Was mich irritiert, ist nicht sein Opportunismus, es sind seine naiven Kommentare und Einschätzungen des Dritten Reiches. So jungenhaft unwissend, kann man das sein? Darf man das sein? Und vor allem: Darf man es bleiben, auch noch bis ins hohe Alter?

Während ich mich intensiv mit meinen beiden Vätern auseinandersetze, lässt mich ein Satz aus Theodor W. Adornos Schrift *Minima Moralia* nicht mehr los: »Es gibt kein richtiges Leben im falschen.«

Bemerkenswert ist, dass meine beiden Väter, die Konkurrenten, mehr Gemeinsamkeiten hatten, als sie es sich selber jemals eingestanden hätten. Im Gegenteil, sie hätten eine solche Sichtweise vermutlich weit von sich gewiesen. Diese Gemeinsamkeiten entspringen weniger individuellen Persönlichkeitsstrukturen als vielmehr der Tatsache, dass sie beide der Gattung »Erfolgstyp« angehörten.

Schon als junge Männer fallen Necko und Hans durch ihr dandyhaftes Auftreten auf, ihren Willen zum Erfolg, ihren ausgeprägten Machtanspruch, eine gehörige Portion Skrupellosigkeit und die Konditionierung auf »Siegen, siegen, siegen«. Mein Pflegevater und mein Vater arbeiten in der gleichen Branche, bewegen sich im gleichen beruflichen Umfeld, führen beide im Dritten Reich »kriegswirtschaftlich wichtige« Betriebe, machen ähnliche Geschäfte im besetzten Polen, verfügen über die gleichen Kontakte zu den Drahtziehern. Doch während Hans nach dem Untergang des Nationalsozialismus dank seiner schnellen Entnazifizierung in kürzester Zeit ein erstaunliches Wirtschaftsimperium aufbauen kann und damit seinem Schwager auf der Erfolgsleiter um Längen voraus ist, muss Necko noch bis 1948 im Gefängnis sitzen.

Ob mein Vater diese Rivalität ebenso empfunden hat wie mein Pflegevater, weiß ich nicht, bezweifle es aber. Denn während Necko glaubt, vermeintliche Mängel wie seine fehlende akademische Ausbildung durch berufliche Erfolge kompensieren zu müssen, hat sich Hans in dem ihm eigenen Gefühl der Omnipotenz nie mit anderen verglichen, auch nicht mit seinem Schwager. Überrascht davon, bei der intensiven Beschäftigung mit meinen beiden Vätern so viele ähnliche Wesenszüge und Verhaltensmuster zu finden, berichte ich meiner Schwester Uschi von meinen Erkenntnissen. Sie will nichts davon wissen und fertigt unter dem Eindruck, dass ich unserem Vater Unrecht tue, noch am selben Tag eine Liste an. Ich halte sie in Händen. Das Blatt ist in der Mitte durch eine vertikale Linie geteilt. Links steht der Name des Vaters, rechts der des Pflegevaters. Meine Schwester Uschi hat Rubriken angelegt wie Herkunft, Schule, Studium, Sport, Freunde, Heirat, Kinder, Familie, Arbeit, beruflicher Erfolg.

Bei diesem Wettkampf ist mein Vater Sieger nach Punkten, selbst wenn meine Schwester ihn in der Kategorie »Sport« als unsportlich einstuft und unter »beruflicher Erfolg« bei beiden »sehr groß« vermerkt. Auch unter dem Stichwort »Heirat« steht bei beiden die gleiche Eintragung: »Liebesheirat«. In den restlichen Kategorien fällt Necko in den Augen meiner Schwester Uschi weit ab. Das Souveräne, Spielerische, Draufgängerische, Unkonventionelle wie die intellektuelle Schärfe meines Vaters teilt mein Pflegevater tatsächlich nicht, er hat weder Hans' ausgeprägten Sinn für Freundschaften – obwohl dieser sie gelegentlich ausnutzt – und schon gar nicht dessen Wirkung auf Frauen. Das sind für Necko auch keine erstrebenswerten Eigenschaften. Selbst wenn er in Gesellschaft gerne flirtet und die Damen mit seinen galanten Handküssen für sich einnimmt, wirkt er im Gegensatz zu seinem Schwager Hans nicht wie ein Löwe unter Lämmern, sondern wie ein Hahn im Korb.

Während mein Vater der Lebemann bleibt, der er zeit seiner Jugend gewesen ist, offen für jede Art sinnlicher Genüsse ebenso wie für die Freuden des Familienlebens, wird mein Pflegevater zu dem ihm vielfach bescheinigten Arbeitstier, in dessen Leben die Familie, abgesehen von der Unersetzlichkeit seiner Frau Annemi, in den Aufbaujahren keine nennenswerte emotionale Rolle spielt.

Auch die Kampftechniken der beiden Männer sind unterschiedlich. Während das Aktionsfeld meines Vaters eher einer Stierkampfarena gleicht, in der er mit Grandezza und der intellektuellen Kraft eines Toreros im Spiel mit der Gefahr den Sieg erringt, bietet mein Pflegevater nicht nur hoch zu Ross, sondern auch im Berufsleben ein Bild angespannter Konzentration, strenger Disziplin und eines dominierenden Willens. Seine Siege erwachsen aus der Unterwerfung des anderen.

Manchmal denke ich darüber nach, wie sich das Verhältnis der beiden Männer entwickelt hätte, wenn mein Vater nicht frühzeitig aus dem Ring geworfen worden wäre. Wie es mit den Langs und den Neckermanns weitergegangen wäre. Ob es die Schwägerinnen Annemi und Mady geschafft hätten, die Bindung der Familien untereinander aufrechtzuerhalten. Vor allem aber habe ich mir immer wieder die Frage gestellt: »Was wäre aus mir geworden, wenn?«, auf die auch Simone de Beauvoir in ihren Lebenserinnerungen *Alles in allem* keine Antwort gefunden hat. Während de Beauvoir wissen möchte, wie ihr Leben verlaufen wäre, wenn sie »andere Eltern gehabt hätte, nicht das erste Kind gewesen wäre, statt einer Schwester ein Bruder geboren wäre«, konzentrieren sich meine Gedanken letztlich nur auf eine einzige Frage: »Was wäre aus mir geworden, wenn meine Eltern und mein Bruder nicht tödlich verunglückt wären?« Eine Frage, die noch heute mein Herz zusammenzieht.

Es ist ein langer Prozess, bis ich lerne, mit der Unwiederbringlichkeit und der Sehnsucht umzugehen, bis ich die Sehnsucht in meinem eigenen Herzen verorten kann und nicht länger in anderen Menschen zu stillen hoffe. Es ist ein Prozess, in dem ich immer wieder verletze, mich selbst und andere.

Dazwischen 3

»Ich hätte dich auf dem Faschingsfest nie angesprochen, wenn ich gewusst hätte, dass du zu dieser Wirtschaftswunder-Familie gehörst«, sagte der Mann, der später ihr dritter werden sollte. Aber da war es schon zu spät. Sie hatten sich ineinander verliebt. Aus seiner Bemerkung sprach nicht Respekt, sondern Skepsis. Der allseits bekannte Familien- und Firmenname war für ihn, und nicht nur für ihn, der Inbegriff des neureichen Aufsteigers mit allen dazugehörigen Merkmalen: Ehrgeiz, Machtstreben, Geltungsbedürfnis, Skrupellosigkeit. Dass ihr dritter Mann über viele Jahre der Einzige war, der von ihrer Herkunft wusste, lag zunächst nicht an ihrer Sorge vor einer ablehnenden Reaktion, sondern daran, dass sie es ohne den Namen Neckermann, der in Deutschland damals vielleicht nicht mehr alles, aber doch vieles möglich machte, schaffen wollte. Erst später wurde ihr bewusst, dass ihre Familienzugehörigkeit im damaligen, vom Nachhall der späten 60er Jahre geprägten Berlin Türen eher geschlossen als geöffnet hätte.

Die junge Frau saß auf den Klippen vor Cervo und ließ die Beine baumeln. Sie hatte eine Redakteursstelle in der Abteilung »Kulturelles Wort« beim Rias Berlin angenommen, die sie nach dem Italienurlaub antreten würde. Sie war neugierig darauf, aber sie war auch voller Sorge. Nicht weil sie befürchtete, den Anforderungen nicht gewachsen zu sein, sondern weil sie nicht sicher war, ob ihr die neue Aufgabe auch Spaß machen würde.

Ihr dritter Mann, mit dem sie den ersten gemeinsamen Italienurlaub verbrachte, sah aufs Mittelmeer hinaus, das wie Silberpapier in der Sonne glänzte, kniff die Augen zusammen, zündete sich seine Pfeife an und schüttelte missbilligend den Kopf. »Spaß?«, wiederholte er fragend, »was ist das für eine unreife Motivation? Du bist immer noch die verwöhnte höhere Tochter.« Und er fügte hinzu: »Es geht im Berufsleben nicht um Spaß, es geht um Pflicht und Disziplin.« Seine preußische Erziehung hatte ihn so geprägt, und so erfüllte er auch seinen Beruf als Arzt. Er konnte nicht wissen, dass sie die von ihm gepriesenen Werte, die auch ihre Erziehung bestimmt hatten und noch immer wie Teer an ihr klebten, mit aller Kraft abzuschütteln versuchte.

An diesem Nachmittag auf den Klippen vor Cervo, der so entspannt begonnen hatte, fühlte sie sich durch seine Bemerkungen verunsichert. Vielleicht, dachte sie, hätte sie das Thema gar nicht anschneiden sollen. Vielleicht war es tatsächlich unreif, sich Spaß, Lust, Freude oder wie man es auch nennen mochte, als Motivation der eigenen Arbeit anzusehen. Sie saßen auf den Felsen, jeder in seine Gedanken versunken, und schwiegen. Je mehr sie aber darüber nachdachte, desto weniger konnte sie ihm zustimmen. Die Begeisterung für die gestellte Aufgabe, die Lust an der Kreativität würden immer Bestandteil dessen sein, was sie tat, würden sie antreiben, weitertreiben. Es war das erste Mal, dass sie nicht einer Meinung waren.

Als sie ihrem dritten Mann von der Idee erzählte, zusammen mit einer Freundin und Kollegin, die ebenso wenig von Architektur verstand wie sie, unter dem Namen »Aedes« eine Architekturgalerie aufzumachen, warnte er sie mit dem ihm eigenen Zweckpessimismus, dennoch half er ihr. Abends, wenn er von der Praxis nach Hause kam, redigierte er mit ihr Texte für ihre Ausstellungskataloge und stellte Kostenpläne auf. Vielleicht war er sogar stolz auf sie, auf ihre Beharrlichkeit, ihre alles Unangenehme über Bord werfende Unbekümmertheit, auf die Art, mit der sie sich in die Dinge stürzte und sie durchzog. Er nannte es erst liebevoll, später skeptisch ihre »Kamikaze-Mentalität«.

Sie fühlte sich bei ihrem dritten Mann geborgen wie nie zuvor in ihrem Leben. Er war elf Jahre älter als sie und im selben Jahr geboren wie ihr verstorbener Bruder Mockel. Sie glaubte, endlich zu Hause angekommen zu sein. Ihr Vertrauen zu ihm war so tief, dass ihre unbewusst aufgebaute physische Barriere brach. Nach vier Jahren der Unfruchtbarkeit reagierte ihr Körper wieder wie der einer gesunden *jungen Frau. Ihr Mann, dem sein Sohn, den sie später wie ihren eigenen Sohn liebte, nach der Scheidung zugesprochen worden war und den er dennoch nicht von der Mutter trennte, half ihr, die immer wieder ins Stocken geratene Kommunikation mit dem Vater ihres eigenen Sohnes aufzunehmen.*

Er war neben ihr, als ihr der von ihrem ersten Mann beauftragte Kinderpsychologe, zu dem sie eigens nach Frankfurt geflogen waren, erklärte, sie solle, wenn sie ihren Sohn liebe, ganz aus seinem Leben verschwinden, um die Harmonie seiner neuen Familie nicht länger zu belasten. Er hielt sie nicht zurück, aber fest am Arm, als sie mit dem vorgewölbten Bauch der im siebten Monat Schwangeren aufsprang, mit dem Fuß aufstampfte und drohend auf den Psychologen zuging, während sie schrie: »Gut, dann erschießen Sie mich! Nur wenn ich tot bin, wird mein Sohn später nicht mehr nach mir fragen!« Der überraschte Psychologe rang nach Luft, dann um Fassung, wiederholte aber, wie von ihr verlangt, seine Forderung nicht schriftlich. Stattdessen kam der Vater ihres gemeinsamen Sohnes mit ihm und seiner neuen Familie zu einem ersten, allerdings auch einzigen gemeinsamen Besuch nach Berlin.

Ihr Glück war vollkommen, als sie nach mehreren Fehlgeburten ihren zweiten Sohn zur Welt brachte. Die Trennung von ihrem ersten Sohn war der traurigste Moment ihres Lebens, die Geburt des zweiten Sohnes der glücklichste.

Vierter Ort

Bei Kilometerstein 75,5

Vor mir liegen zwei Schwarzweißfotos von 1947. Sie sind auf der Terrasse in Oberursel aufgenommen. Das eine zeigt meine Großmutter Jula Neckermann, die aus einem geöffneten Fenster der Baracke in die Kamera lächelt, die vermutlich ihre Tochter Mady hält. Das Kleid meiner Großmutter ist schwarzgemustert, eine andere Farbe hat sie seit dem Tod ihres Mannes nicht mehr getragen. Wie Schnee leuchten ihre weißen Haare in der Sonne, die auch auf ihr Gesicht fällt. Die Ellenbogen hat sie auf die Fensterbank gestützt. Es ist das Bild einer stattlichen Frau, einer Frau, die in sich ruht und diese Ruhe ausstrahlt. Meine Großmutter hat wieder ein Zuhause, und sie ist entschlossen, dieses Glück festzuhalten. In nur einer Nacht wird es ihr unwiederbringlich zwischen den Fingern zerrinnen.

Das zweite Foto ist eine Großaufnahme von mir. Im Hintergrund ist die geteerte Holzfassade der Baracke zu sehen, davor stehen Liegestühle, und im Vordergrund tanzt ein kleines Mädchen im karierten Badeanzug. Seine braunen Locken fallen bis auf die Schultern und sind mit Haarklammern gebändigt. Frech sieht es aus, selbstbewusst und energiegeladen. Das Kind schaut kritisch in die Kamera, die Augenbrauen gerunzelt, den Mund leicht geöffnet. Beim Tanzen lässt es sich nicht stören und wirft die Arme in die Luft. Damals bin ich fünf Jahre alt. Das Foto ist wenige Monate vor einem Ereignis aufgenommen, das das Leben zweier Familien, der Langs und der Neckermanns, von Grund auf verändern sollte.

Ich tobe im langen Flur der Baracke, als die Tür eines der vielen Zimmer aufgeht und meine Schwester Uschi, das einzige der Kinder, das das Ausmaß des soeben Gehörten begreift, mit tränenerstickter Stimme mich, die Jüngste, anschreit: »Kannst du nicht still sein?! Mockel und die Eltern sind tot!« Ich bin dann wohl still gewesen. Das Unfassbare erfassen kann ich nicht, auch wenn ich tagelang weine, ohne dass mich jemand beruhigen kann. Selbst meine Großmutter, die mir diese Begebenheit später erzählt, kann ihr jüngstes Enkelkind nicht erreichen. Es ist wie in einen Kokon eingesponnen, von der Umwelt abgeschnitten. Der Schock hat sich in seinem Innern eingenistet.

Meine Schwester Juli, die mit ihren neun Jahren alles bewusst miterlebt, spricht nicht über ihren Schmerz. Als sie wie alle anderen Kinder ihrer Klasse wenig später einen Schulaufsatz zum Thema: »Mein traurigstes Erlebnis« schreiben soll, steht am Ende der Stunde nur ein Satz in ihrem Schulheft: »Über das traurigste Erlebnis meines Lebens kann ich nicht sprechen.« Juli bekommt die Note Sechs.

Wann immer ich versuche, den Geschehnissen um den Tod meiner Eltern und meines Bruders näher zu kommen, entsteht ein anderes Bild. Und doch weiß ich, dass alle, die ich befragt habe, die Wahrheit sagen, ihre Wahrheit. Es wird mir nicht mehr gelingen herauszufinden, was wirklich geschehen ist. Ich kann nur die einzelnen Wahrheiten wie ein Puzzle zusammentragen, die dabei zutage tretenden Widersprüche auflösen kann ich nicht. Vielleicht fügen sich die einzelnen Schilderungen am Ende doch noch zu einem Bild zusammen.

Der Bericht der Polizei:

Ich besitze die Kopie einer Liste der beim Autounfall von der Polizei sichergestellten Gegenstände. Erst mehr als ein halbes Jahrhundert nach dem Unfall fällt sie mir beim Durchstöbern alter Unterlagen in die Hände. Sie ist mit Schreibmaschine geschrieben, und obwohl es sich offensichtlich um einen Durchschlag handelt, ist mit Rotstift vermerkt: »einmaliger Beleg«. Die auf der

Liste genannten Gegenstände sind von derselben Person überprüft und dann abgehakt worden, denn auch dies geschah mit Rotstift. Die Liste reicht vom Schmuck meiner Mutter bis zu Lebensmitteln und Fettmarken. Aufgeführt sind unter anderem: »eine Einkaufstasche, eine Damenhandtasche, ein Damenpelzmantel, ein Regenmantel, Bargeld im Wert von 509,22 RM, eine Reisetasche mit Bekleidungssachen, drei Brillantringe, eine Halskette mit Anhänger, zwei Armbanduhren, ein Reisewecker und eine Aktentasche mit Geschäftspapieren«.

In den Jahrzehnten nach dem Tod meiner Eltern und meines Bruders ist immer wieder von dieser Aktentasche und einem Notizbuch meines Vaters die Rede, die beide, so heißt es, nie mehr aufgetaucht seien, auch nicht am Unfallort. Der Bericht der Polizei vom Todesdatum, dem 15. Januar 1948, beweist das Gegenteil. Das Dokument ist von den diensthabenden Beamten, Herrn Schmuttermair und Herrn Zuckriegel, unterschieben.

Maja Stautners Bericht:

Meine Tante Maja Stautner, die ebenso zarte wie zähe Schwester meines Vaters, bleibt ihr Leben lang ein kleines Mädchen, das man beschützen möchte. Ich besuche Tante Maja in München, um etwas über meine Eltern zu erfahren. Da ist sie über achtzig Jahre alt. Sie holt ein altes Fotoalbum aus dem Wäscheschrank und reicht mir einen kleinen Zeitungsausschnitt, den sie dort über Jahrzehnte aufbewahrt hat. Darauf steht unter der Überschrift: »Bei Kilometerstein 75,5« folgende Meldung: »Auf der Autobahn ereignete sich ein schwerer Verkehrsunfall, bei dem drei Personen, ein gewisser Dr. Lang aus Hofheim in Unterfranken, dessen Ehefrau und der 17-jährige Sohn, ums Leben kamen. Nach den polizeilichen Erhebungen dürfte der bei der Autobahnunterführung Zusmarshausen parkende Wagen von Dr. Lang von einem aus Richtung Ulm kommenden Kraftfahrzeug – den Spuren nach ein 2,5-t-LKW mit amerikanischer Bereifung – gerammt worden sein, wodurch die Karosserie des PKW zertrümmert und die drei Insassen getötet wurden. Der den Unfall verursachende Fahrer flüchtete mit dem LKW. Die Fahndung ist eingeleitet.«

Helmut Knabs Bericht:

Als ich meinen Cousin Helmut Knab, der inzwischen mit seiner zweiten Frau in einer bayrischen Kleinstadt lebt, besuche, um auch mit ihm über meine Eltern zu sprechen, ist er ein alter Mann. Damals, als meine Eltern und mein Bruder sterben, ist er siebenundzwanzig Jahre alt und hat gerade eine Stelle als Assistenzarzt im Ludwigspital in Würzburg angetreten. Ich bitte Helmut, mir vom Tod meiner Eltern und meines Bruders zu erzählen. Ich spüre, wie schwer es ihm noch immer fällt. Am Abend des 14. Januar 1948 sind meine Eltern zusammen mit ihrem Sohn Mockel im Auto auf dem Weg von Stuttgart, wo mein Vater Geschäftsfreunde getroffen hat, nach München unterwegs. Dort stehen nicht nur Geschäftstermine, sondern auch ein Faschingsball auf dem Programm. Da die Schulferien bereits zu Ende sind, Mady ihren halbwüchsigen Sohn aber mit auf das Fest nehmen möchte, schickt sie eine fadenscheinige Krankmeldung an den Leiter des Internats. Als der Brief dort eintrifft, ist mein Bruder bereits tot.

Mein Vater sitzt am Steuer seines Opels. Er gehört zu den wenigen Deutschen, die eine Nachtfahrerlaubnis der Alliierten besitzen. Der Unfall ereignet sich bei Zusmarshausen. Die polizeilichen Untersuchungen, so berichtet mein Cousin, hätten ergeben, dass mein Vater vermutlich wegen eines einsetzenden Schneesturms unter einer Brücke angehalten habe. Zudem hat er den Rückwärtsgang eingelegt, was das Auto nahezu unbeweglich macht. Die Scheinwerfer sind an. Der Opel Kadett steht mitten auf der Fahrbahn, wohl weil mein Vater annimmt, er sei in dieser stürmischen Nacht allein unterwegs, als ein Laster den Wagen von hinten anfährt und dabei fast vollständig überrollt. Die Polizei kann anhand des Unfallautos und der Spuren auf der Fahrbahn ermitteln, dass der Lenker des Lastwagens mehrfach versucht haben muss, sich durch Rückwärtsfahren von dem zertrümmerten Auto zu befreien.

Die Spurensicherung ergibt darüber hinaus, dass der Lastwagenfahrer in einem weiteren Anlauf das Fahrzeug mit den nach Annahme der Polizei bereits toten Insassen von der Seite erfasst und es den hinter der Brücke befindlichen Abhang hinunterschiebt.

Die Polizei nimmt meinem Cousin zufolge an, dass der Lenker des Lastwagens, der anschließend Fahrerflucht begeht, auf diese Weise Zeit bis zur Entdeckung des Unfalls gewinnen will. Die olivgrünen Lackspuren am Unfallauto weisen eindeutig darauf hin, dass es sich bei dem Fluchtauto um ein Militärfahrzeug der Alliierten gehandelt haben muss. Nach der Aufnahme des Unfalls durch die örtliche Polizei wird die weitere Untersuchung von der Militärpolizei übernommen. Schon wenige Wochen danach wird die Unfallakte »Lang gegen unbekannt« geschlossen. Der Fall ist eingestellt.

Wann der Unfall entdeckt wird, weiß mein Cousin nicht, er ist sich jedoch sicher, dass die Insassen erst am nächsten Morgen um 7.30 Uhr identifiziert werden können. Die Obduktion in der Gerichtsmedizin ergibt, dass sowohl meine Mutter, die im dritten oder vierten Monat schwanger ist, wie auch mein Vater und mein Bruder beim Aufprall des Lastwagens sofort durch Genickbruch getötet worden sind.

Was bedeutet »sofort«? Es braucht Bruchteile von Sekunden, um ein ganzes Leben zu durchlaufen. Ich kann mich nicht von dem Gedanken befreien, was meine Eltern und mein Bruder in diesem letzten Augenblick ihres Lebens empfunden haben mögen.

Auch Helmut erwähnt die Aktentasche mit dem Notizbuch, die mein Vater immer bei sich getragen hat und die seines Wissens nicht im Unfallauto gefunden wird. Die Liste der von der Polizei sichergestellten Gegenstände kennt er nicht und weiß darum auch nicht, dass die Tasche darauf vermerkt ist.

Noch mehr als ein halbes Jahrhundert nach dem tragischen Unfall fällt es Helmut, der seiner Meinung nach der Einzige gewesen ist, der meine Eltern und meinen Bruder im Sarg gesehen hat, schwer, darüber zu sprechen. Es wird ihm erlaubt, weil er nicht nur ein Verwandter, sondern auch Arzt ist. Sie hätten viele Wunden gehabt, sagt er mit so leiser, zitternder Stimme, dass ich Mühe habe, ihn zu verstehen, vor allem mein Bruder, der auf dem Rücksitz gesessen hat. Ihre Gesichter aber seien nicht entstellt gewesen. Er trinkt das fünfte Glas Wasser während dieses Gesprächs. Ich weiß, dass es nicht die Wahrheit ist, sage aber nichts. Er möchte mich schonen, auch noch nach so langer Zeit. Vor Jahren hat Helmut mit seiner Schwester Annemie darüber gesprochen. Von ihr weiß ich, dass die Toten durch die Verletzungen sehr entstellt gewesen sind.

Annemie Knabs Bericht:

Helmuts Schwester, Annemie, die nach dem Tod ihres Vaters Emil Knab zusammen mit ihrem Mann die Apotheke übernimmt, erzählt, dass im Unfallauto keine andere Adresse als die der Familie Knab gefunden wird. Emil, der Schwager meines Vaters, fährt, nachdem er durch die Polizei von dem Unfall erfahren hat, sofort von Hofheim zu Walter Neckermann nach Würzburg. Er will meiner Großmutter die Nachricht vom Tod ihrer Tochter, ihres Enkels und ihres Schwiegersohns nicht allein überbringen. Als die beiden Männer am nächsten Morgen vor der Baracke stehen und meine Großmutter die Tür öffnet, muss keiner von ihnen ein Wort sagen. Großmutter Neckermann sieht sie an und sagt: »Die Langs sind tot.« Es ist kein Fragen in ihrer Stimme, es ist Gewissheit.

Josef Neckermanns Bericht:

In den *Erinnerungen* meines Pflegevaters werden dem Unfall, der auch sein Leben entscheidend verändern wird, acht Zeilen gewidmet. Er schreibt: »Am 18. Januar 1948 erwarteten wir in Gräfelfing den Besuch meiner Schwester Mady mit Mann und ihrem siebzehnjährigen Sohn Hans (›Mockel‹). Sie kamen nie an. Bei Zusmarshausen in der Nähe von Augsburg wurden sie auf der Autobahn Opfer eines Verkehrsunfalls, der nie richtig aufgeklärt werden konnte. Auf einer Wiese wurde der völlig zerstörte Wagen mit den drei Toten gefunden. Spuren von Zwillingsreifen, wie sie amerikanische Armeelastwagen hatten, waren die einzigen Hinweise.«

Nachtrag zum Bericht von Josef Neckermann:

Das von ihm angegebene Datum des tödlichen Unfalls stimmt nicht. Es ist nicht der 18., sondern der 15. Januar 1948.

Annemi Neckermanns Bericht:

Was nicht in Neckos *Erinnerungen* steht, aber immer wieder von seiner Frau Annemi erzählt wird, ist, dass ihre damals zehnjährige Tochter Evi in der Nacht des Unfalls das erste – und bis ins hohe Alter einzige – Mal in ihrem Leben übersinnliche Fähigkeiten entwickelt. Meine Stiefschwester Evi weiß, dass meine Eltern noch in dieser Nacht erwartet werden, und sie freut sich darauf. Es sind nicht nur die vielen Lebensmittel und Süßigkeiten, die bei solchen Besuchen verteilt werden. Evi hat ihre lebensfrohe Tante Mady ins Herz geschlossen. Es ist zwischen ein und zwei Uhr nachts, als Evi schluchzend zu ihrer Mutter läuft und unter Tränen ruft: »Die Langs sind tot, die Langs sind tot!« Niemand nimmt das kleine Mädchen ernst, und jeder versucht, das für ihr Alter besonders zarte und sensible Kind zu beruhigen. Wie sich später herausstellt, ist dies tatsächlich die Todesstunde.

Toni Rommels Bericht:

Vom Unfallhergang weiß Toni Rommel, der Freund beider Familien, nichts. Er hat aber von einem Kranz gehört, der auf dem Unfallauto gelegen haben soll. Er meint, meine Eltern und mein Bruder seien auf dem Weg zu einer Beerdigung nach München gewesen und hätten den Kranz selber mitgenommen.

Uschi Homms Bericht:

Zum Unfallablauf kann auch meine älteste Schwester Uschi nichts Neues beitragen, allerdings hat sie sich als Einzige Jahre später den Unfallort angesehen. Sie kann sich nur noch an Schilderungen erinnern, nach denen die Toten aus dem Auto geschweißt werden müssen. Auch sie erwähnt das Notizbuch unseres Vaters, über das immer wieder gesprochen wird, zu seinen Lebzeiten und besonders nach seinem Tod. Ihrer Kenntnis nach ist es nie gefunden worden. Später hört sie von dem Gerücht, der tödliche Unfall könnte absichtlich herbeigeführt worden sein. Mein Vater hatte viele einflussreiche Feinde. Meine älteste Schwester glaubt sich außerdem zu erinnern, dass die Eltern und ihr Bruder Mockel aufgebahrt worden seien und dass deren Anblick sie nicht erschreckt habe.

Nachtrag zum Bericht von Uschi Homm:

Wegen der schweren äußeren Verletzungen wird von einer Aufbahrung abgesehen.

Ruth Gatzkes Bericht:

In der Schilderung der Sekretärin meines Vaters und Großnichte meiner Großmutter Neckermann decken sich einige Fakten mit den bereits genannten, neue kommen hinzu, andere bleiben vage. Auch sie ist fast achtzig Jahre, als ich sie zusammen mit meinem ältesten Sohn Matthias in einem Frankfurter Vorort besuche. Ruth Gatzke wohnt in einer kleinen Dreizimmerwohnung in einer Reihenhaussiedlung. Als sie die Türe öffnet, bin ich verblüfft, und mein Sohn Matthias ist begeistert. Da kommt uns keine alte Dame entgegen, sondern eine attraktive, noch immer jugendlich wirkende Frau, sehr groß und sehr schlank. Ihre rabenschwarzen und, wie sie uns ungefragt versichert, nicht gefärbten Haare sind zu einem dicken Knoten geschlungen. Ihre Nase wetteifert noch immer mit ihrem Kinn, wer von beiden die Führung übernimmt. Die Lippen, zwischen denen eine Zigarette steckt, sind voll und knallrot geschminkt, nur ihre Ohrringe sind ein klein wenig dezenter als die, die sie bei unserer letzten Begegnung vor Jahrzehnten getragen hat.

Ruth Gatzke erzählt schnell, so schnell, wie ihre Erinnerungen zurückkommen, die nur durch einen hauchdünnen Schleier von ihrer Gegenwart getrennt zu sein scheinen. Es bedarf nur eines leichten Luftzugs, damit er sich hebt, und unser Besuch kommt einem Orkan gleich. Die Farben sind nicht verblasst. Sie erinnert sich, dass schon bei der Beerdigung darüber gesprochen wird, dass die Aktentasche meines Vaters samt seinem Notizbuch nicht am Unfallort gefunden wurde. Niemand kann glauben, dass mein Vater sie nicht auf diese Reise, die ja auch eine Geschäftsreise gewesen ist, mitgenommen haben soll. Vom Schmuck meiner Mutter, den sie zu Hause in einem eleganten kleinen Köfferchen aus Krokodilleder aufbewahrt hat und der bei der Toten gefunden wird, fehlt nichts. Die Schatulle aus Krokodilleder besitze ich noch heute.

Die ehemalige Sekretärin meines Vaters ist die Einzige, die mir berichtet, dass mein Pflegevater Josef Neckermann der Erste ist, der nach der Polizei am Unfallort eintrifft. Er ist ohne seine Frau Annemi gekommen. Die Scheinwerfer brennen noch. Auch sie hat davon gehört, dass auf dem völlig zertrümmerten Dach des Unfallautos ein Kranz gelegen haben soll. Sie vermutet, dass Necko ihn mitgebracht hat. Im Schoß meiner Mutter werden Essensreste gefunden. Die Familie hat gerade ein Picknick gemacht.

Sie erzählt weiter, dass bereits in der Nacht des 15. Januar im Radio gemeldet wird, dass sich auf dem Weg nach Augsburg ein schrecklicher Autounfall mit drei Toten ereignet habe. Die Namen der Insassen sind zu diesem Zeitpunkt noch nicht bekannt. Ruth glaubt, dass meine Großmutter Neckermann diese Nachricht gehört hat. Es würde deren Vorahnung erklären. Ihr Bericht endet damit, dass mein Vater einen Tag vor Antritt dieser Reise bei ihr angerufen hat. Er besteht darauf, dass sie sich, wo immer sie ist, jeden Tag telefonisch mit ihm in Verbindung setzt. Dazu ist es nicht mehr gekommen.

Jula Neckermanns Bericht:

Mit meiner Großmutter Neckermann habe ich nie über den Tag des Unfalls gesprochen. Ich will sie nicht traurig machen und mich auch nicht. Ruth Gatzke erinnert sich, dass meine Großmutter auf die Nachricht von der Tragödie mit den Worten reagiert haben soll: »Vielleicht war es gut so.« Was sie mit einem solchen Ausspruch gemeint haben könnte, dafür hat auch Ruth keine konkrete Erklärung. Es ist nur eine Ahnung, wenn sie mir sagt: »Dein Vater hat gefährlich gelebt.«

Mit einer Heftklammer zusammengehalten, die im Laufe von Jahrzehnten durchgerostet ist und das Papier beschädigt hat, sind folgende Unterlagen: die Rechnung der Bau- und Möbeltischlerei Leonhard Fischer in Zusmarshausen vom 15. 1. 1948 für die Anfertigung von drei Särgen zum Preis von 39,00 Mark; eine weitere Rechnung über »Bezüge mit Einlage und Kissen zum Betten der Toten« über ebenfalls 39,00 Mark; dazu eine Rechnung über Überführungskosten nach Würzburg vom 16. 1. 1948 von 150,00 Mark. Die Beerdigungskosten betragen 109,50 Mark. Auch die drei Sterbeurkunden sind in meinem Besitz. Ihnen zufolge hat sich der Unfall am 15. Januar um 1.57 Uhr ereignet. Die Genauigkeit der Angabe basiert auf der bei meiner Mutter gefundenen, im Moment des Aufpralls stehengebliebenen Armbanduhr.

Die Todesanzeige trägt das Datum vom 15. Januar und den Text: »Unsere geliebten Eltern Dr. Hans Lang und Frau Mady, geborene Neckermann, und unser lieber, einziger Bruder Hans wurden uns heute infolge eines tragischen Autounfalls durch den Tod entrissen. In tiefer Trauer: Uschi, Jula und Eva Kristine, Frau Jula Neckermann.«

Das Gedenkbild für meine Eltern und meinen Bruder ist eine dreifach gefaltete Karte in der Form von Heiligenbildchen, wie sie im Kommunionsunterricht bei gutem Betragen verteilt werden. Auf der einen Seite ist mein Vater abgebildet, darunter steht: »Dr. Hans Lang, geb. zu Schweinfurt am 27. 8. 1906, gestorben am 15. 1. 1948 in Folge eines Autounfalls«. Auf dem Foto ist seine Fliege ein wenig verrutscht, der Anzug elegant. Sein Blick ist nicht unfreundlich, aber streng und skeptisch. Er sieht müde aus. Gegenüber ist das Bild meiner Mutter, auch sie schaut ernst. Sie ist ungeschminkt. Die Kriegs- und Nachkriegsjahre haben Spuren auf ihrem Gesicht hinterlassen, doch man erkennt noch, wie schön sie ist. Da steht: »geb. zu Würzburg am 18. 5. 1909«. Ihr Todesdatum ist dasselbe wie das ihres Mannes und ihres Sohnes. Auf dem dritten Gedenkbildchen ist ein ernster junger Mann zu sehen, fast noch ein Kind. Sein Gesicht ist schmal, und seine sanften Augen blicken unter langen schwarzen Wimpern verträumt in die Ferne.

»Dein Wille, Herr, ist unergründlich. In Demut beugen wir uns Dir«, ist auf der Vorderseite des Klappkärtchens zu lesen. Meine Großmutter hat diesen Spruch ausgewählt. Vielleicht hat sie sich tatsächlich dem Willen des Herrn gebeugt, denn sie ist eine fromme Frau. Ich habe es nicht getan. Selbst eine so unterwürfige Geste setzt einen eigenen Willen voraus. Mit mir aber geschieht etwas, das ich nicht begreifen, gegen das ich mich nicht einmal wehren kann.

Das Bibelzitat auf dem Grabstein des Lang'schen Familiengrabs auf dem Würzburger Hauptfriedhof, in fränkischen Sandstein eingemeißelt und von der Witterung fast zerfressen, hat mich dagegen versöhnlicher gestimmt: »Ich gehe zum Herrn, aber ich werde euch wiedersehen und euer Herz wird sich freuen.« Getröstet und ein Leben lang begleitet aber hat mich der Spruch auf dem Nachbargrab: »Dem Auge fern, dem Herzen ewig nah.« Dazwischen ein Meer von Sehnsucht.

Die Beerdigung findet am 18. Januar 1948 statt. Es ist der kälteste Winter seit Jahrzehnten. Der schneidende Frost lässt die Gesichter kleiner erscheinen und die Tränen zu Eis erstarren. Der Frost zieht in die Mäntel und unter die Kleidung, aber es liegt kein Schnee. Die Beerdigung ist Stadtgespräch in Würzburg. Nach Schätzung meines Cousins Helmut Knab müssen es mehrere Tausend Menschen gewesen sein, die den drei Särgen folgten. Dafür sorgt nicht nur der stadtbekannte Name der Familie Neckermann, sondern auch der Ruf, den sich der Schwiegersohn Dr. Hans Lang in der Studentenvereinigung AStA, in der Verbindung Gothia, im Würzburger Stadtrat, in der Bayerischen Volkspartei und als Unternehmer erworben hat. Dass das Gedenken an ihn nur positiv gewesen ist, wage ich zu bezweifeln. Am Tag der Beerdigung aber, als die drei Särge langsam in die harte Erde hinuntergelassen werden, sind alle Anwesenden voller Trauer.

Da jedes Familienmitglied in angemessener Kleidung zur Beerdigung erscheinen möchte, aber nur wenige in dieser Zeit über eine passende Garderobe für die Trauerfeier verfügen, werden Hüte und Anzüge in aller Eile schwarz gefärbt. Wer von seiner Hochzeit noch einen Frack oder einen Zylinder besitzt, der führt ihn bei diesem Anlass wieder aus. Meine Großmutter, wie immer in Schwarz gehüllt, erstarrt in ihrem Schmerz und bietet der Trauergemeinde nicht das gleichermaßen gefürchtete wie im Stillen erhoffte Schauspiel der unter ihrem Kummer zusammenbrechenden Hauptleidtragenden. Über ihre vermeintliche Hartherzigkeit wird noch Monate nach der Beerdigung gesprochen. Jahre später sagt meine Großmutter einmal zu mir: »Mein Schmerz gehört nur mir, meine Freude teile ich mit allen.«

Auch an die Beerdigung habe ich keine Erinnerung. Ich weiß nicht mehr, dass ich an der Hand meiner Großmutter Neckermann vor dem Grab stehe, dass ich ein Sträußchen Blumen in das schwarze Loch werfe, in dem die Särge mit meinen Eltern und meinem Bruder verschwunden sind. Ruth Gatzke, die dicht hinter meiner Großmutter und mir steht und mir von Zeit zu Zeit die Mütze über die Ohren drückt, sieht, wie ich meine Großmutter zu mir herunterziehe und ihr ins Ohr flüstere: »Warum gehen wir nicht nach Hause, Kuchen essen? Mir ist so kalt.« Nur die Schwester meines Vaters, meine Tante Maja, überlässt sich, was zu befürchten, aber nicht zu verhindern war, hemmungslos ihrem Schmerz.

Wie mein Cousin Helmut Knab erzählt, wird auch bei dem anschließenden Leichenschmaus in der Familie über das unauffindbare Notizbuch meines Vaters gesprochen. Necko äußert sich dazu nicht. Wenige Wochen nach der Beerdigung zitiert er Ruth Gatzke zu einer Unterredung in die Baracke nach Oberursel. Den Grund der Besprechung nennt er ihr am Telefon nicht. Als sie, auf ein Gespräch unter vier Augen eingestellt, erscheint, findet sie nicht nur Necko vor, sondern fünf ihr unbekannte Herren in dunklen Anzügen und gestreiften Krawatten. Josef hat ein Notizbuch in der Hand und blättert darin. Sie erkennt es sofort wieder. Es ist das angeblich verschwundene Notizbuch meines Vaters. Josef Neckermann bittet sie, in Anwesenheit der Herren die Kurzschrift zu übersetzen, die mein Vater für seine wichtigsten Notizen selber entwickelt hat, damit niemand sie entziffern kann. Necko ist davon überzeugt, dass Ruth Gatzke lange genug Chefsekretärin bei seinem Schwager gewesen sei, um sich damit auszukennen. Ihren fragenden Blick beantwortet er dahingehend, dass die bereits hinzugezogenen Schriftexperten keinen Erfolg gehabt hätten.

Seine Hoffnung und die der fünf Herren, die sich als Bankiers herausstellen, auf diese Weise die Scheinfirmen meines Vaters ausfindig zu machen, ruht auf ihr. Als Ruth Gatzke Necko erklärt, sie könne ihnen nicht helfen, glaubt er ihr nicht. An ihn und die anderen Herren gewandt fügt sie hinzu, und sie berichtet es noch nach Jahrzehnten voller Stolz: »Meine Herren, ich bin nicht in der Lage, die Kurzschrift meines ehemaligen Chefs zu entziffern. Aber auch wenn ich es könnte, würde ich es nicht tun.« Sie hat die Wahrheit gesagt. Sie kann die Notizen nicht lesen. Noch im hohen Alter ist sie davon überzeugt, dass ihr Josef ihre Antwort nicht abgenommen hat.

Ich habe als Kind viel gefroren. Noch als erwachsene Frau kommt es vor, dass mir bei dreißig Grad im Schatten von einem Augenblick zum anderen kalt wird und eine Gänsehaut den Rücken herunterläuft. Wenn mein dritter Mann Dietmar mein »Frieregesicht«, wie er es nennt, sieht, weiß er, dass etwas geschehen muss. Dass bereits etwas geschehen ist, habe ich im Laufe der Jahre allmählich begriffen. Das Frieren wird für mich zum ersten und untrüglichen Warnsignal, dass meine Seele in Unordnung geraten ist. Natürlich gibt es praktische Gegenmaßnahmen, die zumindest äußerlich helfen, eine dicke Decke oder ein Pelzmantel. Selbst wenn sie mich schützend umhüllen, die Seele können sie nicht erwärmen. Natalia Ginzburg schreibt in ihrer Autobiographie *Familienlexikon* einen Satz über ihre Mutter, der mich hat aufhorchen lassen, weil ich die Symptome am eigenen Leib erfahren habe: »Meiner Mutter war es im Unglück immer sehr kalt.«

In einem Gespräch mit einer Gruppe von Psychologen, die ich Jahrzehnte später für einen Zeitungsartikel interviewe, erzähle ich von meinem unmotivierten Frieren. Sie stellen mir Fragen. Ich berichte von meinen Eltern und meinem Bruder, ihrem frühen Tod, meinen verlorengegangenen Erinnerungen. Sie wollen wissen, zu welcher Jahreszeit meine Eltern und mein Bruder gestorben sind, und schließlich kreisen unsere Gedanken um die Beerdigung an einem der kältesten Tage des Winters 1948.

In meinem Unterbewusstsein hätten sich, so der Deutungsversuch der Psychologen, Kälte, Schmerz und Trauer zu einer untrennbaren Erfahrung verbunden. Wenn die Traurigkeit kommt, kommt auch die Kälte. Die Deutung hilft mir. Ob sie richtig ist oder nicht, ist für mich nicht entscheidend. Mein »Frieregesicht« bekomme ich seitdem immer seltener, und inzwischen gehört es fast ganz der Vergangenheit an. Eine für mich noch viel schwerer wiegende Erkenntnis, die ich aus dem Gespräch mit den Psychologen mitnehme, ist ihr Erklärungsversuch für den Verlust meiner Erinnerung an die ersten acht Jahre meines Lebens. Es ist der Schock, der dem Tod meiner Eltern und meines Bruders, dem ich mit fünf Jahren hilflos ausgeliefert bin, folgt. Ich kann den Tod in diesem Alter nicht mit dem Verstand begreifen und auch nicht mit dem Herzen annehmen. Das Einzige, was ich registriere, ist, dass sie mich verlassen haben. Was mich rettet, ist das Vergessen.

Im Nachruf der Gothia auf meinen Vater steht: »Hans Lang konnte die Früchte seiner Arbeit, seines Wirkens nicht ernten. Er konnte sein Leben nicht so vollenden, wie es ihm vorgeschwebt hatte, weil die politische Entscheidung der Mehrheit des deutschen Volkes anders war als die seine. Er wurde auf ein Seitengleis gedrängt, und gerade dort ereilte ihn das Schicksal. Wie hätte er seine Fähigkeiten entfalten können, wenn 1933 die Entwicklung eine andere gewesen wäre. Hans Lang ist, gleich Döhling, ein Märtyrer, so verschieden sie beide waren und so fern ihm selbst der Gedanke eines Martyriums gelegen haben mag.«

Im Nachhinein erschließt mir dieser Text, auch wenn sich mein Vater selber nie als Märtyrer gesehen hätte und ich ihn auch nicht, eine neue Facette seiner Persönlichkeit. Ich habe bis dahin nie darüber nachgedacht, was es für meinen Vater bedeutet haben mag, seinen Beruf als Jurist und seine wissenschaftliche Laufbahn aufgeben zu müssen. In keinem seiner Briefe hat er sich darüber beklagt. Er nimmt es hin wie einen schweren, unvermeidlichen Schicksalsschlag und fängt mit ungebrochener Kraft wieder von vorn an.

Meine Eltern hinterlassen uns Schwestern ein Vermächtnis, in dem es nicht um finanzielle Regelungen geht, sondern um die Persönlichkeitsbildung ihrer Kinder. Sie nennen drei Punkte. Sie möchten, dass ihre Kinder den katholischen Glauben nicht aufgeben, der die Basis ihres eigenen Lebens gewesen sei, sie ermutigen sie, sich selber treu zu bleiben, einen eigenen Weg zu gehen und sich nicht von der Meinung anderer abhängig zu machen, auch wenn sie dadurch zu Außenseitern der Gesellschaft werden sollten. Und schließlich wollen sie ihren Kindern die Gewissheit geben, dass sie eine in jungen Jahren geschlossene Ehe befürworten würden. Sie schreiben: »Wir haben gegen alle Widerstände jung geheiratet und es nie bereut.«

Die geistige Unabhängigkeit gegenüber der Meinung anderer, die Professor Verveyen meinen Eltern bereits in jungen Jahren bescheinigt hat, ist prägend für ihr Leben und sollte es nach ihrem Willen auch für das ihrer Kinder sein. Es verwundert, dass ein Paar, das mitten im Leben steht, ganz auf die Zukunft gerichtet ist und gerade ein fünftes Kind erwartet, beschließt, seinen Kindern ein Vermächtnis zu hinterlassen.

Auf mich übt dieses Vermächtnis eine tiefe Wirkung aus. Die Gewissheit, dass für meine Eltern der Glaube an sich selbst und die Unabhängigkeit von der Meinung anderer Charaktereigenschaften sind, in denen sie ihre Kinder bestärken möchten, hat mir in Krisenzeiten meines Lebens sehr geholfen. Bedrückt hat mich später nur der Umstand, dass ich ihren Wunsch, den katholischen Glauben beizubehalten, nicht erfüllen kann. Die Enzyklika *Humanae Vitae*, die den Katholiken Empfängnisverhütung untersagt, ist dazwischengekommen, und sie ist nicht das Einzige, was ich nicht akzeptieren kann.

Ich habe früh begonnen, auch für meine beiden leiblichen Söhne Matthias und Lukas ein Vermächtnis aufzusetzen. Inzwischen liegt eine für mich nicht mehr überschaubare Vielzahl solcher Schriftstücke vor, die ich meist vor weiten Reisen geschrieben und nie ordentlich abgelegt habe. Meine Söhne werden sich einmal selber in diesem Wirrwarr zurechtfinden müssen.

Die Entscheidung, dass die drei Vollwaisen vom älteren Bruder meiner Mutter und seiner Frau Annemi übernommen werden, beschreibt mein Pflegevater Josef Neckermann in seinen *Erinnerungen* so: »Im Familienrat wurde beschlossen, dass wir unserer Mutter, die mittlerweile siebzig Jahre alt war, die Fürsorge und Verantwortung für die drei Waisen nicht allein überlassen konnten. Maria Barbara (›Uschi‹) war fünfzehn, July neun und Eva-Kristine (›Tini‹) gerade fünf Jahre alt.« Necko übernimmt mit den drei verwaisten Mädchen auch die verwaisten Firmen meines Vaters und das neue Zuhause der Familie Lang in Oberursel.

An diesem Familienrat nehmen außer Annemi und Necko und meiner Großmutter Jula noch Emil und Greta Knab und deren Sohn Helmut teil. Der von meinem Vater handschriftlich aufgesetzte letzte Wille meiner Eltern, dem zufolge die Kinder im Falle eines gemeinsamen Tode in der Familie seiner Schwester Greta in Hofheim aufwachsen sollen, wird bei dieser Zusammenkunft nicht erwähnt. Wer diesen letzten Willen meines Vaters, den ich Jahrzehnte später in alten Aktenordnern entdecke, damals gekannt hat, ist nicht mehr zu ermitteln. Dem Willen Neckos entspricht es jedenfalls nicht. Wie Helmut noch kurz vor seinem Tod erzählt, habe mein Pflegevater den Familienrat mit den Worten eröffnet: »Die Kinder kommen zu uns.«

Für die drei Lang-Schwestern wird vom Vormundschaftsgericht Homburg ein unabhängiger Vormund bestellt. Zwei weitere folgen, die wie der erste zwar altväterlich und vertrauenswürdig wirken, es aber nicht sind. Nachdem den drei Herren unrechtmäßige Bereicherung in erheblichem Umfang nachgewiesen wird, wird mein Pflegevater gebeten, die Vormundschaft zu übernehmen. Er lehnt ab, schlägt stattdessen aber vor, seinen neuen Firmenjustitiar, Dr. Wolfgang Voigt, einzusetzen. So geschieht es.

*

Als meine Eltern und mein Bruder sterben, bin ich fünf Jahre alt. Hinter dem Schleier des Vergessens und Verdrängens, der sich über meine ersten Lebensjahre legt, verschwinden auch all die guten und liebevollen Begebenheiten aus dieser Zeit, die sich sicher zugetragen haben: eine zärtliche Umarmung, ein Lachen im Treppenhaus, mein erster Schultag mit der Schultüte im Arm, Geburtstagsfeste mit dem obligatorischen Kerzenauspusten, Weihnachtsfeiern mit Gänsebraten, mein Bruder, der mit mir spielt. Erinnerungsfetzen tauchen vereinzelt erst aus meinem siebten und achten Lebensjahr auf, die, vergleichbar den zartgliedrigen Samensternen einer Pusteblume, durch die Luft fliegen und sich in meinem Bewusstsein niederlassen. Ich habe sie als Geschenke angenommen und kann nicht genug davon bekommen. Gabriel García Márquez, einer, den ein nie versiegender Strom von Erinnerungen bis ins hohe Alter begleitet, schreibt in *Leben, um davon zu erzählen:* »Nicht was wir gelebt haben, ist das Leben, sondern das, was wir erinnern, um davon zu erzählen.«

Ich muss mich erinnern, um zu leben.

Von klein auf habe ich gefühlt, dass meinen Bruder Mockel und mich eine besondere Beziehung verbindet. Jahrzehnte später finde ich erste Belege für etwas, woran ich nie gezweifelt habe, obwohl ich es nicht in meiner Erinnerung verorten kann. Ahnen braucht keine Erinnerung.

Es beginnt mit einem Brief von mir an meinen Bruder. Da steht unter dem Datum vom 2. März 1947 in riesigen, krakeligen Buchstaben: »Die Tini ist krank. Ich bin krank. Die Mami ist heute das erste Mal aufgestanden.« Da bin ich noch keine fünf Jahre alt. Es folgt eine Postkarte meines Bruders an mich. Sie ist vom 1. April 1947. Auf der Vorderseite ist ein Terrier abgebildet, und auf der Rückseite steht: »Wie ich gehört habe, bist Du ja so nett und lieb. In den Ferien werde ich gerne viel mit Dir spielen.« In einem Brief aus dieser Zeit schreibt meine Mutter ihrem Ältesten ins Internat: »Du warst gerade im Auto um die Ecke, da steht Tini im Gang und weint schrecklich, weil ihr lieber Mockel weg ist. Wir konnten sie kaum beruhigen.«

Im Märchen hat der Held drei Wünsche frei. Ich habe immer nur einen Wunsch: Einmal nur möchte ich meinem Bruder Mockel begegnen. Und dann ist es so weit. Ich habe einen Traum. Zu diesem Zeitpunkt bin ich zum dritten Mal verheiratet und mit meinem jüngsten Sohn Lukas und meinem damaligen Mann Dietmar in unserem Haus in Ligurien. Im Traum befinde ich mich auf einer Zypressenallee, die zu einem verfallenen Schloss mit einem gläsernen Tor führt. Von weitem schon sehe ich Licht. Es schimmert durch das Glas. Dahinter steht mein Bruder Mockel. Ich kann ihn nur undeutlich erkennen, aber ich fühle, dass er es ist, und empfinde eine Seligkeit, die es nur im Traum gibt. Mein Bruder will mir etwas sagen. In diesem Moment höre ich es weinen. Mein Sohn Lukas ruft nach mir. Traum und Wirklichkeit gehen nahtlos ineinander über. Ich muss eine Entscheidung treffen, und ich entscheide mich für meinen Sohn. Als ich mit ihm auf dem Arm wieder zum Schloss zurückkehre, ist mein Bruder verschwunden, das Licht hinter dem Glastor erloschen. Es gelingt mir nicht, durch es hindurchzudringen. Ich wache auf, und mein Kissen ist feucht von meinen Tränen. Mein Sohn Lukas schläft. Draußen tobt ein für die Riviera ungewöhnlicher Sturm. Ich setze mich in die Küche an den Esstisch und schreibe meinen Traum auf. Als ich den letzten Satz beendet habe, dämmert es draußen.

Dazwischen 4

Die Sonne brach durch die Äste des alten Apfelbaums, dessen Zweige sich unter der Last der frühreifen Früchte fast bis zur Erde bogen. Sie saß auf der Terrasse ihres Hauses und wartete, während ihr jüngster Sohn versuchte, den Nussbaum zu erklettern, in dessen Krone sein älterer Bruder für ihn ein Baumhaus eingerichtet hatte. Es war einer jener windstillen Berliner Sommernachmittage, an denen in ihrem Garten, inmitten der von Touristen überschwemmten Stadt, die Zeit stillzustehen schien. In wenigen Tagen würde sie mit ihrer Familie nach Italien fahren. Dennoch war sie voller Unruhe, und wie immer, wenn sie unruhig war, kaute sie an ihren Fingernägeln. Eine Unart, gegen die sie machtlos war.

Ihre Galeriepartnerin und Freundin wollte auf einen Kaffee bei ihr vorbeikommen, bevor auch sie in den Urlaub fuhr. Sie wussten beide, dass sie miteinander sprechen mussten. Sie hatten es schon zu lange vor sich hergeschoben. Ob sie kommen würde? Ob sie es diesmal schaffen würden, Worte zu finden für das, was zwischen ihnen stand? Die Naivität, mit der die beiden Frauen gemeinsam eine Architekturgalerie ins Leben gerufen hatten, ohne über Vorbilder oder Vorkenntnisse zu verfügen, war vielleicht der einzige Weg gewesen, einen solchen Schritt überhaupt zu wagen. Erst später kamen Kompetenz und Professionalität hinzu. Bereits mit ihrer zweiten Ausstellung wurde die kleine Architekturgalerie mit dem Namen »Aedes« über Nacht in der Fachwelt bekannt.

Die Berliner Kongresshalle, von dem amerikanischen Architekten Hugh Stubbins 1957 zur Internationalen Bauausstellung »Interbau«

errichtet, war dreißig Jahre nach ihrer Fertigstellung eingestürzt. Die beiden Frauen hatten die spontane Idee, renommierte Architekten aus dem In- und Ausland um Entwürfe zu dem eingestürzten Symbol deutsch-amerikanischer Freundschaft zu bitten. Die Reaktion war überwältigend. Das Ergebnis, das sie in der Ausstellung »In memoriam Kongresshalle Berlin« präsentierten – Zeichnungen, Skizzen, Modelle, Collagen, phantasievoll, ironisch, kritisch, oft auch von hoher künstlerischer Qualität –, wurde in Medien und Öffentlichkeit lebhaft diskutiert.

Eine Debatte über Architektur, nicht nur unter Fachleuten geführt, sondern auch vom breiten Publikum, war das, was sie wollten. Die Tatsache, dass beide keine Architektinnen waren, war diesem Anliegen nicht abträglich, im Gegenteil: Sie half ihnen sogar. Jedes Ausstellungsthema, das sie sich in den Kopf gesetzt hatten, mussten sie sich zunächst selber erarbeiten. Sie stellten kritische Fragen, und sie suchten nach Antworten. Was sie verstanden, das konnten sie auch weitergeben.

Abgesehen von der schwierigen finanziellen Situation, die zur Folge hatte, dass die Frauen jede mit dem Gehalt aus ihrer Festanstellung die Galerie finanzierten, lief alles wie von selbst: das positive Presseecho, die sich schneeballartig ausbreitenden weltweiten Kontakte und die internationale Anerkennung. Bei ihren gemeinsamen Auftritten gelang es ihnen mühelos, durch ihre ansteckende Begeisterungsfähigkeit und ihr Engagement die interessantesten Architekten der Welt für Präsentationen in ihrer kleinen Galerie zu gewinnen. Sogar die Türen der großen Museen öffneten sich, in denen sie schon bald eigene Architekturausstellungen kuratierten, wie in der Kunsthalle in Hamburg oder im Centre Pompidou in Paris.

Zu Beginn wurde das dynamische Frauenduo belächelt, dann misstrauisch betrachtet, später mit wohlwollendem Kopfschütteln bedacht, schließlich erntete es auch Bewunderung. Die beiden genossen ihren Quereinsteiger-Erfolg, doch sie konnten sich nicht länger darüber hinwegtäuschen, dass die psychischen und physischen Anstrengungen, wenn auch mit unterschiedlicher Intensität, auf ihnen lasteten. Die sich häufenden Momente der Anspannung wie der Erschöpfung schienen die guten Momente, die sie zusammen erlebten, allmählich zu überwiegen.

Die Frau arbeitete neben der Galerie als Redakteurin und Pressereferentin im Internationalen Design Zentrum, ihre Partnerin als Kulturreferentin und Ausstellungsmacherin im Amerika-Haus. Doch während Erstere bei ihrem Arbeitgeber durchsetzte, bei vollem Gehalt ab Mittag zu Hause zu arbeiten, und zudem eine platinblonde jüdische Russin ihre Familie mit Blinis, Borschtsch und an Festtagen mit »gefilten Fisch« versorgte, fühlte sich ihre Mitstreiterin, trotz Unterstützung durch den Ehemann und wechselnde Au-pair-Mädchen für die gemeinsame Tochter, mit Berufstätigkeit und Galerie überfordert.

Der Konflikt zwischen den Frauen war programmiert. Es ging nur vordergründig um die momentanen Lebensumstände, die so verschieden gar nicht waren. Wesentlicher war deren unterschiedliche Wahrnehmung und Bewertung. Ihre Partnerin, ein mitreißendes, strahlendes, vor Vitalität aus den Nähten platzendes Vollweib, begann allmählich unter der eigenen Überforderung ebenso zu leiden wie unter der als Provokation empfundenen Gelassenheit der anderen. Und diese, inzwischen Anfang vierzig, dachte, als sie unter dem Apfelbaum in der Sonne saß und wartete, darüber nach, dass ihre Mitstreiterin ihr zunehmend mehr Arbeit in der Galerie aufbürdete.

Als diese schließlich kam, außer Atem, ihre Tochter auf dem Arm, ließ sie sich in den Gartenstuhl auf der Terrasse fallen, strich sich eine schweißnasse blonde Strähne aus der Stirn und erklärte im Tonfall eines beleidigten Kindes: »So geht es nicht weiter, so nicht!« Ihre kleine Tochter vergrub den Kopf im Schoß der Mutter und verharrte in dieser Stellung.

Die Frauen machten sich gegenseitig Vorwürfe, die eine, weil sie ihre Situation als ungleich schwerer empfand, die andere, weil sie nicht einsah, deswegen auf Dauer deren Arbeit mit übernehmen zu müssen. Als ihre Stimmen im Eifer des Für und Wider laut wurden, hob das Mädchen den Kopf aus dem Schoß der Mutter und sah sie fragend an. Auch die Frauen sahen sich zum ersten Mal an diesem Nachmittag in die Augen, lang und schweigend. Dann, unvermittelt, wie auf ein geheimes Zeichen, lachten beide plötzlich los, so als hätte sich ein Sektkorken überraschend gelöst, erst ein Prusten, dann lautstarkes Gelächter. Ihr jüngster Sohn, der nach vielen vergeblichen Versuchen endlich das Baumhaus erklommen hatte, blickte erstaunt zur Terrasse hinüber, und das Kind der anderen begann sich aus dem Schoß der Mutter zu lösen und lief wie befreit zum Nussbaum. »Was soll's, wir probieren es noch mal«, meinte die eine aufmunternd, und die andere ergänzte fröhlich: »Es wäre doch gelacht, wenn wir beide das nicht schaffen würden. Schau uns doch nur an, zwei Klassefrauen mitten im Leben.«

Ihre Freundin stand damals am Ende ihres Lebens. Es war gut, dass beide die Zukunft nicht voraussehen konnten. Als sich die Frauen am Gartentor verabschiedeten, fielen sie sich in die Arme, obwohl das sonst nicht ihre Art war. Es war ein unvergesslicher Alles-oder-nichts-Augenblick. Sie hatten sich für »alles« entschieden.

Sie sahen einander nicht wieder. Die Freundin starb wenige Wochen später am Urlaubsort bei einem Verkehrsunfall auf der Landstraße. Sie war sofort tot.

Zurück zum dritten Ort

Die Baracke am Bach II

Der Umzug nach Oberursel bedeutet für meine Eltern die Erfüllung eines Traums. Ein Jahr danach enden hier die großen Hoffnungen einer Familie, die es nicht mehr gibt, während der Traum einer anderen Familie seinen Anfang nimmt. Der Wechsel von einer Familie zur anderen, von der Familie Lang zur Familie Neckermann, vollzieht sich in atemlosem Übergang. Den Tod der eigenen Eltern noch nicht in seiner Endgültigkeit begriffen, tauchen unvermittelt neue Eltern auf, die die Bezeichnung Mutti und Papi für sich beanspruchen. Der Ablösungsprozess wird zum Austauschprozess. Die neue Familie bringt andere Gesetze mit, andere Rituale, ein anderes Wertesystem: das System Neckermann.

1949, meine Eltern und mein Bruder sind erst ein Jahr tot, entsteht auf der Terrasse in Oberursel ein Foto, auf dem eine große Familie zu sehen ist, aber es ist nicht mehr dieselbe. Neun Menschen sitzen auf den Treppenstufen, die den Steingarten, der zur Baracke hinaufführt, in der Mitte teilen. Oben im Bild ist meine Großmutter Jula Neckermann, den Kopf zur Seite geneigt. Ein Schatten fällt auf ihre Augen. Sie lächelt nicht. Den Arm hat sie um mich gelegt. Ich bin sechs Jahre alt, und auch ich lächle nicht. Neben meiner Großmutter, ganz außen, sitzt Peter Neckermann, das älteste der neuen Geschwister. Er hat die Hände um die Knie geschlungen und trägt eine Lederhose, die ihm nicht gefällt, aber besonders haltbar ist. Seine Augen sind zusammengekniffen, so dass sich auf seiner Stirn eine steile Falte bildet. Er hat sich von den übrigen Kindern distanziert, und daran sollte sich auch in Zukunft nichts ändern. Er ist der Große, der Außenseiter, der lieber mit seinen Schäferhunden als mit seinen jüngeren Geschwistern spielt.

Dass keiner auf diesem Foto lächelt, fällt mir erst auf, als ich es immer wieder betrachte. Meine Schwester Juli blickt auf den Boden, und selbst mein gleichaltriger Stiefbruder Johannes, der Unbeschwerteste der Neckermann-Kinder, der noch als junger Mann Hanni genannt wird, verzieht keine Miene. Nur meine Stiefschwester Evi schaut vergnügt in die Kamera, sie hat ein Kätzchen im Arm. Meine Pflegemutter Annemi Neckermann sieht mit ihren langen lockigen Haaren nicht älter aus als ihre beiden großen Ziehtöchter, meine Schwester Uschi, die dekorativ das obere Ende der Treppe wie des Bildes markiert, und Sigrid Apitz.

Sigrid ist das zweite Kind, das meine Pflegeeltern bereits Jahre vor uns aufgenommen haben. Annemi möchte Sigrids Mutter Liesel entlasten. Sigrid ist damals neun Jahre alt und kränkelt. Als sie mit in die Baracke einzieht, kränkelt sie nicht mehr und ist siebzehn. Dieses Foto hat dokumentarischen Wert. Es ist eines der wenigen Vorzeigefotos der neuen Großfamilie, das Necko für Veröffentlichungen freigibt.

In seinen Lebenserinnerungen schreibt Josef über sein neues Zuhause: »Die Familie Lang hatte zusammen mit meiner Mutter und ihrem alten Hausmädchen Therese eine ehemalige Arbeitsdienstbaracke in Oberursel in der Nähe von Frankfurt bewohnt.« Dass es sich nicht um eine behelfsmäßige Unterkunft handelt, sondern um ein gut ausgestattetes, geschmackvoll eingerichtetes, großräumiges Heim, das meine Eltern in Form einer Baracke erbauen lassen, da die Alliierten zu diesem Zeitpunkt noch keine Genehmigungen für den Bau von Wohnhäusern erteilen, ist Neckos Beschreibung nicht zu entnehmen.

In einer 1969 erschienenen Biographie gibt Necko eine weitere Version seiner Anfänge in Oberursel. Danach bewohnt er mit seiner Familie bereits die Baracke, die aber schon bald zu eng wird, »denn das Ehepaar Neckermann nahm – nach einem tödlichen Unfall eines nahe verwandten Ehepaares – dessen drei Kinder auf«.*

Der Grund für die unkorrekten Darstellungen meines Pflegevaters bezüglich seines Starts in Oberursel, der gleichbedeutend mit dem Beginn seiner Wirtschaftswunderkarriere ist, kann nur seinem Bemühen entsprungen sein, Spekulationen, er könnte von den Hinterlassenschaften seines Schwagers profitiert haben, im Keim zu ersticken.

Es ist eine tragische Verquickung der Schicksalswege dieser beiden herausragenden Männer, dass Josef nach dem Unglück, das die Familie seiner Schwester trifft, beruflich wie privat in die Fußstapfen seines Schwagers und einstigen Rivalen tritt. Diesem Mann, den er seit der ersten Begegnung im Haus seiner Mutter als Konkurrenten empfindet, etwas schuldig zu sein, das kann Necko nicht zulassen. Nicht vor sich und nicht vor anderen.

Dass mein Pflegevater und seine Familie die neue Bleibe wohl doch nicht ganz so abweisend gefunden haben, wird aus einem weiteren Zitat deutlich: »Für die Kinderschar«, schreibt mein Pflegevater, »war unser neues Heim ein kleines Eldorado.« Und er fügt hinzu: »Peter, Evi und Johannes sehnten sich ebenso wenig wie meine Frau und ich nach Gräfelfing zurück.« Von dieser Baracke aus beginnt Josef Neckermann nach seiner Entnazifizierung 1948 beruflich wieder Fuß zu fassen.

Tatsächlich hält die Tragödie, die die Familie trifft, für meinen Pflegevater eine unerwartete berufliche Chance bereit. Er nutzt sie. Er hat, wie mein Vater vor ihm, der die Wahl des Wohnorts wie des Firmenstandorts in strategischer Voraussicht getroffen hat, erkannt, dass Frankfurt der beste Ausgangspunkt für den Aufbau eines Unternehmens ist. Ein offizielles Schriftstück, das ich in den Unterlagen meiner Großmutter Neckermann finde, die sie mir lange vor ihrem Tod in die Hand gedrückt hat, ist nicht nur aufschlussreich in Bezug auf die höchst erfolgreichen beruflichen

---

* Carl Friedrich Mossdorf, *Josef Neckermann – Weltmeister und Olympiasieger,* München 1969, S. 31.

Unternehmungen meines Vaters. Das Dokument wird 1953 auf Betreiben meines Pflegevaters mit dem Ziel angefordert, Lastenausgleichsansprüche auf das durch den Krieg verlorengegangene Vermögen von Dr. Hans Lang anzumelden. In dem Schreiben des Lastenausgleichamtes steht: »Der am 18. 1. 1948 infolge eines Autounfalls verstorbene Dr. Hans Lang war in den 30er Jahren Rechtsanwalt in Frankfurt a. M.«, heißt es da. »1936 siedelte er nach Berlin über, wo er sich der Textilbranche widmete. Durch Kaufvertrag vom 1. 7. 1936 erwarben die Eheleute Dr. Lang die Firma Ahders und Basch GmbH in Berlin zum Preis von 300 000 Reichsmark, welche am 15. 12. 1937 in die Einzelhandelsfirma ›Hans Lang Modellige Kleider‹ umgewandelt wurde. Sie hatte ihren Sitz in Berlin 2, Jerusalemer Straße 22, später Leipziger Straße 37 und Friedrichstraße 174. Alleininhaber der Firma war Dr. Hans Lang.«

Im Wortlaut geht es weiter: »Nachdem die Firma einen bedeutenden Aufschwung genommen hatte, gründete Dr. Lang in Form von Bekleidungswerken Zweigniederlassungen in Holland, Polen, Tschechoslowakei. Nach dem Zusammenbruch ging Dr. Lang nach Hofheim, Mittelfranken. Es steht fest, dass er größere Barmittel und erhebliche Warenbestände mitgebracht hat. Die genaue Höhe ist nicht feststellbar. Aktenkundig ist in Berlin ein Umsatz im Jahr 1942 von 4 Millionen 386 Tausend und 6 Hundert 83 Reichsmark (4.386.683,00) und im Jahr 1943 von 6 Millionen 76 Tausend und 101 Reichsmark (6.076.101,00). Nach den Feststellungen der Bezirksfahndungsstelle des Finanzamtes Frankfurt-West betrug das Einkommen im Jahr 1943 427 090 Reichsmark, so dass eine entsprechende Vermögensbildung ermöglicht war.«

Damit nicht genug, gründete mein Vater nach dem Krieg unter anderem die »Gesellschaft für Fremdenverkehr, in die er eine Million Reichsmark einbringt«. Das Dokument endet mit der detaillierten Auflistung des Kriegsschadens. Nach für mich verwirrenden Additionen und Subtraktionen von immer neuen Firmen, Zahlungen und Rückzahlungen lautet das Ergebnis des Lastenausgleichamtes: »Dr. Lang bzw. seine Erben sind um den Betrag von

DRM 195 000 geschädigt. Der Gesamtschaden beträgt 1.139.500 DM.« Hier endet das Dokument.

Mein Vater ist bei seinem Tod im Januar 1948, wie seine Sekretärin Ruth Gatzke und sein ehemaliger Geschäftsfreund Dr. Burau berichten, außerdem Teilhaber der Dornier-Werke. Er ist Mitinhaber der Licher Bierbrauerei, Inhaber einer Schenke in Assmannshausen am Rhein, des Gasthauses Bacherach am Main und eines Hotels auf Borkum, außerdem Besitzer zahlreicher Immobilien von der Muthesius-Villa in Berlin bis zum repräsentativen Herrenhaus am Schaumainkai in Frankfurt. Zudem stehen die Verhandlungen zum Kauf von Schloss Reinhardshausen kurz vor dem Abschluss. Meine Schwester Uschi erinnert sich an einen Ausflug mit den Eltern, bei dem sie das eindrucksvolle Kaufobjekt besichtigen.

In knapp drei Nachkriegsjahren hat mein Vater ein unvorstellbares Wirtschaftsimperium aufgebaut. Was seinen drei Töchtern bleibt, sind das Geld aus dem Verkauf der Muthesius-Villa in Berlin und ein Drittel des Würzburger Grundstücks von Großmutter Neckermann, das Necko von den Lang-Erbinnen günstig erwirbt, da, wie er meint, mit einem Teilgrundstück ohnedies nicht viel anzufangen sei.

Der »Sprung ins kalte Wasser«, wie Necko die am 6. September 1948, knapp acht Monate nach dem Tod meiner Eltern und meines Bruders, erfolgte Gründung der Textilgesellschaft KG Textilgroßhandlung Neckermann (TGN) beschreibt, die auf den Namen seiner Frau ins Handelsregister der Stadt Frankfurt eingetragen wird, ist so kalt nicht. Das Wasser hat mein Vater gut vorgewärmt. Die Kapitaleinlage von 100 000 Mark, die es Annemi erlaubt, als »Komplementärin« aufzutreten, hat seine Mutter, wie Necko schreibt, »zwischenfinanziert«. Als sie dieses Geld eines Tages von ihrem Sohn zurückerbittet, da ihr jüngerer Sohn Walter, der die väterliche Kohlenhandlung übernommen hat, in finanziellen Schwierigkeiten steckt, kommt es zu einem ernsthaften Zerwürfnis zwischen Josef und seiner Mutter.

Vor allem in den ersten Jahren nach dem Tod meines Vaters ist es für Necko wichtig, die Kontakte mit den ehemaligen Geschäftsfreunden und Mitarbeitern seines Schwagers aufrechtzuerhalten und auszubauen. Er braucht deren Wissen und Unterstützung gerade im Hinblick auf dessen undurchsichtige geschäftliche Transaktionen. Viele der ehemaligen Mitarbeiter meines Vaters bindet Necko in sein neugegründetes Unternehmen ein. Die Direktrice Else Dieseler, die mir zum Umzug nach Oberursel aus Stoffresten das erste Kuscheltier meines Lebens genäht hat, ist als Zeugin des teilweise entschwundenen väterlichen Vermögens ebenso unverzichtbar wie der inzwischen nach Brasilien ausgewanderte ehemalige Geschäftspartner meines Vaters Hans Eberhard Biermann. Dr. Burau, der mir in schillernden Farben die Eleganz meiner Mutter beschrieben hat, wird Pressechef der Firma Neckermann. Dr. Franz Hayler, der in seiner Funktion als Staatssekretär im Wirtschaftsministerium des Dritten Reiches sowohl mit meinem Vater als auch mit meinem Pflegevater kooperiert hat, wird Neckos Vertrauter und Freund der Familie.

Meine Pflegemutter Annemi, unterstützt von meiner Großmutter und deren Haushälterin Therese, ist indes für den täglichen Ablauf in der Baracke zuständig und macht sich in dieser Zeit oft Gedanken über die Zusammenführung der beiden Familien. Mit Aufmerksamkeit verfolgt sie, wie die so plötzlich zusammengewürfelten neuen Geschwister miteinander auskommen. Es ist in diesem ersten gemeinsamen Jahr leichter, als sie zu hoffen gewagt hat. Annemi setzt alles daran, dass wir *eine* Familie werden, und sie ist fest entschlossen, es zu schaffen. Josef schreibt in seinen *Erinnerungen:* »Ich habe damals einmal wieder den Mut und die Entschlossenheit meiner Frau bewundert, die so zerbrechlich und zart wirkte und dabei ein unbändiges Bündel an Energie, Kraft und Durchsetzungsvermögen war.«

Nur ein einziges Mal in ihrer erzieherischen Laufbahn muss Annemi, deren natürliche Autorität in der Regel ausreicht, um uns Kinder in Zaum zu halten, zu einer Maßnahme greifen, die sie später mehr bedauert, als dass sie uns geschadet hat. Wir vier Jüngsten, Evi, Juli, Johannes und ich, bekommen von ihr die erste und einzige Ohrfeige unseres Lebens. Wir haben den Wasserschlauch in den Sandkasten gelegt, um ein Schwimmbad daraus zu machen, und damit auch weite Teile des Gemüsegartens unter Wasser gesetzt.

Beim ersten Kampf um die großen Steine im Terrassengarten, bei dem sich zwei Parteien bilden, die von Stein zu Stein hüpfen, ohne dass sie den Boden berühren dürfen, sind die Gruppen gemischt: Juli Lang und Evi Neckermann gegen Johannes Neckermann und mich. Auch der gemeinsame Protest gegen die Haarschneidemethoden meiner Pflegemutter, die, um Zeit und Geld zu sparen, den vier Jüngsten einem nach dem anderen einen Kochtopf über den Kopf stülpt und darum herum schneidet, macht die neuen Geschwister zu Verbündeten.

Symbolischer Höhepunkt der gegenseitigen Anerkennung ist die Hochzeit, die die vier Kleinen, wie wir genannt werden, im Schuppen neben der Baracke feiern. Wie es zur Wahl des Brautpaars gekommen ist, weiß ich nicht mehr. Schließlich treten meine Stiefschwester Evi und ich vor den Traualtar. Evi ist der Bräutigam, weil sie die Ältere von uns beiden ist. Johannes ist der Pfarrer, und Juli besteht darauf, dann wenigstens bei der Taufe die Hauptrolle zu spielen. Die Kinderhochzeit, die auf einem Foto festgehalten ist, hat bei Annemi unter den damaligen Umständen sicher eine ähnliche Rührung hervorgerufen wie eine kirchliche Eheschließung bei echten Brauteltern.

Ich finde einige engbeschriebene Heftseiten. Dass sie von mir stammen, ist an der Handschrift zu erkennen. Von wann der Text ist, lässt sich nicht feststellen, auch wenn aus ihm hervorgeht, dass er nach dem Tod meiner Eltern entstanden ist. Die Geschichte, die in mehrere Kapitel gegliedert ist, trägt den Titel »Kinderhochzeit in Oberursel«. Der Text beginnt mit der Beschreibung der Familie: »Eines Tages waren wir plötzlich sieben Kinder. Tante und Onkel waren bei einem Autounfall ums Leben gekommen, und unsere Eltern haben ihre Kinder zu uns geholt.« Es hätte so sein können, aber so ist es nicht. Nur in meiner Geschichte liegt das Schicksal in meinen Händen.

Mein Stiefbruder Johannes, immer in Lederhosen und manchmal mit einem Tirolerhut auf dem Kopf, und ich, die Gleichaltrigen, nähern uns einander an, nachdem eine Mutprobe zu beider Zufriedenheit ausgefallen ist. Ich will meinem neuen Bruder beweisen, dass mein Kopf stark ist wie der eines Stiers, und dieser überprüft meine Behauptung, indem er ihn mit immer schwereren Büchern traktiert. Als die Erwachsenen einschreiten, behaupten wir beide, es habe Spaß gemacht.

Die neuen Geschwister überbieten sich im gemischten Familien-Doppel mit immer neuen Einfällen. Johannes und ich beschließen, betteln zu gehen. Er meint, er habe das mal auf der Straße in Gräfelfing gesehen und es sei ganz leicht, damit Geld zu verdienen. Aus der Wäschekammer holen wir alte Hemden, und zum Betteln ist sein Filzhut ohnedies geeignet. Nur den passenden Ort für unser Vorhaben zu finden, da es in der für Wohnhäuser noch nicht erschlossenen Umgebung an Nachbarn mangelt, fällt schwer. Schließlich stoßen wir auf einer kleinen Anhöhe gleich neben der Motorenfabrik auf eine Gastwirtschaft, in der nach der Ernte frischer Apfelwein ausgeschenkt wird. Diesen Ort halten wir für strategisch günstig und setzen uns auf die unterste Stufe der zur Wirtschaft hinaufführenden Steintreppe. Wir haben schon ein paar Zehnpfennigstücke im Hut, als Therese vom Einkauf zurückkommt und uns entdeckt.

Bei einem weiteren Versuch, sich selbständig zu machen, ist Johannes wesentlich erfolgreicher. Es ist Tradition in der Langwie der Neckermann-Familie, dass die Kinder an Weihnachten einen Kaufladen bekommen. Jedes Jahr steht er wieder frisch gefüllt unterm Weihnachtsbaum, und jedes Mal gibt es neben den Marzipanwürsten und -kartoffeln, den kleinen Päckchen Reis, Zucker, Kakao und all den Süßigkeiten, den bedruckten Tütchen zum Verpacken, den kleinen Schippen zum Einfüllen, etwas Neues, Besonderes. Eine Waage zum Beispiel oder eine Kasse und Kindergeld. Wir spielen in den Weihnachtstagen die ganze Zeit mit dem Kaufladen, denn in der Nacht der Heiligen Drei Könige ist er jedes Mal wieder verschwunden.

Johannes ist vom Kaufladenspiel besonders fasziniert und reißt das Unternehmen in kürzester Zeit an sich. Als meine Pflegemutter einschreitet und erklärt, der Laden sei für alle Kinder da, muss er das zwar akzeptieren, überzeugt hat es ihn nicht. Mein Stiefbruder baut sich aus ein paar Stühlen einen eigenen Laden und macht ein Konkurrenzunternehmen auf. Diesmal drückt nicht nur Annemi, die ihrem Jüngsten ohnehin nicht widerstehen kann, ein Auge zu, sondern auch Necko, der stolz erklärt, sein Sohn sei eben ein echter Neckermann.

Einmal in der Woche kommt der Eismann mit seinem blauweißen Eiswagen an der Baracke vorbei und läutet mit einer Blechglocke, die auf uns Kinder die gleiche Wirkung ausübt wie die Flöte des Rattenfängers von Hameln auf die Ratten. Wenn wir im Sommer bereits in unseren Hochbetten liegen, obwohl es draußen noch hell ist, springen wir auf und laufen barfuß und in Schlafanzügen auf die Straße. Dann hebt der Eismann vor unseren Augen den runden Metalldeckel des Eisbehälters, und wir dürfen einen staunenden Blick in dessen Tiefe werfen. Das Eis ist sonnengelb, denn der Eismann hat nur Vanilleeis im Angebot. Meine Liebe zu Vanilleeis stammt wohl aus dieser Zeit.

Therese, die uns bei unseren abendlichen Eisausflügen begleitet, wenn sie uns schon nicht davon abhalten kann, hat mir, wie mir meine Großmutter Jahre später erzählt, eine große, wenn auch ungewollte Enttäuschung bereitet. Ich möchte einmal im Leben eine Apfelsine essen und wünsche sie mir von Therese zum Geburtstag. Aus Unkenntnis verwechsele ich das Wort Apfelsine mit Rosine. Als es Therese tatsächlich gelingt, Rosinen aufzutreiben, und sie mir stolz die braunen, runzeligen Früchte in die Hand legt, soll ich in Tränen ausgebrochen sein. Den Silberpapierball an einem Gummiband, den sie, um mich zu trösten, aus Silberfolien von Schokoladentafeln, die uns die GIs in der Motorenfabrik gegenüber schenken, für mich gerollt hat, werfe ich weit weg. Ich bin untröstlich.

Meine älteste Schwester Uschi, die damals sechzehn Jahre alt ist, hat in diesem für sie konfliktreichen ersten Jahr in der neuen Familie mehr Grund, untröstlich zu sein. Sie ist es auch. Doch gerade in den schweren Jahren nach dem Tod der Eltern und des Bruders finden wir Schwestern keinen Halt aneinander. Uschi ist die Einzige, die ihre neuen Pflegeeltern von Anfang an bewusst erlebt und bewusst ablehnt. Als ich sie Jahrzehnte später danach befrage, erinnert sie sich an einen Aufenthalt im Gräfelfinger Haus ihres Onkels Necko und ihrer Tante Annemi, wie sie diese zu Lebzeiten der Eltern nennt. Sie muss dort zusammen mit ihrem Bruder Mockel einige Wochen verbringen. Mady hat die Ältesten zu ihrer Schwägerin gebracht, weil ihre Mutter, meine Großmutter Neckermann, bei einem Autounfall lebensgefährlich verletzt wird und sie die Pflege selber übernehmen möchte.

Uschi ist damals acht Jahre alt, und sie kommt in eine Welt, die sie nicht versteht. Plötzlich ist alles anders, alles geregelt, der Tagesablauf vorgeschrieben. Einen größeren Gegensatz zu ihrem Elternhaus kann es für sie nicht geben. Mockel, Uschi und die Neckermann-Kinder Peter und Evi, Johannes ist noch nicht geboren, essen nicht zusammen mit den Erwachsenen, sondern im Kinderzimmer. Peter und Evi bekommen während der Mahlzeiten nichts zu trinken, da es nicht gesund sei. Evi, die schon damals eine schlechte Esserin ist, den Teller aber leer essen muss, entwickelt große Geschicklichkeit darin, die zerkaute Nahrung, die sie nicht hinunterschlucken kann, in den Backentaschen zwischenzulagern. Es wird später immer wieder kolportiert, auch von Annemi, die während des für die Kinder vorgeschriebenen Mittagsschlafs mit gekrümmtem Zeigefinger die Essensreste aus dem Mund ihrer Tochter holt.

Von einem weiteren Besuch bei den Neckermanns schreibt Uschi am 1. Januar 1947 an ihrem Bruder: »Die Kinder sind alle sehr lieb. Leider aber sehr streng erzogen.« Uschi erinnert sich auch an eine Nikolausfeier, bei der Onkel Necko den Nikolaus spielt. Sie ist das einzige der Kinder, das weiß, wer sich unter dem roten Umhang und dem langen weißen Bart verbirgt. Nicht so Evi. Als der Nikolaus mit verstellter, polternder Stimme ihr Sündenregister aufzählt, das schreiende und sich wehrende Mädchen in den Sack steckt und aus dem Zimmer trägt, ist es im Sack plötzlich totenstill. Die Erwachsenen springen auf und stürzen hinter dem Nikolaus her, um ihm die Beute zu entreißen. Sie befürchten, Evi könnte vor Schreck der Schlag getroffen haben.

Als meine Schwester Uschi erfährt, dass Tante Annemi und Onkel Necko ihre neuen Eltern werden, ist sie entsetzt, aber nicht verzweifelt. Als Tochter ihres Vaters hat sie gelernt, sich durchzusetzen. Sie will nicht klein beigeben. Und sie nutzt die erste Gelegenheit, die sich ihr bietet, das klarzustellen. Uschi ergreift Partei für Therese, die mit ihren sechzig Jahren den großen Haushalt versorgt, als diese von ihrer neuen Chefin getadelt wird. Als Annemi bemängelt, dass die Kartoffelklöße nicht gut gelungen seien, springt meine Schwester auf und schreit ihre Pflegemutter an: »Therese hat die Knödel immer so gemacht, und sie sind gut so!« Die Selbständigkeit und das ausgeprägte Selbstbewusstsein der Ältesten sind sicher nicht leicht für Annemi. Sie muss sich bei ihr durchsetzen, will sie die ganze Familie in den Griff bekommen.

Als ihr meine Schwester zudem erklärt, sie werde am nächsten Tag nicht zur Schule gehen, da eine Lateinarbeit ansteht, greift Annemi zum ersten Mal durch. Uschi geht in die Schule und schreibt eine Eins. Ein Beweis, so scheint es, für einen pädagogischen Erfolg der Pflegemutter. Er hält nicht lange an. Es kommt zu einem weiteren Gespräch zwischen ihr und meiner Schwester Uschi, in dessen Verlauf Annemi deutlich macht, dass die Geschwister getrennt würden, wenn sie sich nicht unterordne. Sie erklärt der Fassungslosen, dass es allein von ihrem Verhalten abhänge. Die Verantwortung wiegt schwer für die Sechzehnjährige. Uschi gibt nach.

Meine Schwester Uschi hätte gern Abitur gemacht und wie ihr Vater Jura studiert. Sie ist ungeachtet der tragischen Ereignisse Klassenbeste geblieben. Der Schulrektor versucht den Pflegevater davon zu überzeugen, seine begabteste Schülerin nicht vom Gymnasium zu nehmen. Er kann sich nicht durchsetzen und Uschi auch nicht, weder mit dem Abitur noch mit dem Studium. Sie wagt einen letzten Versuch und schreibt ihrem Pflegevater einen langen und, wie sie sich erinnert, herzzerreißenden Brief, der jedoch das Herz des neuen Familienoberhaupts nicht erweicht. Meine Schwester Uschi muss das Gymnasium mit der Mittleren Reife verlassen, beginnt eine Schneiderlehre und wird Schneidermeisterin. Auch mein ältester Stiefbruder Peter muss zunächst mit der Mittleren Reife von der Schule abgehen und eine Lehre machen, kann aber, als es mit der Firma wirtschaftlich bergauf geht, das Versäumte nachholen. Nur wir beiden Jüngsten, Johannes und ich, dürfen ohne Umwege Abitur machen und studieren.

In der Zeit ihrer größten Niederlage und Niedergeschlagenheit lernt meine Schwester Uschi ihren späteren Mann, Jochen Homm, kennen. Der Lehrling in der Installationsfirma seines Vaters taucht eines Tages in der Baracke auf, um einen Wasserschaden zu beheben. Damals ist meine Schwester Uschi gerade siebzehn Jahre alt und sehnt sich nach einem eigenen Zuhause. Heiraten können beide aber erst neun Jahre später. Der Bräutigam nimmt seine Auserwählte, als er um deren Hand anhält, von seinem zukünftigen Schwiegervater Necko mit den Worten in Empfang: »Diese Ware ist vom Umtausch ausgeschlossen.« Ein Satz, den alle Schwiegersöhne und auch mein erster Mann bei der gleichen Gelegenheit Jahre später zu hören bekommen. Statt mit einem Lächeln reagiert mein Freier mit so heftigem Nasenbluten, dass Annemi um ihr Brokatsofa fürchtet.

Noch aber geht es um die Ausbildung meiner Schwester Uschi. Necko erklärt seiner Pflegetochter mit den zwei linken Händen, die eher die Ungeschicklichkeit Dornröschens mit der Spindel als das Können des tapferen Schneiderleins besitzt, dass die Meisterprüfung die Voraussetzung dafür sei, später einen der Betriebe ihres Vaters, die »Textilunion Bekleidungswerke«, zu übernehmen. Es ist ein verlockendes Angebot. Meine Schwester willigt ein, unterzieht sich der ungeliebten Ausbildung und macht ihre Prüfung als Schneidermeisterin mit Auszeichnung.

Da Meisterprüfungen damals nicht vor dem fünfundzwanzigsten Lebensjahr abgelegt werden können, Uschi aber erst vierundzwanzig ist, schreibt Necko an den »sehr verehrten Herrn Präsidenten Dr. Zorn« vom Wirtschaftsministerium, um von ihm eine

Sondergenehmigung für seine Pflegetochter zu erwirken: »Die Semester-Abschlusszeugnisse im Februar und Juli 1952 der Deutschen Meisterschule für Mode in München bestätigen eindeutig, dass ihre [Uschis] Leistungen nicht nur wesentlich über dem Durchschnitt liegen, sondern auch zu den besten zählen. An dieser Stelle muss ich einflechten, dass ich nach dem Tode von Dr. Hans Lang einen im Aufbau befindlichen Bekleidungsbetrieb vorfand, dessen Besitzverhältnisse in keiner Weise, wie Ihnen ja sicher noch aus meinen Berichten erinnerlich ist, geklärt waren. Ich habe mich dieses, von mir sofort nach Darmstadt in Verbindung mit einer Verkaufsstelle verlegten Betriebes angenommen und nach Überwindung immenser Schwierigkeiten, nach Einigung mit dem Vormundschaftsgericht und nach Ausschaltung eines Gesellschafters erreicht, ihn zu einem für mein Haus in Frankfurt am Main arbeitendes Fabrikationsunternehmen mit bis zu 350 Angestellten und Arbeitern zu entwickeln. Hiermit glaube ich am besten begründen zu können, was mich veranlasst hat, Uschi in die Laufbahn einer Modedirektrice zu drängen und um eheste Beendigung ihrer Ausbildung bemüht zu sein.«

Dieser Brief ist in zweierlei Hinsicht aufschlussreich. Er bestätigt die Übernahme einer Firma meines Vaters durch meinen Pflegevater, auch wenn in dem Schreiben der Eindruck erweckt wird, es habe sich um ein kleines Unternehmen gehandelt. Der Text bestätigt aber auch die begründete Hoffnung meiner Schwester, nach erfolgreich bestandener Meisterprüfung diesen Betrieb ihres verstorbenen Vaters übernehmen zu können. Dazu ist es nicht gekommen. Durch Zufall erfährt Uschi, und zwar nicht von ihrem Pflegevater, dass dieser die »Textilunion Bekleidungswerke« bereits verkauft hat. Meine Schwester Uschi vermeidet eine offene Auseinandersetzung. Sie hat danach nie wieder eine Nähnadel in die Hand genommen. Als junges Mädchen habe ich mich darüber gewundert, sie ist doch schließlich Schneidermeisterin. Bis zum Tod der Pflegeeltern ordnet sie sich ihnen unter und bleibt abhängig von deren Zustimmung und Zuwendung.

Meine Schwester Juli, die vom ersten Tag in der neuen Familie an gutmütig und gutwillig vor allem das Herz der Pflegemutter erobern möchte, was ihr aber nicht dauerhaft gelingt, scheint sich mit den neuen Verhältnissen kindlich-pragmatisch zu arrangieren, so wie sie es schon früher bei den eigenen Eltern getan hat. Das weitere Leben meiner Schwester Juli macht deutlich, dass sie ihr Zuhause nicht finden wird und nirgendwo Wurzeln schlagen kann. Mich, die Jüngste, nimmt meine Großmutter Neckermann mit, als sie bereits nach einem Jahr die Baracke in Oberursel verlässt und nach Würzburg zieht. Meine Schwestern werden vor vollendete Tatsachen gestellt.

Dazwischen 5

Sie fuhren auf der Schnellstraße durch das nächtliche Paris, als vor ihnen das Hinweisschild »Paris Plage« auftauchte. »Sollen wir abbiegen?«, fragte der junge Mann, der den alten Volvo lenkte. Sie war ihm erst wenige Tage zuvor begegnet, als er im Museum Aufnahmen von ihrer Ausstellung gemacht hatte. »Sollen wir abbiegen und einfach ans Meer fahren?«, wiederholte der Fotograf seine Frage und sah zu ihr hinüber. Ihr gefiel die Idee, obwohl sie nicht wusste, ob sie ernst gemeint war. Vor allem gefiel ihr der Mann, wie sie sich mit einem verstohlenen Seitenblick in Richtung Fahrersitz vergewissern konnte. Auch wenn er nicht dem Typ entsprach, der bisher ihr Interesse erweckt hatte; der Mann hinter dem Lenkrad in den zu weiten grauen Jeans und der alten Fotoweste, in deren ausgebeulten Taschen Belichtungsmesser, Linsen, Objektive, Filme und Filter verstaut waren, faszinierte sie.

Seine langen, aschblonden Haare, die an den Schläfen zurückwichen, waren im Nacken zu einem Zopf zusammengebunden, die Lippen voll und klar geschwungen und von einem Dreitagebart umrahmt, die buschigen Augenbrauen unter der hohen Stirn wirkten wie kleine, dichtbewaldete Hügel, unter denen seine ovalen, graugrünen Augen an Bergseen erinnerten. Sie hatten die gleiche Farbe wie die ihres Vaters und ihrer Großmutter.

Immer wenn die Straßenbeleuchtung sein Gesicht blitzartig erhellte, sah sie, wie der Mann lächelnd zu ihr herüberblickte. Nach den Anstrengungen, die hinter ihnen lagen, am Meer entlangzulaufen, den Sand zwischen den Zehen zu spüren, am Strand zu liegen und den Sternenhimmel zu betrachten, was für eine verlockende Vorstellung.

Doch die Mitfahrer, befreundete Studenten, die sie für den Ausstellungsaufbau von Berlin nach Paris begleitet hatten, protestierten. »Lasst uns lieber ins Hotel gehen. Es war ein langer Tag«, sagte der eine, und der andere bekräftigte: »Meine Füße tun mir weh und mein Kopf auch.«

Es war tatsächlich ein langer Tag gewesen, der für die kleine Gruppe erst gegen Mitternacht endete, als sich die Flügeltür des Pavillon d'Arsenal nach einer rauschenden Ausstellungseröffnung hinter den letzten Gästen geschlossen hatte.

Durch ein Spalier langbeiniger junger Mädchen mit Mannequinmaßen, dunklen, langen Haaren und roten, enganliegenden Minikleidern, die mit dem Rot ihrer Lippen korrespondierten, betrat der damalige Oberbürgermeister von Paris, Jacques Chirac, unter dem Applaus der geladenen Gäste das Architekturmuseum der Stadt. Alles war so, wie er es angeordnet hatte. Eine Big Band spielte die von ihm gewünschten Glenn-Miller-Melodien, während sie selbst den hochkarätigen Ehrengast zu einer überdimensionalen weißen Papp-Pyramide führte, auf deren Stufen gefüllte Champagnergläser warteten.

Sie hatte für die französische Metropole unter dem Titel »Utopien für Paris« eine Ausstellung konzipiert, zu der international anerkannte Architekten aus der ganzen Welt architektonische Visionen entworfen hatten. Das Ergebnis, auf mehr als tausend Quadratmetern wie in einem riesigen Studio präsentiert, war ein Feuerwerk an Ideen und faszinierenden Entwürfen. Schon bei der Eröffnung stand fest: Die Ausstellung war ein großer Erfolg.

Im Zuge der Vorbereitungen hatten sich in den roten Locken der Frau einige graue Strähnen eingenistet, die ihrer Umwelt dank einer intensiven Henna-Behandlung verborgen blieben. Sie hatte sich wieder einmal auf ein berufliches Abenteuer eingelassen, ohne sich zuvor umfassend zu informieren, welche bürokratischen, juristischen und sonstigen Schwierigkeiten auf sie zukommen könnten. Mit dem, was dann kam, hätte sie ohnedies nicht rechnen können. Die Auseinandersetzungen mit der Direktorin des Architekturmuseums gipfelten darin, dass diese ihr erklärte, alle in der Ausstellung gezeigten Exponate seien von nun an Eigentum des Museums, wodurch folgerichtig auch die erheblichen Kosten für den Rücktransport in die Ursprungsländer der Architekten entfallen würden.

Da es für sie keinen Augenblick in Frage kam, die ihr von den Architekten anvertrauten Exponate in Paris zurückzulassen, musste sie sich selbst helfen. Am letzten Ausstellungstag fuhr sie mit einer von ihr beauftragten Spedition nach Paris, um die Fracht, riesige Kisten mit Modellen, Plänen und Zeichnungen, nach Berlin zurückzuholen. Bis die einzelnen Stücke schließlich wieder in den Architekturbüros rund um den Erdball landeten, dauerte es Jahre, denn sie musste die Transportkosten aus der eigenen Tasche bezahlen. Die Architekten hatten Verständnis dafür.

Am Abend der Eröffnung glaubte sie noch, es wieder einmal geschafft zu haben. Alle Teilnehmer der Ausstellung waren nach Paris gekommen. Sechzig Architekten hatte sie begrüßt, beglückwünscht und gegen Mitternacht verabschiedet, bevor sie sich erschöpft in den bequemen Sitz des alten Volvos fallen ließ und erst wieder auf die Straße achtete, als der Abzweig »Paris Plage« vor ihr auftauchte.

Sie fühlte sich zu dem Mann hinter dem Lenkrad hingezogen. Wenn sie jetzt nach rechts abbögen und zur Küste führen, das spürte sie, würden sie auf ein Abenteuer zusteuern. Zu mehr als einem Abenteuer, auch das machte sie sich in diesem Moment bewusst, war sie ohnedies nicht bereit. Ihr Leben war kompliziert genug. Ganz abgesehen davon, dass der Mann neben ihr, wie sich herausstellte, neunzehn Jahre jünger war als sie. Er hätte ihr Sohn sein können. Ihr gemeinsames Abenteuer nahm erst viele Jahre später seinen Lauf, nachdem sie Freunde geworden waren und er ihr immer wieder versichert hatte: »Dein Liebhaber möchte ich nicht sein, dazu kenne ich dich und deine Tricks viel zu gut.«

Fünfter Ort

Das Gartenhaus am Friedrich-Ebert-Ring

Der überstürzte Aufbruch meiner Großmutter Neckermann nach Würzburg, weg von Oberursel, liegt nicht an der Dominanz, die das Verhalten ihrer Schwiegertochter vom ersten Tag ihres Einzugs in die Baracke bestimmt. Meine Großmutter ist pragmatisch genug, um zu erkennen, dass in einem Haushalt mit sieben Kindern nur einer das Sagen haben kann. Diese Rolle macht sie Annemi nicht streitig. Es ist vielmehr das bereits erwähnte Zerwürfnis mit ihrem Sohn Josef, das sie zur Abreise veranlasst. Es geht um den Betrag von 100 000 Mark, den meine Großmutter ihrem Ältesten für eine »Zwischenfinanzierung« geliehen hat und den sie nun von ihm zurückerbittet. Necko lehnt ab, und meine Großmutter reist ab. Ihre Entscheidung, mich, die Jüngste, mit nach Würzburg zu nehmen, ist die glücklichste Fügung meines Lebens.

Die Überlebensbeziehung zwischen meiner Großmutter Neckermann und mir beginnt bereits, als meine Eltern und mein Bruder noch am Leben sind. Sie gehört zu dem Kostbarsten, was mir je widerfahren ist. Nach dem Tod meiner Eltern nimmt diese Beziehung symbiotische Züge an. Ich rette meiner Großmutter das Leben in einem Moment, in dem es für sie jeden Sinn verloren hat, und sie hilft mir zu überleben, seelisch und körperlich.

Ich habe ein Bild gemalt, ein naives Bild. Es ist bunt, weil naive Bilder bunt sind und meine Erinnerungen an diese Jahre auch, nur das kleine Haus ist weiß wie Schnee. Ein Steingarten mit Blumen ist zu sehen, die in allen Regenbogenfarben leuchten, und eine

Terrasse mit einem rotblau gestreiften Sonnenschirm und weißen Gartenstühlen. Rechts auf dem Bild führt eine Treppe in den Garten. Das kleine Haus besteht aus zwei Zimmern, einem Wohnzimmer und einem Schlafzimmer, dazwischen befinden sich Küche und Bad. Der Wohnraum hat keine Fenster zum Garten, aber eine breite Terrassentür. Auf dem Bild ist meine Großmutter zu sehen, sie schaut aus dem Fenster des Schlafzimmers. Sie hat weiße Haare und trägt eine Rüschenbluse, und sie winkt mir zu. Das Mädchen in roten Hosen und blauem Pullover bin ich. Meine Großmutter und ich nehmen den rechten Teil des Bildes ein und stellen eine Einheit dar. Links im Bild steht die ehemalige Pfarrersköchin Käthe mit weißer Schürze, grauen Haaren und einem Tablett voller Zwiebelmuster-Geschirr.

Das kleine Haus, das Walter Neckermann im hinteren Teil des Familienanwesens am Friedrich-Ebert-Ring direkt neben dem Kohlenlager für die Arbeiter der Kohlengroßhandlung hat errichten lassen, wird für meine Großmutter und mich umgebaut. Es ist mein erstes richtiges Zuhause, weil meine Großmutter mein Zuhause ist und weil es der erste Ort in meinem Leben ist, an den ich mich erinnern kann. Später will ich es nicht mehr. Ich will diesen Ort meiner Kindheit vergessen. Es ist einer der wenigen Momente in meinem Leben, in denen ich das Vergessen dem Erinnern vorziehe. Das Gartenhaus, unser Haus, wird Jahrzehnte später ebenso abgerissen wie das Wohnhaus meines Onkels Walter und seiner Familie im vorderen Teil des Grundstücks. Selbst die überlebensgroßen steinernen Löwen, die das Firmenwappen der Sektkellerei meines Urgroßvaters majestätisch einrahmen, können die Eindringlinge nicht aufhalten, sie werden von den angreifenden Bulldozern in tausend Stücke gerissen.

Das parkähnliche Anwesen mit dem alten Baumbestand und der jahrhundertealten Eiche, den Pfingstrosenbüschen, dem schmiedeeisernen Pavillon, dem runden Schwimmbecken aus Granit, der Schiffschaukel und dem Gewächshaus mit exotischen Pflanzen gibt es nicht mehr. Mein Pflegevater Josef und sein Bruder Walter haben das Grundstück meiner Großmutter, das seit Generationen in Familienbesitz ist und es nach ihrem letzten Willen als Treffpunkt der weitverzweigten Familie auch bleiben soll, Ende der 90er Jahre an eine Immobilienfirma verkauft. Heute stehen anonyme Hochhäuser darauf.

Als Großmutter Neckermann Ende 1949 nach Würzburg zieht, um dort mit mir ein neues Leben zu beginnen, nimmt sie nichts mit, was sie an die Vergangenheit hätte erinnern können. Entsprechend bescheiden ist unser neues Zuhause eingerichtet, wie ein Gartenhaus eben. Das Einzige, was meine Großmutter aus ihrem alten Leben behalten hat, ist ein Spiegel, der noch von ihrem Vater Franz Josef stammt. Er hängt an einer ursprünglich goldenen, mit den Jahren vergilbten Kordel, in deren Quasten sich Spinnen eingenistet haben. Da der Tisch, über dem der Spiegel in unserem Wohnzimmer angebracht ist, mit seiner Schmalseite an der Wand steht, sitze ich dem Spiegel genau gegenüber. Die beiden langen Seiten des Tisches sind meiner Großmutter und der ehemaligen Pfarrersköchin Käthe vorbehalten, die ihre Arbeit als Haushälterin bei einer alten Frau und einem kleinen Mädchen als Zwischenstation auf dem Weg zur nächsten Pfarrei betrachtet.

Der Spiegel ist nicht größer als ein Handtuch. Er ist von einem mit Ornamenten geschmückten goldenen Rahmen eingefasst, der von einem ebenfalls goldenen Vogel gekrönt wird. Dessen Schwingen sind ausgebreitet, so als wartete er nur darauf davonzufliegen. Den schmalen Kopf zeigt er im Profil, weswegen der Schnabel, von meinem Platz aus betrachtet, besonders spitz und gefährlich aussieht. Ich habe es mir zur Gewohnheit gemacht, während die Pfarrersköchin das Tischgebet spricht und jedes Mal wieder erfolglos den Herrn Jesus als unseren Gast einlädt, abwechselnd den Spiegel und dann mich selbst im Spiegel zu betrachten. Ich kann nicht verstehen, dass der Spiegel nie ein vollständiges Bild von mir wiedergibt. »Das sind die blinden Flecken«, sagt meine Großmutter, »das kommt vom Alter.« Der ganze Spiegel ist mit diesen matten, milchigen Flecken überzogen, die sich im Laufe der Jahre noch vermehren. Sie lassen das Spiegelbild in ein Puzzle zerfallen, bei dem einige Teile verlorengegangen sind. Meine Erinnerung ist wie der Spiegel mit den blinden Flecken. Später begreife ich, dass der Ausdruck »blinde Flecken« nicht nur das meint, was man nicht sieht, sondern auch das, was man nicht sehen will.

Die Entscheidung meiner Großmutter, ausgerechnet mich mit sich zu nehmen, hat ihre Wurzel nicht nur darin, dass sie sich mit ihrem jüngsten Enkelkind identifiziert, das im gleichen Alter Vollwaise wird, in dem sie selber die Mutter verloren hat. Was noch hinzu kommt: Die Enkelin ist krank, und es ist der Großmutter bewusst, dass diese Krankheit jeden Tag wieder ausbrechen kann. Bereits Anfang 1947 treten die ersten Symptome auf. Meine Eltern sind damals sehr besorgt um ihre Jüngste. Meine Mutter schreibt an ihren Sohn Mockel ins Internat: »Ich war sehr müde und wollte schlafen gehen, da bekam Tini solche Leibschmerzen, dass sie weinte und sich krümmte. Nichts half. Es ging fast die ganze Nacht. Sie ist am Ende ihrer Kräfte.« Ein Jahr lang werde ich von Klinik zu Klinik gebracht. Ohne Erfolg.

»Ihre Tochter wird das zehnte Jahr nicht überleben.« Diese wenig ermutigende Prognose stellen die Ärzte ohne genaue Diagnose noch zu Lebzeiten der Eltern. Auch meine Großmutter kennt sie, aber sie akzeptiert sie nicht. Ihre Enkelin will sie nicht auch noch verlieren. Kaum in Würzburg angekommen, sucht sie Professor Bundschuh auf. Er diagnostiziert eine eiternde Sackniere und veranlasst eine Notoperation, die er selbst durchführt. Mein Cousin Helmut Knab, inzwischen dort Assistenzarzt, übernimmt die Anästhesie. Die linke Niere wird entfernt, eine Ende der 40er Jahre bei einem kleinen Kind selten durchgeführte Operation. Es gibt, das weiß meine Großmutter, keine Garantie, aber sie hat keine Wahl.

Helmut, der mich für die Operation vorbereitet, erzielt bei dem Versuch, meine Hände zu waschen, nur einen Teilerfolg. Die Haut um das Nagelbett will einfach nicht sauber werden, sie bleibt trotz Seife und Bürste dunkel. Der Professor, dem das nicht entgeht, weist seinen Assistenzarzt zurecht. Helmut entschuldigt sich mit den Worten: »Ich habe alles versucht. Die dunklen Stellen um die

Mein Urgroßvater, Kommerzienrat Franz Josef Lang mit seiner jüngsten Tochter Jula, später verheiratete Neckermann, ca. 1880

Auf dem Anwesen am Friedrich-Ebert Ring in Würzburg: v. l. n. r.: Haushälterin Marie Ullrich, meine Großeltern Josef Carl und Jula Neckermann, in der Mitte Franz Josef Lang mit seinem Enkelkind Mady, ca. 1911

Die Neckermann Geschwister (v. l. n. r.): Mady (meine Mutter), Walter und Josef, ca. 1916

Agnes Brückner
mit ihren Töchtern
Annemi (links) und
Lieselotte (rechts),
ca. 1917

Familie
Josef Carl Neckermann
(oben im Bild), darunter
(v. l. n. r.) seine Tochter
Mady Neckermann,
seine Frau Jula
Neckermann und ihre
Schwestern Franka und
Toni, unten Walter und
Josef Neckermann,
ca. 1925

Mein Großvater
Josef Carl Neckermann,
1925

Josef Carl Neckermann
mit seinem Sohn Josef,
ca. 1926

Meine Mutter
Mady Neckermann
(später verheiratete Lang),
1926

Mady Neckermann, Mitte,
mit ihren Freundinnen im Pensionat,
1928

Mady Neckermann
und Hans Lang, 1929

Meine Mutter Mady Lang, 1930

Pater Aquilin, Freund der Familie,
Gemälde von Christian Schad, 1925

Hochzeitsfoto meiner Eltern Mady, geborene Neckermann, und Dr. Hans Lang, 1930

Hochzeitsfoto meiner Pflegeeltern Annemi und Josef Neckermann, 1934

Lässig an den Horch gelehnt: meine Mutter nach ihrer Hochzeit, 1930

Auch mein Vater Hans liebt elegante Autos, 1930

Mein Pflegevater Josef Neckermann, ca. 1934

Mein Vater Dr. Hans Lang, 1936

Bei einem gemeinsamen Urlaub an der Ostsee: meine Eltern Hans und Mady Lang (l) und meine Pflegeeltern Annemi und Josef Neckermann (r), ca. 1935

Meine älteren Geschwister Uschi (l) und Mockel (r), genannt die Zwillinge, ca. 1937

Glamourpaar: meine Eltern Hans und Mady bei der Hochzeit von Walter Neckermann mit Else Leininger, 1938

Meine Mutter mit den älteren Geschwistern Mockel und Uschi, Juli sitzt auf ihrem Schoß, Weihnachten 1939

Die Taufe von Johannes Neckermann feiern die Familien Neckermann und Lang zusammen: v. l. n. r. untere Reihe: meine Großmutter Jula Neckermann, auf dem Schoß Enkelin Juli, Großmutter Agnes Brückner mit dem Baby Johannes, daneben die Eltern Annemi und Josef Neckermann; obere Reihe v. l. n. r.: Richard Brückner, mein Vater Hans, Annemis Schwester Lilo, meine Mutter Mady.

Meine Mutter mit mir, Kristin »Tini«, 1943

Kristin auf der Terrasse in Oberursel, 1947

Mein Bruder Mockel, 1947

Meine Großmutter Jula Neckermann, Blick aus dem Barackenfenster, 1947

Die neue Neckermann-Lang Familie auf den Terrassenstufen in Oberursel; von oben nach unten und l. n.r : Peter Neckermann, Großmutter Jula Neckermann, auf dem Schoß Kristin Lang, daneben meine Pflegemutter Annemi Neckermann, rechts über ihr meine Schwester Uschi Lang, Mitte links Johannes Neckermann, darunter Evi Neckermann, meine Schwester Juli Lang rechts außen und über ihr Sigrid Apitz, 1949

Mein Pflegevater Josef auf dem Einweihungsfest der neuen Wohnung am Ostbahnhof, ganz rechts Annemi, 1952

Familienfeier: rechts Josef Neckermann, zwei Plätze weiter Annemi, am Kopfende Niko Hariton und Sigrid Apitz, links vorne die Direktrice Frau Dieseler, daneben Kristin, Evi, Johannes, Liesel Apitz und Juli, Anfang 1950

Die gleichaltrigen »Neugeschwister«
Johannes Neckermann und Kristin Lang,
ca. 1952

Collage der Familie,
Weihnachtsgeschenk an
meine Pflegemutter,
1955

Annemi während eines Reitturniers,
Mitte der 50er Jahre

Silvesterurlaub im Hotel Riessersee, Garmisch: am Ende der Tafel meine Pflegeeltern Annemi und Josef Neckermann, links daneben Sohn Peter mit seiner Frau Jutta; links vorne Johannes mit Freundin, rechts vorne Kristin, dahinter Hans und Evi Pracht, geb. Neckermann

Auf dem ersten Debütantinnenball Deutschlands in Wiesbaden: Kristin, dritte von links, 1964

Josef Neckermann mit seiner Enkelin Susanne, ca. 1964

Meine Hochzeit mit Dieter Hummel, rechts im Bild mein Pflegevater Josef Neckermann, 1965

Hochzeit Ingrun und Johannes Neckermann, im Vordergrund die Neckermann Enkel Jo-Jo und Susanne, 1966

Ingrun Neckermann und Jo-Jo Pracht, 1966

Kristin mit ihrem Sohn Matthias, 1968

Josef und Annemi Neckermann im Sommerurlaub auf Cap Ferrat, Mitte der 60er Jahre

Der siebzigste Geburtstag meines Pflegevaters Josef Neckermann, hier mit seinen Enkeln (v. r. n. l.) Markus und Christian Neckermann und meinem Sohn Lukas Feireiss, 1982

Die drei Lang-Schwestern (v. l. n. r.) Juli, Kristin und Uschi auf einem Familienfest im Schlosshotel in Kronberg.

Familienfoto auf den Stufen des Schlosshotels in Kronberg: 1. Reihe l. Peter Neckermann, r. Josef Neckermann, in der Mitte Annemi Neckermann, r. mit ihrer Tochter Evi l., darüber v. l. n. r: Kristin, Uschi, Johannes, obere Reihe v. l. n. r.: Juli und Sigrid, 1985

Meine Pflegeeltern Josef und Annemi Neckermann bei Annemis 70. Geburtstag, 1985

Kristin Feireiss mit ihrem Sohn Lukas, 2002

Familienfoto Ostern 2011 in der Toskana: (v. l. n. r.): mein Mann Hans Jürgen Commerell mit Hund Winni, Sohn Lukas Feireiss, Anja Matsuda, Kristin Feireiss, Stiefsohn Nikolas Feireiss, Schwiegertochter Carmen Hummel, schräg vor ihr die Enkel Felix und Nina, daneben Jan Bresler, oben Mitte l. Stiefsohn Moritz Dirks und r. Sohn Matthias, ganz unten Elisabeth Asefa und Enkel Bené Asefa Feireiss

Nägel sind Erbdreck.« Der Professor gibt sich zufrieden. Meine Großmutter hat mir das später erzählt und bei passender Gelegenheit schmunzelnd bemerkt: »Rede dich nicht mit Erbdreck heraus!«

Gegen die Proteste der Krankenschwestern erreicht sie, dass sie zusammen in einem Zimmer mit mir schlafen kann. Praktisch, wie sie ist, verspricht sie dem Professor als Dank für dieses damals ungewöhnliche Entgegenkommen, seine Familie den ganzen Winter kostenlos mit Kohle zu versorgen. Schließlich ist sie Inhaberin einer Kohlengroßhandlung. Meine Pflege übernimmt meine Großmutter selbst. Der breite Verband, der täglich gewechselt werden muss, reicht von den Achselhöhlen bis zum Gesäß und ähnelt den Bandagen meines ersten Lebensjahres. Ich darf mich nicht bewegen, bis der Schnitt, der um die halbe Taille reicht, verheilt ist. Eine Episode aus dieser Zeit macht deutlich, dass das bereits totgesagte Kind nicht nur zum Leben, sondern auch zu seinem Selbstvertrauen zurückgefunden hat. Auf die Frage der Großmutter, ob sie mir ein Märchen vorlesen solle, antworte ich: »Was glaubst du denn, wofür ich dich ins Krankenhaus mitgenommen habe?«

Auch in unserem Gartenhaus teilen sich meine Großmutter und ich ein Schlafzimmer. Die Betten stehen hintereinander. Gegenüber ist ein Einbauschrank installiert, daneben ein halbhohes Bücherregal, in dem nur wenige Bücher stehen. Ich habe kein eigenes Kinderzimmer und kaum Spielsachen, aber ich besitze etwas, das kein anderes Kind, das ich kenne, hat: ein eigenes Telefon. Mein damaliger Sandkastenfreund, Rudi, mit dem mich noch heute eine tiefe Freundschaft verbindet, hat es von der Wohnung seiner Eltern im Nachbarhaus auf der anderen Straßenseite bis zu meinem Bett gelegt. Sein Vater, der in der Chefetage der Würzburger Siemens-Niederlassung arbeitet, fördert das technische Interesse seines Sohnes. Er stellt das erforderliche Material zur Verfügung. Unser Telefon, durch das wir uns jeden Abend »gute Nacht« sagen und mit dessen Hilfe Rudi mich jeden Morgen vor der Schule aus dem Schlaf holt, noch ehe meine Großmutter mit ihrem täglichen Weckritual beginnt, gehört zu den Besonderheiten meiner Kindheit.

Der allmorgendliche Spruch meiner Großmutter »Aufgewacht/an Gott gedacht/einen Sprung gemacht/und raus« kommt in Erinnerung an diese Zeit noch heute manchmal zum Einsatz, allerdings mit kleineren Abwandlungen. An meinem Bett sitzend, streicht sie jeden Morgen mehrmals über meinen Nasenrücken in der Hoffnung, meiner ausgeprägten Stupsnase zu einer edleren Form zu verhelfen, bevor sie mir mit dem Daumen fast unmerklich ein kleines Kreuz auf die Stirn zeichnet. Vorübergehend wird dieses Ritual um das Eincremen mit »Schwanenweiß« erweitert, einer Salbe, die laut Beipackzettel nach mehrwöchigem regelmäßigem Gebrauch das Verblassen der Sommersprossen garantiert, die zu meinem großen Kummer mein Gesicht übersäen wie Sterne den nächtlichen Himmel. Als bekannt wird, dass von der Creme nicht nur die Sommersprossen verblassen, sondern auch die Zähne ausfallen, wird dieser morgendliche Programmpunkt gestrichen. Inzwischen halte ich es für möglich, dass meine Großmutter die Geschichte vom Zahnausfall nur erfunden hat. So ist sie eben.

Einmal erzählt sie mir auch von der mexikanischen Opferschale, die der Familie Unglück gebracht habe. Die Geschichte, die der Sohn eines abenteuerlichen Vorfahren aus der großmütterlichen Linie niederschreibt, beginnt, als dessen Vater, Peter Josef Lang, nach Mexiko auswandert. Er ist der einzige Sohn des Postmeisters zu Worms und Erziehers des Prinzen von Thurn und Taxis. Mit dieser Entscheidung will der junge Mann den unliebsamen Folgen einer gelösten Verlobung entgehen, ohne zu ahnen, in welche neuerlichen Abenteuer er sich damit stürzt.

Inzwischen zum Kaufmann ausgebildet, tritt Peter Josef Lang im Alter von dreiundzwanzig Jahren eine Stellung als Leiter der Filiale der Westindischen Handelsgesellschaft in Veracruz an, nachdem er als einer der wenigen Überlebenden des auf der Überfahrt ausgebrochenen Gelbfiebers nach Wochen der Quarantäne endlich mexikanischen Boden betreten darf. In die Annalen der Stadt Veracruz geht mein abenteuerlustiger Vorfahre als erster Deutscher ein und in unsere Familie bis heute als der Mann mit der Opferschale.

Zu Reichtum, Ländereien, Ansehen und einer schönen Kreolin aus dem Hause de la Luz Perez, einer Enkelin des Seeadmirals Don Manuel Rodriguez, gekommen, bleibt Peter Josef Lang dennoch bescheiden. Wie sein Sohn und späterer Chronist schreibt, »verstand er es, durch seine stete Hilfsbereitschaft gegen Arm und Reich und sein gleichbleibendes Entgegenkommen sich die Zuneigung der Landsleute wie der Einheimischen zu erwerben«.

Als einer seiner Untertanen an Cholera erkrankt, pflegt ihn Peter Josef Lang persönlich. Aus Dankbarkeit stiehlt dieser für seinen Herrn, dessen Sammelleidenschaft weithin bekannt ist, aus einer Höhle in den nahe gelegenen Bergen eine Opferschale, in der während der heidnischen Bräuche der nur dem Namen nach getauften Einheimischen das Blut der Geopferten gesammelt wird. Die Alabasterschale ist, wie der Chronist vermerkt, mit »mit Gold inkrustierten Arabesken altmexikanischer Kunst verziert und hat die Größe einer Suppenterrine«. Bei einem weiteren Versuch, für seinen Herrn auch noch den goldenen Deckel zu dieser Schale zu stehlen, der an einer Kette vom Gewölbe über der Opferstätte herabhängt, wird er entdeckt. Der treu ergebene Diener meines Vorfahren ist von diesem Ausflug nicht mehr zurückgekehrt.

Die Opferschale erregt bereits in Mexiko nicht nur allgemeines Aufsehen, sondern auch die Begehrlichkeit des zu dieser Zeit zu Besuch weilenden Päpstlichen Nuntius, der bereits ein Auge auf die damals vielbeachtete Lang'sche Kunstsammlung geworfen hat. Der Nuntius bietet meinem Vorfahren für die mexikanische Opferschale umgerechnet 25 000 Euro. Er möchte die seltene Kostbarkeit dem Museum des Vatikans einverleiben. Der selbstbewusste Kunstsammler Peter Josef Lang lehnt das Angebot ab.

Auf der Opferschale, die schließlich in den Besitz meines Urgroßvaters Franz Josef Lang kommt, der sie seiner Tochter Jula vererbt, liegt, davon ist meine Großmutter überzeugt, ein Fluch, der schuld an allen Schicksalsschlägen ist, die die Familie getroffen haben. Um das Unglück abzuwenden, gibt sie das Corpus Delicti einem Museum. Vor der größten Tragödie ihres Lebens, dem

Tod ihrer Tochter, ihres Enkels und ihres Schwiegersohns, hat sie dieser entschlossene Versuch, dem Schicksal zu entgehen, nicht bewahrt.

*

Mein Kinderglaube ist wie der meiner Großmutter eine geheimnisvolle Mischung aus Aberglauben und Gottvertrauen. Geprägt durch eine von der fränkischen Mentalität bestimmte lebensfrohe Emotionalität, ist er von früh an auch von Schauern des Schreckens durchzogen. Da ist unsere Furcht vor Naturgewalten, da sind die Abdrücke von Händen, Füßen und anderen Körperteilen geheilter Gläubiger, die im »Käpelle«, der Wallfahrtskirche über Würzburg, an der Wand hängen und im Schein der Kerzen täuschend echt aussehen, da ist unsere gemeinsame Angst vor schwarzen Katzen, die von links nach rechts über den Weg laufen, und die Untätigkeit meiner Großmutter an jedem Freitag, den 13., um nur nichts falsch zu machen, selbst wenn sie mir inkonsequenterweise nicht erlaubt, an einem solchen Tag aus den gleichen Gründen die Schule zu schwänzen.

Das Herz meiner Großmutter ist groß. Es hat nicht nur Platz für den lieben Gott, sondern auch für seine Gegenspieler. Für sie ist der Glaube ein Geschenk des Himmels, und Weihrauch und Orgelmusik sind die Verpackung darum herum. Als Kind weiß ich noch nichts von der Tiefe ihres bedingungslosen Glaubens und der Kraft, die meine Großmutter gerade auch in schweren Zeiten daraus schöpft.

Natürlich gibt es in meiner von Geistern und Göttern durchschwirrten Kindheit auch freundliche Gestalten. Der heilige Antonius ist so eine und er ist der Lieblingsheilige meiner Großmutter, weil er nicht nur vor Gewitter schützt, sondern auch allen hilft, die etwas verloren haben. In beiden Funktionen ist dieser hilfreiche Heilige in unserem Haus unermüdlich im Einsatz. Sind die Schlüssel unauffindbar, hat meine Großmutter einen Brief verlegt oder ihre Enkelin die Notizen mit den Hausaufgaben verloren, dann zündet meine Großmutter eine Kerze für den Heiligen Antonius an, und irgendwann hat sich alles wieder eingefunden. Bei Gewitter brennt die Antonius-Kerze oft die ganze Nacht. Die Fenster sind fest verschlossen, die Vorhänge zugezogen. Ich kann nicht herausfinden, was meine Großmutter so ängstigt. Nur eines ist gewiss: Wenn sie Angst hat, habe ich sie auch.

Das einzige Verbot, das meine Großmutter mir gegenüber jemals ausgesprochen hat, lautet, dass ich bei Gewitter nicht baden darf. Sie erzählt, so als hätte sie es selbst erlebt, von einem Kugelblitz, der durchs offene Fenster in die Badewanne geschossen sei und ein Kind getötet habe. Unsere gemeinsame Angst hat auch ihre guten Seiten. Meine Großmutter und ich rücken noch enger zusammen und halten einander im Arm, während draußen das Unwetter tobt. In solchen Momenten bin ich ihre Beschützerin.

An Allerheiligen geht meine Großmutter mit mir auf den Friedhof. In den ersten Jahren nimmt sie mich an der Hand, später fahre ich sie im Rollstuhl. Meist ist es um diese Jahreszeit wolkenverhangen und feuchtkalt. Vor dem Portal des Würzburger Hauptfriedhofs herrscht Volksfeststimmung. Der Tod ist kein Grund zur Traurigkeit. Die Verwandten schmücken die Gräber wie zu einem Familienfest, einem Fest für Lebende und Tote. Die Verkaufsstände mit Kerzen, Blumen, Devotionalien, Glühwein und Nürnberger Rostbratwürstchen stehen jedes Jahr wieder an derselben Stelle, und meine Großmutter und ich nehmen jedes Jahr denselben Weg an ihnen entlang.

Bei »Kerzen Schenk« bedient die Inhaberin. Alle Jahre wieder stellt sie anerkennend fest, so als wäre das mein Verdienst, wie groß ich geworden sei. Dieser Kommentar ist unvermeidlich, selbst wenn ich meinen Hals einem Schwan gleich nach vorn recke in der Hoffnung, dadurch ein wenig kleiner zu wirken. Ich bin für mein Alter zu groß und fühle mich nicht wohl in meiner Haut. Die Kerzenverkäuferin ist für jedes Alter zu dick, aber sie scheint kein Problem damit zu haben. Sie trägt eine graue, wetterfeste wattierte Jacke und einen grauen Wollrock, unter dem gefütterte Gummistiefel hervorschauen. Einen dunklen Wollschal mit Blumenmuster hat Frau Schenk um den Kopf geschlungen, die Nase ist rot, und meist hängt ein Tropfen an der Spitze. Ich kann mich beim Auswählen der Kerzen und Grablichter kaum konzentrieren, weil ich darauf warte, dass er herunterfällt.

Es riecht nach Honig und mir unbekannten, exotischen Gewürzen. Der schwere, süße Duft der brennenden Kerzen, mit dem Frau Schenk die Kunden an ihren Stand lockt wie die Hexe Hänsel und Gretel in ihr Lebkuchenhaus, ist in meiner Erinnerung untrennbar mit Allerheiligen verbunden. Manche Kerzen haben Gravuren, die mich erschrecken. Der wächserne Körper Christi etwa ist so fein modelliert, dass sein offengelegtes Herz und die Wundmale an Händen und Füßen zu erkennen sind.

Mir fällt es damals schwer, die biblischen Geschichten und die Wirklichkeit auseinanderzuhalten, da zu dieser Zeit im oberpfälzischen Konnersreuth eine Bauernmagd namens Therese Neumann, Resi von Konnersreuth genannt, mit den blutenden Wundmalen des Gekreuzigten an Händen und Füßen auch im katholischen Würzburg von sich reden macht. Die lebende, aber stigmatisierte Resi von Konnersreuth verfolgt mich in meinen Träumen ebenso wie der wächserne Christus mit der offenen Brust, die den Blick auf ein rotes Herz frei gibt.

Es geht aber nicht nur um sein Herz, es geht auch um meines, und das ist anscheinend bewohnt. »Ich bin klein/mein Herz ist rein/soll niemand drin wohnen/als Du mein liebes Jesulein«, bete ich als Kind jeden Abend vor dem Schlafengehen. Nach der Begegnung mit dem Wachschristus, der trotz des chirurgischen Eingriffs lächelt und segnend eine Hand hebt, möchte ich mein Herz wieder für mich allein haben und entscheide mich für das weniger gefährliche Nachtgebet: »Müde bin ich, geh zur Ruh.«

Beladen mit Grablichtern und Blumengebinden aus Tannenzweigen und gelben Astern, gehen meine Großmutter und ich zuerst zum Grab meines Großvaters. Ich habe viele kleine, rote Friedhofslichtchen dabei und ein paar große Fackeln. Großvater Neckermanns Grab liegt im alten Teil des Würzburger Hauptfriedhofs. Durch unsere regelmäßigen Besuche an den Anblick gewöhnt, erschrecke ich nicht mehr vor der steinernen, halb geöffneten Pforte, die auf einem Grab gleich am Eingang des Friedhofs direkt zu den Toten zu führen scheint, auch nicht vor der lebensgroßen, leicht gebückten Engelsgestalt aus Marmor, die eine steinerne Rose in Händen hält, so als wollte sie diese gerade auf das Grab legen. Die Jahreszahlen auf der Marmortafel daneben besagen, dass hier ein junges Mädchen bestattet ist. Sie ist noch keine zwanzig Jahre alt, als sie stirbt. Ihre Familie, die den monumentalen Grabstein mit dem steinernen Engel in Auftrag gegeben hat, muss nicht nur sehr traurig, sondern auch sehr wohlhabend gewesen sein.

Das Grab von Großvater Neckermann, in das ihm fünfunddreißig Jahre später seine Frau Jula folgen wird, hat auch eine Geschichte, aber die ist nicht traurig. Meine Großeltern, in jungen Jahren passionierte Hobbyarchäologen, haben bei einer Exkursion einen gewaltigen grau-schwarzen Findling entdeckt, ihn nach Würzburg transportieren lassen und als Grabstein für ihr Familiengrab bestimmt. Bei meinem ersten Friedhofsbesuch mit meiner Großmutter zu Allerheiligen, an den ich mich erinnere, bin ich acht Jahre alt. Der Stein wirkt mit seiner rauen Oberfläche, seinen Einbuchtungen und Vorsprüngen auf mich wie ein gewaltiger Felsen. Ich klettere unter den wachsamen Augen meiner Großmutter vorsichtig an ihm hoch und verteile die roten Lichter auf allen Vorsprüngen, die ich erreichen kann. Jedes Jahr erobere ich neue Einbuchtungen, je größer ich werde und je höher ich mich wage. Der Grabstein verwandelt sich an Allerheiligen in einen Berg voller rotzüngelnder, tanzender Flämmchen.

Der Monat Mai, wenn der Duft der Pfingstrosen bis in unser Schlafzimmer dringt, ist auch die Zeit des Maialtars. Ich hole den alten Fußschemel meiner Großmutter vom Dachboden, der uns einen Monat lang, mit einer Spitzendecke versehen, als Altar dient. Die Muttergottes, die wir auf den Maialtar stellen, ist aus Gips, etwa dreißig Zentimeter hoch und trägt einen hellblauen Umhang wie die Madonna von Lourdes. Die kleine Figur gewinnt für mich erheblich an Bedeutung, als mir meine Großmutter erlaubt, den Film »Das Lied der Bernadette« zu sehen. Als ich Jahrzehnte später Franz Werfels literarische Vorlage lese, bin ich schon etwas kritischer. Nicht so beim Film zum Buch. Er erzählt die Geschichte des Bauernmädchens Bernadette im südfranzösischen Ort Lourdes. Das Mädchen entdeckt die Muttergottes, die überdies zu ihr spricht, in einem brennenden Dornbusch. Niemand will ihm glauben. Am Ende der Geschichte stirbt es. Ich leide mit der so Beglückten wie Verkannten, und meine Tränen versiegen während der Dauer des Films nicht mehr.

Links und rechts von der kleinen Gipsmadonna mit der traurigen Geschichte stelle ich Kerzen auf. Aus dem Garten hole ich Pfingstrosen und Hortensien. Abends sitzen meine Großmutter und ich vor unserem Maialtar und singen »Meerstern, ich dich grüße, oh Maria hilf« und »Maria zu lieben ist allzeit mein Sinn/In Freuden und Leiden ihr Diener ich bin«. Ich singe laut und voller Inbrunst, meine Großmutter summt leise mit. Als ich Jahrzehnte später die Anfangszeilen der Marienlieder niederschreibe, kommen die Melodien wieder zu mir zurück. Ohne mir dessen bewusst zu sein, summe ich sie vor mich hin.

Der Mai ist auch der Monat, in dem ich, wenn es zu regnen beginnt, so schnell ich nur kann, ins Haus laufe. Unsere Pfarrersköchin Käthe ist sich sicher, dass man im Mairegen wächst. Und sie weiß, dass Mädchen im Mai, dem Monat der Muttergottes, nicht pfeifen dürfen. Sie sagt: »Wenn Mädchen pfeifen, weint die Madonna.« Beide Drohungen schränken meine Aktivitäten in diesem Monat, der für mich kein Wonnemonat ist, erheblich ein, denn erstens will ich nicht mehr wachsen, und zweitens möchte ich nicht, dass die Muttergottes meinetwegen traurig ist. Ich stelle das Pfeifen ein, bis ich es schließlich ganz verlerne.

Erste Zweifel, ob die katholische Religion die richtige für mich ist, kommen mir im Katechismusunterricht. Nicht das Auswendiglernen der katholischen Dogmen ist mein Problem, sondern das Glauben. Da gibt es auf die zweifellos essentielle Frage »Wozu sind wir auf Erden?« eine Antwort im Katechismus, die mich nicht befriedigt: »Wir sind auf Erden, um den Willen Gottes zu tun, um dadurch in den Himmel zu kommen.« Beides, der Wille Gottes und der Himmel, erscheinen mir wenig verlockend. Im Beichtstuhl, in dem ich kniend und kleinlaut diese vermutlich eher lässliche Sünde ordnungsgemäß bekenne, werden mir zur Buße sieben »Vater Unser« und sieben »Gegrüßet seist Du, Maria« auferlegt. Echtes Schuldbewusstsein stellt sich aber ebenso wenig ein wie Reue, zumal der murmelnde Singsang des Beichtvaters, den ich durch die durchlöcherte Holzwand zwischen uns nur schemenhaft erkennen kann, bei der Absolution nicht unfreundlich klingt.

Die erste heilige Kommunion genieße ich noch ungetrübt. Das weiße Rüschenkleid, das meine Großmutter für mich anfertigen lässt, der Kranz aus weißen Organzarosen im dauergewellten Haar, das Dröhnen der Orgel in der Hofkirche zu Würzburg, die synchron zu meiner in solch erhabenen Momenten auftretenden Gänsehaut erschallt, und das Fest im »Russischen Hof«, zu dem auch die Neckermann-Familie aus Frankfurt angereist ist, trösten mich darüber hinweg, dass ich mit der Hostie gerade erst den Leib Christi zu mir genommen habe. Meine Kommunion ist der Höhepunkt meiner Karriere als Katholikin. Exkommuniziert werde ich zwar bereits, als ich das zweite Mal heirate, amtlich trete ich aber erst in den siebziger Jahren aus der Kirche aus, ein Schritt, der mir eingedenk des letzten Willens meiner Eltern und meiner Großmutter schwergefallen ist. Zu vermeiden ist er nicht.

Meine Großmutter und ich teilen in den Würzburger Jahren nicht nur das Wohn- und das Schlafzimmer, sondern auch die ganze Welt, die sich für uns in dem Moment wesentlich erweitert, als Josef seiner Mutsch 1954 den ersten Schwarzweißfernseher schenkt. Der Fernsehapparat, ein Produkt der Firma Neckermann mit dem Namen »Weltblick«, der, wie Necko stolz bemerkt, mit seinen knapp 650 Mark »das billigste aller vergleichbaren Geräte auf dem Markt ist«, verändert unser Leben von einem Tag auf den anderen. Es ist nicht etwa so, dass ich es bin, die fernsehsüchtig geworden wäre, es ist meine Großmutter, die dieser Krankheit unheilbar erliegt.

Necko hat den Nagel auf den Kopf getroffen, als er in einem Gespräch mit dem damaligen Bundeskanzler Konrad Adenauer, der die Ansicht vertritt, Fernsehen sei nur etwas für die berufstätige Oberschicht, vehement widerspricht und behauptet, dass diese neue Errungenschaft der Technik gerade den Bedürfnissen alter Menschen entgegenkomme. Als Beispiel dafür nennt er seine eigene Mutter.

Anstelle der abendlichen Schallplattenstunden, bei denen ich neben dem Plattenspieler sitze, um rechtzeitig die Schellackplatten zu wechseln, die, da sie nur wenige Minuten Spieldauer haben, jedes Musikstück bis zur Unkenntlichkeit zerstückeln, rückt das zunächst noch heftig flimmernde Schwarzweißbild in den Mittelpunkt unseres Lebens. Meine Großmutter freut sich wie ein Kind auf und über alles, was es auf dem Bildschirm zu sehen gibt. Sie ist voller Neugier. Da sie mir nie etwas ausgeredet hat, kann ich es nun umgekehrt ebenso wenig tun, obwohl ich den sich oft über Stunden hinziehenden Übertragungen von Boxkämpfen, die auf meine Großmutter eine besondere Faszination ausüben, vor allem wenn Muhammad Ali, damals noch Cassius Clay, in den Ring steigt, nichts abgewinnen kann. Aber besser, in der Sofaecke neben ihr einzuschlafen, bis das Programm zu Ende ist, als allein ins Bett zu gehen. Alles in allem verdanke ich dem Einzug des Fernsehers in unseren Haushalt jedoch unterhaltsame und abwechslungsreiche Stunden, da meine Großmutter unser gemeinsames Fernsehvergnügen nie unter pädagogischen Gesichtspunkten betrachtet.

An einem dieser Fernsehabende sehen wir zusammen einen Film mit dem Titel »Tabu«. Jahrzehnte später stelle ich fest, dass es sich dabei um einen Streifen von Fritz Murnau handelt, mit dem dieser Filmgeschichte geschrieben hat. Die Handlung spielt auf einer Südsee-Insel. Ein Perlentaucher liebt die Tochter des Häuptlings, die bereits dem Häuptling der Nachbarinsel versprochen ist. Der Vater des Mädchens entdeckt die unglücklich Liebenden und schleppt das sich verzweifelt wehrende Mädchen nachts in ein Boot, das es zu seinem künftigen Ehemann bringen soll. Der liebestrunkene Perlenfischer schwimmt hinter dem Boot her ins offene Meer hinaus, bis das Boot in der Ferne verschwindet und er kraftlos in den Wellen versinkt. Meine Großmutter und ich liegen uns in den Armen wie Schulmädchen und weinen, erst über die unglücklich Liebenden und dann darüber, dass auch uns das Schicksal einmal trennen könnte.

Wie sich eine Trennung von meiner Großmutter anfühlt, habe ich bereits erfahren, obwohl das Schicksal nichts damit zu tun hat. In dem Wunsch, das Beste für mich zu tun, hat Großmutter Neckermann schweren Herzens dem Drängen des Hausarztes nachgegeben und mich wegen einer chronischen Bronchitis zu einem Kuraufenthalt nach Bayerisch Gmain in der Nähe von Bad Reichenhall geschickt, wo Großvater Brückner mit seiner Frau Agnes eine Pension betreibt, seit er dem Autohandel den Rücken gekehrt hat.

Aus dieser Zeit stammt mein erstes Poesiealbum. Es hat einen roten, wattierten Kunststoffeinband, der im Laufe der Jahre an einigen Stellen brüchig geworden ist und sein Innenleben aus grauem Filz enthüllt. Meine beiden Großmütter haben sich auf den ersten Seiten verewigt. Großmutter Brückner schreibt in ihrer spitzen, kleinen Handschrift: »Willst Du Dir ein hübsches Leben zimmern/Darfst Dich um Fremdes nicht kümmern/Das wenigste darf Dich verdrießen/Musst froh die Gegenwart genießen/Besonders keine Menschen hassen/Und die Zukunft Gott überlassen.« Das ist Großmutter Brückner, und so hat sie gelebt.

Es hat mich bewegt, als ich das Poesiealbum, das ich längst verloren geglaubt habe, wiederfinde, vor allem wegen der Eintragung meiner Großmutter Neckermann, die ganz sicher eifersüchtig gewesen ist, dass sie nicht die Erste ist, die im Poesiealbum ihrer geliebten Enkelin steht. Sie schreibt: »Willst Du glücklich sein im Leben/trage bei zu andrer Glück/Nur die Freude, die wir geben/Kehrt ins eigne Herz zurück.« Auch sie hat so gelebt. Von dem vierblättrigen Kleeblatt, das sie damals unter das Gedicht geklebt hat, ist noch ein Blatt erhalten.

In einer kleinen, mit Schwarzweißfotos bebilderten Werbebroschüre, die das »Haus Hubertus« den Interessenten schickt, steht zu lesen, dass der Tagessatz acht Mark beträgt, »die Reinigung der Leibwäsche sowie zehn Prozent Trinkgeldablösung nicht eingerechnet«. Das Leben der Jungen und Mädchen im Kindersanatorium wird in freundlichen Farben geschildert: »Nichts fördert ein Kind körperlich und geistig besser als ein zeitweiliger, nicht zu kurz bemessener Aufenthalt in Bergluft, Höhensonne, Wiese und Wald, wenn es sich nach Herzenslust mit fröhlichen, gleichaltrigen Gespielen unter treuer, erfahrener Aufsicht tummeln kann.« Ich habe nicht die angekündigte Herzenslust, ich habe Herzschmerz. Hinzu kommt eine weitere Sorge. Ich mache noch ins Bett, obwohl ich schon zehn Jahre alt bin.

Es beginnt mit einem Traum, und der ist immer der gleiche. Ich glaube, dass ich auf der Toilette sitze. Als ich den Weg in den Wachzustand zurückfinde, spätestens dann, wenn sich um mich herum eine warme Feuchtigkeit verbreitet, erkenne ich, dass das »kleine Malheur«, wie meine Großmutter es beschwichtigend nennt, »das jedem mal passieren kann«, wieder einmal mir passiert ist. Im Kinderheim aber gibt es keine Großmutter, die das Laken beseitigt und die Schande abwendet. An Weglaufen ist nicht zu denken, Großmutter Brückner hätte mich auf dem schnellsten Weg wieder zurückgebracht. Einen Ausweg habe ich noch, ich muss das feuchte Laken trockenreiben. Immerhin bleiben mir noch ein paar Stunden, bis das Klingelzeichen zum Aufstehen ertönt. Ich ziehe die Bettdecke über den Kopf, damit mich im Schlafsaal niemand sieht, und beginne mit meinem Taschentuch die nasse Stelle zu bearbeiten, viele Stunden lang. Die Panik hält mich wach. Als ich beim ersten Morgengrauen vorsichtig die Decke hebe, ist das Laken trocken, der Fleck verschwunden. Nicht einmal der so gefürchtete gelbliche Rand ist noch zu sehen, und selbst der beißende, süßliche Geruch, der meine Arbeit unter der Decke erheblich erschwert hat, ist verflogen.

Das ist ein Sieg. Die Niederlage folgt auf dem Fuß. Die Prüfung für das Gymnasium, die ich nach einem halben Jahr ohne regelmäßigen Unterricht ablegen muss, bestehe ich nicht. Ich gehe allein in ein wenig einladendes, düsteres Schulgebäude in Bad Reichenhall, hole mir nach einer missglückten Prüfung allein das negative Resultat ab und laufe allein zum Kinderheim zurück, mit dem einen Bein auf dem Bürgersteig und dem anderen auf der Straße. Durch den Höhenunterschied sieht es von weitem so aus, als humpelte ich. Die Vorstellung gefällt mir. Vielleicht gibt es ja Passanten, die Mitleid mit dem humpelnden Mädchen haben. Und bemitleidenswert fühle ich mich.

Es ist das Jahr 1952. Ich habe, wenn auch nach mehrfachem Anlauf, den Sprung auf das Gymnasium des Ursulinenklosters in Würzburg geschafft. Nur zwei Begebenheiten sind mir aus dieser eher eintönigen Schulzeit, die mit drei Fünfen auf dem Zeugnis und einem vorzeitigen Abgang endet, in Erinnerung geblieben. Da sind zum einen die mit Kondensstreifen an den blauen Sommerhimmel geschriebenen Worte »Chruschtschow muss weg«, worauf alle Schülerinnen die Klassenzimmer verlassen, auf den Schulhof laufen und dort zusammen mit den Nonnen die Arme gen Himmel recken, so als könnte der liebe Gott bei der Vertreibung des mächtigen Ersten Sekretärs des Zentralkomitees der KPdSU behilflich sein. Zum anderen habe ich die verärgerte Reaktion der Oberin beim Anblick meiner Sommergarderobe noch vor Augen. Meine Großmutter hat aus Protest darüber, dass die Mädchen der Klosterschule keine nackten Schultern zeigen dürfen, demonstrativ anstelle der geforderten Ärmel schwarze »Trauerränder« an meine Kleider nähen lassen.

Die Nonnen des Ursulinenklosters zeigen im Übrigen Verständnis für mich und später sogar für meine schlechten Noten. Vielleicht haben sie das Kind bedauert, das ohne Eltern bei seiner Großmutter aufwachsen muss. In Wirklichkeit verhält sich die Sache ganz anders. Ich bin nicht zu bedauern, ich bin zu beneiden. Ich darf bei meiner Großmutter leben, und ich bin einer neuen Leidenschaft verfallen, dem Kino. Wenn mich meine Großmutter, inzwischen an den Rollstuhl gebunden, auch nur selten in die

Kinos der Stadt begleiten kann, so gönnt sie mir doch das Vergnügen, das sie selbst vor dem Fernseher genießt. Ich wiederum danke es ihr, indem ich ihr, wenn ich nach Hause komme, jeden Film in allen Einzelheiten und leuchtenden Farben schildere.

Jahrzehnte später erzählt mir mein jüngerer Sohn Lukas mit der gleichen Begeisterung die Inhalte der Filme, die er gesehen hat. Und genauso wie ich damals kann er kein Ende finden und stellt mein Kombinationsvermögen auf eine ähnlich harte Probe wie ich das meiner Großmutter. Den Kinobesuchen dieser Jahre verdanke ich damals den größten Teil meiner Bildung. Besonders die Monumentalfilme in der gerade neuentwickelten Cinemascope-Technik nehmen in meiner Erziehung vorübergehend die Stelle der Bücher ein. Jean Simmons und Richard Burton, die in dem Historienfilm »Das Gewand« der Christenverfolgung zum Opfer fallen, sind meine Helden ebenso wie Robert Taylor, der hoch zu Ross als »Ivenhoe der schwarze Ritter« die Tugend der schönen Elizabeth Taylor verteidigt und die Rückkehr von Richard Löwenherz ermöglicht. Auch meine bis heute unverminderte Faszination für Ägypten stammt nicht aus Schulbüchern, sondern aus breitwandigen Hollywoodstreifen wie »Kleopatra«, »Im Tal der Könige« oder »Land der Pharaonen«. Meine Leinwandliebe zum Land am Nil führt Jahrzehnte später dazu, dass ich meine erste gemeinsame Auslandsreise mit meinem ältesten Sohn Matthias nach Ägypten mache.

Meine häufigen Kinobesuche haben schließlich nicht nur meinen ersten Berufswunsch, Platzanweiserin zu werden, zur Folge, sondern auch die Einsicht, ihn leider wieder aufgeben zu müssen. Da ich offensichtlich den elementaren Leinwandgefühlen nicht gewachsen bin und bei sentimentalen und traurigen Geschichten jedes Mal in Tränen ausbreche, beschließe ich, der Scheinwelt zu entsagen und als Krankenschwester zu Albert Schweitzer nach Lambarene zu gehen.

Auslöser ist wieder ein Film, diesmal: »Es ist Mitternacht, Dr. Schweitzer«. Im Kinosessel eng an meine Großmutter gedrückt, lasse ich mich in den undurchdringlichen Urwald und die lichte Welt der guten Taten entführen. Um mich auf meine neue Aufgabe vorzubereiten, wünsche ich mir zu Weihnachten 1953 eine Urwaldtrommel, wobei ich auf dem Wunschzettel vermerke: »Bin auch mit einer einfachen zufrieden.«

Wenn ich benommen aus der Zelluloid-Welt auftauche, muss ich unverzüglich in die Realität zurückkehren, denn auch auf mich lauern Gefahren. Meine Bedrohung erscheint in Gestalt der Nonnen des Ursulinenklosters, die sich vor den fünf Kinos, die es damals in Würzburg gibt, platzieren, um die Sünderinnen abzufangen. Es ist den Schülerinnen der Klosterschule verboten, ins Kino zu gehen. Die Nonnen in ihren schwarzen Kutten zu erkennen ist nicht das Problem, wohl aber, ihnen zu entwischen. Oft verstecke ich mich nach dem Ende der Vorstellung in der Toilette des Kinos und warte, bis die Luft rein ist. Großmutter Neckermann macht sich keine Sorgen. Sie kennt das Verbot und vertraut auf meine Geschicklichkeit. Mein kindlicher Emotionshaushalt wird über viele Jahre von den Leiden und Freuden meiner Leinwandhelden bestimmt.

In meiner Würzburger Zeit gibt es neben den vielen Filmen auch einige wenige Bücher. Sie sind für mich indes nicht ganz so lebenswichtig wie die bewegten Leinwandbilder. Auch die Auswahl meiner Bücher lässt keine pädagogischen Ambitionen meiner Großmutter erkennen. Das Spektrum reicht von *Putiputs Abenteuern*, der Geschichte einer Ente, die auf Reisen geht, bis zu *Uns vertrieb der Vulkan*, der Erzählung eines mexikanischen Waisenjungen, die mir meine Großmutter vor dem Schlafengehen vorliest. Jede Woche darf ich mir einen Prinz-Eisenherz-Comic und ein Mickymaus-Heft kaufen, diese Lektüre allerdings nicht mitnehmen, wenn wir meine Pflegeeltern in Frankfurt besuchen. Wir haben beide ein schlechtes Gewissen. Meine Großmutter hat sich, im Gegensatz zu meiner Pflegemutter Annemi, nie zu Erziehungsprinzipien geäußert. Ich glaube, sie hat gar keine. Ihre Erziehung, wenn man es überhaupt so nennen mag, kommt direkt aus ihrem klugen Herzen und ihrem liebevollen Verstand.

In dieser Zeit erfüllt sich mein größter Wunsch. Ich erhalte Ballettunterricht. Noch heute besitze ich ein Schulheft, in dem ich mit

Strichen, Kreisen, Pfeilen und Anmerkungen wie »Arabesque«, »Battement« und »Rond de jambe par terre« Choreographien festgehalten habe. Die erste Eintragung stammt von Ostern 1954. In Schönschrift steht da, wie mich meine Großmutter Neckermann zur ersten Unterrichtsstunde begleitet. Die Stunde kostet eine Mark und fünfzig Pfennig. Ich zeichne in mein Heft Ballettschuhe und schreibe darunter: »Mein Glück«. Dann folgen Themen für Tänze, die ich mir ausgedacht habe.

Tanz 1: »Ein Vogel ist immer eingesperrt, doch auf einmal steht die Tür des Käfigs offen, und der Vogel fliegt hinaus. Zuerst kann er schlecht fliegen, aber dann gelingt es, und der Vogel fliegt den nahen Bergen entgegen.«

Tanz 2: »Eine Elfe kommt aus ihrer Höhle und schaut sich um, ob auch nirgends ein Feind ist. Dann tanzt sie ganz leicht und auf Zehenspitzen, doch auf einmal sieht sie einen Feind und geht zurück in ihr Versteck.«

Tanz 3: »Aus einer Pyramide kommt ein Geist und lockt dich zu ihm. Du willst nicht und tanzt einen verzweifelten Tanz. Doch du kannst nicht widerstehen und folgst dem bösen Geist.«

Tanz 4: »Ein kleines Kind hat keinen Vater und keine Mutter und irrt im Schnee herum. Doch niemand hilft ihm, und dann schläft es ein und wacht nie mehr auf. Leise fallen Flocken und decken das Kind zu.«

Damals bin ich zwölf Jahre alt. Als ich meiner Großmutter voller Stolz das umfunktionierte Schulheft mit meinen Tanzideen zeige, ist sie nicht von Rührung überwältigt, sondern sieht die Sache eher pragmatisch. »Wenn du das Kind im Schnee gewesen wärst«, meint sie und drückt mich an sich, »du wärst bestimmt aufgesprungen und davongetanzt.«

Begonnen hat alles mit braunen Filzpantoffeln mit harter Kappe, die eine längere Haltbarkeit gewährleisten sollen. Ich will die Kappen testen und stelle mich auf die Zehenspitzen. Und dann packt es mich, ich beginne zu tanzen. Meiner Großmutter sage ich, ich hätte eine Überraschung für sie. Ich schiebe die Sessel im Wohnzimmer zur Seite, ziehe die Vorhänge zu, platziere die Stehlampe wie einen

Scheinwerfer, lege die Schellackplatte mit der »Nussknacker Suite« von Tschaikowsky auf und öffne die Tür. Meine Großmutter hat erst Angst, ich könnte mich verletzen, als sie mich auf Zehenspitzen in den Pantoffeln tanzen sieht, dann freut sie sich mit mir. Nie zuvor in ihrem Leben hat sie sich mit Ballettschulen befasst, aber innerhalb weniger Tage findet sie eine für mich.

Das zweite entscheidende Ereignis meiner Kindheit kommt auf vier Beinen daher. Ich nenne ihn Mecki, weil der goldbraune Langhaardackel mit seiner spitzen Schnauze meiner Steiff-Knopf-im-Ohr-Igelfamilie, deren Mitglieder sämtlich Mecki heißen, ähnelt. Die Namensfindung für den drei Wochen alten Dackel ist, gemessen an der Reaktion meiner Großmutter, als ich ihn ungefragt mit nach Hause bringe, ein eher zweitrangiges Problem. Ich habe den kleinen Hund in der Tierhandlung gegenüber dem Ursulinenkloster entdeckt und kann nicht widerstehen. Ihn gleich mitzunehmen erweist sich zunächst als schwierig, da ich kein Geld bei mir habe. Als ich der Verkäuferin aber erkläre, meine Großmutter Neckermann würde am nächsten Tag vorbeikommen und bezahlen, gibt es keine Einwände mehr. Jeder in Würzburg kennt den Namen Neckermann.

Meine Eigenmächtigkeit bezüglich des Familienzuwachses bringt die häusliche Harmonie vorübergehend aus dem Gleichgewicht. Die Machtverhältnisse ordnen sich neu. Die ehemalige Pfarrersköchin droht mit Kündigung und streicht aus Protest vorübergehend mein Lieblingsgericht »Dampfnudeln mit Butterbrösel und Vanillesoße« vom Speisezettel. Im Gegensatz zu ihren Bemühungen werden die des neuen Hausbewohners, seine Position zu behaupten, von Erfolg gekrönt, als er sich den sichersten Platz im Haus erobert: den Schoß meiner Großmutter. Meckis überstürzter Einzug in unseren Drei-Frauen-Haushalt findet am 27. August 1954 statt. Ich habe es in meinem Tagebuch als »einmaliges Ereignis« vermerkt.

Dass die mit der Zeit harmonische Vierecksbeziehung zwischen meiner Großmutter, Käthe, Mecki und mir schon bald ein jähes Ende finden wird, ahne ich bei meiner Tagebucheintragung nicht.

Nach einer schweren Erkrankung meiner Großmutter muss ich Würzburg mit dreizehn Jahren verlassen. Dackel Mecki bleibt bei meiner Großmutter und wird ihr treuester Gefährte. Erst nach ihrem Tod kommt mein Hund zu mir zurück. Zu dieser Zeit bin ich zum ersten Mal verheiratet. Als ich ein Praktikum bei der »Frankfurter Neuen Presse« mache, weil ich Journalistin werden möchte, liegt Mecki, inzwischen betagt und meistens schlafend, in einem Körbchen unter meinem Tisch in der Lokalredaktion. Alle lieben ihn. Eines Morgens ist sein Körbchen leer. Mein Dackel Mecki bekommt den schönsten Nachruf, der je für einen Hund geschrieben worden ist. Der Ressortleiter Richard Kirn hat Mecki seine tägliche Kolumne gewidmet. Dieser legendäre rasende Reporter, raubeinig, energiegeladen und dabei spindeldürr, hat Dackel Mecki also auch geliebt.

*

In den Würzburger Jahren bin ich kein kompliziertes Kind. Den Tod meiner Eltern und meines Bruders, meine schwere Krankheit, die Trennung von meinen Geschwistern, all das habe ich hinter mir gelassen und vieles verdrängt. Ich habe meine Großmutter, ich darf Ballett tanzen, ich habe einen Hund und den aufregendsten Spielplatz der Welt. Das Leben ist schön und voller Abenteuer.

Der Spielplatz meiner Kindheit ist das Kohlen- und Brennholzlager, das, durch eine Mauer getrennt, direkt hinter unserem Gartenhaus beginnt. Meine Spielgefährten und ich schichten dort aus Holzscheiten Türme auf, die wir, mein Freund Rudi und sein Bruder Günter, meine Cousine Marlene und mein Cousin Peter, anschließend bewohnen. Als eines dieser fragilen Gebilde einstürzt und mich vorübergehend unter sich begräbt, wird uns der Aufenthalt im Kohlenlager verboten. Wir halten uns nicht daran. Die Faszination ist viel zu groß. Das liegt nicht nur an den nahezu unerschöpflichen Spiel- und Versteckmöglichkeiten, sondern auch an dem »alten Lingel«, wie wir den ehemaligen Kohlenarbeiter respektlos nennen, der auf dem Gelände eine kleine Hütte bewohnt. Meine Großmutter hat gegen die Einwände ihrer Schwiegertochter Else durchgesetzt, dass der inzwischen gebrechliche Mann ein Gehalt bezieht und bis zu seinem Tod im Kohlenlager wohnen bleiben darf. Wir Kinder spielen ihm Streiche, doch er beachtet uns kaum. Wenn es ihm zu viel wird, verscheucht uns der alte, mürrische Mann wie lästige Fliegen, indem er Holzscheite nach uns wirft. Als wir ihn eine Weile nicht mehr sehen, beginnen wir ihn zu vermissen. Schließlich lässt mein Onkel Walter die Tür zu seiner Hütte öffnen. Da ist er schon einige Tage tot. Versteckt hinter einem Holzstoß, spüre ich beim Anblick der bereits in Verwesung übergegangenen Leiche etwas von der Trostlosigkeit des Todes. Später finden wir Stöße von Pornoheften in der Mülltonne neben seiner Hütte. Es ist ein verbotener Blick in eine ebenso aufregende wie unbekannte Welt.

Der beste Freund meiner Großmutter in diesen Jahren ist der ihr treu ergebene Josef Pfeiffer, genannt Jopi, obwohl ihm eine solche Verstümmelung seines Namens nicht gerecht wird. Jopi Pfeiffer, ein entfernter Verwandter, der bereits als versfreudiger Chronist der Neckermann- wie der Lang-Familie Erwähnung gefunden hat, ist ein Bild von einem Mann – groß und stattlich, mit dunklem, später weißem gewelltem Haar –, auch wenn seine Augen mehr fragen, als dass sie fordern. Für mich ist er eine gelungene Mischung aus Don Quichotte und Sancho Pansa. Er arbeitet in der Kohlengroßhandlung. Mein Großvater Neckermann hat ihn eingestellt, um ihn finanziell abzusichern. Denn Jopi lebt nicht in der Welt der Zahlen. Er lebt in der Welt der Poesie. Nach Feierabend ist er Rezitator. Und da seine erste Frau Thea chronisch krank ist und eine intensive Betreuung beansprucht, sind Rezitationsabende außer Haus und Besuche bei meiner Großmutter gesuchte und gern wahrgenommene Abwechslungen.

Bei all seinen inneren und äußeren Vorzügen ist Jopis Stimme das Schönste an ihm. Sie ist nicht nur sanft und einnehmend wie sein ganzes Wesen, sondern scheint aus der Tiefe seines übervollen Herzens zu kommen. Er ist ein Träumer und Zauderer, ein »Schöngeist«, wie ihn Necko ironisch, aber nicht ohne Sympathie nennt.

Jopi Pfeiffer wünscht sich jemanden, der ihn bei der Hand nimmt und seine Zweifel zerstreut. Meine Großmutter tut beides. Manchmal gehen meine Großmutter und ich zu einem seiner Rezitationsabende, bei denen er sich, um die Kosten für einen Pianisten zu sparen, selbst am Klavier begleitet. Die Balladen und Gedichte von Conrad Ferdinand Meyer, Werner Bergengruen, Friedrich Hölderlin, Goethe, Matthias Claudius und Max Rößler bilden ein Potpourri aus Heldentum, Edelmut und Treue, dem Jopi durch die eigenen Gedichte »Der Erlöser« und »Die Auferstehung« noch eine religiöse Nuance verleiht.

Jopi hat nur einen Makel, der gleichzeitig einen Mangel umschreibt. Er hat kein Geld. Doch dies ist ein Umstand, dem er keine nennenswerte Bedeutung beimisst. Materielle Besitztümer sind Werte, die in seiner Welt der schönen Worte nicht existieren. Die Wirklichkeit mit Stapeln von unbezahlten Rechnungen verdrängt er so lange, bis der Gerichtsvollzieher an die Tür klopft. Meine Großmutter hilft und hilft aus.

Kommt Jopi Pfeiffer zu uns zu Besuch, dann hat Käthe, die Pfarrersköchin, die, wenn schon nicht mehr für einen Geistlichen, so doch wenigstens gern für einen Mann gesorgt hätte, einen Bienenstich gebacken. Käthe ist nicht nur empfänglich für den Segen Gottes, sondern auch für Jopis zerstreuten Charme. Meine Großmutter wiederum hält schwarze Schnürsenkel und schwarze Socken für ihn bereit. Denn wenn er wieder einmal ohne Schnürsenkel in den Schuhen zu uns kommt, was er gar nicht wahrgenommen hat, stellt sich beim Einfädeln der zu diesem Zweck bereitwillig ausgezogenen Schuhe heraus, dass die Strümpfe Löcher haben. Meine Großmutter ist eine praktische und vorausschauende Frau.

Mit neuen Socken und Schnürsenkeln ausgestattet, geht Jopi dann oft mit meiner Großmutter und mir zusammen aus. Bei solchen Gelegenheiten lebt er auf. Er öffnet die Tür des Lokals mit elegantem Schwung, als wäre er Gardeoffizier im Dienste der Königin, nimmt meiner Großmutter den Mantel ab, geleitet sie zu ihrem Platz und schiebt ihr den Stuhl unter, bevor er sich selbst setzt. Dann verlangt er die Speisekarte, sucht mit Kennerblick den passenden Wein zum Menü aus und gibt angeregt durch den schweren Tropfen eine Privatvorstellung seiner Fähigkeiten als Entertainer, denen sich auch die übrigen Gäste des Lokals nicht entziehen können. Verlangt unser männlicher Begleiter schließlich die Rechnung, liegt ein Zögern in seiner Stimme. Und dann sehe ich, wie meine Großmutter ihm diskret ihre schwarze Geldbörse unter dem Tisch zuschiebt. Der Ober kommt, und Jopi zahlt, nicht ohne ein gutes Trinkgeld zu geben. Es ist mal wieder ein gelungener Abend, der nur dadurch eine kurze Trübung erfährt, dass ich meine Großmutter frage, was sie denn mit der Geldbörse unter dem Tisch mache, und, als ich einen Stoß an meinem Schienbein spüre, noch lauter hinzufüge: »Omi, warum trittst du mich denn?« Doch dann lachen wir alle drei, und unser männlicher Begleiter lacht am lautesten.

Als ich älter werde, beschleicht mich der Gedanke, die Beziehung zwischen meiner Großmutter und Jopi sei nicht gleichgewichtig gewesen. Doch ich weiß bis heute nicht genau, ob es gleichgewichtige Beziehungen gibt und ob das überhaupt erstrebenswert ist. Inzwischen bin ich sicher, dass sich diese beiden Menschen auf unterschiedliche Weise gutgetan haben.

Vor mir liegt die Fotografie eines berühmten Gemäldes von Christian Schad, das Porträt von Pater Aquilin. Meine Großmutter kennt den frommen Mann, der es in der Kirchenhierarchie weit gebracht hat, seit seiner Kindheit. Sein Taufname ist Anselm Reichert. Der 1894 in Oberbayern geborene Schad, der als einer der großen Maler der Neuen Sachlichkeit in die Kunstgeschichte eingegangen ist und schon zu Lebzeiten Erfolge in New York, London und Paris feiert, ist zu Beginn der 20er Jahre des vergangenen Jahrhunderts als junger, unbekannter deutscher Maler nach Rom gegangen und hat dort in eine reiche römische Familie eingeheiratet. Sein Wunsch ist es, Papst Pius XI. zu malen, was ihm mit Hilfe Pater Aquilins 1925 auch gelingt. Doch zunächst fertigt er ein Porträt des einflussreichen Paters und Vertrauten des Papstes an.

Schads Ölbild ist in Beige- und Brauntönen gehalten. Den Hintergrund bildet ein romanisches Kirchenschiff. Pater Aquilin trägt eine Kutte, am Hals schaut ein weißer Stehkragen hervor. Er hat scharfe, intelligente Augen wie die eines Raubvogels, der mit einem Blick seine Umgebung wahrnimmt und einordnet. Sie sind kastanienbraun. Die Lippen sind voll, wohlgeformt und sinnlich. Die große und breite Nase wirkt an der Spitze leicht eingedrückt, doch das mindert die Harmonie seiner Züge nicht. So wie diesen Mann habe ich mir immer Hermann Hesses Narziß vorgestellt.

Christian Schad schreibt zu diesem Gemälde: »Der Franziskanerpater Aquilin Reichert stammte aus der Würzburger Gegend und war deutscher Pönitentiar am Vatikan. Jeder, der am Vatikan tätig ist, muss neben der Theologie noch ein anderes Wissensgebiet studiert haben. Pater Aquilin war Jurist und in allen Problemen, die durch die Beichte entstanden, für Deutschland die oberste Instanz. Bei meinem Plan, den Papst zu malen, hat er mir viele Wege geebnet. Als es so weit war, dass ich mit dem Porträt beginnen konnte, meinte er, wenn ich nun des Öfteren in den Vatikan käme, würde ich wohl mehr als ein Auge zudrücken müssen, wegen der vielfach recht weltlichen Verhältnisse dort. Er meinte vor allem die Sache mit den Trinkgeldern und die bürokratischen Belange. ›Wenn heute wieder so etwas wie eine Tempelaustreibung stattfinden würde‹, sagte er, ›ich glaube, sie müsste im Vatikan beginnen‹.«

Der Mann auf dem Gemälde fasziniert mich, und was Schad über ihn schrieb, macht ihn mir sympathisch. Als ich ihm, Jahre, bevor ich diesen Text lese, im Wohnzimmer unseres Gartenhauses gegenübersitze, strahlt er für mich eher etwas Selbstgefälliges aus. Pater Aquilin besucht meine Großmutter immer, wenn er in Deutschland ist. Er kommt aus Dankbarkeit oder aus Pflichtgefühl, ich glaube auch, Bewunderung, vielleicht aus einer Mischung aus alldem. Großmutter Neckermann hat den größten Teil seines Studiums finanziert. Anselm Reichert stammt aus einer strenggläubigen Familie, die in Thüngersheim in der Nähe von Würzburg einen kleinen Bauernhof betreibt. Die Familie sieht es als

Auszeichnung des Himmels an, dass einer ihrer Söhne Theologie studieren darf. Dafür bringen sie materielle Opfer, und dafür brauchen sie die Hilfe anderer. Meine Großmutter ist eine der anderen.

Aquilin, damals noch Anselm, ist das begabteste der Geschwister. Er hat seine Eltern nicht enttäuscht. In Rekordzeit absolviert er sein Theologiestudium und tritt in den Franziskanerorden ein. Nebenbei studiert er Jura und auch dies mit Erfolg. Als er meine Großmutter besucht, ist er bereits Pönitentiar beim Vatikan und bekleidet den Rang eines Kardinals. Als Pater Aquilin Firmpate von Jula Neckermanns erstgeborenem Sohn Josef ist, steht er noch am Beginn seiner bemerkenswerten Kirchenlaufbahn.

Dass ich bei den Besuchen Pater Aquilins anwesend bin, liegt zum einen daran, dass mich meine Großmutter von nichts ausschließt, und zum anderen an den beengten Wohnverhältnissen. Bei einem gemeinsamen Wohnzimmer und einem gemeinsamen Schlafraum bestehen kaum Ausweichmöglichkeiten. Vor allem aber gibt es nichts, was ich nicht wissen möchte. Was Pater Aquilin erzählt, während er an dem Eierlikör nippt, den meine Großmutter ihrem Gast eingeschenkt hat, bevor sie sich selbst ein Gläschen ihres Lieblingsgetränks gönnt, versetzt mich in eher ungläubiges als gläubiges Staunen.

Am meisten beeindruckt mich an Pater Aquilin, dass er in seinen eigenen Räumen im Vatikan die Messe lesen darf. Ich möchte ihn bitten, die Messe auch einmal in unserem Wohnzimmer für meine Großmutter zu lesen, da sie wegen ihrer Gehbehinderung schon lange keinen Gottesdienst mehr besucht hat. Meine Großmutter erlaubt es mir nicht.

Bei einem seiner Besuche erzählt Pater Aquilin, dass er seit fünf Jahren für eine Seligsprechung in der Bibliothek des Vatikans recherchiere und hoffe, die Untersuchungen innerhalb der drei folgenden Jahre abschließen zu können. Pater Aquilin berichtet von dem aufopferungsvollen Leben seiner potentiellen Seligen, von ihren Entsagungen, ihrem Märtyrertod. Vor allem aber spricht er von ihrer Schönheit. Und er beendet seine Schilderung mit der von alters her bekannten, aber für einen Katholiken recht ketzerischen These, dass Schönheit gleichbedeutend mit Tugend sei. »Mens sana in corpore sano. Hässliche Menschen«, erklärt Pater Aquilin, ohne dass ein Zweifel seine klare Stimme erzittern lässt, »offenbaren nur ihre hässliche Seele.« Meine Großmutter lächelt und schweigt, ich protestiere. Aber mit mir, dem kleinen vorlauten Mädchen will Pater Aquilin auch nicht diskutieren. Ich verzeihe ihm alles, als er Jahre später, nachdem er bereits bei der Eheschließung meiner Pflegeeltern nachgeholfen hat, seine Vertrauensstellung beim Papst, inzwischen ist es Pius XII., zum Wohle meiner Großmutter einsetzt.

Großmutter Neckermann liegt im Sterben. Akutes Nierenversagen. Die Schmerzen sind so stark, dass sie nicht mehr bei Bewusstsein ist. Unsere ehemalige Pfarrersköchin holt, endlich wieder in ihrem Element, einen Geistlichen vom benachbarten Kloster, damit er meiner Großmutter die »Letzte Ölung« spendet. Ich wehre mich unter Tränen dagegen, weil schon allein dieses Wort Endgültigkeit in sich trägt.

In diesen Stunden bin ich jedem im Wege und mir selbst auch. Im Schlafzimmer liegt meine sterbenskranke Großmutter, zu der ich nicht mehr hineingelassen werde. Im Wohnzimmer sitzen die Familie und die Ärzte. Schließlich lege ich mich unbemerkt von den Erwachsenen in eine Sofaecke und versuche, den Sinn ihrer Worte aufzuschnappen. Doch dann sinke ich erschöpft in einen unruhigen Schlaf.

Aus Frankfurt sind meine Pflegeeltern Annemi und Necko angereist. Sie haben einen Spezialisten mitgebracht. Der jüngere Sohn meiner Großmutter, Walter, ist mit seinem Schwager Dr. Köhler gekommen, der ebenfalls Arzt ist. Und da ist noch Dr. Werner, der Hausarzt meiner Großmutter, der, obwohl ihn in dieser Nacht niemand gerufen hat, im Schlafzimmer keinen Augenblick von der Seite meiner Großmutter weicht und ihr in regelmäßigen Abständen fränkisches Weizenbier einflößt. In dieser Nacht, in der ich im Wohnzimmer auf dem Sofa schlafe, verhandeln die Erwachsenen um ihr Leben.

Die zwei Kapazitäten, die aufgrund der vorliegenden Befunde davon überzeugt sind, dass es keine Rettung für meine Großmutter gibt, wollen ihre Schmerzen durch eine Erhöhung der Morphium-Dosis lindern und sie damit sanft entschlafen lassen. Der Hausarzt Dr. Werner ist, wenn auch ungefragt, dagegen. Am nächsten Morgen kommt ein Telegramm von Papst Pius XII. mit Genesungswünschen und seinem Segen für meine Großmutter. Unser Kontaktmann zum Himmel hat ganze Arbeit geleistet. Was keiner, bis auf den unerschütterlichen Dr. Werner, geglaubt hat, tritt ein. Meine Großmutter wird gesund. Uneinigkeit herrscht später lediglich darüber, wer oder was dieses Wunder bewirkt hat: der Heilige Vater oder die heilenden Kräfte des fränkischen Weizenbiers. Die Familie glaubt an den päpstlichen Segen, meine Großmutter an beides und ich an ihren Lebenswillen. Auch der meine wächst mit dem meiner Großmutter langsam wieder.

*

Das Gefühl völliger Gleichberechtigung zwischen meiner Großmutter und mir bestimmt meine Würzburger Jahre. Bei dieser Niederschrift fällt mir auf, dass ich immer das Wort »uns« verwende: unser Häuschen, unsere Pfarrersköchin; wenn jemand zu Besuch kommt, besucht er nicht meine Großmutter, er besucht uns. Dieses Gefühl definiert meine glückliche Kindheit. Sie beginnt an dem Tag, an dem mich meine Großmutter mit nach Würzburg nimmt, und endet mit meinem dreizehnten Lebensjahr, als ich sie verlassen muss.

Diese sieben glücklichen Jahre bilden die Triebfeder meines Lebens. Ich bin wie eine Batterie, die alles aufnimmt und speichert, bewusst und unbewusst: die Liebe, die Nähe, das Vertrauen, die Geborgenheit, die Fröhlichkeit. Daraus kann ich mich für den Rest meines Lebens aufladen. Ich beziehe aus diesen Jahren die Kraft zu leben und zu lieben und später die Kraft zu verzeihen, mir und anderen. Auf die sieben fetten Jahre folgen die mageren, nur leider sind es mehr als sieben. Sie beginnen, als meine Pflegeeltern

Annemi und Necko beschließen, mich nach Frankfurt zu holen, wohin sie inzwischen mit der Familie gezogen sind.

Noch nach mehr als einem halben Jahrhundert fällt es mir schwer, den Augenblick des Abschieds von meiner Großmutter in meiner Erinnerung zuzulassen. Und noch immer tut es weh. Ich sitze im Fond des weißen Oldsmobils, mit dem meine Pflegeeltern aus Frankfurt angereist sind, und rüttele an der Wagentür. Ich will sie öffnen und zurück in die Arme meiner Großmutter. Ich schreie aus Verzweiflung und Ohnmacht. Meine Großmutter steht am Gartentor ebenso hilflos wie ich, doch ihre Trauer hat keine Tränen und keine Worte. Diese für mich völlig überraschende Trennung, die damit begründet wird, dass meine Großmutter nach ihrer schweren Krankheit und wegen ihrer Gehbehinderung der Betreuung und Erziehung eines halbwüchsigen Mädchens nicht gewachsen sei, hat mich damals zerrissen. Der Abschied von meiner Großmutter, auch wenn ich weiß, dass ich sie in den Ferien wiedersehen werde, ist der erste bewusst erlebte Schmerz meiner Kindheit.

Der Liebe zwischen Großmutter und Enkelin hat die räumliche Trennung nichts anhaben können, auch wenn sie weh tut. Wir sehnen uns beide nach all dem, was wir füreinander sind, nach unserer Zweisamkeit. »Wir holen das alles nach, wenn Du kommst«, schreibt die Großmutter. Und dann ist es wieder so weit. Ich schiebe meine Großmutter im Rollstuhl über den Kiesweg zu unserem Lieblingsplatz an der Mauer unter der alten Eiche. Von erhöhter Warte aus, noch immer von den beiden steinernen Löwen bewacht, betrachten wir die Welt außerhalb der unseren, wir halten uns an den Händen, sehen hinüber in die Grünanlagen und schmieden gemeinsame Pläne. Der Platz unter der alten Eiche wird zum Ort unserer Zweisamkeit. Das sind die Momente, in denen meine Großmutter von ihrer Kindheit erzählt, manchmal auch von meinen Eltern. Sie ist der einzige Mensch, der offen mit mir über sie spricht. Sie kann es tun. Keiner hat meine Eltern mehr geliebt als sie. Ich bin ihr dankbar dafür. Von ihr erfahre ich zum ersten Mal von der vielschichtigen Persönlichkeit meines Vaters und der unkonventionellen Liebesbeziehung meiner Eltern.

Auch als mich der zweite schwere Verlust meiner Jugend trifft, steht sie mir zur Seite. Der Stiefsohn eines Freundes der Familie, Hermann, ist eines Tages, als ich noch bei meiner Großmutter lebe, in meine durch sie, die Pfarrersköchin Käthe und einen Kreis alter Damen, die regelmäßig zum Romméspielen kommen, abgesteckte kleine Welt eingedrungen. Er ist der Erste, der mir von Rilke, Hölderlin, Hesse, Kleist, Nietzsche und Saint-Exupéry erzählt und mich so unversehens weg von meinen Leinwandhelden in die Welt der Literatur entführt. Weil das Geld für ein Studium fehlt, nimmt Hermann stattdessen eine Stelle im Arbeitsamt an. Dass er unter diesem Leben, das er sich so ganz anders erhofft hat, leidet, habe ich damals nicht begriffen. Auch nicht, dass er ihm auf unterschiedliche Weise zu entfliehen versucht: auf die Spitze der Berge, in den Geschwindigkeitsrausch, den er mit seinem Motorrad erlebt, in den Fechtkampf, in die Literatur und in seine Hütte. Als ich nach Frankfurt zu meinen Pflegeeltern ziehen muss, schreiben wir uns regelmäßig, und wenn ich in den Schulferien zu meiner Großmutter fahre, ist Hermann da.

Dann steckt eine weiße Nelke im Briefkasten. Für mich das Zeichen, ihn anzurufen. Hermann nimmt mich mit auf seine Hütte, die er sich auf einem kleinen, geerbten Hanggrundstück gebaut hat. Am Anfang ist sie noch nicht fertig, und wir sitzen auf dem Baugerüst und blicken in die Sterne. Oft liest er mir aus seinem Lieblingsbuch *Wind, Sand und Sterne* von Saint-Exupéry vor, oder wir folgen dem sanften Franzosen auf seinem *Nachtflug nach Arras*. Als mich Hermann wieder einmal zu einem nächtlichen Ausflug abholt, ich bin inzwischen sechzehn Jahre alt, begrüßt ihn meine Großmutter mit den Worten: »Willkommen, Hermann, unser Hauskaplan.« Hermann weiß, was sie ihm sagen will. Er hält sich daran.

Meinem Freund Hermann, dem Menschen mit den unerfüllten Träumen, der mehr vom Leben und der Liebe will, als er glaubt, dass ihm zustehe, kann ich nicht gerecht werden. Ich bin zu Beginn unserer Freundschaft dreizehn Jahre alt, er ist dreiundzwanzig. Es ist nicht der Altersunterschied, der uns in seinen Augen trennt. Er kann warten, bis die Jahre zwischen uns keine Bedeutung mehr haben. Es ist der vermeintliche gesellschaftliche Unterschied, den er fürchtet, nicht überbrücken zu können. Schließlich gesteht er mir seine Liebe, obwohl er meint, dass es keine Hoffnung für ihn gibt. In einem Brief ohne Datum schreibt er: »Ich hoffe, dass Dir das Leben die richtige Fassung gewährt, mir wohl niemals.«

Die Briefe meines Freundes Hermann, die zwischen 1956 und 1960 entstehen, sind durchzogen von der Angst vor Verlust. In einem der späteren Briefe zieht er Parallelen zwischen dem Absturz, den der Verlust unserer Freundschaft für ihn bedeuten würde, und dem Absturz am Berg. Er schreibt: »Mit welchem Seil sollte ich mich vor diesem Sturz, der doch schicksalhafter Natur ist, schützen? Das Seil unserer Freundschaft ist aus solidem Material. Es würde auch den Sturz überdauern, ihn jedoch nicht verhindern.« Und er fährt fort: »Du meinst, ich würde Dinge aus Vorsicht oder aus Angst tun, um den Sturz in diesem oder jenem Sinne zu verhindern. Wenn Du dies sinngemäß zu Ende denkst, widerspricht das völlig unserem inneren Verhältnis zueinander.«

In seinem letzten Brief schreibt Hermann: »Unsere Freundschaft wird niemals aufhören zu bestehen, solange noch einer von uns da ist.« Dann fügt er in verändertem Ton hinzu: »Den Vergleich mit dem Absturz in meinem letzten Brief hast Du offensichtlich nicht so ernst genommen wie ich. Ich habe für wache Ohren viel damit zum Ausdruck gebracht, worüber ich nie zu reden pflege.« Der Brief schließt mit dem Satz: »Ich werde niemals stürzen, jedoch wenn man abstürzt, ist man tot.« Das Wort »ich« und das Wort »man« sind unterstrichen. Ich hatte damals keine wachen Ohren, sonst hätte mich das, was dann geschieht, nicht ahnungslos getroffen. Vielleicht hätte ich es sogar verhindern können. Er hat es mir ja angekündigt.

Im Herbst 1960 stürzt Hermann in den Dolomiten ab. Er zerschellt an einem Felsen. Die Angehörigen dürfen den Sarg, der aus Italien überführt wird, nicht mehr öffnen. Ich besitze ein Foto meines Freundes Hermann, das mir sein Bruder nach der Beerdigung gegeben hat. Es zeigt ihn auf der Spitze eines Berges. Er hat das Lächeln eines Siegers.

Unsere letzte Begegnung vor seinem Tod ist anders als alle zuvor. Als wir in seiner Hütte auf den beiden ausrangierten Sofas liegen, nimmt er meine Hand, während er sich zu mir dreht und mich küsst. Es ist ein sanfter Kuss. Ich wage nicht, mich zu rühren. Ich fürchte, es könnte nur ein Traum sein.

Vom Tod meines Freundes Hermann erfahre ich in Frankfurt von meiner Pflegemutter. Für meine Tränen hat sie kein Verständnis. Ich fahre nach Würzburg zur Beerdigung. Das Grab von Hermanns Familie auf dem Würzburger Hauptfriedhof liegt ganz in der Nähe des Lang'schen Familiengrabes. Meine Großmutter Neckermann und meine Schwester Juli begleiten mich. Meine Großmutter möchte nicht, dass ich weine, und verabreicht mir Baldriantropfen. Ich werfe eine weiße Nelke ins Grab und das Gedicht über die Freundschaft, das ich für Hermann geschrieben habe und das ich ihm nicht mehr selbst geben kann. Eher ermüdend als erbaulich drückt es in ungelenken Versen ein Gefühl aus, dessen Intensität ich bis dahin nicht gekannt habe.

Nach Hermanns Beerdigung bleibe ich während der Ferien noch bei meiner Großmutter. In unserem Häuschen bin ich nur selten. Die Freunde meiner Kindheit holen mich jeden Abend zu einem anderen Weinfest in den Winzerorten der Umgebung ab. Zur Musik der einheimischen Blaskapellen tanze ich bis zur Erschöpfung. Wenn ich mich gegen Morgen in das Schlafzimmer meiner Großmutter schleiche, in dem noch immer mein Bett steht, ziehe ich die Decke über den Kopf und weine mich in den Schlaf.

Eines Nachts, als ich wieder leise vor mich hin weine, setzt sich meine Großmutter an mein Bett und sagt: »Ich wusste nicht, dass du Hermann so liebgehabt hast!« Und sie fügt hinzu: »Trauer hat viele Gesichter, man muss sie nur erkennen.«

Kurze Zeit später überreicht mir Hermanns Stiefvater einen Brief, den Hermann im Falle seines Todes für mich hinterlassen hat. Darin steht, dass er mich immer lieben werde, aber keine

Chance für uns sehe, weil er aus ganz anderen gesellschaftlichen Verhältnissen komme. Er sei meiner nicht wert.

Da ich ins Internat zurückmuss, vertraue ich den Brief meiner Pflegemutter mit der Bitte an, ihn gut für mich aufzubewahren. Als ich ihn später wiederhaben möchte, ist er nicht mehr da. .

Dazwischen 6

Sie saß in Buenos Aires in einer Suite des Grandhotels »Conquistador« im Zentrum der Stadt. Ihr war kalt, und das lag nicht allein an den klimatisierten Räumen. Tatsächlich war sie ratlos. Ihr blieben nur noch zwei Tage bis zum Rückflug nach Berlin. Zusammen mit ihrem späteren vierten Mann, dem Fotografen, mit dem sie seit der nächtlichen Fahrt durch Paris nicht nur gemeinsame Buchprojekte verbanden, sondern auch eine für beide ebenso überraschende wie beglückende Liebe, war sie einer Einladung zur Architekturbiennale nach Buenos Aires gefolgt. Diese Reise sollte sie ihrem gemeinsamen Ziel, ein Buch über den argentinischen Architekten und Künstler Clorindo Testa zu veröffentlichen, ein Stück näher bringen. Er als Fotograf, sie als Herausgeberin.

Als sie Clorindo Testa, dessen Persönlichkeit sie schon bald ebenso bewunderten wie sein Werk, zum ersten Mal begegneten, kam ihnen ein eleganter, drahtiger älterer Herr mit federndem Gang und verschmitztem Lächeln entgegen, dem keine Militärdiktatur, und er hatte etliche erlebt und überlebt, etwas anhaben konnte. Durch seine mutigen künstlerischen Äußerungen war er in den Augen der argentinischen Intellektuellen- und Künstlerszene ein Held. Die Machthaber dagegen belächelten seine Kunst. Die politische Aussagekraft seiner Bilder, die das Regime hinterfragten und anprangerten, nahmen sie nicht wahr. Man duldete ihn und ließ ihn gewähren.

Doch weder die faszinierende Begegnung mit dem großen argentinischen Architekten und Künstler noch die Entfernung von Europa konnten die Frau darüber hinwegtäuschen, dass in ihrem Leben *vieles in Unordnung geraten war. Sie stand wieder einmal vor den Trümmern einer gescheiterten, wenn auch noch nicht geschiedenen Ehe. Ihr dritter Mann, der trotz zunehmender gegenseitiger Entfremdung der wichtigste Mensch in ihrem Leben geblieben war, lag in Berlin im Krankenhaus, und ihr jüngster Sohn wartete am anderen Ende der Welt, in Montana, wohin er mit einem Schüleraustauschprogramm geraten war, darauf, dass sie ihn aus einer unhaltbaren Situation in seiner Gastfamilie befreite.*

Es war nicht ihre Hotelsuite, sondern die enger Freunde aus Los Angeles, die mit ihren Söhnen zur Architekturbiennale angereist waren. Die beiden Jungs, die sich von dem überraschenden morgendlichen Besuch im Schlaf gestört fühlten, zogen die Bettdecken über die Köpfe und weigerten sich hartnäckig aufzustehen. Die Mutter der Kinder stand gelassen vor dem Spiegel und tuschte ihre Wimpern mit der Präzision eines Models, als sich die Frau ein Herz fasste, tief Luft holte und unvermittelt fragte: »Könnt ihr meinen Sohn für den Rest des Schuljahres bei euch in Los Angeles aufnehmen?« Mit Tränen in den Augen ließ sie sich in einen der geblümten Sessel fallen. Jetzt war es raus. Sie war erschöpft und erleichtert. Das Haus ihrer Freunde in Santa Monica war nicht groß, aber groß genug, um zu den beiden Söhnen noch einen weiteren Jungen aufzunehmen. Dass sie dies tun würden, entschied sich endgültig, als der Ehemann, in ein Frotteetuch gehüllt aus der Dusche kommend, von seiner Frau mit den Worten überrascht wurde: »Schatz, ab morgen hast du einen dritten Sohn.« Dessen Maschine aus Montana landete an dem Tag in Los Angeles, an dem die amerikanischen Freunde aus Buenos Aires zurückgekehrt waren. Bis zum Ende des Schuljahrs lebte ihr jüngster Sohn als Teil der neuen Familie in Los Angeles. Es war eine gute Zeit.

Ihr Weg dagegen führte sie überstürzt von Buenos Aires nach Berlin. Am Flughafen nahm sie sich ein Taxi und fuhr direkt ins Krankenhaus, um bei ihrem Mann zu sein. Er hatte sie nicht darum gebeten, das tat er nie, aber sie kam dennoch. Sein Gesundheitszustand hatte sich nach der Operation stabilisiert. Gemeinsam überlegten sie, ob sie ihren Sohn angesichts der ärztlichen Diagnose nach Berlin zurückholen sollten. Ihr Mann war dagegen, und sie stimmte ihm schließlich zu. Mit dem Wunsch, den Jungen zumindest über die Krankheit seines Vaters zu informieren, setzte sie sich durch. Sie hatten die richtigen Entscheidungen getroffen.

Das Fluchttempo der Frau, was ihre Beziehungen betraf, hatte sich zwar im Laufe der Jahre verlangsamt, ihr zweifach praktizierter Vier-Jahres-Ehe-Rhythmus war längst durchbrochen, doch aufzuhalten war sie nicht. Sie hatte um den Erhalt dieser Ehe gekämpft, obwohl sie es war, die die Beziehung zerrüttet hatte. Die Eheleute hatten wegen ihres gemeinsamen Sohnes und allem, was sie noch miteinander verband und sich nicht wie der gordische Knoten mit einem Hieb durchschlagen ließ, Formen des Zusammenlebens ausprobiert, an denen vor ihnen schon andere Paare gescheitert waren: das getrennte Leben im gemeinsamen Haus. Er nahm die schwierige Situation hin. Seine ruhige, abwartende Haltung kam ihm dabei zugute. Vielleicht hoffte er, dass diese Phase vorübergehen würde, denn auch er hatte sich innerlich noch nicht von ihr gelöst. Das kam erst später.

Es gab keinen Zweifel, sie hatte sich in den vergangenen gemeinsamen Jahren verändert, doch ihr Mann konnte diese Tatsache nicht als einen Prozess werten, der ihn einschloss. Dass Leben fortdauernde Veränderung bedeutete, nicht nur der äußeren Umstände, sondern auch der eigenen Person, entsprach ihrer tiefen Überzeugung. Ihr Mann dagegen war und blieb der Beständige und er glaubte an Beständigkeit. Damit verband er Treue zu sich selbst, den gemeinsamen Anfängen und dem Partner. Es war wie beim Fingerhakeln auf bayerischen Volksfesten, bei dem der eine den anderen mit dem Finger über den Tisch zu sich hinüberzuziehen versucht und es trotz größter Anstrengung keinem von beiden gelingt. Als sie spürte, dass daraus ein Kampf gegen sich selbst wurde, gab sie auf. Wieder war sie die Aktive. Sie hatte bereits den ersten Schritt aus dieser Beziehung getan.

Sechster Ort

Am Ostbahnhof

Ich habe in meiner Geschichte versucht, die wichtigsten Menschen meiner Kindheit und Jugend, auch wenn sie in unterschiedlicher Präsenz und Intensität an verschiedenen Stationen meines Lebens wieder auftauchen, bestimmten Orten zuzuschreiben. Was die Zuordnung meiner Pflegemutter, deren Einfluss noch bis in mein viertes Lebensjahrzehnt übermächtig ist, in dieses Schema betrifft, so habe ich mich für unsere Wohnung am Ostbahnhof entschieden, wohin die Familie Neckermann zieht, als sie Oberursel verlässt, um in Frankfurt ein neues Leben zu beginnen.

Obwohl ich Annemi zeit ihres Lebens Mutti nenne und meine Bindung zu ihr in ihrer Komplexität, Widersprüchlichkeit und Emotionalität einer echten Mutter-Tochter-Beziehung gleichkommt, ist sie im Laufe meiner Auseinandersetzung mit ihr zur Pflegemutter geworden, und so nenne ich sie darum auch in meinen Aufzeichnungen. Die Erinnerung an sie habe ich in meinem Kopf über Jahre und Jahrzehnte um und um gewendet wie verfärbte Wäsche in einem Bottich, aber gut gebügelt, gefaltet und gestapelt liegt sie noch immer nicht vor mir.

Unser »Ostbahnhof« ist natürlich nicht der Bahnhof im Osten der Stadt Frankfurt am Main. Der liegt hundert Meter weit entfernt. Unser »Ostbahnhof« ist der neue Firmensitz, von dem aus mein Pflegevater zu seiner bemerkenswerten Nachkriegskarriere durchstartet und in dessen beiden obersten Stockwerken sich unsere Wohnung befindet. Zunächst ist allerdings ein Hindernis zu überwinden. Der Magistrat der Stadt meldet Bedenken an, weil

Josef Neckermann vorbestraft ist. Doch der damalige SPD-Oberbürgermeister Dr. Walter Kolb, der zu Recht »der Dicke« genannt wird, setzt sich über alle Einwände hinweg. Josef Neckermann erhält das sechseinhalbtausend Quadratmeter große Grundstück für neunundneunzig Jahre auf Erbpacht. Der jährliche Pachtzins beträgt eine Mark pro Quadratmeter.

Am 11. Juni 1951 wird die Neckermann-Firmenzentrale in Frankfurt eröffnet. Bei der feierlichen Einweihung, bei der die ganze Familie anwesend ist, liest der Oberbürgermeister ein Glückwunschtelegramm des Bundesministers für Wirtschaft, Professor Dr. Ludwig Erhard, vor, der mit dem deutschen Wirtschaftswunder ebenso wie mit seinen Helden unauflöslich verbunden ist. Mein gleichaltriger Stiefbruder Johannes, in kurzen Hosen und rutschenden Kniestrümpfen, unterstreicht mit der ihm zugedachten offiziellen Schlüsselübergabe, dass es sich hier um ein echtes Familienunternehmen handelt. Im Laufe seines Lebens gehören solche und ähnliche Auftritte ebenso wie Reden zu Taufen, Hochzeiten und runden Geburtstagen, manchmal im Duett mit seinem großen Bruder Peter, zum Kürprogramm meines Stiefbruders. Er verkörpert damit ein Erziehungsprinzip Neckos, dass nur Männer in der Öffentlichkeit aufzutreten haben und demzufolge nur die Söhne der Familie im häuslichen Kreis durch kleine Reden auf ihre spätere Aufgabe vorbereitet werden sollen. Mädchen, davon ist mein Pflegevater leider auch überzeugt, sind davon ausgenommen.

Das erste Foto der Großfamilie Neckermann am Ostbahnhof ist in Neckos neuem Büro aufgenommen. Er selbst sitzt hinter einem massiven dunklen Holzschreibtisch. Der stammt noch aus der Berliner Tannenbergallee aus dem Besitz von Karl Amson Joel. Joel soll daran, wie Necko in seinen Erinnerungen schreibt, noch seinen letzten Katalog gestaltet haben, ehe er Firma und Villa an den aufstrebenden Jungunternehmer abtreten muss. Nun ist die blankpolierte Arbeitsplatte auf der einen Seite mit Blumen und einer silbernen Zigarettendose mit Kordelrand dekoriert, auf der anderen stapeln sich Akten, und in der Mitte liegt ein aufgeschlagener Ordner, so als hätte der Fotograf den Firmenchef mitten aus der

Arbeit gerissen. An der Wand im Hintergrund ist ein alter Stich der Weltkarte zu sehen. Ich, die Jüngste, sitze verlegen grinsend und so schief auf dem Schoß meines Pflegevaters, dass der Eindruck entsteht, ich würde gleich in all meiner Pracht, dem neuen Taftkleid mit Spitzenkragen, von seinen Knien rutschen. Die übrigen Familienmitglieder sind um ihn herum drapiert. Auf der linken Armlehne sitzt Annemi im gemusterten Seidenkleid mit Orchidee am Kragen. Sie wirkt noch immer jünger als ihre älteste Pflegetochter Uschi, die in der Reihe hinter Evi und Juli steht. An Annemis Seite ist ihr Sohn Johannes in seinem Kommunionsanzug, brav mit weißem Kragen und Bolerojacke über einer grauen Latzhose aus Flanell, hinter ihr ihr Ältester, Peter, der alle überragt. Das Foto zeigt eine glückliche, erfolgreiche Familie, die die Hoffnung vieler Deutscher, das Elend der frühen Nachkriegsjahre durch Arbeit, wirtschaftlichen Erfolg und damit Wohlstand vergessen zu machen, teilt. Nur diese Familie ist erfolgreicher als andere.

Der Einzug in die neue Firmenzentrale ist auch der Moment, in dem Necko sein erstes Fernsehinterview gibt. In der Chefetage im dritten Stock werden Schienen in dem gerade bezogenen Arbeitszimmer meines Pflegevaters verlegt, auf denen die Fernsehkamera lautlos auf den hinter seinem Schreibtisch sitzenden Firmengründer zufährt. Hinter einer Ecke versteckt, beobachte ich, wie das sonst blasse Gesicht meines Pflegevaters von fachmännischer Hand mit einem rosa Schimmer überzogen wird, während er sich immer wieder mit der Zunge über die vor Aufregung trockenen Lippen fährt. Diese erste Fernsehaufzeichnung ist wichtig für Necko und sein Unternehmen. Er macht seine Sache gut, was ihm in zahllosen Anrufen nach der Sendung bescheinigt wird. Das Lampenfieber meines Pflegevaters vor Fernsehauftritten legt sich im Laufe der Jahre, als er Routine gewinnt, merklich, aber ganz verschwindet es nie. Er kompensiert es mit einem liebenswürdigen, fast starren Lächeln, das er sogar beim Sprechen beibehält, und einer sanften, monotonen Stimme, mit der er sein Gegenüber, gelegentlich auch seine Gegner, paralysiert wie die Schlange das Kaninchen.

Damals wird noch für eine große, unzertrennliche Familie geplant, selbst wenn sie da, wie Necko in seinen *Erinnerungen* schreibt, schon »nicht mehr vollzählig« ist: »Meine Mutter hatte es nach Würzburg in ihre Heimat zurückgezogen. Tini, das Nesthäkchen und ihre Lieblingsenkelin, ging mit. Juli war an Bronchialasthma erkrankt und brauchte bessere Luft. Damit sie nicht auf Evi verzichten musste, an der sie sehr hing, schickten wir die beiden zusammen auf eine Klosterschule in Bad Reichenhall.«

Zum ersten Mal nach den unsicheren Verhältnissen in Gräfelfing, wo Annemi und ihre drei Kinder in ein leerstehendes Haus eingewiesen werden, während Necko noch im Gefängnis sitzt, nach dem Umzug nach Oberursel und der Neuorientierung durch den Zuwachs an Pflegekindern kann Annemi ihre neue Lebensumwelt mit zwar nicht unbegrenzten, aber doch ausreichenden finanziellen Mitteln gestalten. Die Wohnung am Ostbahnhof ist diesbezüglich ihr erstes größeres Betätigungsfeld. Im Oktober 1951 zieht die Familie ein. Der offizielle Eingang zur Wohnung liegt im vierten Stock, der für die Dienstmädchen im fünften. Den benutzen auch wir Kinder, wenn wir zu später Stunde unbemerkt nach Hause kommen wollen. Jedes hat ein eigenes Zimmer: die drei leiblichen Neckermann-Kinder Peter, Evi und Johannes, meine Schwester Juli, ich und auch Niko Hariton, der Älteste von uns, der bereits in den Gräfelfinger Jahren zum Pflegesohn avanciert ist.

Das Zentrum des Wohntrakts im vierten Stock bildet ein riesiger Raum. An der einen Seite befindet sich ein auf die Großfamilie zugeschnittenes, um die Ecke gehendes eingebautes Sofa, das an einen Blumenerker grenzt, der von einer Natursteinmauer eingefasst wird. Dem Sofa gegenüber schwingt sich eine ausladende Treppe in den oberen Stock. Darunter ist ein offener Kamin. Die Sesselgruppe vor dem Kamin ist der Ort seltener gemütlicher Zusammenkünfte und regelmäßiger vorweihnachtlicher Leseabende, die in der Regel von Annemi bestritten werden. Es gibt zwei Bücher, an die ich mich aus dieser Zeit erinnern kann. Das eine enthält Weihnachtsgeschichten von Heinrich Waggerl, bei denen alle um die Krippe versammelten Tiere zur Freude meiner Pflegemutter nicht nur menschliche Züge tragen, sondern auch mit dem Christkind in der Wiege sprechen können. Das andere Buch, das mir besser gefällt, weil es etwas zu lachen gibt, ist *Pu, der Bär.*

Necko hat ein Lebensmotto, das er allen, die in die Firma kommen, mit auf den Weg geben möchte. In großen, aus Metall gestanzten Buchstaben prangt es in der Eingangshalle der neuen Zentrale neben dem Fahrstuhl, der sowohl zu den Geschäftsräumen als auch zu unserer Wohnung führt: »Wo ein Wille, da ein Weg.« Das gefällige Ambiente, ein in Granit gefasstes Blumenbeet mit einem künstlichen Baumstamm, an dessen Zweigen Hängepflanzen in Keramiktöpfen baumeln, mindert nicht die Kraft der Aussage.

Gemäß seinem Wahlspruch zweifelt Necko keinen Augenblick am Erfolg seines neugegründeten Unternehmens, zumal ihm sein rumänischer Pflegesohn Niko, der sich inzwischen neben seiner Tätigkeit in der Firma als Familienastrologe betätigt, eine leuchtende Zukunft vorhersagt. Für die Bewältigung des immer größer werdenden Versandhandels entwickelt Niko Hariton in seiner Eigenschaft als Ingenieur ein System, welches das reibungslose Sortieren der bestellten Waren garantiert.

Nicht ganz so reibungslos entwickelt sich dagegen Nikos Beziehung zu seiner Ersatzfamilie. Dabei steht der Anlass für den endgültigen Bruch, der sich fast ein halbes Jahrhundert später ereignet, in keinem Verhältnis zu den Jahrzehnten der Familienzugehörigkeit und des gegenseitigen Vertrauens. Dennoch sind weder Niko noch Annemi in der Lage, über ihren Schatten zu springen. Annemi bittet ihren inzwischen pensionierten, ebenso schwermütigen wie schwerblütigen Pflegesohn, ihre Tagebücher und Briefe zu ordnen, und bietet ihm dafür Geld an. Sie ist davon überzeugt, richtig zu handeln. Niko, der diese Arbeit gern aus Freundschaft für sie getan hätte, reagiert mit den Worten: »Ich bin doch nicht dein Angestellter.« Ami fühlt sich missverstanden. Sie ist zutiefst verletzt. Als sie sich von Niko abwendet, tut es auch die restliche Familie.

*

Das erste Geschäft, das Necko nach dem Krieg abschließt, hat er nie vergessen: »1500 Handtücher in Kommission von der Firma Niemann & Harde«. Sein erster Handlungsreisender ist Toni Rommel, der von da an meinem Pflegevater ebenso bedingungslos ergeben ist wie zuvor meinem Vater. Wie mein Vater setzt auch mein Pflegevater auf den Familiennamen als Markenzeichen für sein Unternehmen. Eine Marketingstrategie, die damals auch Firmengründer wie Grundig, Brenninkmeyer und Horten wählten. Vor allem in Gesprächen mit seiner Frau wächst bei Necko die Überzeugung, dass die Personifizierung des Unternehmens und die damit verbundene persönliche Ansprache der Kunden zur Vertrauensbildung und dadurch zum Erfolg beitragen.

In einem Schreiben an die Neckermann-Versand-Besteller vom April 1950 wendet sich Necko »An meine verehrten Kunden« und fährt in der ersten Person fort: »Ich freue mich sehr, dass ich Ihnen heute endlich wieder meine neue Preisliste zuschicken kann.« Die Kunden freuen sich auch. Sie fühlen sich ausgezeichnet, weil sich Josef Neckermann persönlich um sie bemüht. Necko schreibt in einem anderen Kundenbrief, nachdem er sich zuvor dafür entschuldigt hat, dass er so lange nichts von sich hat hören lassen: »Heute kann ich Ihnen sagen, ich bin nicht untätig gewesen, sondern habe die Zeit für Sie genutzt, um Ihnen die Waren bringen zu können, die Sie von mir gewöhnt sind.«

Das teuerste Kleid des ersten, zwölf Seiten umfassenden Neckermann-Katalogs aus gemustertem Zellwoll-Musselin hat den Namen seiner Tochter Eva. Es kostet 13,45 Mark und wird als »fesches Damenkleid« angepriesen. Schon damals setzt Necko, jedem neuen Trend einen Schritt voraus, auf die »vollschlanke Dame jeden Alters«. Diesem Frauentyp empfiehlt er persönlich »Kleid Marianne, in dezenter Musterung mit weißer Blende am Kragen«. An die marketingstrategisch perfekten Texte, die zu Beginn aus Annemis Feder stammen, ist diese sicher ebenso unvoreingenommen und naiv herangegangen wie später an ihre Weihnachtsgedichte. Was Annemi schreibt und ihrem Mann für den ersten Katalog in den Mund legt, ist authentisch. Und genauso kommt es bei den Kunden an. Ihre Bedeutung bei der Entwicklung der Firmenstrategie gerade in den Anfängen hat meine Pflegemutter nicht erkannt. Sie sagt und tut einfach nur, wovon sie überzeugt ist: zum Beispiel davon, dass die Firma Neckermann »von der Idee getragen ist, vielen Menschen, vor allem Flüchtlingen, die Möglichkeit zu geben, sich besser zu kleiden«. Sie äußert das in einem ihrer wenigen Zeitungsinterviews aus dem Jahr 1954.

Ungeachtet ihrer unverzichtbaren Mithilfe im Unternehmen hält sich Annemi im Hintergrund, und auch ihre Kinder hält sie konsequent von der Öffentlichkeit fern. Im Umgang mit den Medien bleibt meine Pflegemutter zurückhaltend bis verschlossen. Sie will keine Person des öffentlichen Interesses sein. Und obwohl Necko als Medienprofi grundsätzlich anderer Ansicht ist, akzeptiert er die Haltung seiner Frau ohne größere Überzeugungsversuche.

Markige Sprüche wie »Die Familie war das Unternehmen, das Unternehmen die Familie« stammen allerdings nicht aus der Feder seiner Frau Annemi, der jedes Pathos fremd ist, sondern von Necko, der große Worte nicht scheut. So erinnert er sich, sie seien »geradezu besessen von der uns gestellten Aufgabe« gewesen, »daran mitzuwirken, die Klassenunterschiede einzuebnen«. Ein Thema, das in Necko womöglich die Ängste seiner Jugend wachruft, als er sich aufgrund seiner nichtakademischen Ausbildung vom »Gespenst der Deklassierung« bedroht fühlt. Jetzt setzt er seine Erfahrung von damals gezielt für seine Werbestrategie ein, wenn er seinen Kundinnen die provozierende Frage stellt: »Warum soll die Millionärsgattin eigentlich besser gekleidet sein als die kleine Sekretärin?«

Die Frau des selbsternannten Klassenkämpfers mit seinem Lieblingsslogan »Wir überwinden die Klasse durch Güter von Klasse« nimmt an der von ihrem Mann proklamierten »Demokratisierung des Luxus« nicht teil. Sie trägt nicht Kleid »Eva« für 13,45 Mark, sondern ihr auf den zierlichen Leib geschneiderte Modelle. Sie legt sich auch keinen Webpelz um, sondern, als die finanzielle Situation es zulässt, alles, was an echten Pelzen gut, teuer und irgendwann auch verpönt ist.

Annemi ist auch in Modefragen die wichtigste Beraterin ihres Mannes. Bei den zweimal im Jahr stattfindenden Musterungen für jeden neuen Katalog, die sich über Tage und oft auch Nächte hinziehen und an denen ich in den Schulferien teilnehmen darf, ist ihr Urteil ausschlaggebend. Sie entwickelt großen Sachverstand und das richtige Gespür dafür, wie sich modische Trends dem Geschmack des Normalverbrauchers, wie der Neckermann-Kunde gerne bezeichnet wird, anpassen lassen.

Neckos unternehmerischer Überschwang ist nicht zu bremsen. Schon in seinem ersten Kundenbrief verspricht er: »Alle werden feststellen: Neckermann ist einmalig!« Von 1960 an wird Neckermann es möglich machen. Dieser geniale Werbeslogan überlebt das Unternehmen und den Firmenchef um Jahrzehnte. Noch 2004 operiert Thomas Gottschalk mit dem Namen Neckermann, wenn er die Kundschaft der Firma Karstadt, der mittlerweile das Unternehmen meines Pflegevaters gehört, in einem Fernseh-Werbespot beschwört: »Sie haben einen Traum, und ich erfülle ihn! Neckermann macht's möglich.«

Nicht ohne Bewunderung verfolge ich die Marketingstrategien meines Pflegevaters, die, auch wenn er Experten hinzugezogen hat, immer seine persönlichen und oft spontanen Entscheidungen geblieben sind. Selbst der Schriftsteller Hans Magnus Enzensberger erweist ihm literarisch Ehre, als er den Neckermann-Katalog in seinem 1960 bei Suhrkamp erschienenen Band *Einzelheiten* als den »Bestseller des Jahres« bezeichnet. »Es ist kein Roman, sondern ein Sach- und Handbuch, das ein eingehendes Studium verlangt. Keiner seiner Benutzer stellt es ungelesen in den Bücherschrank.« In diesem Jahr lässt sich auch ein anderer deutscher Schriftsteller von Neckermann faszinieren. Carl Zuckmayer wirbt für die erste von der Firma auf den Markt gebrachte Schreibmaschine. Jeder Anschlag ein Dichter!

Für die jährlich anwachsende Produktpalette, vom Föhn bis zum Fernseher, ist die Familie oft erste Abnehmerin und kritische Testerin. Die Erweiterung des Angebots auf Elektrogeräte, Möbel, Mofas, Reisen, Versicherungen, Kundendienste und schließlich ein Fertighaus vermittelt den Eindruck, dass alle materiellen Wünsche einer deutschen Familie von Neckermann erfüllt werden können. Es ist die Vision, die in die Realität umzusetzen mein Pflegevater fest entschlossen ist. Dass er seinen Kunden das für den Normalverbraucher seit den 50er Jahren nicht mehr wegzudenkende Automobil nicht bieten kann, bleibt der kleine »Alp« in Neckos großem Traum.

Die veränderte Wohn- und Lebenssituation der Familie eröffnet auch mir neue Möglichkeiten. Ich muss in der Zentrale am Ostbahnhof nur ein paar Stockwerke tiefer in das Neckermann-Kaufhaus gehen, um all das mitzunehmen, was ich gerade brauche. Die Angestellten kennen die Neckermann-Kinder. Erst als ein neues, größeres Neckermann-Kaufhaus an der Zeil im Zentrum Frankfurts eröffnet wird, müssen wir, da uns dort nicht mehr jeder Mitarbeiter kennt, die Mitnahme der ausgesuchten Waren mit einer Unterschrift bestätigen. Als ich als Teenager eine Vorliebe für die zugekauften, teureren Kleider entwickle, die das günstige Katalogangebot ergänzen, und stolz ein weißes, ärmelloses Kleid mit glänzenden schwarzen Knöpfen für 99 Mark nach Hause bringe, beschließt Annemi, die bis dahin unbegrenzten Einkaufsmöglichkeiten durch ein begrenztes Taschengeld zu ersetzen. Ich bekomme monatlich hundert Mark. Kleider sind darin nicht eingeschlossen, die sucht meine Pflegemutter in Zukunft zusammen mit mir aus.

Inzwischen ist Annemi die Frau an der Seite eines erfolgreichen Geschäftsmannes. Die Rollen sind klar verteilt. Necko leitet das Familienunternehmen, seine Frau das Unternehmen Familie, und beide tun es mit der gleichen erfolgsorientierten Professionalität. Ami, wie sie von Freunden genannt wird, ist die ideale Besetzung für diese Rolle. Sie lernt gesundheitliche Beeinträchtigungen, die, wie ihre damals noch regelmäßig auftretenden Asthmaanfälle, nicht in dieses Bild passen, unter Zuhilfenahme eines Inhaliergeräts mit sich abzumachen.

Doch im Allgemeinen ist meine Pflegemutter voller Energie. Sie blüht nach den schweren Zeiten in Oberursel regelrecht auf. In den ersten Jahren am Ostbahnhof beginnt sie wieder zu singen, so wie sie es als junges Mädchen auf dem Konservatorium getan hat. Sie hat eine klare Altstimme, die bei der Einweihungsparty, die Annemi und Necko in ihrem neuen Zuhause geben, und später bei anderen festlichen Gelegenheiten immer wieder zum Einsatz kommt. Necko läuft zu Höchstform auf, wenn er auf der Steinmauer des Blumenerkers stehend und Bongorasseln schwingend das Eilmann Trio antreibt, das an diesem Abend zum ersten Mal eine Neckermann-Feier beswingt und von da an über Jahrzehnte zum Unterhaltungsprogramm vieler Familienfeste gehört. Die fast kindliche Ausgelassenheit meines Pflegevaters bei solchen Anlässen ist ansteckend für die Anwesenden und überraschend für uns Kinder. So kennen wir ihn nur von Erzählungen aus seiner Jugend.

Wenn sich Annemi nach wiederholter allgemeiner und einstimmiger Aufforderung bereit erklärt, einige ihrer Lieblingsschlager zum Besten zu geben, ist der Höhepunkt des Abends erreicht. Das Repertoire ist nicht groß, aber wir Kinder lieben es und die Gäste auch. Es beginnt mit einem Schlager aus den 50er Jahren, der nicht nur ihre, sondern auch die Stimmung der anwesenden Gäste wiedergibt: »Heut ist ein Feiertag für mich/und alle Leute freuen sich/heut könnt mein Herz vor lauter Glück zerspringen, zerspringen.« Dabei breitet Annemi strahlend und unbeschwert wie ein junges Mädchen im Takt der Musik die Arme aus. Ihre musikalischen Darbietungen enden an solchen Abenden mit dem Lieblingslied meiner Pflegeeltern, das zum letzten Mal bei Neckos Totenfeier gespielt wird: »Wenn der weiße Flieder wieder blüüüht/küss ich deine roten Lippen müüüd/wie im Land der Märchen/sind wir dann ein Pärchen/und ich spür den Duft von weiiiißem Flieder.« Die häuslichen Feste dieser Zeit sind gute Momente für die Familie, selbst wenn die Jüngsten, Johannes und ich, ihnen zunächst nur von der Treppe zum Kinderstockwerk aus folgen können, wo wir, am oberen Treppenabsatz liegend, aufpassen, dass uns nichts entgeht und uns niemand entdeckt.

Die Kommunionsfeier meines Stiefbruders Johannes ist auch einer dieser guten Momente. An die Zeremonie in der Kirche kann ich mich nicht mehr erinnern, wohl aber an die mit Luftballons und Luftschlangen dekorierten Kirmesbuden, die zur Feier des Tages und zur Unterhaltung der Gäste im Firmenhof aufgestellt sind. Der dort untergebrachte, in den kommenden Jahren ständig anwachsende Fuhrpark wird an diesem Tag um Mofas erweitert, auf denen Erwachsene und Kinder auf einer im Hof vorgezeichneten Bahn um den Sieg fahren. Ich habe Angst mitzumachen und verfolge das Spektakel vom Rand der »Rennbahn« aus. Ein solches Fest habe ich noch nie zuvor erlebt.

Da ich bei Johannes' Kommunion noch nicht am Ostbahnhof wohne, bin ich wie zu allen Neckermann-Familienfeiern mit meiner Großmutter aus Würzburg angereist. Neugierig betrachte ich an diesem Tag die vielen Kinderzimmer im fünften Stock, auch das für mich bestimmte. Es hat bunte Tapeten und weiße Möbel und sieht einladend aus. Dennoch hat die Vorstellung, allein in einem Raum ohne meine Großmutter einschlafen zu müssen, nichts Verlockendes für mich. Es ist gut, dass ich nicht weiß, wie bald ich hier einziehen werde.

Was mich an der Kommunion am meisten beeindruckt, ist der Protagonist selbst. Ich staune über die fröhliche Selbstsicherheit meines Stiefbruders. Er wirkt auf mich mit seinen artig zur Seite gekämmten hellbraunen Haaren und einem von Sommersprossen übersäten, pausbackigen Gesicht wie eine lustige Mischung aus frommer Helene und Huckleberry Finn.

In späteren Jahren wird das Gesicht meines Stiefbruders länger, die Nase auch, die Sommersprossen verblassen, und die Haare erheben sich zu einer pomadeglänzenden Tolle. Auch seine Autos machen im Laufe der Zeit eine bemerkenswerte Wandlung durch. Auf das Tretauto der Kinderzeit, einen amerikanischen Jeep mit Stern auf der Kühlerhaube und das Mofa der Kommunionsfeier folgen während der Schulzeit ein VW Käfer mit frisiertem Motor und nach dem Abitur ein Jaguar. Die zur Kommunion unfreiwillig getragene Haarklammer ersetzt er nun freiwillig durch ein schweres Goldarmband, in das seine Initialen eingraviert sind.

Johannes ist Annemis Nesthäkchen, und selbst wenn meine

Pflegemutter darauf besteht, ihre Vorstellung von Gerechtigkeit hätte nichts anderes zugelassen, dass sie allen Kindern die gleiche Liebe entgegenbringt, so ist die zu ihrem Sohn Johannes sicher die langmütigste. Später hüllt sie auch seine Eskapaden in Bezug auf die Damenwelt in einen Mantel des Schweigens, den keines der übrigen Familienmitglieder zu lüften wagt. Und noch etwas zeichnet sich schon früh bei Johannes ab: Er ist und bleibt ein Verkaufstalent. Was er bei den Kaufladenspielen der Kindheit bereits unter Beweis gestellt hat, überträgt er im Laufe seines Lebens auf alles, was er an den Mann bzw. die Frau bringen will: Antiquitäten, alte Gemälde, alte Weine und nicht zuletzt seine Argumente. Man nimmt ihm alles ab. Seine Mutter vor allem Letztere.

In den Jahren am Ostbahnhof ist Ami ein lebensfroher und gelegentlich sogar spontaner Mensch. Ich sehe sie vor mir, wie sie, um einen Springparcours für ein Reitturnier einzuüben, kurz vor dem Schlafengehen im großen Wohnraum die einzelnen Hindernisse mit Sofakissen nachstellt und in ihrem Shorty, einem Schlafanzug mit kurzen Hosen und vielen Rüschen, über sie hinwegspringt, um sich die Route besser einzuprägen.

Zu einer Zeit, als das Reiten noch nicht die gesamte Wochenendplanung bestimmt, fährt Annemi mit uns Kindern im Sommer im ersten eigenen Auto, einem gebrauchten Opel Kadett, zum Hattsteinweiher zum Schwimmen. Sechs Kinder haben sich ins Auto gepfercht. Das sind mindestens drei zu viel. Wird ein Verkehrspolizist gesichtet, tauchen abwechselnd drei von uns nach einem festgelegten Schema mit den Köpfen unter und erst wieder auf, wenn die Gefahr vorüber ist. Wenn wir dann alle schreiend und uns gegenseitig bespritzend in den Hattsteinweiher rennen, kann niemand die Mutter von den ältesten Töchtern unterscheiden.

Das ist der Mensch, den ich fest entschlossen bin zu lieben, der mir ein neues Zuhause geben soll. Dass ich es zu brauchen glaube, kurz nachdem ich von meiner Großmutter getrennt werde, ist nachvollziehbar, aber vermutlich bin ich zu absolut, und das, was ich wortlos einfordere, ist einfach zu viel. Ich bin nicht die Einzige, die emotionale Ansprüche an Annemi stellt.

Ich finde eine Collage, die ich 1955 für meine Pflegemutter zu Weihnachten gemacht habe und aus der deutlich wird, wie ich mir meinen Platz innerhalb der Familie vorstelle, auch wenn mir das damals sicher nicht bewusst ist. Das Bild zeigt fast alle Familienmitglieder. Die Köpfe sind aus Fotos ausgeschnitten, die Körper habe ich gemalt. In der Mitte des Bildes steht Necko, rechts davon Annemi in einem blauen, schwingenden Kleid, daneben meine Schwester Juli. Links neben meinen Pflegevater habe ich Uschi platziert, daneben mich, dargestellt in einem roten Ballettkleid mit weißer Bordüre und auf Zehenspitzen stehend. Bemerkenswert ist, dass nicht die eigenen, sondern die Pflegekinder die neuen Eltern umrahmen. Erst kommen wir, dann die Neckermann-Kinder Evi und Peter, schließlich in deutlichem Abstand meine Stiefschwester Sigrid, die Richtung Bildrand schaut. Johannes habe ich ganz vergessen.

Der achtmal wiederkehrende Refrain eines Gedichts zu einem runden Geburtstag meiner Pflegemutter beschreibt ihre Rolle innerhalb der Familie liebevoll ironisch und wahrheitsgemäß: »Ohne Ami geht es nicht!« Vor allem nicht für Necko, für den sie gerade in diesen ersten Jahren am Ostbahnhof rund um die Uhr verfügbar sein muss. Es wird ihr viel Verantwortung übertragen, der sie sich nicht entzieht, und sie bürdet sich zusätzliche auf. Vielleicht ist das die Rolle, die sie sich in ihrer Lebensplanung, zu der ein erfolgreicher Mann und eine große Familie gehören, zugedacht hat und der sie mit Passion und Präzision nachkommt. Sie erfüllt alle Erwartungen, die eigenen und die der anderen: Sie ist liebe- und verständnisvolle Ehefrau, Beraterin, souveräne Gastgeberin, elegante Begleiterin, Reitgefährtin und zu alledem Mutter von sieben Kindern, und sie möchte eine gute Mutter sein. Bei den eigenen Kindern tut sie alles, was in ihren Kräften steht, bei den drei hinzugekommenen Töchtern ihres Schwagers und ihrer Schwägerin noch mehr. Sie bemüht sich, die Lang-Geschwister zu verstehen, die, dessen ist sie sich bewusst, bisher in einer ihr fremden Welt mit anderen Werten und Normen aufgewachsen sind.

Als Vater ist Necko in den Jahren am Ostbahnhof kaum vorhanden, weder für die eigenen noch für die angenommenen Kinder. Nur manchmal wird er in der Erziehungsstrategie seiner Frau als strafende Instanz eingesetzt. Ich sehe meinen Pflegevater noch heute vor mir, wie er, die Reitpeitsche in der Hand, in Reithosen und wie mit Sieben-Meilen-Stiefeln hinter dem damals dreizehnjährigen Johannes durch die Wohnung rennt, da dessen Zeugnis nicht zu seiner Zufriedenheit ausgefallen ist. Als er seinen Jüngsten in großen Sprüngen mit seinen dünnen, langen Beinen in Reitstiefeln verfolgt, sieht er aus wie das leibhaftige hölzerne Bengele, auch wenn den Beteiligten in diesem Augenblick nicht zum Lachen zumute ist.

Obwohl Necko, von solchen pädagogischen Zwischenfällen abgesehen, als aktives Familienoberhaupt kaum in Erscheinung tritt, tut das seiner starken Wirkung auf uns Geschwister keinen Abbruch. Im Gegenteil. Die häufige Abwesenheit des in Gegenwart der Kinder wortkargen und gelegentlich cholerischen Vaters und Pflegevaters macht ihn in unseren Augen zu etwas Besonderem. Und Besonderes soll man bekanntlich nur in Maßen genießen. Als wir klein sind, sprechen wir lieber über ihn als mit ihm, zumal er uns, ganz in seiner Berufswelt verhaftet, ohnedies kaum wahrnimmt. Alle Geschichten, die sich um seine Person ranken, kennzeichnen ihn eher als unternehmerischen Tausendsassa denn als liebevollen Familienvater.

Doch zu einem erfolgreichen Geschäftsmann gehört eine große Familie. An Sonntagen, wenn wir uns pünktlich um zehn Uhr zum Frühstück um den langen Esstisch versammeln, ausgenommen die Wochenenden, an denen sich die Familie in die sportlichen Turniergänger und den unsportlichen Rest aufteilt, kommt es vor, dass mein Pflegevater in die Runde blickt und staunt, wie viele es sind. Neben den Familiengeschichten, über die nicht gesprochen wird, und die sind in der Mehrzahl, gibt es auch solche, die gern erzählt werden. Zu Letzteren gehört die Geschichte von einem Sonntagsfrühstück, bei dem mein Pflegevater, wohlwollend seine Familie betrachtend, ein unbekanntes Gesicht entdeckt. Als er Annemi fragt, wer denn der junge Mann am

Kopfende sei, sagt diese: »Necko, das ist dein neuer Pflegesohn Wolfram.«

Meine Pflegemutter hat sich ein hohes Ziel gesetzt. Sie will vollkommen werden. Ihr Streben nach Vollkommenheit hat mich als Kind und noch als junge Frau sehr beschäftigt, und ihr Bekenntnis, obwohl sie es weder pathetisch noch lautstark vorgebracht hat, hinterlässt bei mir einen nachhaltigen Eindruck. Vollkommenheit ist in ihren Augen nur durch das Erdulden und Überwinden von Leid und Schmerz zu erreichen. Instinktiv ist mir schon als Kind bewusst, dass es Vollkommenheit unter Menschen nicht geben kann, dass sie nur in Märchen und in biblischen Geschichten vorkommt. Vor allem aber hat Vollkommenheit für mich nichts Verlockendes. Sie bedeutet Stillstand, Endgültigkeit, Langeweile. Vollkommen, das fühle ich, will ich nicht werden.

Der Lebensspruch meiner Pflegemutter »Was uns nicht tötet, macht uns härter«, der nichts von dem durch omnipotenten Optimismus geprägten Motto ihres Mannes »Wo ein Wille, da ein Weg« hat, unterstreicht ihre Haltung. Sie hat mich oft mit diesem Spruch zu trösten versucht, aber ich kann nichts Tröstliches darin entdecken. Ich kann auch nicht verstehen, warum Härte etwas Erstrebenswertes sein soll.

In einem Gedichtband für die Neckermann-Kunden, der Gebete und Sinnsprüche aus der Feder meiner Pflegemutter enthält, schreibt sie: »Nicht ein breiter Weg, nur ein steinern Steg führt zu Gott.« Sie muss es so empfunden haben. Annemi hat im Laufe ihres Lebens vieles mit großer Disziplin hingenommen, ihre eigenen Träume zurückgestellt. Amis Freundin Dr. Rose Theis geht noch Jahrzehnte später in ihrer Rede zu Annemis siebzigsten Geburtstag am 11. Februar 1985 auf diese Haltung ein. Man solle dankbar sein für alles Schwere, das man im Leben überwinden muss. »Nur ein Stein, der geschliffen wird, hat die Chance, ein Edelstein zu werden.« Annemi möchte ein Edelstein sein. Ein Edelstein aber ist hart. Auf dem als steinig empfundenen Weg, den meine Pflegemutter gegangen ist, ist auch sie allmählich versteinert. Es ist ein langandauernder, schmerzhafter Eingriff in ihre Seele. Ein Betäubungsmittel hat sie nie genommen.

Nicht nur für uns Kinder, sondern auch für die Menschen ihrer näheren Umgebung ist Annemi indes Vorbild und moralische Instanz zugleich. Ihr Erziehungsmotto, das sie mit zwei Worten umschreibt, lautet denn auch: »Liebe und Vorbild«. Das Problem ist nur, dass man ihr Vorbild nicht in Frage stellen darf und man sich die Liebe, ihre Liebe, verdienen muss.

Es dauert lange, bis ich mich von der pflegemütterlichen Werteskala löse und meine eigene finde. Zunächst jedoch mache ich ihre Maßstäbe zu den meinen. So ist Stolz wunschgemäß auch für mich eine Tugend, und Annemi wiederum ist stolz auf mich, als ich dem treuesten Freund meiner Kindheit und Jugend verbiete, jemals wieder Kontakt mit mir aufzunehmen. Mein Freund Rudi hat mir bei einem Besuch meiner Großmutter in Würzburg auf offener Straße eine so heftige Ohrfeige gegeben, dass alle fünf Finger auf meiner Wange brennen und mein beigefarbener Filzhut, den mir meine Pflegemutter für die Reise nach Würzburg gekauft hat, in hohem Bogen vom Kopf fliegt und in einer Pfütze landet. Die Ohrfeige stellt, wie mich Annemi später aufklärt, eine unverzeihliche Missachtung meiner Würde als Mensch und Frau dar. Erschwerend kommt für sie hinzu, dass sich das Ganze in der Öffentlichkeit abgespielt hat.

Der ungeliebte und zudem übel zugerichtete Filzhut mit der kleinen Krempe, den ich nach dem Pfützenfall endlich entsorgen kann, ist das Produkt der Neckermann'schen Modestrategie, nach der es zwischen einer Zwanzigjährigen und einer Fünfzigjährigen keinen Unterschied mehr gibt. Etwas Wahres ist daran. Ich bin siebzehn und fühle mich mit Hut wie siebzig.

Der Grund für die Ohrfeige: Ich habe meinen mir seit meiner Kindheit ergebenen Freund mutwillig verletzt. Ich verabrede mich mit ihm, dem inzwischen hoffnungslos in mich Verliebten, um ihm, als er mich abholen will, mitzuteilen, dass ich doch lieber mit seinem Freund ausgehe, in den wiederum ich verliebt hin. Rudi steht fassungslos vor mir, atmet tief durch, und ich sehe noch, wie sich seine Nasenflügel blähen, da spüre ich auch schon seinen kräftigen Schlag auf meinem Gesicht. Tränenüberströmt, weniger vor Schmerz als vor Wut, laufe ich zu meiner Großmutter, die zu meiner Empörung kein Mitleid mit mir hat. Sie schmunzelt nur und meint fast anerkennend: »Das hätte ich Rudi gar nicht zugetraut.« Ich fühle, dass sie recht hat. Zugeben kann ich es nicht.

Dass ich meiner Pflegemutter die Geschichte von der Ohrfeige unter Auslassung wesentlicher, mich belastender Details erzähle, hat einen Grund. Ich will ihre Solidarität, und ich bekomme sie. Der Preis ist hoch. Ich muss ihr versprechen, meinen Freund Rudi nie wiederzusehen und seine Briefe ungeöffnet zurückzuschicken. Endlich gibt es etwas, das meine Pflegemutter und mich verbindet: unser Stolz. Was ich ihr nicht erzähle, ist, dass ich alle Briefe, die mir Rudi nach diesem Zwischenfall ein Jahr lang ins Internat schreibt, unter Wasserdampf öffne, lese, wieder verschließe und an ihn zurückschicke. Ich sage ihr später auch nicht, dass mein Jugendfreund schon bald entdeckt, dass seine Briefe geöffnet wurden, und darum munter weiterschreibt.

Trotz eines allmählich aufkeimenden undefinierbaren Unbehagens und ersten Zweifeln bleibt meine Pflegemutter noch über viele Jahre meine moralische Instanz. Als ich sie einmal in einem Brief frage, was ich in einer bestimmten Situation, an die ich mich heute nicht mehr erinnern kann, tun soll, antwortet sie umgehend. Sie schreibt: »Denke immer, ich stehe neben Dir, und dann frage Dich, wie würde Mutti in dieser Situation entscheiden.« Ich habe diesen Rat nicht in Frage gestellt, und in Verbindung mit einem weiteren – »Wenn Du Dich mit einem Mann einlässt, verlierst Du Deine Selbstachtung« – hat mich das sicher vor mancher überflüssigen Enttäuschung bewahrt. Für mich steht erst einmal außer Frage, dass es sich bei der Selbstachtung um etwas Kostbares handeln muss, und ich habe keine Lust, sie aufs Spiel zu setzen.

Als ich die Angelegenheit angesichts einer Reise mit meinem damaligen Verlobten an die Atlantikküste nicht mehr ganz so theoretisch betrachten kann, hat meine Pflegemutter längst einen Pakt mit ihm geschlossen. Da ein solches Versprechen, wie sie meint, nur von männlicher Seite wirkungsvoll gegeben werden kann, ist er es, der versichern muss, dass wir während des Urlaubs »keusch« bleiben. Er gibt ihr die Hand darauf, und ich stehe daneben und weiß nicht, was ich sagen soll. Der Bund zwischen meinem Verlobten und meiner Pflegemutter ist besiegelt.

Die darauffolgenden Urlaubswochen sind demgemäß nicht von zärtlicher Annäherung erfüllt, sondern durch Abstinenz gekennzeichnet. Wir buddeln uns gegenseitig im Sand ein, bis nur noch der Kopf herausschaut, während andere Paare engumschlungen am Strand liegen, wir mischen uns unter die älteren Herrschaften im einzigen Kino des Ortes, und abends beim gemeinsamen Zu-Bett-Gehen ist mir entweder von den Mengen Vanilleeis übel, die ich während des Tages verschlungen habe, oder ich kann wegen eines stark juckenden Sonnenbrands keine Ruhe finden. An Schlaf ist in den sehnsuchtsvollen Nächten unter südlicher Sonne ohnedies nicht zu denken.

Die erste ebenfalls gescheiterte, wenn auch rein theoretische Annäherung an den Umgang mit dem anderen Geschlecht findet Jahre zuvor in Annemis Ankleidezimmer am Ostbahnhof statt. Es gehört wie das Schlafzimmer zu den Privaträumen meiner Pflegeeltern. Es gibt Grenzen in der Familie, die nicht ausgesprochen und dennoch nicht überschritten werden. Eine davon ist die Intimsphäre, worunter auch ein nackter, den Blicken anderer Familienmitglieder ausgesetzter Körper fällt. Natürlich gibt es Urlaubsfotos, die Annemi im Bikini zeigen, und auch Necko an ihrer Seite lässt, nur mit einer Badehose bekleidet, seine langen, dünnen, von der Sonne der Côte d'Azur gebräunten Beine, die durch das Reiten eine fröhliche O-Form angenommen haben, sehen. Etwas Intimes haben diese Fotos dennoch nicht. Meine Pflegeeltern bleiben, selbst spärlich bekleidet, ein tadelloses, korrektes Paar, das sogar für das Urlaubsfoto im Gleichklang lächelt, während es den Bauch ein- und die Schultern hochzieht. So ist es auch nicht verwunderlich, dass Annemi, wann immer sie uns in ihr Ankleidezimmer bittet, nie ausgekleidet ist.

An einem Sonntag, das Mittagessen im Kreise der Familie ist

gerade beendet und der Mokka serviert, ruft Annemi meine Schwestern und mich in besagtes Ankleidezimmer. Sie selbst verschafft sich auf der Chaiselongue Platz, indem sie ihre inzwischen mehr als dreißig Kuscheltiere behutsam zur Seite schiebt. Die Zahl ihrer knopfäugigen und -ohrigen Mitbewohner erhöht sich fast täglich. Jeder, der um eine Geschenkidee für Annemi verlegen ist und den finanziellen Aufwand in überschaubaren Grenzen halten möchte, greift auf Steifftiere zurück. Ihre zweite Sammelleidenschaft, Miniaturen aus Elfenbein, kommt da schon wesentlich teurer.

Nachdem auch wir Mädchen uns einen Platz gesucht haben, blickt uns Annemi ernst und ein wenig unsicher an. Sie sitzt da, zierlich, fast scheu, aber überzeugt, sich wieder einmal einer Pflicht stellen zu müssen, diesmal der Pflicht, uns aufzuklären. Als sie das Wort »Aufklärung« endlich über ihre Lippen bringt, atmen wir auf. Also keine Katastrophe, keine unheilbare Krankheit, die sie uns schonend beibringen will. Was diese Versammlung bemerkenswert macht, ist die Tatsache, dass bis auf mich, die Jüngste, alle meine Schwestern das aufklärungsreife Alter längst überschritten haben. Bei meinen Stiefbrüdern Peter und Johannes ist Necko für diese Aufgabe zuständig. Ich glaube aber, er hat die auch ihm peinliche Pflicht an den Familienfreund Toni Rommel übertragen.

Meine ältere Schwester Uschi hat, ebenso wie Sigrid, bereits einen Freund. Uschi ist sogar verlobt, und Juli und Evi, die fast gleichaltrigen Stiefschwestern, haben diesbezüglich schon die wichtigsten Informationen ausgetauscht. Selbst bei mir hat kurz zuvor eine unfreiwillige Aufklärung, zumindest über meine weiblichen Funktionen, stattgefunden. Dreizehnjährig und gerade mit meiner Großmutter in der Apotheke in Hofheim zu Besuch, fließt dunkles Blut zwischen meinen Beinen herunter. Ich sitze auf dem an der Hofseite der Apotheke befindlichen Plumpsklo, aus dem der Wind von unten heraufpfeift, und erstarre vor Kälte und Entsetzen. Es gibt keinen Zweifel, in diesem nicht einmal einen Quadratmeter kleinen Kabuff werde ich sterben. Der zweite Impuls ist schon positiver. Ich renne, die Unterhose in den Kniekehlen, eine

Blutspur hinter mir herziehend davon und direkt in die Arme meiner Großmutter. Wir fallen uns um den Hals und weinen. Ich aus Angst, meine Großmutter aus schlechtem Gewissen, mich nicht rechtzeitig vorbereitet zu haben. Diese leibhaftige Erfahrung und die anschließende Belehrung meiner Großmutter über meine weiblichen Funktionen schließen eine Aufklärung über den Geschlechtsverkehr nicht mit ein.

Dazu kommt es auch nicht im Ankleidezimmer meiner Pflegemutter. Meine älteste Schwester Uschi beeilt sich zu versichern, dass wir alle Bescheid wüssten, was Annemi mit Blick auf mich erstaunt, im Ganzen aber erleichtert aufnimmt. Meine Aufklärung übernimmt wenig später detailliert und anschaulich der bundesweite Tabubrecher Oswald Kolle, der durch seine regelmäßigen Veröffentlichungen in der Zeitschrift »Quick« mich wie die gesamte Nation in die Geheimnisse der Liebe und der erogenen Zonen einführt.

*

Ich habe eine Geschichte geschrieben. Da bin ich vierzehn Jahre alt. Ich gebe ihr den Titel »Bea und ihre Geschwister«. Es soll ein Geschenk für meine Pflegemutter werden. Mit zwei Fingern tippe ich den zunächst handgeschriebenen Text auf der Schreibmaschine ab und klebe selbstgemalte Bildchen hinein. Es sind Tuschezeichnungen von einem Haus zwischen Bäumen, einem Mädchen im Gras mit Blume im Mund, im Badeanzug und im Ballkleid. Es stellt die Protagonistin dar. Auf der Titelseite steht unter einem Phantasiewappen: »Eine Familiengeschichte von Tini, für die allerbeste, liebste Mutz der Welt mit einem ganz besonders lieben Kussi von Deiner so arg dankbaren Tini.« Einen Verlag gibt es auch. Er heißt »Verlag der Lang-Neckermann-Gesellschaft Frankfurt am Main«. Es fällt mir nicht leicht, den Text im Rahmen meiner Recherche noch einmal zu lesen. Den Inhalt der Geschichte hatte ich längst vergessen, die Folgen bis heute nicht.

Unfassbar für mich, noch immer, wie viel Kraft und Energie das Mädchen, das ich damals bin, in diese Geschichte gesteckt hat, vor allem aber, wie viel Hoffnung: die Hoffnung, dass wie in meiner Erzählung auch für mich am Ende alles gut wird. Die Beschreibung der Romanfamilie muss, wenn auch nur in Ausschnitten, wiedergegeben werden, weil sie ein Psychogramm der jugendlichen Autorin und ihrer Sehnsüchte ist, der das damals jedoch nicht bewusst wird. Der Vater, »Daddy genannt, ist sehr lieb und sehr gutmütig. Ganz besonders verwöhnt er uns Mädchen.« Ähnlich rührend wird die Mutti oder Ma beschrieben: »Sie ist die liebste Mutti von der ganzen Welt. Immer kommen wir mit unseren Nöten und Herzensangelegenheiten zu ihr.« Die Romangeschwister kommen kürzer, aber nicht unfreundlich weg. Die Beschreibung der in Ichform erzählenden Bea beginnt schamhaft mit dem Satz: »Über sich selbst kann man eigentlich am schlechtesten schreiben«, um es dann munter zu tun: »Also, ich bin sechzehn Jahre, ziemlich groß, schlank und ich glaube auch lieb.« Der Satz »und ich glaube auch lieb« ist mit Tinte unterstrichen.

Nicht ich habe das gemacht, denn die Striche verschandeln die mühevoll zusammengestellte Seite. Die Striche stammen von meiner Pflegemutter, die das Geschenk mit zunehmendem Unwillen liest. Bea kann natürlich auch Klavier spielen und Ballett tanzen. Der Schlusssatz der Selbstdarstellung lautet: »Leider nehme ich alles sehr tragisch, besonders die Herzensangelegenheiten.« Dennoch gelingt der Hauptperson Bea einfach alles, alle lieben sie, zwischendurch bemühen sich gleich zwei junge Männer um ihre Gunst, und ihre Mutter nennt sie liebevoll »Strolch«.

Auf Seite vierzig endet das ordentlich abgetippte Manuskript. Eine Fortsetzung folgt nicht. Schon auf den Seiten davor ist im Text Platz für Zeichnungen gelassen, die aber nicht mehr angefertigt werden. Die Geschichte, die mich viele Monate lang beschäftigt hat, wird nicht beendet.

Ich bin voller Stolz über mein Geschenk, als ich meiner Pflegemutter das flache, kunstvoll verschnürte Päckchen überreiche, und kann kaum abwarten, bis diese Zeit findet, die ersten Kapitel meiner Geschichte zu lesen. Ihre Reaktion habe ich nie vergessen. Auch das Verstehen im Nachhinein mindert nicht den Schmerz von damals, die Verwirrung, die Enttäuschung, die Ratlosigkeit und die Ohnmacht.

Annemi sitzt an meinem Bett und erklärt mir ohne Umschweife, dass sie noch nie etwas so Peinliches gelesen habe und dass es genau in das Bild passe, das sie von mir habe: Ich sei unehrlich, belüge mich und andere, sei eingebildet und selbstgefällig, da ich mich selber als Heldin des Romans dargestellt habe. Ich bin wie erstarrt, bis langsam, aber unaufhaltsam ein Strom von Tränen in mir aufsteigt, der erst Stunden später wieder versiegt, als ich erschöpft in einen traumlosen Schlaf falle.

Meine Pflegemutter hat die Situation damals treffend analysiert, aber nicht richtig interpretiert. Ich glaube damals nicht, dass ich dieses wunderbare Geschöpf Bea bin, aber ich wäre gern so. Ich habe mich aus einer bedrückenden Realität, mit der ich nicht fertig werde, in eine glückliche, wolkenlose Welt hineingeschrieben, eine Welt, in der ich geliebt werde, eine Welt, in der alles in Ordnung ist. Solange ich schreibe, habe ich die Macht, alles selbst zu bestimmen. Es ist ein Gefühl von Freiheit.

Damals ist mir das nicht bewusst. Annemi glaubt, das Richtige zu tun. Sie ist davon überzeugt, dass sie mir die Wahrheit schuldig ist, ihre Wahrheit, nicht die meine. Das herauszufinden kostet mich Jahrzehnte meines Lebens.

Herauszufinden, was mit mir geschieht, als der musikalische Wunderknabe Wolfram König, der damals beim Frühstück am Kopfende der Tafel sitzt und dem überraschten Necko als sein neuer Pflegesohn vorgestellt wird, in mein Leben tritt, dauert nicht ganz so lang, ist aber ähnlich schmerzhaft. Ich habe mich verliebt. Wolfram ist mit seinen sechzehn Jahren kein musikalisches Wunderkind mehr, aber ein vielversprechendes Talent. Seine in Kassel lebende Mutter hat von den künstlerischen wie karitativen Neigungen der Frau Neckermann gehört und ihr kurzerhand einen Brief geschickt. Darin schreibt sie, dass sie Witwe sei, dass man ihrem Geige spielenden Sohn Wolfram eine große Karriere vorausgesagt habe und dass ein Studium an der Musikhochschule in

Frankfurt den ersten Schritt auf diesem Weg bedeute. Der Brief endet mit der Bitte an Frau Neckermann, Wolfram in die Familie aufzunehmen, weil sie, die Mutter, selber kein Geld habe, die Ausbildung ihres Sohnes zu bezahlen. Ich glaube nicht, dass Annemi lange überlegt hat, sie liebt eine große Familie, die finanziellen Opfer halten sich in überschaubaren Grenzen, und wir haben endlich einen echten Musiker im Haus.

Während Literatur und Kunst in der Familie keine nennenswerte Aufmerksamkeit geschenkt wird, unser Bücherbestand so bescheiden ist, dass dafür kein Regal vonnöten ist, und unser Urteilsvermögen zum Thema Kunst in die Kategorie »Picasso ist doch kein Künstler, sondern ein Schmierfink« einzureihen ist, stellt Musik eine tragende Säule des Familienlebens dar. Noch heute sehe ich, wenn ich eine Klavier-Sonate von Schumann höre, meine Pflegemutter am Flügel sitzen. Ich habe mich damals leise in ihre Nähe geschlichen und mir vorgestellt, sie spielte nur für mich.

Trotz intensiver Bemühungen gelingt es Annemi nicht, in all ihren Kindern eine ähnliche Musikbegeisterung zu entfachen. Die Familie spaltet sich in Klavierspieler und Nicht-Klavierspieler, ebenso wie sie sich bereits in Reiter und Nicht-Reiter aufteilt. Die Gruppierungen sind nicht identisch. Ich gehöre zu den Klavier spielenden Nicht-Reitern, Evi und Johannes zu den Klavier spielenden Reitern und Peter zu den nicht Klavier spielenden Nicht-Reitern, nachdem diese Sportart bei ihm kein anhaltendes Interesse hervorgerufen hat.

Annemi hat ein Abonnement für die Museumskonzerte in der Frankfurter Oper, zu denen sie die musikinteressierten Familienmitglieder abwechselnd begleiten dürfen. Oft nimmt sie mich mit, und ich verdanke diesen Abenden meine lebenslange Liebe zur klassischen Musik. Vor allem aber stammt aus dieser Zeit meine zunächst spröde, im Laufe meines Lebens immer intensivere Beziehung zum Werk Gustav Mahlers, dem Georg Solti, einer der ersten großen Mahler-Interpreten, in seiner Frankfurter Zeit zu neuem Ruhm verholfen hat.

An der Seite meiner Pflegemutter erlebe ich die Pianisten Monique Haas, Wilhelm Backhaus, Aram Chatschaturjan und sogar noch Elly Ney, die überwältigende Beethoven-Interpretin, die ihrem Lieblingskomponisten im Alter immer ähnlicher wird. Dass mein Interesse sich schon bald vor allem auf Geigenvirtuosen konzentriert wie David Oistrach, Yehudi Menuhin und Wolfgang Schneiderhan, entspringt allerdings nicht nur meiner Liebe zur Musik, sondern auch der zu unserem neuen Familienmitglied.

Wolfram Königs erste öffentliche Auftritte, Duo-Abende mit Violine und Klavier, sind ein Familienereignis, bringen aber trotz ausverkaufter Häuser nicht den erhofften Durchbruch. Einen Großteil der Karten hat Annemi vorab gekauft und in den Städten, wo die Konzerte stattfinden, an die Angestellten der dortigen Neckermann-Filialen verschenkt. Da die mit Eintrittskarten bedachten Firmenmitarbeiter wissen, dass die Chefin bei den Konzerten anwesend ist, stellen sich alle ein. Vielleicht ist der wohlwollende, anhaltende Applaus am Ende der musikalischen Darbietung Ausdruck echter Begeisterung, denn Wolfram macht seine Sache gut, vielleicht ist der Beifall aber auch eine Hommage an ihre Chefin, Frau Neckermann.

Für meinen Stiefbruder Johannes und mich sind die Auftritte unseres familieneigenen Künstlers Höhepunkte dieser Jahre, besonders für Johannes, der, neben dem Klavierbegleiter auf dem Podium sitzend, die Noten umblättern darf. Und ich? Ich träume davon, dereinst als Frau des Virtuosen elegant und schön in den großen Konzerthäusern der Welt in der ersten Reihe zu sitzen. Dass Wolfram die ersten Konzerthäuser der Welt bis auf wenige Ausnahmen trotz seiner Begabung verschlossen bleiben, hat Annemi doch etwas betrübt, und die Auftritte bei Familienfesten sind kein Ersatz, weder für sie noch für ihn.

Wolfram König wird meine erste und vor allem unglückliche Liebe, unglücklich nicht nur, weil sie kein Happy End hat, sondern weil ich dem mir bis dahin unbekannten Gefühlswirrwarr ahnungslos, hilflos und kopflos ausgeliefert bin. Wenn ich an die ersten Lieben meiner Söhne denke, so sind diese vielleicht nicht weniger intensiv, aber doch gepaart mit einem gesunden Gespür für die Realität verlaufen. Ich habe es damals verloren. Als ich meiner ersten Liebe mit vierzehn Jahren begegne, ist mein emotionaler Hintergrund denkbar ungünstig, da er bereits durch Verlust und Verunsicherung gekennzeichnet ist. Doch seiner ersten Liebe entgeht man nicht.

Wolfram ist für mich der schönste Mann, den ich bis dahin gesehen habe. Im Verhältnis zu seinem Körper ist der kantige Kopf zu groß. Die Stirn und die weit vorspringende, spitz zulaufende Nase mit markanter griechischer Krümmung sind wie aus Holz geschnitzt, doch die dunklen Locken, die ihm beim Geigespielen in die Stirn fallen, verleihen dem Gesicht etwas Weiches. Was ich nicht sehe: Wolfram ist mit seinen sechzehn Jahren selbst noch ein Junge und ebenso hilflos wie ich.

Wir nähern uns vorsichtig. Beide sind wir unerfahren, und Wolfram ist überdies verunsichert, was seine Position in der neuen Familie betrifft. Allein der Großzügigkeit meiner Pflegemutter, die er schon bald Annemi nennen darf, hat er es zu verdanken, dass er in Frankfurt an der Musikhochschule Geigenunterricht nehmen und in der Neckermann-Familie leben kann. Wolfram weiß, dass er sich durch Fleiß und Wohlverhalten dieser Großzügigkeit würdig erweisen muss. Er ist noch einer in der Schar der Dankbaren.

Wir beide, Wolfram und ich, die wir von uns vertrauten Sternen, er von seiner in Kassel lebenden Familie, ich von dem Behütetsein bei meiner Großmutter, plötzlich und nur zum Teil freiwillig in einer fremden Umwelt gelandet sind, fühlen uns zueinander hingezogen. Meine Liebe zur Musik bekommt durch ihn eine neue Dimension. Diese Liebe können wir ungehindert miteinander teilen. Wenn er in seinem Zimmer übt, um sich auf die Meisterklasse bei dem Geigenvirtuosen Wolfgang Schneiderhan vorzubereiten, sitze ich still daneben und höre zu. Als ich kurze Zeit später eine Woche im Bett liegen muss, weil eine Operation am Zeh meinen Ballettambitionen ein unerwartetes und trauriges Ende setzt, bringt mich Wolfram, um mich abzulenken, auf die Idee, das D-Dur-Violinkonzert von Beethoven, das ich inzwischen auswendig kann, zu dirigieren. Mit verbundenem Fuß und ausgestreckten, im Takt schwingenden Armen sitze ich aufrecht im Bett und komme mir vor, als flöge ich über ein imaginäres Orchester hinweg.

Wolframs Ideenreichtum beschränkt sich nicht auf die Musik. Plötzlich hat er ein Ratespiel entdeckt und meint: »Wenn du es nicht schaffst, will ich einen Kuss.« Natürlich hat er ihn bekommen, meinen ersten Kuss. Danach kann ich nicht mehr schlafen, nicht mehr denken und nicht essen. Wir schleichen fortan schuldbewusst in das Zimmer des anderen und fallen uns in die Arme. Bei Tisch werfen wir uns verstohlene Blicke zu. Wir haben eine unausgesprochene Übereinkunft, dass niemand etwas von unserer Liebe erfahren darf, vor allem Annemi nicht, und wissen doch beide, dass sie die Erste sein wird.

Den Heimlichkeiten, die nur für kurze Zeit ihren Reiz haben, sind wir nicht gewachsen, wenn auch aus unterschiedlichen Gründen: Wolfram nicht, weil ihm bewusst ist, dass er sich seiner Gönnerin gegenüber ins Unrecht setzt und seine Karriere gefährdet, was er um keinen Preis möchte, und ich nicht, weil ich spüre, dass unsere kindliche Seligkeit an einem seidenen Faden hängt. Schuldgefühle habe ich nicht. Als Annemi den Zeitpunkt für gekommen hält, mit uns zu sprechen, tut sie es mit jedem von uns getrennt. Wolfram richtet nach diesem Gespräch unter vier Augen kein persönliches Wort mehr an mich. Wenn ich ihn frage, warum er sich so verhält, schweigt er. Verliebtheit, Vertrauen und Vertrautheit lösen sich von einem Tag auf den anderen in nichts auf.

Um mir unmissverständlich deutlich zu machen, dass unsere Liebe endgültig vorbei ist, beginnt Wolfram nun mit meiner Schwester Juli zu flirten. Sie geht darauf ein. Vielleicht kennt sie die Hintergründe nicht einmal. Ich stürze aus dem siebten Himmel der ersten Liebe im freien Fall in das schwarze Loch des ersten Liebeskummers.

Ich bin vierzehn Jahre und beschließe zu sterben. Ich öffne das Fenster meines Kinderzimmers im fünften Stock, steige auf das Fensterbrett und blicke in die Tiefe. Vielleicht habe ich gehofft, meine Pflegemutter würde im letzten Augenblick ins Zimmer kommen, mich vom offenen Fenster wegreißen, in die Arme schließen, und alles wäre endlich, endlich wieder gut. Aber sie kommt nicht, und nichts wird gut. Es ist bereits dunkel, nur die rotleuchtenden Buchstaben »Neckermann« über dem Kaufhauseingang unter mir verbreiten ein warmes, flimmerndes Licht. Lange stehe ich so und halte mich krampfhaft am Fensterrahmen fest, bis die Finger schmerzen. Ich bin nicht schwindelfrei. Fast wäre ich tatsächlich hinuntergefallen, allerdings nicht aus eigenem Antrieb, sondern vor Schreck. Ich höre Menschen von der Straße zu mir hinaufrufen. Das ist das Signal für meinen kleinlauten Rückzug ins Leben.

Ich habe sie überlebt, meine erste, große, unglückliche Liebe. Damals muss ich mir unbewusst vorgenommen haben, dass es genug ist mit den Verletzungen. Wenn es in Zukunft Verletzungen gibt, dann will nicht ich es sein, die sie davonträgt. Ich steige nach dieser neuen Erkenntnis nicht gleich wie der Phönix aus der Asche, aber ich lerne instinktiv zu taktieren, wenn auch zunächst defensiv. Habe ich das unbestimmte, oft nicht einmal zutreffende Gefühl, ein geliebter Mensch könnte mich verlassen, komme ich ihm zuvor.

Jahrzehnte später begegne ich meiner ersten großen Liebe wieder. Wolfram hat eine Frau, die zu ihm passt, und zwei Kinder, die ebenfalls musizieren. Er ist immer noch Musiker, jetzt aber vor allem Musiklehrer. Nun träumt er von der Karriere seiner Kinder. Bei dieser Begegnung erzählt er mir vom Inhalt des Gesprächs mit meiner Pflegemutter, damals am Ostbahnhof. Annemi hat ihm ein Ultimatum gestellt. Entweder er bricht alle Kontakte zu mir ab und sagt mir auch nichts vom Inhalt der Unterredung, oder er muss gehen. Wolfram schweigt und bleibt.

Über Gefühle wird in der Familie nicht offen gesprochen. Auch wir Geschwister sind zurückhaltend, was gegenseitige Offenbarungen unseres Innenlebens angeht. Vielleicht ist es der Altersunterschied, vielleicht Desinteresse, vermutlich aber auch der Umstand, dass alle Familienmitglieder um Annemi kreisen wie die Motten ums Licht. Als Zentrum unserer Welt zieht sie, einem Strudel gleich, alles und alle an und auf sich. Die Kinder, die eigenen wie die angenommenen, orientieren sich an diesem emotionalen Mittelpunkt. Die Beziehung der Geschwister untereinander tritt dagegen in den Hintergrund.

Wir beiden am Ostbahnhof wohnenden Lang-Schwestern Juli und ich bilden da keine Ausnahme. Unser Verhältnis zueinander ist eher peripher und wenig widerstandsfähig. Vermutlich auch dies eine Folge von Annemis Gravitationskraft. Obwohl unsere Zimmer nebeneinander liegen, weiß ich kaum etwas von meiner älteren Schwester Juli und sie wohl auch nichts von mir. Sie ist eine junge Frau, ich bin noch ein Kind. Da gibt es keine Gemeinsamkeiten. Manchmal besuche ich Juli in ihrem Zimmer, wenn sie, die Einzige in der Familie, die Jazz bevorzugt, den Ton so laut aufdreht, dass ich mir die raue Stimme von Billy Holliday lieber neben dem Plattenspieler sitzend anhöre als durch die Wand. Dann schaue ich ihr dabei zu, wie sie sich die Fußnägel rot lackiert, ohne zu begreifen, wofür diese Prozedur im Winter nötig ist, und stehe neben dem Spiegel, wenn sie sich die Wimpern tuscht und dabei die Lippen öffnet wie ein Fisch, der nach Luft schnappt. Sie ist die Einzige, von Annemi abgesehen, die sich schminkt. Aber bei meiner Pflegemutter darf ich nicht zuschauen.

Ein Foto aus dieser Zeit zeigt meine Schwester Juli, wie ich mich am liebsten an sie erinnere. Sie ist neunzehn Jahre alt. Lachend und selbstbewusst schaut sie in die Kamera. Ganz offensichtlich kokettiert sie mit dem Fotografen. Ihr blondes Haar ist zu einem Pferdeschwanz gebunden, der Pony gelockt, und an ihren Ohrläppchen baumeln Modeschmuck-Kirschen, die so rot sind wie ihre Lippen. Viele, die meine Mutter noch erlebt haben, meinen, dass Juli große Ähnlichkeit mit ihr habe, auch in ihrem Wesen. Sie liebt das Leben, sie tanzt gern, sie feiert gern, und sie ist warmherzig und hilfsbereit. Neben ihrer vor Lebenslust knisternden Weiblichkeit dieser Jahre nimmt sich die nur wenig ältere Stiefschwester Evi fast knabenhaft aus. Im Gegensatz zu dieser besucht Juli gern Bälle und die damals beliebten Fünf-Uhr-Tees. In einem Cocktailkleid aus schillerndem Goldbrokat, das sich wie ein Panzer um ihre Figur legt, goldenen Pumps und den nach der Mode der Zeit hochtoupierten Haaren sieht sie aus wie ein Rauschgoldengel, wenn auch einer mit irdischen Gelüsten, was nicht die ungeteilte Zustimmung der Familie findet.

Der echte Rauschgoldengel dagegen, der aus Goldlamé im plissierten, langen Rock, mit fein modelliertem Wachsgesicht und weißem Engelshaar, der alle Jahre wieder auf der Spitze des Weihnachtsbaums thront, vereint alle, denn Weihnachten ist das Fest meiner Pflegemutter und somit auch der ganzen Familie. Es wirft lange Schatten voraus. Die Neckermann'schen Weihnachtsfeste ziehen sich wie ein roter, genauer gesagt güldener Faden durch viele Jahrzehnte. Der Ort aber, an dem ich die Familien-Weihnachtsgeschichte erzähle, ist unsere Wohnung in der Firmenzentrale am Ostbahnhof, weil dort meine Erinnerung an Weihnachten beginnt.

Aus dem Neckermann'schen Weihnachtsfest wird im Laufe der Jahre ein Weihnachtskult, und alles beginnt mit den Weihnachtsbriefen. Nachdem Annemi feststellt, dass es unmöglich ist, allen Familienmitgliedern und Freunden zu Weihnachten zu schreiben, verfasst sie jedes Jahr einen Rundbrief. Versehen mit goldenen Sternchen, sind sie nicht nur Dokumente über ihre Familie, sondern auch Ausdruck ihrer Zeit. Die Weihnachtsbriefe sind naiv in ihren politischen Kommentaren, emotional, wenn meine Pflegemutter von ihrem Mann und ihren Tieren berichtet, und voller Stolz, wenn es um ihre Kinder und Enkel geht, die in diesen Schreiben vor allem an einem Kriterium gemessen werden: der Leistung. Genau genommen sind die Weihnachtsbriefe keine Briefe, sondern Bilanzen, die meine Pflegemutter alle Jahre wieder aufstellt. Ohne Zahlen zu nennen, verteilt sie Noten. Bewusst ist sie sich dessen wohl nicht.

Irgendwann Ende November zieht sich Annemi eines Abends früher als gewöhnlich in ihr Arbeitszimmer zurück und beginnt mit der Niederschrift. Oft will die Weihnachtsstimmung nicht recht aufkommen, weil es draußen regnet, der Himmel grau und trüb aussieht und die Zeit noch nicht gekommen ist, das Weihnachtsoratorium von Bach aufzulegen, das erst ab dem 1. Advent in der Familie zum Einsatz kommt. So bleibt nur eine brennende Kerze, um meine Pflegemutter in vorweihnachtliche Stimmung zu versetzen. Ist es bereits eisig kalt, fällt der Einstieg in die Weihnachtsbriefe leicht. Annemi schreibt: »Draußen schneit und schneit es, jeder Baum und jeder Strauch hat ein weißes Mützchen auf, und die Vögel drängeln sich an unserem Vogelhäuschen.«

Ich besitze fast alle Weihnachtsbriefe meiner Pflegemutter. Mit wenigen Ausnahmen folgen diese Briefe, die Annemis Gefühls- und Gedankenwelt ebenso wie ihre Werteskala trefflich widerspiegeln, immer dem gleichen Muster. Nach allem, was ums Haus flattert, hüpft oder kriecht, kommen die Hunde an die Reihe, danach sind die Pferde dran: Trampas, Antoinette und ihr Fohlen Romana, Chagall, Duero, Venetia und wie sie alle heißen. Berichtet wird von ihren Krankheiten, vor allem aber von ihren Erfolgen, die sich zunächst auf alle reitenden Familienmitglieder verteilen, im Laufe der Jahre aber fast ausschließlich den Dressurreitkünsten ihres Mannes zu verdanken sind.

Politische Ereignisse und deren Einschätzung verwirren meine Pflegemutter. In einem Weihnachtsbrief aus dem Jahr 1974 spürt man ihre Ratlosigkeit, wenn sie im gleichen Atemzug schreibt, wie sehr sie ein »Winnetou«-Film aufgewühlt und schließlich zu Tränen gerührt habe, und im nächsten Satz verständnislos darauf reagiert, dass »man sich vor Vorwürfen umbringt, weil ein Holger Meins nicht essen will und stirbt, der vorher an Überfällen und Morden beteiligt war«. Sie beendet den kurzen Abstecher in die Politik mit den Worten: »Was für eine wirre Welt.« Von dieser wirren Welt möchte Annemi eigentlich nichts wissen. Sie konzentriert sich lieber auf ihre Familie und ihre Tiere.

Annemi informiert die im Laufe der Jahre immer größer werdende Schar der Weihnachtsbriefempfänger darüber, dass der Dackel Wastel einen Leberschaden hat und eingeschläfert werden muss und dass die Katze Morle auch kein Trost ist, dass Wastel im Garten neben ihrem Lieblingspudel Sascha begraben ist, den sie »meinen geliebten besten Freund und Kameraden« nennt und dem sie jeden Abend auf ihrem Spaziergang gute Nacht sagt.

Dann kommen die Kinder. Die Reihenfolge, die sie in den Weihnachtsbriefen einnehmen, kommt einer Rangordnung in Annemis Herzen gleich, und die wird wesentlich von der Neckermann'schen Werteskala bestimmt. Ich nehme Jahr für Jahr die Position des Schlusslichts ein und das nicht nur, weil ich die Jüngste bin. Mein Verhalten entspricht nicht der besagten Skala. Als ich mich in dieser Position schon häuslich eingerichtet habe, rücke ich auf den vorletzten Platz auf und überhole damit meine Schwester Juli. Verhaltene Schadenfreude und ein Quäntchen Stolz wollen schon bei mir aufkommen, da lese ich den Grund. Nicht ich, die bereits zweimal Geschiedene, kann mir dieses Verdienst zuschreiben. Was mich in den Augen meiner Pflegemutter aufwertet, ist mein dritter Mann, der, wie sie über ihn schreibt, »ein guter Arzt und ein besonders liebenswerter Mensch ist«. Ich teile damit das Schicksal meiner ältesten Schwester Uschi, deren Mann, sogar noch nach der Scheidung, in der Weihnachtsbriefrangfolge vor ihr platziert ist.

Beim Lesen der Rundbriefe bekommt man den Eindruck, dass es sich um eine Familie von »Winnern« handelt und dies über Generationen hinweg. Was zählt, sind Leistung und Erfolg. Annemis Enkelkind Susanne, damals fünfzehn, die Tochter meines Stiefbruders Peter, »hat viel Spaß am Schwimmen und bereits recht nette Wettbewerbserfolge. Bei 100 m Kraul hat sie sich immerhin auf 1.16 hinaufgearbeitet.« Christian, ihr Bruder, damals zwölf Jahre, reitet schon in der Seniorenklasse und »hat Platzierungen unter den ersten fünf eingeheimst«, außerdem ist er, wie Annemi stolz vermeldet, »Mitglied einer Rugby-Mannschaft«. Der Schwiegersohn Hänschen Pracht, über den es keine Superlative zu berichten gibt, der aber zumindest eine Einladung im Palast eines Prinzen in Saudi-Arabien vorweisen kann, wird wie jedes Jahr von seiner Frau Evi übertroffen, die »von Erfolg zu Erfolg galoppiert«. Ihr gemeinsamer Sohn Jo-Jo ist »eine ausgesprochene Sportskanone. Er ist als Torwart in die Kreisauswahl berufen worden und spielt im kommenden Jahr in ganz Deutschland und auch im Ausland.« Damit ist die Liste seiner Erfolgsmeldungen noch nicht zu

Ende, denn er ist auch Jugendmeister im Tennis. Das Mofa, das er, wie Annemi schreibt, »so sehr liebt«, sollte ihm schon bald zum Verhängnis werden.

Mein Stiefbruder Johannes darf, so wie er es von klein auf getan hat, auch bei den Weihnachtsbriefen aus der Reihe tanzen. Er ist der Einzige, der nicht mit Leistungen aufwarten muss. Annemi schreibt über ihn: »Johannes hat das Flair eines barocken Landesfürsten, der die schönen Dinge des Lebens liebt.« Über seinen Sohn Markus lassen sich auch keine Höchstleistungen vermelden, darum sind ihm auch nur drei Zeilen zugedacht, in denen er als »echter kleiner Kavalier« aufgewertet wird. Die füllige und eher unsportliche Pflegetochter Sigrid, die bei den Erfolgsmeldungen so gern mithalten möchte, macht, obwohl sie im Stall meines Pflegevaters nie geritten ist und keine diesbezüglichen Neigungen hat erkennen lassen, später Pluspunkte mit dem Kauf von Pferden, die sie zusammen mit ihrem Mann reitet. Pflegekind Wolfram, schreibt Annemi in einem anderen Weihnachtsbrief, »konnte ich zu einer ganz wertvollen Guadagnini-Geige aus dem Jahr 1760 verhelfen, die ihn auf der Erfolgsleiter vielleicht auch ein Schrittchen nach oben bringen wird«. Dass sie damals schon skeptisch gegenüber seiner herausragenden musikalischen Begabung gewesen sein muss, wird mit dem Wort »Schrittchen« angedeutet. Die Hoffnung auf einen großen Schritt hat sie bereits aufgegeben.

Dass Annemi alle Preise, Ehrungen und Auszeichnungen so genau angeben kann, ist nicht einem phänomenalen Gedächtnis zuzuschreiben, sondern dem Umstand, dass die Kinder, die alle im Weihnachtsbrief gut platziert sein wollen, dafür sorgen, dass die Liste ihrer Erfolgsmeldungen rechtzeitig vor Weihnachten bei der Schreiberin eingeht. Fast alle Neckermann-Töchter, -Schwiegertöchter und -Enkelinnen, anscheinend sind Weihnachtsrundbriefe Frauensache, wollen es Annemi gleichtun und verfassen nun ihrerseits allweihnachtlich eigene Rundbriefe, ob sie etwas zu sagen haben oder nicht. Es bleiben müde Kopien.

Meine Pflegemutter aber, wie man die Briefe im Einzelnen auch betrachten mag, hat etwas zu sagen. Sie bringt zum Ausdruck, was in ihren Augen eine Familie zusammenhält: der Stolz dazuzugehören, die Leistung des Einzelnen, die die Familie als Ganzes auszeichnet, und der gemeinsame Wille zum Erfolg. Dass aus dem Willen zum Erfolg Zwang wird und schließlich Druck, dem nicht alle Familienmitglieder gleichermaßen gewachsen sind, hat sich Annemi nicht bewusst gemacht und sicher nicht gewollt. Die Folgen verhindern kann sie im entscheidenden Moment aber auch nicht.

In den November fällt auch der Beginn aller anderen Weihnachtsvorbereitungen. Es fängt mit dem Erstellen von Geschenklisten an, wobei die weitverzweigte Familie nur einen kleinen Teil derer ausmacht, die es zu beglücken gilt. Die Friseuse gehört zu den Beschenkten ebenso wie der Masseur, der Postbote, die Zeitungsfrau und die Verkehrspolizisten, die an den Verkehrsknotenpunkten im Zentrum Frankfurts Dienst tun und die Arme auf freie Fahrt schwenken, sobald sie von weitem das weiße Mercedes-Cabriolet von Frau Neckermann kommen sehen.

Zu Hause wird ein Zimmer eigens für das Päckchenpacken leer geräumt. Übrig bleiben nur die Tische, auf denen sich die Geschenke stapeln, andere, auf denen sie verpackt werden, und ein Regal mit Weihnachtspapier und Bändchen. Nicht jedes Familienmitglied darf diese verantwortungsvolle Aufgabe übernehmen, weswegen Annemi schwerpunktmäßig auf Sekretärinnen der Firma zurückgreift. Ein Geschenk muss, so die Philosophie meiner Pflegemutter, mit der gleichen Sorgfalt verpackt werden, mit der es ausgesucht worden ist. Jedes Geschenk wird vermessen, damit beim Verpacken nicht zu viel Papier abfällt, die Zuhilfenahme von Tesafilm ist untersagt, und die Schleifen dürfen nicht einfach gebunden werden, sondern müssen mindestens vierfach verschlungen sein.

Es gibt zudem genaue Anweisungen darüber, wie das kleine Geschenkkärtchen befestigt werden soll, nämlich nach dem Knoten und bevor die Schleife gebunden wird. Ich hätte mich gern als willige Helferin ins Spiel gebracht, denn natürlich wird beim Päckchenpacken viel erzählt und gelacht. Doch meine Versuche sind in den Augen meiner Pflegemutter nicht zufriedenstellend. Ich bin zu ungeschickt.

Den Weihnachtsbaum bestellt Annemi bereits im September. Sie gibt die Höhe an, die Länge der Zweige, die Abstände zwischen ihnen, die Dichte und die Art der Nadeln. Alles wird genau festgelegt, nichts dem Zufall überlassen. Es ist ihr persönlicher Ehrgeiz, den schönsten Weihnachtsbaum weit und breit zu haben. Spieglein, Spieglein an der Wand, wer ist der Schönste im ganzen Land? Die Beantwortung dieser Frage hängt aber nicht nur vom Tannenbaum selbst ab, sondern auch von seinem Schmuck. Nachdem anfänglich noch große goldene oder silberne Kugeln ausreichen, die weihnachtliche Stimmung würdig zu unterstreichen, gibt sich Annemi schon bald nicht mehr damit zufrieden. Sie will uns jedes Jahr aufs Neue überraschen. Das ist ihr immer gelungen.

Alle Jahre wieder setzt uns der Christbaumschmuck, den meine Pflegemutter bereits im Sommer in Auftrag gibt, in freudiges Erstaunen. Einmal ist es ein Rausch in Rosa: rosa Kerzen und rosa Kugeln, über denen rosa Schleifen befestigt sind. Sogar die Kerzenhalter sind rosa gefärbt. Ein anderes Mal lässt Annemi Weihnachtskugeln anfertigen, bei denen die obere Hälfte hellblau und die untere silbern ist. Auch die Kerzen leuchten in beiden Farben. Die Krönung aber bildet der Christbaumschmuck, bei dem die Kugeln wie Schneebälle aussehen, auf denen bunte Steinchen wie Diamanten glitzern.

Es ist ein feierlicher Augenblick, wenn Annemi die Weihnachtsglocke läutet, worauf die Familie, Erwachsene und Kinder, bereits seit Stunden festlich gekleidet und startbereit gewartet hat. Als sich die Tür zum Klavierzimmer öffnet, das sich, seit Wochen mit dunklen Tüchern verhängt, in die Weihnachtswiese aus »Peterchens Mondfahrt« verwandelt hat, steht meine Pflegemutter da wie der Erzengel Gabriel am Himmelstor. Und während sie sich ans Klavier begibt und Weihnachtsweisen spielt, setzen wir Kinder uns auf die Bänke in der ersten Reihe. Die Erwachsenen nehmen in bequemen Sesseln dahinter Platz, denn zunächst kommen die Darbietungen. Wir Akteure sind hin- und hergerissen zwischen der Neugierde, den für uns bestimmten Gabentisch ausfindig zu machen, und dem Lampenfieber vor dem Auftritt.

Das Weihnachtsprogramm setzt sich vor allem aus Klavierstücken und Gedichten aus der Feder meiner Pflegemutter zusammen. Sie schreibt sie anfangs für ihre Kinder, später für die Neckermann-Kunden, die sie in der Adventszeit mit der bestellten Ware gratis mitgeliefert bekommen, so dass ein Hauch der Neckermann'schen Weihnacht auch die Stuben der Normalverbraucher streift.

1954 erscheint in einer Frauenzeitschrift einer der wenigen Artikel über meine Pflegemutter. Darin wird erst einmal gerätselt, wer hinter diesen rührenden Weihnachtsgedichten steckt. Die Schreiberin fragt sich: »Ist es eine Frau, die in aller Beschaulichkeit ihren Haushalt führt und in einer glücklichen, abgeschiedenen Welt für Mann und Kinder lebt?« Nach dieser Einleitung wird das Geheimnis gelüftet: »Nein, es ist nicht eine normale Hausfrau, es ist Annemarie Neckermann, die Frau des Versandhauskönigs«, welche die Gedichte zur Freude der eigenen Familie wie zu der aller anderen deutschen Familien verfasst, die zum ständig wachsenden Neckermann-Kundenstamm gehören.

Zunächst bestehen die Heftchen aus zehn Seiten und sind mit kleinen Schwarzweißzeichnungen illustriert. Dann werden sie Auflage um Auflage erweitert. Auf dem Deckblatt der ersten hält ein kleiner Junge ein großes Herz in der Hand, auf dem der zweiten Ausgabe, die schon vierundzwanzig Seiten umfasst und den Titel »Gedichte für mein Kind« trägt, prangt ein Tannenbaum, der von den Tieren des Waldes eingerahmt wird. Später hat das Gedichtbändchen, das nun als Hardcover erscheint, sogar vierundsechzig Seiten, und die Zeichnungen sind nicht mehr schwarzweiß, sondern in Farbe. Im Vorwort zu dieser Ausgabe schreibt Annemi, dass inzwischen schon ihre Enkel mit der gleichen Begeisterung und leuchtenden Augen ihre Gedichte aufsagen wie damals ihre Kinder.

Meine Pflegemutter hat recht, wir lieben ihre Weihnachtsgedichte, die wir mit vor Aufregung heiserer und gelegentlich stockender Stimme, wiewohl mit Inbrunst vortragen. Das schönste Weihnachtsgedicht, »Die Christkindleinsuche«, ist alle Jahre wieder meinem Stiefbruder Johannes vorbehalten. Jedes Jahr wünsche ich mir vergebens, auch einmal die Geschichte von dem Kind aufsagen zu dürfen, das in den Wald läuft, um das Christkind zu suchen, bis ihm schließlich ein Engel im Traum erscheint und sagt: »Das Christkind findest du ganz allein, tief drin in deinem Herzelein.« Johannes, inzwischen zum pubertierenden Jungmann gereift, betont diese beiden letzten Zeilen so herzzerreißend, dass sich Annemi ob der gelungenen Interpretation ihres Textes verstohlen eine Träne aus dem Augenwinkel wischt.

Nach diesem überzeugenden Vortrag und der Wiedergabe weiterer literarischer Einlagen aus pflegemütterlicher Feder, die den übrigen Kindern zugedacht sind, folgen kleine Klavierstücke von Scarlatti und Haydn, die Evi und ich mit feuchten Fingern mehr schlecht als recht absolvieren. Es ist wieder Johannes, der hier für den Höhepunkt sorgt. Beim Largo von Händel greift er, beide Füße schwer wie Blei auf den Pedalen, so heftig in die Tasten, dass die Christbaumkugeln des auf dem Flügel platzierten Weihnachtsbaumes, die wie Schneebälle aussehen, im Takt mitschwingen, bis sie klirrend aneinanderschlagen und tatsächlich leise der Schnee rieselt.

Einmal aber gelingt es mir, Johannes mit meiner weihnachtlichen Darbietung zu übertreffen. Für den Heiligen Abend habe ich eine Ballettaufführung vorbereitet. Meine Großmutter lässt mir eigens dafür von ihrer Schneiderin mein erstes und einziges Ballettkleid anfertigen. Das Oberteil ist aus weißem Satin, ärmellos und hochgeschlossen, das kurze Röckchen besteht aus sechzehn übereinander liegenden Tüllbahnen. Auch die Ballettschuhe sind aus Satin. Als sich die Schiebetür zum Weihnachtszimmer am Ostbahnhof öffnet, in dem die Familie bereits ihre Plätze eingenommen hat, und ich zu den Klängen der »Puppenfee«, einem pantomimischen Einakter, auf Zehenspitzen hereinschwebe wie ein leibhaftiger Engel, ist das einer der aufregendsten und erhabensten Augenblicke meiner Kindheit. Jahre später erzählt mir

Großmutter Brückner, dass ihr Mann noch kurz vor seinem Tod von mir gesprochen habe. Er will die kleine Tänzerin noch einmal sehen.

Ist der erste Teil der weihnachtlichen Darbietungen beendet, versammeln sich alle Anwesenden um den Flügel, denn nun werden Weihnachtslieder gesungen, die schönen alten von der »Stillen Nacht« und dem »Tannenbaum« mit den grünen Blättern, und, als Annemi auch noch zu komponieren beginnt, ihre Lieder von der »Weihnachtsfreude« und vom »Gottesreich«. Tagelang üben wir die komplizierten Tonfolgen ihrer Kompositionen, sind ihnen aber am Ende musikalisch nicht gewachsen. Und noch immer sind die Päckchen in unerreichbarer Ferne, denn meine Pflegemutter liest wie jedes Jahr die Weihnachtsgeschichte aus einer in Schweinsleder gebundenen Bibel vor, die aufgeschlagen, aber bis dahin unbeachtet auf einem Tischchen bereitliegt.

Das Klingen der Sektgläser, mit denen die ganze Familie schließlich auf den Heiligen Abend anstößt, ist für uns der Startschuss für den Run auf die Geschenke. Der Ausklang jedes Heiligen Abends vollzieht sich gegen Mitternacht musikalisch, wenn auf Drängen der Familie Annemi, nun sichtlich entspannt nach dem gelungenen Fest, vierhändig mit ihrer Tochter Evi die »Petersburger Schlittenfahrt« von Richard Eilenberg auf dem Klavier spielt. Jedes Jahr werden die Schlitten schneller, bis der vierhändige Geschwindigkeitsrekord des Vorjahres gebrochen ist. Die Weihnachtsabende sind alles in allem festliche, harmonische Stunden für die ganze Familie. Es sind Höhepunkte des häuslichen Lebens, die die Familienmitglieder zumindest kurzfristig vereinen.

Das erste nicht eindeutig zu bestimmende Unbehagen, Auflehnung ist es damals noch nicht, beschleicht mich, als der Heilige Abend aus Termingründen auf den frühen Nachmittag vorverlegt wird. Während der Berufsverkehr tobt, einige noch ihre letzten Weihnachtseinkäufe erledigen und andere den Braten in die Röhre schieben, kommt bei uns hinter lichtundurchlässigen, zugezogenen Brokatvorhängen das Christkind, das ein paar Stunden später noch einmal in den inzwischen gegründeten Kleinfamilien der Kinder seinen Dienst antreten muss.

Wieder wird die goldene Glocke, die die Familie wie seit Jahrzehnten schon ins Weihnachtszimmer ruft, geläutet, und Annemi steht an der Schiebetür wie der in die Jahre gekommene Erzengel Gabriel am Himmelstor. Sie ist erschöpft von den Vorbereitungen der vorangegangenen Wochen, und das dezent aufgetragene Rouge kann weder die Müdigkeit noch die scharfen Linien um den Mund überdecken. Wie am Ostbahnhof stehen auch im Haus in der Kleebergstraße und später in Kirchborn die Sessel für die Gäste bereit, nur liegt jetzt auf jedem ein gedrucktes Programmheft, damit man den Darbietungen besser folgen kann. Die Enkelkinder, die alle ein Weihnachtsgedicht ihrer Großmutter einstudiert haben, sagen es mit den von Annemi beschriebenen »leuchtenden Augen« auf so wie wir damals, und so wie wir stürzen sie sich danach auf die Geschenke. Während drinnen bereits die Kerzen gelöscht werden, ist es draußen noch nicht einmal dunkel.

In späteren Jahren, als es immer schwieriger wird, einen für alle passenden Termin für das gemeinsame Weihnachtsfest zu finden, verlegt meine Pflegemutter den Heiligen Abend kurzerhand einige Tage vor, allerdings mit der Maßgabe, dass ihre Weihnachtsfeier, wenn auch nicht die einzige, so doch die eigentliche bleiben soll. Annemi tut es für ihren Mann, ihre Kinder und ihre Enkel, und ihre Kinder tun es für sie. Der doppelte Heilige Abend ist zumindest für die Enkel erklärungsbedürftig. Die Einzige, die dieses inzwischen erstarrte Familienritual hätte beenden können, ist Annemi. Vielleicht hat sie sogar daran gedacht. Aber es fehlt ihr die Kraft loszulassen.

Als die Lang- und die Neckermann-Geschwister gemeinsam in Oberursel im Garten toben, spielt der Familienname noch keine Rolle, für uns Kinder nicht und nicht für die Pflegeeltern. Auch in den ersten Jahren am Ostbahnhof wird noch kein erkennbarer Unterschied zwischen den eigenen und den angenommenen Kindern gemacht. Das geschieht erst allmählich und wird in dem

Maße deutlich, in dem das Unternehmen wächst, die Familie zu Wohlstand und Ansehen kommt, inzwischen auch gesellschaftliche Verpflichtungen eine Rolle spielen und es die eigenen Kinder sind, die im Neckermann-Unternehmen arbeiten oder an der Firma beteiligt werden, sei es direkt oder indirekt. Meine Stiefbrüder Johannes und Peter treten in das Familienunternehmen ein, und meine Stiefschwester Evi ist über ihren Mann Hans Pracht, der nach der Heirat mit seiner Spedition in das Neckermann-Imperium einsteigt, mit der Firma verbunden. Die Pflegekinder werden nicht einbezogen.

Und ich, die Jüngste, weiß in diesen Jahren nicht, wohin ich gehöre. In meiner Zeit am Ostbahnhof, in der ich die Anna-Schmidt-Privatschule für Mädchen besuche, ehe mich meine Pflegeeltern aufs Internat schicken, steht auf meinen Schulheften und meinen Zeugnissen: »Tini Neckermann«. Bin ich nun eine Neckermann oder eine Lang, was, wenn mein Pflegevater es ausspricht, einem Schimpfwort gleichkommt? Und wer möchte ich selbst gerne sein?

Dazwischen 7

Sie ging in ihrem repräsentativen Arbeitszimmer, das die gesamte Breite des Museumsturmes einnahm, hin und her und blickte nachdenklich durch die Panoramascheiben auf den Park unter ihr, in dem die Bäume, von Künstlerhand geometrisch wie auf einem Schachbrett angelegt, das Wachsen verweigerten. In einer Designervase auf ihrem Schreibtisch, in der die Blumen haltlos wie Mikadostäbe auseinanderfielen, waren wie jeden Montag frische Rosen drapiert. Auf ihrem Schreibtisch lag die Wochenendausgabe der Tageszeitung »Volkskrant«. Beim Vorbeigehen fiel ihr Blick immer wieder auf den einen von ihr rot unterstrichenen Satz. Sie hatte ihn in dem Wunsch markiert, ihn dadurch besser begreifen zu können. Er stand in einem Artikel über ihre vor wenigen Wochen begonnene Tätigkeit als Direktorin des Niederländischen Architekturinstituts in Rotterdam. Der Satz lautete: »Die Mitarbeiter wollen ihre deutsche Direktorin nicht.« Damit war sie gemeint.

Dass der älteste Mitarbeiter, dessen Aufgabe es war, die Teeküche in Ordnung zu halten, bei kleineren Anlässen belegte Brötchen zu servieren und für ihr leibliches Wohl zu sorgen, im breitbeinigen Wiegeschritt seiner Seemannsjahre in ihr Büro gekommen war, hatte sie nicht bemerkt. Sie nahm ihn erst wahr, als er ihr Tee einschenkte und ihr verlegen mit den Worten »Den hat meine Mutter getragen. Er hilft nicht nur gegen Kälte« einen schwarzen, kunstvoll bestickten Wollschal in die Hand drückte.

Vielleicht war es diese Geste, die sie davon abhielt, die Koffer zu packen und einfach abzuhauen, wie sie es bei ihren Männern immer getan hatte. Vielleicht war es aber auch so, dass sie eine berufliche Nie-

derlage einfach nicht akzeptieren wollte. Sie wusste nicht einmal, wie man damit umging. Ihre Tränen konnte sie zurückhalten, bis sie wieder allein war. Das Weinen tat ihr gut. Schließlich wischte sie sich die Tränen ab, zog die schwarzen, verschmierten Lidstriche nach, legte Rouge auf und sagte halblaut zu sich selbst: »So schnell gebe ich mich nicht geschlagen.«

Als sie mehr als ein Jahr zuvor einen Anruf aus den Niederlanden bekommen hatte, ob sie an dem Direktorenposten des dortigen Architekturmuseums interessiert sei und zu einem Vorstellungsgespräch kommen wolle, hatte sie zunächst abgesagt. Zusammen mit ihrem vierten Mann, der inzwischen auch beruflich ihr Partner geworden war, hatte sie gerade erst eine zweite Architekturgalerie in Berlin eröffnet. Erst nach einem weiteren Anruf konnte sie nicht widerstehen und reiste zu einem Gespräch nach Rotterdam. Anderthalb Jahre hatte man dort unter mehr als hundert Bewerbern erfolglos nach einem geeigneten Kandidaten gesucht. Auch sie würde nicht die Richtige sein. Eine Deutsche auf dem Direktorenposten eines nationalen Museums der Niederlande, zudem ohne einschlägige Erfahrung mit einem so großen Apparat, hatte keine Chance. Aber sie liebte Herausforderungen, noch immer. Als das Auswahlgremium sie fragte, ob sie in Personalführung geschult sei, schließlich würde sie gegebenenfalls für mehr als hundert Mitarbeiter verantwortlich sein, antworte sie wahrheitsgemäß: »Bis jetzt waren wir nur drei, aber ich mag Menschen und arbeite gerne im Team.«

Zwei Tage danach erhielt sie die Nachricht, dass man sich einstimmig für sie entschieden habe. Sie bekam einen unbegrenzten und unkündbaren Vertrag. »So etwas ist nur in den Niederlanden möglich«, dachte sie, und dann überlegte sie erst einmal. Es war eine zwiespältige Situation. Die Galerien wollte sie nicht aufgeben, sie waren ihr Lebenswerk. Den Direktorenposten des größten Architekturmuseums weltweit nicht anzunehmen, auch das war ihr bewusst, würde sie immer als verpasste Chance empfinden. Die Entscheidung traf indirekt ihr Mann. Er erklärte sich bereit, die Galerien weiterzuführen. Sie war frei zu gehen. Beide sprangen sie ins kalte Wasser, er in Berlin, sie in Rotterdam. Aber er, dachte sie, nachdem sie den Artikel immer wieder gelesen hatte, war von Freunden umgeben. Sie musste die Menschen, mit denen sie zusammenarbeiten wollte, erst noch für sich und ihre Ideen gewinnen.

Die Begeisterung über die inhaltlichen Möglichkeiten, die das Museum ihr boten, überwog schließlich ihre Enttäuschung über die negative Reaktion ihrer Mitarbeiter. Der zentrale Ausstellungsraum war das großartigste Experimentierfeld, das sie sich vorstellen konnte. Wenn wir erst gute Projekte zusammen machen, dachte sie, werden wir uns auch verstehen. Und sie machten gute Projekte: bemerkenswerte Ausstellungen mit ungewöhnlichen Themen und spektakulären Rauminstallationen, die in der internationalen Fachwelt Aufmerksamkeit erregten. Sie fuhr nach Südafrika, um die Konzeption für die weltweit erste Ausstellung über Architektur und Stadtplanung nach der Apartheid vorzubereiten und einen geeigneten südafrikanischen Kurator zu finden; sie organisierte zur Fußballeuropameisterschaft in Rotterdam eine Ausstellung zur Architektur des Massensports, die so gestaltet war, dass Kinder darin Fußball spielen konnten; sie verwirklichte mit dem in den USA lebenden Architekten Daniel Libeskind ein Ausstellungsprojekt mit einer neun Meter hohen und zwanzig Meter breiten Installation aus Stahlplatten, die dessen konzeptionelle und gestalterische Haltung eindrucksvoll widerspiegelte. Plötzlich kam nicht nur das Fachpublikum ins Museum, sondern auch die breite Öffentlichkeit. Das war es, was sie erreichen wollte.

Die Mitarbeiter waren das von ihr vorgelegte Tempo zunächst nicht gewohnt. Einige gaben auf, doch die meisten ließen sich motivieren, zogen begeistert mit und entwickelten Eigeninitiative. Wenn wenige Minuten vor einer Ausstellungseröffnung noch die letzten Handgriffe getan werden mussten und sie ihre Begrüßungsansprache manchmal so lange hinzog, bis sie ein Zeichen bekam, dass alles fertig sei, wurde ihr auf einmal bewusst, dass sie und ihre Mitarbeiter ein eingeschworenes Team geworden waren. Der Erfolg gehörte allen, und jeder Einzelne fühlte das.

Nach fünf Jahren stand das Museum national wie international so gut da wie nie zuvor. Es hatte ihr die Möglichkeit geboten, ihrer Kreativität, ihren Ideen und ihrem Organisationstalent freien Lauf zu lassen.

Sie hatte erreicht, was sie sich vorgenommen hatte – für das Museum und für sich selbst. Nach diesen ebenso euphorischen wie erschöpfenden Jahren wusste sie, dass es Zeit war zu gehen. Sie wollte wieder dahin zurück, wohin sie gehörte: zu ihrer Familie, ihrem Zuhause und ihrem eigentlichen Leben. Es war der Moment loszulassen.

Siebter Ort

Das Schloss auf dem Hügel

Der Beschluss meiner Pflegeeltern steht fest. Ich komme ins Internat. Mein Gastspiel in der Neckermann'schen Großfamilie dauert nur ein Jahr. Meine Rolle des unverstandenen, exzentrischen Teenagers wird nicht verlängert. Ich habe es meinen Pflegeeltern schwergemacht, und sie machen es sich leicht. Ich bin ein schwieriges Mädchen in einem noch schwierigeren Alter. Als meinen Bruder Mockel zehn Jahre vor mir das gleiche Schicksal ereilt, liegt es an den schweren Zeiten. Während Mockels Eltern unter seiner Abwesenheit leiden, ist meine Abwesenheit eine Erleichterung für die ganze Familie. Beide, meine Pflegeeltern wie meine Eltern damals bei Mockel, verbindet die gleiche Motivation: Sie wollen das Beste.

Die Wahl des Internats verdanke ich dem Umstand, dass man sich auf der Suche nach einer geeigneten Schule daran erinnert, dass mein Bruder Mockel bis zu seinem Tod auf Schloss Bieberstein, einem Landerziehungsheim der Hermann-Lietz-Schulen, gewesen ist, nicht so teuer wie Salem, aber doch standesgemäß. Das entsprechende Internat für Mädchen heißt »Schloss Hohenwehrda«. Beide gibt es noch heute, allerdings nicht mehr nach Geschlechtern getrennt.

Ein glücklicher Zufall will es, dass ich meinem Bruder dort indirekt noch einmal begegne, als ich nach den Sommerferien von Walter Bauer, dem Privatchauffeur meiner Pflegeeltern, ins Internat gebracht werde. Ich gehe die breite Treppe, die vom Speisesaal zu den Räumen der Heimleiterin führt, hinauf, um mich bei ihr zurückzumelden, als ein Mann auf mich zukommt und ruft: »Du musst Mockels kleine Schwester sein!« Er hat mich an der Ähnlichkeit erkannt, von der ich nie zuvor gehört habe. Der Mann, der gerade eine Erinnerungs-Rundreise zu allen Hermann-Lietz-Schulen macht, war ein Klassenkamerad meines Bruders. Er ist sichtlich erfreut, die kleine Schwester seines großen Freundes zu sehen. Den stärksten Eindruck hat auf den damals Fünfzehnjährigen, wie er mir erzählt, die Mutter seines Freundes Mockel gemacht. »Deine Mutter war die temperamentvollste Frau, der ich je begegnet bin. Ich habe deinen Bruder um sie beneidet«, erinnert er sich mit einem Anflug von Wehmut. Als er damals für ein Wochenende mit nach Oberursel fährt, wird er Zeuge eines von Madys Wutausbrüchen, bei dem sie ein volles Tablett mit Geschirr durch die Küche schleudert und kurz darauf schon wieder in versöhnliches Lachen ausbricht.

Das Internatsleben hat schon immer eine große Faszination ausgeübt, in der Literatur und auf der Leinwand. Doch was dieses Leben ausmacht, sind nicht die teils unterschwelligen, teils exzessiven Beziehungs- und Unterdrückungsmuster, die, wie bei Musils *Verwirrungen des Zöglings Törleß* zur Lynchjustiz führen oder im Film »Mädchen in Uniform« der lesbisch liebenden Erzieherin zum Verhängnis werden. Das Besondere, das Prägende dieses Lebens ist das tagtägliche Gleichmaß, sind der monotone Rhythmus und die Begrenztheit auf einen engen Lebensraum in einer Phase, in der sich junge Menschen eigentlich nach außen zu orientieren beginnen.

Das Internat bedeutet eine unfreiwillig zusammengewürfelte Gruppe von Menschen unterschiedlicher Generationen in einer hierarchisch angelegten Struktur mit einer klaren Rollenverteilung in Lehrende und Lernende. Dieses Nicht-entrinnen-Können, weder sich selbst noch dem Umfeld, führt zu einer Fokussierung, die ganz neue, bis dahin nicht wahrgenommene Gefühle, Gedanken und Talente freisetzt. Das, was einen prägt, ist nicht immer das, was man liebt.

Diese nach innen gestülpte Welt, die keine beliebige, schnell mitgenommene Ablenkung zulässt, ist sicher die grundlegende Erfahrung meiner Internatsjahre. Ich sehe mich nach dem Mittagessen, wenn für mindestens zwei Stunden im gesamten Internat Ruhe vorgeschrieben ist, lange Spaziergänge durch den angrenzenden Wald machen. Oft enden sie an der Bahnschranke, dort, wo die Züge von Hersfeld in Richtung Fulda und weiter nach Frankfurt vorbeifahren. Die Schienen folgen an dieser Stelle einem Bachlauf, der an ein Wäldchen grenzt, das sich einen wellenförmigen Hügel hochzieht. Ich sitze in keinem dieser Züge, die wegen einer Kurve kurz vor der Bahnschranke ihr Tempo drosseln. Wenn sie vorbeifahren, versuche ich Gesichter zu erhaschen und ihnen eine eigene Geschichte zu geben. Ich bin gern an der Bahnschranke. Von meinem sicheren Platz am Waldrand aus reise ich in allen Zügen mit. Irgendwann, das weiß ich, werde ich selbst in einem dieser Züge sitzen. Es gibt keinen Grund zur Eile.

In meiner Erinnerung an jene Jahre im Internat ist es immer Winter, obwohl das natürlich nicht der Realität entspricht. Dennoch ist das Gefühl von Kälte vorherrschend, trotz dicker Peter-Scott-Pullover, die fast bis zu den Knien reichen, und Wollröcken, die kratzen. Es ist verboten, Hosen zu tragen, auch im Winter. Ich friere viel. Da die Unterrichtsstunden in vier verschiedenen Gebäuden abgehalten werden und keine der Schülerinnen auf die Idee kommt, für die kurzen Wege einen Mantel mitzunehmen, ist das Krankenzimmer zu dieser Jahreszeit mit Grippepatientinnen überfüllt.

Jeden Morgen geht es ohne Frühstück, oft noch bei Dunkelheit, im Laufschritt zur ersten Stunde und danach zur Morgenkapelle. Sie ist Pflicht für alle. Wir, neunzig Schülerinnen und rund zwanzig Lehrerinnen und Lehrer, stehen im Festsaal des ehemaligen Schlosses, oft ungekämmt, die Träume der vergangenen Nacht noch hinter den halbgeschlossenen Lidern, und lassen die monotone Stimme der Heimleiterin, die den Kalenderspruch des Tages vorliest, an uns vorbeirauschen. Obwohl außer der Direktorin niemand die schläfrige Stille durchbricht, ist die Morgenkapelle wie ein Seismograph. Es gibt Tage, an denen wie vor einem Gewitter

Unruhe und allgemeine Nervosität in der Luft liegen, und solche, die besinnlich und heiter dahinplätschern. Diese Gruppenstimmung, die wie eine Käseglocke über allen liegt, übt eine Macht aus, der sich keiner entziehen kann, ganz gleich, ob sie zu hysterischen Ausbrüchen aus nichtigen Anlässen oder zu allgemeiner Lethargie führt.

Die Mahlzeiten werden im großen Speisesaal eingenommen. Jeden Tag sehne ich mit neunundachtzig anderen Mädchen das Ende des Mittagessens herbei. Es ist die Verteilung der Post, die uns vereint. Die Postfrau schüttet die Briefe aus einem großen Jutesack auf einen Tisch, ordnet sie unter unseren erwartungsvollen Blicken alphabetisch, und noch ehe sie die Namen auf den Briefumschlägen vorliest, die sie oft mehrmals wiederholen muss, weil sie die Schriftzüge nicht entziffern kann, fahren unzählige Hände gleichzeitig in die Höhe. Diese sich täglich wiederholende Szene erinnert mich an eine Robbenfütterung, nur werden uns nicht Fische zugeworfen, sondern Briefe.

Wenn alle Briefe verteilt sind und die Mädchen wieder auseinanderlaufen, bleibt noch ein Häufchen übrig. Es sind diejenigen, die das ersehnte Schreiben nicht bekommen haben. Sie schauen sich fragend um und begreifen nicht, dass alles schon wieder vorbei ist. Die Enttäuschung kriecht langsam vom Herzen ins Gesicht, wo sie sich niederlässt. Einige beschimpfen die Postfrau, obwohl sie es ist, die uns die lebenserhaltenden Injektionen gibt. Die Briefe sorgen für eine Zufuhr an Liebe, Energie, Erinnerung und Zukunft. Danach kreist jede der Schülerinnen wieder in ihrem eigenen kleinen Kosmos.

Die Internatszeit ist auch die Zeit meiner kleinen Gedichte von den großen Gefühlen. Ich reime Gott auf Spott, Liebe auf Hiebe, Baum auf Traum, Sonne auf Wonne, Not auf Brot. Was dabei herauskommt, ist immer das Gleiche: nicht gelebte Gefühle, die so gerne gelebt werden wollen. Die Flut meiner Gedichte, die viele Schulhefte füllt, kann man im wörtlichen Sinne schon fast als handwerkliche Tätigkeit bezeichnen, denn auch Schreiben ist Hand-Werk. Hermann Lietz, der Gründer der Landerziehungsheime, der das Handwerk als wesentlichen Teil seiner Erziehungsprinzipien ansieht, hat allerdings etwas anderes damit gemeint. Dieses Handwerk wird in Gilden, die für alle Schülerinnen Pflicht sind, erlernt.

Ich bedrucke Stoff, nähe Schürzen, schnitze Obstschalen, binde Bücher und töpfere ein Teegeschirr, während gleichaltrige Mädchen in ihrem häuslichen, städtischen Umfeld ins Kino gehen, sich mit Freunden treffen, die Tanzstunde besuchen und ihr erstes Rockkonzert erleben. Abends, wenn eine richtige Familie, so wie ich sie mir vorstelle, gemeinsam vor dem Fernseher sitzt und Salzstangen knabbert, sitze ich wieder in der Kapelle. Diesmal nennt sie sich Lesekapelle, denn die Direktorin liest für die Schülerinnen aller Klassen aus einem Buch vor. Ich kann mich an keinen einzigen Buchtitel aus den sechs Jahren meiner Internatszeit erinnern, diese entspannte abendliche halbe Stunde habe ich jedoch als angenehm im Gedächtnis. Die eintönige Stimme der Vorleserin lässt Raum für das Umherschweifen der eigenen Gedanken. Viele davon gehen zu meiner Großmutter und nach Hause.

Die Briefe, die ich von 1956 bis 1961 aus dem Internat an meine Pflegemutter schreibe, liegen ordentlich gebündelt vor mir. Einige Wochen nach Annemis Tod werden sie mir mit dem Vermerk »zur weiteren Verwendung« zurückgeschickt. Es ist lange her, dass ich sie geschrieben habe, und dennoch fällt es mir nicht leicht, sie zu lesen und zu analysieren. In meinem ersten Jahr im Internat habe ich wie mein Bruder Mockel damals fast täglich geschrieben. Die Briefe an Annemi vermitteln ein irritierendes Bild der Schreiberin. Wenn man nicht weiß, dass die Briefe an die Pflegemutter gerichtet sind, könnte man allein schon aus den Anreden schließen, dass es sich um Liebesbriefe handelt. Da steht: »Meine liebste Einzige«, »Meine Beste«, »Mein geliebter Schatz«, »Mein Liebstes«, »Mein Liebes«, »Meine Süße«, »Mein kleiner Schnug«. So und ähnlich beginnen sie alle, und sie wirken auf mich heute künstlich und bemüht. Damals muss ich wohl so empfunden haben.

Wie in den Briefen meines Bruders dreht sich auch bei mir im ersten Jahr fast alles ums Heimweh. Dennoch gibt es Unterschiede. Mein Bruder Mockel hat Heimweh nach seiner Familie, nach seinem neuen Zuhause in der Baracke. Ich habe, glaubt man dem Inhalt der Briefe, Heimweh einzig und allein nach meiner Pflegemutter. Ich schlage sogar ihr Angebot aus, Freundinnen übers Wochenende mit nach Hause zu nehmen, und begründe das mit den Worten: »Die zwei Tage will ich nur bei Dir sein und Dich genießen.«

Mit übervollem Herzen steuere ich in eine Jahrzehnte andauernde, vielfach verstrickte, von Missverständnissen und Missklängen begleitete, aufreibende Liebe zu meiner Pflegemutter, die zudem immer neu verdient werden muss. Das lähmende Gefühl der Abhängigkeit wie der Sehnsucht kann ich noch erinnernd nachempfinden, die hilflose ergebene wie hilflos fordernde Liebe, die aus meinen Briefen spricht, fühle ich nicht mehr. Sie ist so lange hochtourig gelaufen, dass sie sich, den Kolben eines Motors gleich, am Ende irreparabel festgefressen hat.

Meine neue Mutter, zu der ich bis zu meiner Abreise aus Würzburg noch keine emotionale Beziehung aufgebaut habe, will ich zum Mittelpunkt meines Lebens machen, aus dem mir meine Großmutter so unvermittelt entrissen worden ist. Ich vergötterte Annemi, weil ich damals noch einen Gott brauche.

Dass ich tatsächlich sehr unter Heimweh gelitten haben muss, geht aus einem Brief hervor, den die Heimleiterin Frau Dr. Kutzer am 5. März 1957 an die »Sehr geehrte Frau Neckermann« schreibt: »Tini hat zuerst ein wirklich unendliches Heimweh gehabt, mit dem sie es sehr schwer hatte und das ihr die Freude am Leben hier immer wieder zerstört. Sie ist ein sehr liebevolles Kind, das sich in ganz besonderem Maße an Sie angeschlossen hat. Der Mutti zuliebe versucht sie sich auch immer wieder zu überwinden und einzusehen, dass es gut für sie sei, hier sein zu können. Eine besondere Freude ist mir Tinis menschliche Sauberkeit.«

Am 6. Mai 1957, da bin ich fast ein Jahr in Hohenwehrda, hat das Heimweh einen erneuten Höhepunkt erreicht. Ich schreibe an meine Pflegemutter: »Ich habe so Heimweh nach Dir. Du musst mir versprechen, mich nie«, das Wort nie ist dreimal unterstrichen, »zu fragen, noch ein Jahr länger im Internat zu bleiben. Kannst Du mir nicht versprechen, dass ich nach diesem Jahr im Internat nie mehr wegmuss.« Meine Pflegemutter verspricht es. Kurz bevor mein erstes Jahr auf dem Internat zu Ende geht, breche ich systematisch alle Brücken ab. Ich beende den Cellounterricht bei Frau Böhr, den Klavierunterricht bei der Pianistin Margot Hofmann, die aus der DDR geflüchtet ist und sich als Ausgangspunkt für ihre Karriere im Westen vorübergehend in Hohenwehrda als Musik- und Klavierlehrerin verdingt. Bewusst schließe ich keine neuen Freundschaften mehr. In meinen Gedanken und in meinem Herzen habe ich das Internat bereits verlassen, als ich die Nachricht erhalte, noch weitere fünf Jahre dortbleiben zu müssen.

Die Nachricht kommt schriftlich, und sie kommt von meiner Pflegemutter. Der Vertrauensbruch wiegt schwer. Die angestauten Aggressionen richte ich jedoch nicht gegen die Urheberin des Übels, sondern gegen mich. Ich weiß nicht mehr, wie es dazu gekommen ist; einen bewussten Akt des Protestes hätte ich mir damals nicht zugestanden. Von einer Freundin lasse ich mir meine langen dunklen Haare, auf die ich so stolz bin, abschneiden. Auf einem Schemel im Waschsaal sitzend, wie ein Opfer auf der Schlachtbank, höre ich nur das Schnippen der Schere, während mir unaufhörlich Tränen aus den Augenwinkeln rinnen. In den Spiegel blicke ich nicht. Am nächsten Morgen erkenne ich mich kaum wieder. Das wenige, was von den Haaren noch geblieben ist, steht kurzgeschoren rundherum vom Kopf ab.

Dass ich damals ein interessantes Studienobjekt hätte sein können, erfahre ich viel später, als ich mich und damit auch meine Lektüre emanzipiere. Die amerikanische Schriftstellerin Siri Hustvedt erzählt in Ichform in *Die unsichtbare Frau* davon, wie sich die Protagonistin des Romans an einem Wendepunkt ihres Lebens von ihren langen blonden Locken trennt, bis »kein Haar auf meinem Kopf länger als zwei Zentimeter« ist, und fügt hinzu: »Mein neuer kleiner Kopf schenkte mir so etwas wie eherne Befriedigung.« Und auch Rita Freedman schreibt in *Die Opfer der*

Venus von einem Mädchen, das sich mit zwölf Jahren gegen den Willen des Vaters die Haare abschneidet, um damit zu demonstrieren, dass es ein neues Stadium der Unabhängigkeit erreicht hat.

Die Trennung von den Haaren, mit der dieses Mädchen die Lösung aus einer emotionalen Abhängigkeit symbolisiert, wird bei mir zum Zeichen einer weiteren, wenn auch nicht kampflos erlittenen Niederlage. Zum kurzgeschorenen Kopf ziehe ich einen schwarzweißgestreiften Pullover an. Ich sehe aus wie ein Sträfling und werde bestraft. Die Internatsleiterin Frau Dr. Kutzer, sonst immer eine Stütze für mich, meint nun doch einschreiten zu müssen. Nach dem allgemeinen Frühstück schließt sie ihre täglichen Ansagen diesmal mit den Worten: »Diejenige unter euch, die aussieht wie ein Sträfling, darf das Heim nicht verlassen, bis die Haare nachgewachsen sind.« Es dauert vier Monate, und genauso lange darf ich nicht nach Hause.

Selbst wenn ich damals mit mir, dem Schicksal und vor allem meiner Pflegemutter gehadert habe, in meinen Briefen kommt das nicht zum Ausdruck. Ich mache Annemi weder den Vertrauensbruch noch meine Enttäuschung zum Vorwurf. Stattdessen schreibe ich: »Mein lieber Schatz, ich habe so Angst vor den ganzen fünf Jahren, die ich noch hierbleiben muss. Ich werde es sicher schaffen, weiß nur noch nicht wie. Ich halte es nur aus, wenn ich daran denke, dass Du meinst, ich profitiere davon.« Kein Wort der Kritik. Zwei Wochen später plagen mich neue Ängste. Nun glaube ich, sterben zu müssen, weil ich so starke Kopfschmerzen habe, und schildere Annemi meinen Zustand. Sie geht darauf ein und beruhigt mich in einem ausführlichen Brief: »Wenn man ›so etwas im Kopf hat‹, wie Du schreibst, einen Tumor oder eine Hirnhautentzündung, dann sind die Anzeichen dafür ganz anders. Nun beruhige Dich, mein Liebes, und lache Dich mal feste selber aus, und wenn Du hier bist, gehen wir zum Arzt.« Gründe, dass der Kopf weh tut und fast platzt, habe ich genug. Vielleicht ist meine vermeintliche Todesahnung aber auch ein unbewusster Versuch, meiner Pflegemutter ein paar zusätzliche Gefühle zu entlocken.

Gleichzeitig fühle ich mich wegen meiner traurigen Briefe

schuldig und versuche das wiedergutzumachen. Ich schreibe: »Ich tue alles, was Du mir schreibst, und Heimweh und Kopfschmerzen muss man ruhig mal aushalten, ohne so viel zu jammern.« Dieser Brief endet mit dem Satz: »Du darfst Dir keine Sorgen um mich machen«, obwohl ich im Innersten ja weiß, dass Annemi, sosehr ich es mir auch wünsche, keinen Anlass zur Besorgnis sieht, zumindest was die Ursache der Kopfschmerzen betrifft. Als sie mich bei einer anderen Gelegenheit ermahnt, ehrlich zu sein, warum, geht aus ihrem Brief nicht hervor, gehe ich in meiner Antwort darauf ein, ohne nur einen Moment an meiner Schuld zu zweifeln: »Ich bin sicher unehrlich, wie Du gesagt hast, weil ich Angst hatte, irgend etwas falsch zu machen und Du könntest mir dann böse sein und mich nicht mehr liebhaben.« Und ich füge hinzu: »Muttilein, Du bist doch eigentlich sehr vollkommen und hast so wunderbare Ansichten und handelst so gut. Und da ist es doch ganz klar, dass Dir viel mehr an uns auffällt, was besser sein könnte, als einem anderen Menschen.«

Beim Lesen meiner Briefe hat mich, abgesehen davon, dass ich mit der Schreiberin von damals Mitleid habe, die Vorstellung bedrückt, dass die Liebe zu meiner Großmutter Neckermann in diesen Jahren in den Hintergrund getreten sein könnte. Nach dem Studium aller Briefe, die ich bis zu ihrem Tod an sie geschrieben habe und die ebenfalls wieder in meinem Besitz sind, wird jedoch deutlich, dass diese liebevolle, innige und durch nichts in Frage zu stellende Beziehung zu meiner Großmutter mit unverminderter Intensität andauert. Der Ton unserer Briefe ist vertraut, entspannt, ohne Erklärungsbedarf, ohne Entschuldigungszwang. Der Dialog zwischen meiner Großmutter und mir ist ungetrübt, heiter und von einer für mich noch heute verblüffenden Offenheit. Es geht in meinen Briefen an sie um alles, was mich in diesen Jahren bewegt, aber, und dies ist der Unterschied zu den Briefen an meine Pflegemutter, es geht mit keinem Wort um unsere Beziehung. Wir wissen beide, sie ist unerschütterlich. Vielleicht liegt es daran, dass ich auch bei kritischer Betrachtung der Briefe, die ich an meine Großmutter Neckermann geschrieben habe, keinen falschen Ton entdecken kann. Die Briefe an meine Pflegemutter aus derselben Zeit sind dagegen ein einziger Missklang.

Es ist bestürzend zu beobachten, was aus dem selbstbewussten Kind der Würzburger Tage in nur kurzer Zeit geworden ist. Es hat sich von einem fröhlichen und selbständigen Mädchen in ein unsicheres, abhängiges Wesen verwandelt, das in allen Tonarten um Liebe winselt. Umso bemerkenswerter ist daher der Umstand, dass sich schon damals Ansätze von Auflehnung erkennen lassen. Erste Zeichen entnehme ich meinem Tagebuch. Dort notiere ich am 19. August 1956, wie ärgerlich meine Pflegemutter über mich ist. Meine Schwester Juli, steht da zu lesen, habe ihr gesagt, dass ich eingebildet sei. Im Tagebuch heißt es weiter: »Mutti hat vorhin sehr kühl zu mir bemerkt: Es spricht einiges gegen dich.« Und ich fahre fort: »Früher hätte ich geweint und gebeten, dass sie mir nicht mehr böse ist. Nun ist alles ganz anders, denn ich kenne mich genau. Ich bin auch nicht mehr oder weniger eingebildet als andere Menschen, und die schrecklichen Komplexe, die ich hatte, will ich auch nicht wieder haben, keinesfalls, auch wenn Mutti mich runterputzt.« Das Wort »keinesfalls« klingt wie eine Beschwörungsformel und das Wort »runterputzen« im Zusammenhang mit der Pflegemutter respektlos. Dennoch schätze ich die Folgen richtig ein, wenn ich die Tagebucheintragung mit dem Satz beende: »Ich weiß, wie schwer es ist, sie [die Pflegemutter] zu verlieren.«

Trotz meiner zahllosen Briefe an Annemi gibt es Dinge, die ich ihr verschweige. Es ist die Heimleiterin, die ihr nicht ohne Sorge mitteilt, dass »Ihre Pflegetochter aus missverstandener religiöser Euphorie drei Tage nichts gegessen und vor allem nichts getrunken hat«. Eine in Anbetracht meiner einen Niere nicht ungefährliche Fastenübung, die mit hohem Fieber, einer Nierenkolik und einem mehrwöchigen Aufenthalt im Krankenzimmer des Internats endet. Die Heimleiterin hat es nicht leicht mit dem überspannten Mädchen, das sie ins Herz schließt und im Auge behält. Aber ich werde älter, mit der Zeit entspannter und schließlich ein überwiegend nützliches Mitglied der Internatsgemeinschaft. Auch mein Kampfgeist kehrt langsam zurück. Ich weigere mich hartnäckig, länger in der Böhr-Familie zu bleiben. Alle Schülerinnen sind in Zehnergruppen unter einer sogenannten Familienmutter in einer »Familie« zusammengefasst. Meinen Entschluss setze ich sogar gegen den Widerstand der Heimleiterin durch. Allmählich werden meine Briefe aus dem Internat weniger weinerlich, auch wenn die Liebesbekundungen an meine Pflegemutter nicht an Intensität verlieren.

Wie geht Annemi mit diesen Briefen und dem sich darin widerspiegelnden Gefühlschaos der Pflegetochter um? Sie antwortet fast immer umgehend, ausführlich und liebevoll. Es kann ihr, trotz der ihr entgegengebrachten Liebe, nicht leichtgefallen sein, das Mädchen zu verstehen, das erst ein Jahr in der Familie gelebt hat und besonders viel Aufmerksamkeit und Zuwendung fordert. Als ich meine Pflegemutter bitte, eines meiner selbstverfassten Gedichte mit dem Titel »Angst« zu beurteilen, tut sie das mit großer Ernsthaftigkeit. Die ersten zwei Zeilen: »Ich lebe nicht, ich atme nur/denn Angst ist meine Luft«, hat Annemi mit »gut« bewertet. Hinter den beiden folgenden Zeilen: »Find ich denn niemals mehr die Spur/zu ahnungslosem Blumenduft« steht der Kommentar: »Kitsch«. Neben der letzten Zeile: »Mein Schicksal ist entschieden« macht meine Pflegemutter drei Fragezeichen. Sie schreibt: »Dein Gedicht gefällt mir mit kleinen Änderungen recht gut, nur erschreckt es mich auch. Ich werde gerne mit Dir darüber sprechen, wenn Du wieder zu Hause bist.«

Annemi nimmt ihre Aufgabe und ihre Verantwortung ernst. Ob sie das Pflegekind geliebt hat, lässt sich den Briefen nicht entnehmen, auch wenn sie schreibt: »Vergiss nicht, dass ich und wir alle Dich sehr liebhaben und nichts geschieht, was nicht der Überzeugung, das Beste für Dich zu wollen, entspringt.« In einem anderen Brief steht: »Ich möchte Dich mit aller Liebe in meine Arme schließen. Ich denke so viel an Dich und habe Dich sehr lieb – fühlst Du das?« Ich fühle es nicht, obwohl es nichts gibt, wonach ich mich in diesen Jahren mehr sehne.

Von überall schreibt meine Pflegemutter mir Briefe: aus dem

Krankenhaus, als sie sich den Oberschenkel gebrochen hat, aus dem Urlaub mit Necko auf Cap Ferrat, von einer Weltreise mit ihrem Sohn Peter, vor allem aber schreibt sie beim Friseur, da sich ihre regelmäßigen Dauerwellen-Sitzungen über Stunden hinziehen. Wenn es sein muss, und es muss oft sein, ist Annemi streng mit mir. Enttäuschung und Ermahnungen bestimmen dann den Ton ihrer Briefe. Als ich mich über die sonst von mir verehrte Heimleiterin beschwere, weil diese fürchtet, meine Konzentration könne unter meinem großen Bekanntenkreis leiden, ergreift sie deren Partei: »Wenn Du Dich im Leben ungerecht behandelt fühlst, musst Du vor allen Dingen versuchen, Dich nicht durch unüberlegte, völlig subjektive Reaktionen selbst ins Unrecht zu setzen. Sorge bitte dafür, dass solche Entgleisungen nicht wieder vorkommen, damit machst Du Dich nur unbeliebt und lächerlich.«

An meinen Pflegevater schreibe ich nicht aus dem Internat. In einem Brief an Annemi erkläre ich, warum: »Ich würde Papi so gerne mal schreiben, aber ich habe Angst es zu tun, weil ich mir komisch vorkomme dabei, weil Papi meine Briefe ja sowieso nicht liest, sie sind ja auch sehr langweilig. Aber bestimmt meint er, ich habe ihn nicht lieb, und das will ich nicht.« Von Necko besitze ich einen einzigen Brief. Er schreibt mir zum Geburtstag: »Bleib gesund und vergiss nicht, dass Du jetzt dabei bist, das Fundament für Dein weiteres Leben zu schaffen.«

Neben der Korrespondenz mit meiner Pflegemutter gibt es ein weiteres schriftliches Zeugnis der Internatsjahre, die sogenannten Familienberichte. Nach über einem halben Jahrhundert halte ich sie zum ersten Mal in Händen, chronologisch geordnet und mit dem Vermerk »nicht für die Hand des Schülers«. Nach so langer Zeit ist mir noch immer das Unbehagen gegenwärtig, das ich bei der Beurteilung meiner Person empfunden habe. Vor allem aber bin ich damals beunruhigt, wie meine Pflegeeltern die »Familienberichte« wohl aufnehmen werden.

Möglicherweise hätten mir diese Berichte sogar hilfreiche Aufschlüsse über meine Entwicklung geben können. Heute sind sie für mich auch in Bezug auf die Verfasserinnen aufschlussreich, die, nicht psychologisch geschult und nicht frei von Sympathien wie Antipathien, mit ihren Beurteilungen doch meistens ins Schwarze getroffen haben.

Von Frau Böhr, der ersten »Familienmutter« meiner Internatsfamilie, stammt der Familienbericht vom Sommer 1957: »Tini hat durchweg gute Leistungen erarbeitet. Nach ihren eigenen Aussagen vor allem, um damit gegen ihr Heimweh anzugehen, das sie immer wieder zu überwältigen droht. Es liegt die Vermutung nahe, dass eine Wurzel ihres heftigen Heimwehs ihr bemerkenswerter Trotz ist.« Im beigefügten Brief der Heimleiterin werden die Hintergründe des Heimwehs etwas milder betrachtet. Frau Dr. Kutzer schreibt an meine Pflegemutter: »Das Heimweh ist für Tini eine ganz große Belastung bei allem guten Willen, es zu überwinden, und bei aller Einsicht, die sie aufbringt, dass die Zeit hier für sie gut und notwendig ist.« Die eine betont den Trotz, die andere die Einsicht, konstant ist nur eines: das Heimweh. Die beiden so unterschiedlichen Beurteilungen hätten meinen Pflegeeltern die Fragwürdigkeit der Familienberichte deutlich machen können. Sie tun es nicht. Mehr noch: Meine Pflegeeltern sprechen nicht mit mir darüber.

Meine zweite Familienmutter, die Sportlehrerin Frau Hagge, beschreibt die Sechzehnjährige in ihrem Familienbericht als »ausgeglichen und ruhig«. Sie fährt fort: »Tini steht ihren Kameradinnen mit Rat und Tat zur Seite, weswegen sie auch zur Familiensprecherin gewählt wurde.« Frau Hagge bescheinigt mir Ehrgeiz und Eigensinn. Aber das ist noch nicht alles: »Zuweilen kann sie überheblich sein, vertritt ihre Ansicht mit Nachdruck und lässt sich von nichts davon abbringen. Wenn es gilt, ihre Wünsche durchzusetzen, bleibt sie hartnäckig.« Als Postskriptum ist vermerkt: »In der Auswahl ihrer Kleidung ist sie exzentrisch.«

Ebenso aufschlussreich wie die Familienberichte sind die Markierungen am Rand, die, das erkenne ich an der kleinen, spitzen Handschrift, von meinem Pflegevater stammen. Rot angestrichen sind bezeichnenderweise die negativen Seiten meines Charakters, die noch der Korrektur bedürfen. Das Prinzip ist durchgängig. Dick unterstrichen sind die Worte »hartnäckig und eigensinnig«. Im darauffolgenden Familienbericht meiner dritten Familienmutter Frau Schreyer ist gleich ein ganzer Satz angekreuzt. Er lautet: »Tini ist eigenwillig und nicht ganz leicht zu lenken. Da ihr selbst der Überblick fehlt, wird manches, was ihrer elementaren Hilfsbereitschaft entspringt, zur bloßen Betriebsamkeit.«

Gerade das, was Annemi und Necko bei ihrer Pflegetochter als schlechte Eigenschaften ansehen und worüber sie sich bezüglich meiner weiteren Entwicklung Sorgen machen, sind für mich heute erstrebenswerte Tugenden: Eigensinn, Eigenwilligkeit, Hartnäckigkeit. Mag sein, dass dies nicht die Eigenschaften sind, die man mit der Vorstellung einer höheren Tochter verbindet. Bei ihren Söhnen, da bin ich sicher, wären meine Pflegeeltern auf solche Beurteilungen stolz gewesen.

Was man mir dagegen zubilligt, ist meine mir in allen Familienberichten bescheinigte Hilfsbereitschaft. Ich arbeite freiwillig im Kindergarten des Dorfes mit, spiele im Waisenhaus den Nikolaus, leiste im Krankenhaus während eines ganzen Jahres Wochenenddienst, organisiere eine Hilfsaktion für Flüchtlinge, auch wenn diese karitativen Aktivitäten durchaus eigennützige Züge haben, da ich so wenigstens für kurze Zeit dem Internat den Rücken kehren kann. Im Familienbericht von Frau Schreyer steht weiter: »Ihre elementare Hilfsbereitschaft hatte diesmal zur Folge, dass Tini alle Schüler zu Spenden für das Flüchtlingslager im Dorf aufrief, und es ist ihr nur schwer klarzumachen, dass es Dinge gibt, über die nicht sie, sondern die Eltern das Verfügungsrecht haben.« Anlass für diese Bemerkung sind die Beschwerden zahlreicher Eltern bei der Heimleitung, weil ihre Töchter einen Teil ihrer teuren Garderobe verschenkt haben. Auch ich bekomme in diesem Zusammenhang Ärger mit meinem Freund Rudi, als ich ihm freudig berichte, dass ich sein selbstgemaltes großes Ölbild, das er mir zum Geburtstag geschenkt hat, einer Flüchtlingsfamilie überlassen habe, um ihre armselige Wohnung damit zu verschönern.

Die Berichte meiner Mathematik- und Chemielehrerin Frau Dr. Schreyer, die bis zum Ende meiner Schulzeit meine Familienmutter ist, sind, obwohl sie immer wieder meine Oppositionshaltung moniert, nicht ohne Wärme und Sympathie für mich. In ihrem letzten Familienbericht zieht sie ein Resümee: »Tinis Entwicklung im Heim hat im Ganzen gesehen einen durchaus positiven Verlauf genommen. Aus dem heimwehkranken Kind des ersten Jahres wurde in der folgenden Zeit ein fleißiger, nachdenklicher junger Mensch, aufgeschlossen für alle Fragen des Unterrichts und des Lebens in der Gemeinschaft, mit Freude und Spürsinn für das Originelle, in den Unterrichtsstunden oft auch ein Hemmnis in der hartnäckigen Verteidigung vorgefasster Meinungen. Insgesamt also ein durchaus belebendes Element.«

Ob ich im Internat, aufs Ganze gesehen, glücklich gewesen bin? Vielleicht ist das nicht das Maß für diese Zeit. Nach dem ersten Heimwehjahr gibt es auch gute Phasen. Ich beginne mich einzuleben und meine soziale Rolle in dieser Gemeinschaft auszuloten, die Rolle, die ich einnehmen möchte, und die, die man mir zuschreibt. Allmählich begreife ich, dass es nicht nur darum geht, die Forderungen und Erwartungen der anderen zu erfüllen, sondern auch darum, die eigenen ernst zu nehmen. Auch in anderer Hinsicht nehme ich mich neu wahr. Nachdem ich die ersten Jahre im Internat nur weite graue Röcke und noch weitere Pullover getragen habe, entdecke ich die Freude an meinem Äußeren und damit einhergehend eine figurbetonte Garderobe.

Von meinem Taschengeld lasse ich mir im Dorf Wehrda, das unterhalb des Schlosses liegt, eine rote, ausgeschnittene Leinenbluse nähen, wage aber nicht, sie zu Hause zu tragen. Nur in den Ferien bei meiner Großmutter Neckermann kommt sie zum Einsatz. Ich kaufe mir den ersten rosa Lippenstift, obwohl ich ihn im Internat nicht benutzen darf, und ich lackiere mir die Nägel mit blauem Nagellack, auch wenn meine meist angeknabberten Fingernägel damit nicht besser aussehen und stattdessen noch die Aufmerksamkeit auf sich ziehen. Einen Tag bevor ich nach Hause fahre, creme ich mir mein Gesicht mit dem damals neu auf den Markt gekommenen Selbstbräunungsmittel »Tamlo« ein. Meine Bestürzung ist groß, als mein Gesicht am nächsten Morgen statt sonnengebräunt quittengelb aussieht. Die Chemielehrerin, bei der wir an diesem Tag Unterricht haben, erklärt vor der ganzen Klasse, sie werde mich das nächste Mal für chemische Versuche einsetzen. Ungeachtet solcher Rückschläge gewinne ich allmählich an Selbstvertrauen.

In dieser Zeit entdecke ich nicht nur mich neu, sondern auch das Lesen. Ich hole die alten Romane aus dem Besitz meines Vater hervor. Ich lese, was er gelesen hat, und fühle mich ihm nah: das *Tagebuch des Verführers* von Kierkegaard, *Die Teufel von Loudun* von Aldous Huxley, nahezu alle Romane von André Gide und Stendhal, und ich vertiefe mich in Hölderlin und Hofmannsthal. Ich begegne den großen Frauen der Literaturgeschichte, den unkonventionellen, unangepassten, mutigen, emanzipierten und exzentrischen: Lou Andreas-Salomé, Claire Goll, Isabelle Eberhardt, Gertrude Stein, die Gräfin Reventlow, Bettina von Arnim, Simone de Beauvoir, Vita Sackville-West, Marguerite Duras und den Green-Schwestern. In meine Liebe zu Autobiographien wie Biographien beziehe ich im Laufe der Jahre auch die Lebensgeschichten männlicher Wesen mit ein.

Die Faszination, die bemerkenswerte Frauen bis heute auf mich ausüben, wird durch die Literatur genährt, in der Realität der Internatszeit aber gibt es kaum eine Schülerin, die über diesen Lebensabschnitt hinaus für mich von Bedeutung geblieben ist. Es sind in diesen sechs Jahren auf Schloss Hohenwehrda nur wenige, deren Namen ich noch weiß, und nur eine ist darunter, die aus heutiger Sicht meine persönliche Entwicklung beeinflusst hat. In der Regel, das geht aus den Familienberichten hervor, bin ich es, die Einfluss auf meine Mitschülerinnen ausübt.

Anders ist das bei meiner Freundin Isabelle. Graziös und kapriziös, wirkt sie in der Umgebung von Topfpflanzen wie eine schillernde, giftige Blume, die anlockt, um abzustoßen. Isabelle gehört zu den »hoffnungslosen Fällen« des Internatslebens. Sie stammt aus einer traditionsreichen Unternehmerdynastie. Die Eltern leben getrennt. Das Vermögen gehört zum größten Teil der Mutter, was zu Auseinandersetzungen nicht nur zwischen den Eltern, sondern auch zwischen Isabelle und ihrer Mutter führt. Mehr noch als durch Geld, das vorhandene wie das vorenthaltene, wird ihr Wesen durch die Folgen ihrer Behinderung.

Dieser körperliche Makel hebt ihre ansonsten makellose, strenge Schönheit noch hervor und steigert ihre Faszination. Im Laufe unserer Freundschaft nehme ich mit Erstaunen wahr, wie gekonnt sie ihr körperliches Defizit einsetzt, um ihre Ziele zu erreichen, und das sind vor allem Männer. Wenn Isabelle den Beschützerinstinkt wecken will, und sie hat ein untrügliches Gespür dafür, welche Strategie bei dem jeweiligen Mann Erfolg verspricht, sieht sie das Objekt ihrer Begierde mit ihren großen, grünblauen Augen hilflos an und bittet es um Unterstützung bei irgendeiner Aufgabe, die sie problemlos selber meistern könnte.

Hält Isabelle es für taktisch angebracht, die Verehrer mit Selbständigkeit zu beeindrucken, dann macht sie ihre Behinderung mit unglaublicher Geschicklichkeit vergessen. Sie hat den Instinkt eines Jägers. Das Ziel immer im Blick, legt sie die Fährte aus. Wenn sie abzieht, trifft sie. Es ist für sie mehr als ein Spiel, es geht um Sieg, dahinter steht ein unstillbares Verlangen nach Bestätigung. Meist lässt sie das erlegte Wild achtlos liegen.

Ihr physisches Handicap gleicht sie aus mit Kraft, Selbstdisziplin und Entschlossenheit. Sie bewahrt Haltung. Sie legt keinen Wert auf Mitleid, es sei denn, sie provoziert es.

Isabelles Feindseligkeit gegen ihre Mutter hat tiefe Wurzeln. Die Tochter gibt ihr die Schuld an ihrer Behinderung, da die Mutter die Krankheit aus Fahrlässigkeit, wie sie meint, nicht rechtzeitig erkannt habe. Der Grund, warum das Mädchen ins Internat abgeschoben wird, liegt nicht nur in der Eskalation der Auseinandersetzungen zwischen Mutter und Tochter und dem zerrüttetem Verhältnis der Eltern, sondern dürfte auch damit zu tun haben, dass die Mutter beim Anblick der Tochter an das ihr vorgeworfene Versagen erinnert wird.

Meine Freundin erzählt mir von einer Begebenheit, die sie mit sechs Jahren erlebt. Sie besucht eine öffentliche Badeanstalt, die anderen Kinder verspotten sie und rennen hinter ihr her. Isabelle läuft weg. Sie geht nie wieder in ein Schwimmbad. Sie ist aber auch nie wieder weggerannt.

Als Isabelle ins Internat nach Hohenwehrda kommt, ist sie kein Mensch mehr, den man bedauert. Die Schülerinnen fürchten ihre Schroffheit, ihre Arroganz, und sie entwickeln Neid, Neid auf Isabelles Selbstsicherheit, ihre Schönheit, ihren Stolz und ihr Geld, das sie ganz selbstverständlich zur Schau stellt. Tragen wir damals vor allem Wollpullover in Übergrößen, so kleidet sich Isabelle in Kaschmir-Twinsets von Rodier, die ihre Perlenkette besonders gut zur Geltung bringen. Sie hat gelernt, mit ihrem Makel zu leben. Ihr Verhalten und ihr Wesen sind so darauf abgestimmt, dass mir damals gelegentlich der Gedanke kommt, sie könne gar nicht mehr auf ihn verzichten, ohne dass dies tiefgreifende Veränderungen in ihrer Persönlichkeitsstruktur hervorriefe.

Was uns über Wochen intensiv und ungetrübt verbindet, ist ein gemeinsames Projekt, das wir beide mit der gleichen Begeisterung verfolgen. Ich habe ein Märchen geschrieben, und Isabelle vertont es. Es handelt von einem unsichtbaren Wesen auf einer Wolke, einem Mulmchen, das in Liebe zu einem Prinzen entbrennt. Als es schließlich das einzige Gebot der Mulmchen, nicht zu weinen, bricht, weil es um den Prinzen, der sich in der Wüste verirrt hat, bangt, löst sich die Wolke, auf der das Mulmchen lebt, durch seine Tränen auf und geht als Regen zur Erde nieder. Den Prinzen rettet es vor dem Verdursten, und das Mulmchen, losgelöst von seiner Wolke, wird sichtbar und schwebt als bezauberndes Geschöpf, in welches sich der Prinz nun seinerseits verliebt, zur Erde nieder. Happy End. Etwas anderes hätte ich niemals zugelassen.

Ungeachtet der literarischen Schwächen komponiert meine Freundin die Musik dazu. Das Mulmchen, der Prinz, die böse Königin, der Donner, der Regen, jede Figur hat ihre eigene Erkennungsmelodie, die Isabelle mit großer Musikalität und Phantasie gegen- und zueinander führt. Ihre manchmal zarten, manchmal stürmischen Melodien, die von einer echten Begabung zeugen, erfüllen die Kapelle des Internats, die bis auf den Flügel, der nur durch eine Stehlampe erhellt wird, im Dunkeln liegt. Täglich verbringen wir dort nach dem Unterricht viele Stunden. Während ich die Texte lese, spielt Isabelle dazu.

Wir beschließen, aus unserer musikalisch-literarischen Gemeinschaftsproduktion eine Schallplatte zu machen, was uns mittels Tonbandaufzeichnungen, die wir im Internat aufnehmen, und unter Inanspruchnahme eines Tonstudios, das die Bänder auf Schallplatte überträgt, auch gelingt. Ich schenke sie meiner Pflegemutter und meiner Großmutter. Wem Isabelle unsere Schallplatte geschenkt hat, weiß ich nicht.

Meine Freundin Isabelle hat einen Traum. Er kommt immer wieder. Am Morgen danach geht es ihr schlecht. Da ich gelesen habe, dass es gut sei, seine Träume aufzuschreiben, ermuntere ich sie dazu. Sie zweifelt daran. Am Ende bin ich es, die ihren Traum aufschreibt. Bewusst aufgehoben oder gar ordentlich abgeheftet habe ich die beiden eng beschriebenen Seiten nicht. Ich habe vergessen, dass ich sie besitze. Nun finde ich sie, wie so vieles, was in alten Kartons auf mich gewartet hat.

Der Traum: Isabelle ist in einem Sterbehaus. Es ist ein großer Saal, dessen Ende nicht zu erkennen ist. In scheinbar unendlichen Reihen stehen Pritschen. Auf jeder liegt unter einem weißen Laken ein Sterbender, einer ist ihr Vater. Über den Kopfenden der Pritschen hängen Spiegel. Die Wärter, die schweigend die Reihen abschreiten, blicken nicht in die Gesichter der Sterbenden. Sie blicken in die Spiegel. Sobald kein Atemhauch mehr deren Oberfläche trübt, wissen sie, dass der Tod eingetreten ist. Das Leintuch, das über den Körper ihres Vaters gebreitet ist, wird immer flacher. Isabelles Vater wird körperlos. Nur der Kopf und die Hände sind noch zu sehen. Der Kopf spricht mit ihr. Im Bett daneben liegt eine tote Frau, deren Schwester bei ihr ist. Die Tote und die Lebende sprechen den ganzen Tag miteinander und trösten einander mit den Worten: »Wir sehen uns wieder. Wir sehen uns wieder.« Der Kopf des Vaters sagt, seine Tochter solle den Schwestern zuhören. Sie hält die Hand des Vaters, bis diese sich allmählich auflöst. Als Isabelle ihre Finger spreizt, fallen die des Vaters hindurch.

Der Traum meiner Freundin ergreift von mir Besitz. Auch ich bin in einem Sterbehaus. Ich sehe mich selbst auf einer Pritsche liegen und beobachte mich im Spiegel, der schräg über meinem Bett hängt, ich sehe wie der Hauch, den mein Atem auf dem Spiegel hinterlässt, immer schwächer wird. Ich sterbe nicht, ich wache auf. Da ich in dieser Zeit oft Alpträume habe, vom Davonlaufenwollen, ohne von der Stelle zu kommen, von einer Tür, die ich nicht rechtzeitig schließen kann, um der Gefahr zu entkommen, von einem Brunnen, in den ich falle und der kein Ende nimmt, versuche ich, wenn schon nicht den Inhalt, so doch wenigstens das Ende meiner Träume zu bestimmen. Ich zwinge mich im Traum aufzuwachen. Es ist eine große Anstrengung. Wenn es nicht beim ersten Versuch gelingt, ziehe ich im Traum meine Augenlider mit Daumen und Zeigefinger hoch und wache auf. Im letzten Moment bin ich immer der Gefahr entronnen.

Ich rechne damit, dass meine Freundin eines Tages vom Internat verwiesen wird. Sie geht auch davon aus. Dennoch kommt dieser Tag schneller, als wir erwartet haben. Die Verantwortung der Heimgemeinschaft gegenüber, auf die Isabelle einen destruktiven Einfluss ausübe, so heißt es, mache diesen Schritt erforderlich. Als der Privatchauffeur mit einer schwarzen Limousine vorfährt, um Isabelle nach nicht einmal einem Jahr auf dem Internat abzuholen, bin ich die Einzige, die im Hof vor dem Schloss steht, um von ihr Abschied zu nehmen. Sie drückt mich fest an sich und steigt in den Wagen. Ich winke. Isabelle dreht sich nicht mehr um.

Später begegnen wir uns wieder. Sie lädt mich in ihr Ferienhaus an der Ostsee ein. Sie fühlt, dass meine Ehe in der von ihr prophezeiten Sackgasse gelandet ist. Ich weiß es. Die Reise an die See markiert den letzten Schritt aus meiner ersten Ehe. Isabelle, deren Freude am Chaos sich seit den Internatstagen nicht gelegt hat, kommt meine verzwickte Situation sehr entgegen. Sie verspricht Abwechslung und Unterhaltung für sie und neue Verwirrung für mich.

Ich fahre mit meinem kleinen Sohn Matthias im Schlafwagen. Damit er in dieser ungewohnten Umgebung nicht allein im Bett liegen muss, nehme ich ihn zu mir ins obere Bett. Ich liege am Rand und habe meinen Sohn im Arm, doch ich fürchte, er könnte, während ich schlafe, über mich hinwegkrabbeln und herunterfallen. Die ganze Nacht liege ich wach und starre in die Dunkelheit. Als wir ankommen, steigt die Sonne gerade über den Horizont empor. Isabelle steht am Bahnhof. Sie trägt einen gelben Pullover, passende gelbe Kniestrümpfe und einen blauen Leinenrock. Es geht ihr gut, und sie freut sich. Ich freue mich auch, aber es geht mir nicht gut. Ich fühle, dass ich mich in den vergangenen vier Ehejahren immer weiter von mir entfernt habe, ohne noch zu wissen, wohin. Isabelle schenkt mir damals einen Ring, einen goldenen mit einem blauen Stein, aus dem das Wappen herausgekratzt ist. »Graviere deine eigene Geschichte hinein«, sagt sie, als sie ihn mir an den Finger steckt. Und sie fügt hinzu: »Ich hoffe, die Geschichte gefällt mir.«

Die Internatszeit hält noch zwei Höhepunkte für mich bereit, wenn auch der eine in einem Absturz endet. Meine sechzigseitige Jahresarbeit mit dem Titel »Das Pferd in den Märchen der Völker«, die Passion meines Pflegevaters hatte ich bei der Themenwahl nicht im Sinn, wird als die beste meines Jahrgangs ausgezeichnet. In der Begründung werden die fundierte Recherche, die über vierhundert Märchen aus zwölf Ländern einbezieht, die schlüssige Analyse und die überraschende Schlussfolgerung genannt. Die feierliche Verleihung findet in Anwesenheit aller Schülerinnen und Lehrer in der Kapelle statt. Von der Familie ist niemand gekommen. Die auf mich gerichteten Blicke der Anwesenden, die Preisverleihung und der anschließende Applaus fallen auf mich nieder wie sanfter Abendregen nach einem heißen Tag und wirken ebenso belebend wie beglückend.

Der zweite Höhepunkt ist das Abitur. Ich habe es geschafft. Sechs Jahre Internat. Sie stellen sich am Ende nicht als die schlechteste Zeit meines Lebens heraus, und auch meine Pflegeeltern sind zufrieden. Annemi und mein Stiefbruder Peter sind zur Abiturfeier aus Frankfurt angereist. Sie soll der krönende Abschluss meiner Schulzeit werden. Da ich Klassen- und Internatssprecherin bin, ist es meine Aufgabe, die Abitursrede zu halten. Nachdem die G-Dur-Messe von Schubert, die Frau Böhr aus diesem Anlass mit den Schülerinnen eingeübt hat, verklungen ist, besteige ich in der Internatsuniform, blauer Blazer und grauer Rock, das Podium und hole drei beidseitig beschriebene Blätter aus meiner Jackentasche. Es ist eine Rede, die nie gehalten wird. Nach wenigen, stammelnd über die Lippen gebrachten Sätzen versagt mir die Stimme. Ich breche in Tränen aus und laufe aus dem Saal. Diesmal ist es nicht Heimweh, sondern Abschiedsschmerz. Und es ist nicht meine Pflegemutter, die mich später tröstet, sondern die Heimleiterin.

Die Internatszeit könnte mit dieser unrühmlichen Begebenheit abgeschlossen werden, doch es sind noch zwei Dinge nachzutragen:

1. Nachtrag: Als Abitursgeschenk verspricht mir meine Pflegemutter eine Reise mit ihr nach Afrika. Es ist mein größter Wunsch. Monatelang bereite ich mich darauf vor, und die Vorfreude wächst mit jedem Tag. Annemi vergisst ihr Versprechen. Ich vergesse es nicht, aber ich wage nicht, sie daran zu erinnern. Es bleibt der Traum von einer gemeinsamen Reise in ein fernes Land, die wir nie zusammen gemacht haben. Nicht nach Afrika und auch sonst nirgendwohin.

2. Nachtrag: Der Anwalt der Firma Neckermann schickt eine beglaubigte Abschrift meines Abiturzeugnisses an meinen Pflegevater und bemerkt in einem beigefügten Schreiben: »Sehr verehrter Herr Neckermann, Sie sind sicher stolz auf die herausragenden Leistungen Ihrer Pflegetochter Tini. Sie wird es sicher weit im Leben bringen.« Der Brief ist für meinen Pflegevater der Anlass, mir zum Abitur zu gratulieren.

Dazwischen 8

Ich schaffe das nicht, ich sage ab, dachte sie, als sie auf das Fieberthermometer sah, dessen Quecksilbersäule auf über 40 Grad angestiegen war. Ihr Körper wurde abwechselnd von Schüttelfrost und Hitzewallungen heimgesucht. Sie zog die Bettdecke bis unters Kinn und vergrub den Kopf so tief in das Kissen wie der Vogel Strauß den seinen im Sand. Sie wollte nichts sehen und hören, vor allem wollte sie in diesem Zustand keine Entscheidung treffen. Am nächsten Morgen sollte sie zu einem einstündigen Fernsehinterview in den Sender Freies Berlin kommen.

Das Fernsehinterview hatte sie nicht nur als Anerkennung ihrer Arbeit als Architekturgaleristin betrachtet. Es war auch eine Herausforderung. Der Journalist, der sie dazu eingeladen hatte, war ihr, das wusste sie aus früheren Begegnungen, wohlgesinnt, dennoch hatte er es abgelehnt, mit ihr über die Fragen zu sprechen, die er ihr stellen würde. Ihr Fieber hatte, auch wenn eine Grippe diagnostiziert worden war, mit dem kommenden Tag zu tun, da machte sie sich nichts vor. Es wäre ein für alle Beteiligten einleuchtender Grund gewesen, das Interview abzusagen, nur nicht für sie.

Als sie nach einer unruhigen Nacht am nächsten Morgen erwachte, zeigte das Thermometer noch immer 39,5 Grad. Wenn ich diese Herausforderung nicht annehme, dachte sie, nehme ich auch keine andere mehr an. Ihr Entschluss stand fest. Sie fühlte sich durch das Fieber wie in einem Schwebezustand, fast wie eine Schlafwandlerin. Es war kein unangenehmes Gefühl. Als sie im Sender ankam, schüttelte die Maskenbildnerin nachdenklich den Kopf: »Ich weiß nicht, wie ich das kaschieren soll«, meinte sie und tupfte die Schweißperlen auf der glühenden Stirn der Frau ab, die sich am Schminktisch niedergelassen hatte. Sie war nicht mehr jung, aber auch nicht unattraktiv mit ihren mittellangen, rötlich-braunen Haaren, unter denen lange mattsilberne Ohrringe hervorblitzten, die den Ton des im Leopardenmuster schwarzweißgesprenkelten Schals aufnahmen, den sie über einem schwarzen Wollkleid trug. Die langen Beine in schwarzen, blickdichten Strümpfen würden sich, das sah die Maskenbildnerin auf einen Blick, gut bei Gesamtaufnahmen machen, was aber sollte sie bloß gegen die Schweißtropfen tun? »Ist das Ihr erster Fernsehauftritt?«, fragte die Maskenbildnerin teilnahmsvoll. Es war nicht ihr erster Fernsehauftritt, aber ihr längster und vor allem einer, auf den sie sich nicht hatte vorbereiten können.

Wenige Minuten später saß sie ihrem Gesprächspartner im abgedunkelten Studio gegenüber. »Schwarz ist keine kleidsame Fernsehfarbe«, bemerkte dieser, während er sie aufmerksam betrachtete, »aber sie steht Ihnen gut.« Der Journalist fragte sie zunächst nach ihrem Spezialgebiet, der Architektur, und nach Aedes, dem ersten privaten Architekturforum weltweit, das sie zusammen mit ihrer Freundin gegründet hatte. Auf diesem Gebiet fühlte sie sich sicher. Gelegentlich stützte sie den Kopf in die Hände und dachte nach. Sie wirkte ruhig und konzentriert. Das hohe Fieber übte eine angenehm entspannende Wirkung auf sie aus. Umso überraschter war sie, als ihr Interviewpartner sie unvermittelt nach ihrer Herkunft fragte. Sehr langsam und sehr leise erzählte sie, wie sie später im Mitschnitt beobachten konnte, vom Tod der Eltern und des Bruders und davon, dass ihr Onkel und ihre Tante sie und ihre zwei Schwestern aufgenommen hatten. Auf die nächste Frage, wer denn ihr Onkel sei, entstand eine Pause. Schließlich antwortete sie ruhig: »Josef Neckermann.«

Das war das erste Mal, dass sie in der Öffentlichkeit über ihre Herkunft sprach. Sie tat es nicht gern. »Die beiden wurden unsere Pflegeeltern, Vater und Mutter, und so haben wir sie auch genannt«, ergänzte sie. Auf die folgende Frage, womit Josef Neckermann denn nach dem Krieg angefangen habe, antwortete sie: »Er konnte die Textilfirmen meines Vaters übernehmen.« Und sie fügte hinzu: »Als Kinder war das nicht wichtig für uns, und später wollte ich das Thema nicht mehr berühren.« Die Reaktion ihres Gegenübers kam prompt: »So wie Sie heute die verwandtschaftliche Beziehung zu Neckermann möglichst nicht berühren wollen?« – »Das stimmt«, gab sie zu, während ihr plötzlich Zweifel kamen, ob es richtig gewesen war, sich auf das Interview einzulassen, und sie zum ersten Mal während des Gesprächs fühlte, wie eine Hitzewelle ihren Kopf erreichte. »Das stimmt«, wiederholte sie langsam. »Ich wollte mit alledem nichts mehr zu tun haben, dem ›Neckermann macht's möglich‹-Motto, dem Nachkriegs-Wirtschaftswunderkönig, dem Olympiasieger, dem Sporthilfe-Gründer, so lobenswert das alles sein mag. Ich wollte es allein schaffen.«

Ihr Interviewpartner blieb hartnäckig. Ob der familiäre Hintergrund ihr geschadet oder genutzt habe, wollte er weiter wissen. Eine Pause entstand, in der die Kamera auf ihrem Gesicht ruhte. »Es hat mich beeinflusst«, sagte sie schließlich leise, »vor allem das Leistungsprinzip unserer Familie und der Druck, der damit verbunden war«, um dann mit fester Stimme fortzufahren: »Entscheidender war für mich aber dann die Erkenntnis: Das kann es doch nicht sein, dass das, was man tut, nur dem Zwang entspringt, Erfolg zu haben. Mir wurde für mein Leben klar, ich will Freude haben bei dem, was ich tue, und ich will diese Freude mit anderen teilen. Natürlich will auch ich Erfolg haben, aber für mich lässt sich der Weg nicht vom Ziel trennen.«

Am Ende des Interviews über Architektur, die Berliner Bausituation, das Stadtschloss, den Potsdamer Platz, die junge Architektengeneration kam der Journalist noch einmal auf die Herkunft seiner Interviewpartnerin zurück und hakte nach. »Sie sind eine erfolgreiche Frau, Sie haben viel Power im Leib. Sie sprühen vor Ideen und neuen Plänen, und man fragt sich, woher Ihre Energie kommen mag. Standen Sie nicht doch unter dem Druck, sich in Ihrem familiären Umfeld durchsetzen zu müssen?« Und er fügte, so als hätte er sich diese letzte Frage schon vor Beginn der Sendung zurechtgelegt, hinzu: »Ist Ihre bemerkenswerte berufliche Laufbahn auch eine Huldigung an die Leistungen Ihres Pflegevaters Josef Neckermann? Könnte das sein, könnte das nicht sein?«

Ihr Gesprächspartner, der sie bei diesen Worten mit einem heraus-

fordernden Lächeln bedachte, hatte sich so in seine letzte, das Interview krönende Frage verliebt, dass er nicht merkte, dass die Sendezeit abgelaufen war. Als das rote Licht aufleuchtete, war es für eine Antwort bereits zu spät. Reglos blieb sie noch eine Weile in ihrem Sessel sitzen und dachte über seine Frage nach.

Achter Ort

Die Stadtvilla in der Kleebergstraße

Mit den Worten »halb Trutzburg, halb Hexenhäuschen« beschreibt Necko treffend unser neues Zuhause in der Kleebergstraße in Frankfurt, in das die Familie 1958 einzieht. Die Wohnung über der Firmenzentrale am Ostbahnhof haben meine Pflegeeltern im Gegensatz zu uns Kindern immer als Provisorium empfunden. Über den Umzug notiert mein Pflegevater in seinen *Erinnerungen:* »Die Familie war klein geworden, wie das so ist: Die Lang-Mädchen und Sigrid Apitz waren längst ausgeflogen, verheiratet, berufstätig, in der Ausbildung. Johannes ging aufs Wirtschaftsgymnasium und stand kurz vor dem Abitur, Peter studierte, und es war nur noch eine Frage der Zeit, bis auch Evi das Haus verlassen würde.«

Necko hat sich verzählt, was bei der Neckermann'schen Großfamilie nicht verwunderlich ist. Meine Schwester Juli und ich sind noch längst nicht ausgeflogen, sondern ziehen wie Peter, Evi und Johannes mit in das neue Zuhause ein. Unterm Dach sind die Kinderzimmer untergebracht, nur Evi wohnt in der Nähe ihrer geliebten Mutter im ersten Stock. Großmutter Brückner hat eine kleine gemütliche Wohnung um die Ecke bezogen, wohin sie aber nur zum Schlafen geht.

Auch wenn es in meiner Erinnerung kein intensiveres Familienleben gegeben hat als am Ostbahnhof und ich mir manchmal wünsche, noch einmal in den schweren Brokatsesseln vor dem Kamin zu sitzen oder die geschwungene Steintreppe in die Kinderetage hinaufzugehen, so hat die Stadtvilla aus Klinkersteinen in ruhiger Lage am Parkrand, die von ähnlich dekorativen Villen mit spitzen Dächern und romantischen Türmchen eingerahmt wird, auch ihre Vorzüge. Die Familie rückt enger zusammen, was bei mir ein Gefühl von Nähe hervorruft. Sie wird sich als trügerisch herausstellen.

Den Mittelpunkt des neuen Zuhauses bildet erneut ein großer Wohnraum, der sich auf der einen Seite zur Terrasse und zum Garten hin öffnet und auf der anderen in ein kleines, verwinkeltes Zimmer, das zu Unrecht als Bibliothek bezeichnet wird. Der Neckermann'sche Buchbestand ist überschaubar und hält neben Pferdebüchern nur die obligatorischen deutschen Klassiker und großformatige, bunte Kunstbände bereit, die sich zu Weihnachten und an Geburtstagen wie Kaninchen vermehren und in denen niemand blättert bis auf meinen Stiefbruder Johannes, der sich als Kunstliebhaber entpuppt und sich den Gemälden alter Meister zuwendet.

In den ersten Jahren nach dem Umzug bin ich noch im Internat und nur in den Ferien in der Kleebergstraße. Von dort fahre ich, so oft es geht, zu meiner Großmutter nach Würzburg. Als Kind glaube ich, dass meine Großmutter ewig lebt oder doch wenigstens so lang wie ich, ganz einfach weil ich mir ein Leben ohne sie nicht vorstellen kann. Später begreift mein Kopf, dass ich mit ihrem Tod rechnen muss, doch diese Erkenntnis dringt nicht bis zu meinem Herzen vor. Wieder einmal bin ich auf einen Abschied nicht vorbereitet.

Im Sommer 1963 muss meine Großmutter ins Krankenhaus. Als ich sie von Berlin aus besuche, wohin mich die Pflegeeltern nach dem Abitur zu einem Hauswirtschaftspraktikum auf die Lette-Schule geschickt haben, sehe ich sie zum ersten Mal in einem Krankenhausbett liegen. Alles kommt mir unwirklich vor. Es ist ein besonders heißer Sommer, und während meine Großmutter ihn nicht mehr in ihrem Garten genießen kann, tue ich es auf dem Berliner Wannsee in vollen Zügen. Das Dekorieren einer festlichen Tafel, das exakte Falten der Wäsche und deren vorschriftsmäßiges Einordnen in den Wäscheschrank, das Sockenstopfen und die Kunst, mit wenigen Mitteln etwas Besonderes auf den Esstisch zu zaubern, das alles kann meine Aufmerksamkeit nicht annähernd so fesseln wie das kleine Segelboot meiner neuen Liebe, eines Medizinstudenten, der später mein zweiter Ehemann werden wird.

Als ich am Krankenbett meiner Großmutter sitze, die so schmal und zerbrechlich in ihren Kissen liegt und mit einem liebevollen, schwachen Lächeln meinen Berliner Abenteuern lauscht, möchte ich sie einfach nur heimholen, fort aus dem Krankenzimmer, in dem sie so verloren wirkt, und hinaus in die Sonne zu unserem Platz an der Löwenmauer. Stattdessen sitze ich hilflos an ihrem Bett und will ihre Hände nicht mehr loslassen. Wir stellen uns vor, wir wären wieder in unserem Garten unter der großen Eiche, und schmieden Zukunftspläne. Doch unsere Pläne haben keine Zukunft. Wir wissen es beide.

An dem Tag, an dem meine Großmutter stirbt, es ist der 17. September 1963, bin ich mit meinem Freund Louis und meiner Schwester Juli auf Helgoland. Meine Schwester, die zu dieser Zeit in Hamburg lebt, begleitet mich übers Wochenende. Angesichts meines stürmischen Verehrers und meines Entschlusses, meine Jungfräulichkeit in die Ehe zu retten, halte ich einen Ausflug zu dritt für die unverfänglichste Lösung. Damals bin ich einundzwanzig Jahre alt. Wir wohnen alle drei in einer Holzhütte, die nur aus einem Raum besteht, auf der Inseldüne vor Helgoland. Louis, der dort in den Semesterferien auf der Wetterstation arbeitet, hat sie für uns gemietet. Bevor ich dorthin abreise, versuche ich mich telefonisch bei meiner Pflegemutter abzumelden, so wie ich es immer tue, auch wenn uns ohnedies Hunderte von Kilometern trennen. Annemi und Necko sind bereits übers Wochenende zu einem Reitturnier aufgebrochen. Es ist das Wochenende, an dem meine Großmutter stirbt.

Meine Pflegeeltern können weder mich noch meine Schwester ausfindig machen. Erst am Montag erreichen sie Juli an ihrem Arbeitsplatz und unterrichten sie vom Tod der Großmutter. Meine Schwester ruft meinen Freund in der Wetterstation an. Sie berichtet von den Geschehnissen und teilt ihm mit, dass sie mich noch am selben Tag in Hamburg treffen müsse, um mit mir zur Beerdigung nach Würzburg zu fahren. Ich sitze vor der Holzhütte in den Dünen, als Louis auf mich zukommt und schon von weitem ruft: »Es ist nichts Schlimmes passiert, nur deine Großmutter ist am Wochenende gestorben!« Louis erzählt mir später, dass ich schreiend und wie von Sinnen über die Dünen ins Meer hinauslaufe. Er hat Mühe, hinter mir herzukommen und mich festzuhalten, da es einige Sekunden dauert, bis er begreift, dass das, was er mir gesagt hat, wohl doch etwas Schlimmes gewesen sein muss.

Die Wunde, die das Vergessen nach dem Tod meiner Eltern und meines Bruders hat vernarben lassen, bricht wieder auf. Die großen Abschiede meines Lebens treffen mich immer unvorbereitet: der Tod meiner Eltern und meines Bruders, das Ende meiner ersten großen Liebe, der Tod meines Freundes Hermann, die Trennung von meiner Großmutter und später deren Tod und die zeitweilige Trennung von meinem Sohn Matthias, der bei seinem Vater aufwächst. Diese Abschiede sind für mich wie Überfälle im Dunkeln.

Die Beerdigung meiner Großmutter Neckermann wird zum Gericht über mich. Meine Pflegeeltern befinden mich für schuldig. Die Tatsache, dass ich durch eine unglückliche Verkettung der Umstände nicht erreichbar bin, als meine Großmutter stirbt, weil ich mit einem Mann unterwegs bin, den sie nicht einmal kennen, werten meine Pflegeeltern als unverzeihliches Zeichen meiner Unmoral. Demonstrativ wenden sie sich von mir ab. Da sie es tun, tun es auch alle anderen Familienmitglieder, die zur Trauerfeier gekommen sind. Niemand kommt auf mich zu, niemand spricht mit mir, niemand nimmt mich in den Arm, tröstet mich.

Es fällt noch immer schwer, mir diese Situation zu vergegenwärtigen, die Härte, die Lieblosigkeit, die Unerbittlichkeit, obwohl alle wissen, was meine Großmutter und ich einander bedeutet haben. Vielleicht hat es Necko erleichtert, seinem Schmerz über den Tod seiner Mutsch in Angriffen gegen mich Luft zu machen. Er hat sie sehr geliebt.

Ich stehe in der Leichenhalle am offenen Sarg meiner Großmutter. Ihr immer noch volles, welliges Haar ist straff nach hinten gekämmt. Die dichten Augenbrauen sind zum ersten Mal, seit ich sie kenne, rasiert, ihr Mund ist rot geschminkt, obwohl sie zu ihren Lebzeiten nie einen Lippenstift benutzt hat, rosa Make-up glänzt auf ihren Wangen, das restliche Gesicht ist weiß gepudert. Schwester Margot, rund, rosa und gelegentlich auch rabiat, die Pflegerin meiner Großmutter, hat sie im Tod bis zur Unkenntlichkeit entstellt.

Schwester Margot will mit diesem Meisterwerk ihre eigentliche Chefin Frau Neckermann beeindrucken. Annemi hat sie vor Jahren ausgesucht und eingestellt, ohne sich zuvor mit meiner Großmutter abzusprechen. Mit sicherem Instinkt für die Erwartungen ihrer Vorgesetzten weiß Schwester Margot, dass die Schminkkunst, die sie meiner Großmutter angedeihen lässt, das Lob meiner Pflegemutter findet. Es ist der Anblick einer stattlichen, gepflegten, gutsituierten, angesehenen alten Dame der Gesellschaft mit damals modisch angesagtem Violettschimmer im Haar, der Annemis Vorstellung von der Würde des Alters entspricht. Erst allmählich finde ich meine Großmutter unter den Puderschichten wieder, bis sie mir so nah ist, wie sie es jeden Augenblick meines Lebens war.

Schwester Margot sollte ich Jahre später noch einmal in Frankfurt begegnen, als ich ein Praktikum bei der »Frankfurter Neuen Presse« mache. Sie hat um ein Gespräch mit dem Chefredakteur der Lokalredaktion Richard Kirn gebeten. Erst verblüfft sie den Ahnungslosen, indem sie ihm, wie allen, die sie zum ersten Mal trifft, unaufgefordert eine ärztliche Bescheinigung ihrer Jungfräulichkeit vorlegt, dann behauptet sie, dass Frau Neckermann sie bedrohe. Der für seine mutigen Artikel bekannte Journalist soll ihr helfen, indem er über die Machenschaften der stadtbekannten Familie Neckermann einen Artikel schreibt. Der Zufall will es, dass ich gerade in diesem Augenblick in das Büro meines Chefs komme, ohne zu ahnen, wer bei ihm ist. Als sie mich erkennt, glaubt sie endgültig an eine Verschwörung und stürzt wortlos aus der Redaktion. Ich habe Schwester Margot nicht wiedergesehen.

Auf der Beerdigung meiner Großmutter empfinde ich die Nähe

der geliebten Toten ebenso intensiv wie die Ablehnung der Lebenden. Ich habe nur den einen Wunsch, der mich in diesem Moment tröstet: kurz bevor sich der schwere Eichendeckel schließt, unbemerkt zu meiner Großmutter in den Sarg zu steigen und in ihrem Arm einzuschlafen.

Die Wirklichkeit hält kein so friedliches Bild für mich bereit. Nach der Trauerfeier wird mir von meiner Schwester Uschi mitgeteilt, dass mich meine Pflegeeltern aus der Familie ausstoßen wollen. Selber sprechen sie nicht mit mir. Wieder wird, wie damals beim Tod meiner Eltern und meines Bruders, nach einer Beerdigung der Familienrat einberufen. Meine Schwester Uschi und ihr damaliger Mann bieten sich an, mich erst einmal im Auto mit nach Frankfurt zu nehmen. Man könne mich, so argumentieren sie gegenüber Annemi und Necko, schlecht allein in Würzburg zurücklassen. Damit beginnt meine zweite Phase in der Kleebergstraße, und die steht unter keinem guten Stern. Meine Pflegeeltern haben sich entschlossen, wie sie meiner Schwester in diesem Gespräch mitteilen, mir im Gedenken an die Tote noch eine Chance zu geben. Unter der Auflage, in den kommenden Monaten zu den Mahlzeiten pünktlich und jeden Abend um acht Uhr zu Hause zu sein, darf ich wieder bei ihnen in meinem Zimmer unterm Dach wohnen. Das sind die Bedingungen meiner Kapitulation. Meine Zeit an der Johann-Wolfgang-Goethe-Universität, an der ich Germanistik, Kunstgeschichte und Philosophie studiere und Vorlesungen bei Adorno und Habermas höre, deren Wirkung auf die Geistesgeschichte Europas sicher größer ist als damals auf mich, ist von diesen Koordinaten bestimmt.

Wegen der bedrückenden Begleitumstände bei der Beerdigung und des mir zur Last gelegten Vergehens habe ich auch später nicht den Mut, mit meinen Pflegeeltern über den Tod meiner Großmutter zu sprechen. Ich hätte so gern mehr über die letzten Stunden ihres Lebens gewusst.

Was meine Jahre in der Kleebergstraße kennzeichnet, ist eine zweifache und zwiespältige Abhängigkeit, emotional wie materiell. Die

Drohung meiner Pflegeeltern, mich nicht länger in der Familie zu dulden, weil ich mich durch meine ungenehmigte Kurzreise in ihren Augen schuldig gemacht habe, führt mir endgültig vor Augen, was ich in meiner Kindheit und frühen Jugend nicht wahrhaben will: dass ich mir die Liebe meiner Pflegeeltern verdienen und mich ihr immer wieder aufs Neue würdig erweisen muss. Was man sich aber verdienen kann, das kann man auch wieder verlieren.

Noch bedrückender ist die latente Forderung nach Dankbarkeit. Als ich mir zum Geburtstag von meinen Pflegeeltern ein Fahrrad wünsche und neben dem Gabentisch ein altes, gebrauchtes Modell steht, geht die Enttäuschung tief. Anmerken lasse ich sie mir nicht. Ich glaube, dankbar sein zu müssen. Als schließlich aus dem Nebenzimmer ein nagelneues Fahrrad hervorgeholt wird, kann ich mich über diese unerwartete Wendung zum Guten nicht mehr freuen. Ich kann mich nicht erinnern, das Fahrrad jemals benutzt zu haben.

Steht die Wohnung über der Firma am Ostbahnhof für die dynamischen Aufbaujahre des Neckermann-Imperiums, so repräsentiert die Stadtvilla in der Kleebergstraße die Verfestigung der wirtschaftlichen Situation wie der gesellschaftlichen Stellung. Necko und Annemi halten sich an die neuen, dem veränderten Status angemessenen Spielregeln, auch wenn die nichts Spielerisches mehr an sich haben. Synchron zum steigenden Wohlstand überhäuft Necko seine Frau mit immer wertvolleren Geschenken. Zunächst sind es Pelze, darunter ein Leopardenmantel mit passendem Hut und eine Babyrobbenjacke, die eingemottet werden, als Annemi beginnt, sich aktiv für den Tierschutz zu engagieren.

Die Autos, die in der Regel am Heiligen Abend, da sie nicht auf den Gabentisch passen, mit großer Schleife versehen vor der Tür auf die neue Besitzerin warten, sind weniger verfänglich. Nur mit einem Mercedes Coupé, weiß mit roten Sitzen, greift Necko daneben. In diesem Modell dreht auch die stadtbekannte, 1957 ermordete Edelprostituierte Rosemarie Nitribitt auf der Suche nach Freiern ihre Runden durch Frankfurt. Zu allem Überfluss besucht sie auch noch denselben Modesalon wie Annemi.

An den Automarken der Firma wie der Familie lässt sich der Traum vom American Way of Life ebenso ablesen wie die Konjunktur des Unternehmens. Auf den gebrauchten Opel Kadett folgen ein wie ein Schiff auf hoher See schaukelnder Buick und ein weißes Oldsmobil. Die Krönung dieser amerikanischen Phase bildet ein schwarzglänzender Cadillac, der, eine klappernde Schleppe aus Blechdosen hinter sich herziehend, bei meiner ersten Trauung als Hochzeitskutsche fungiert. Der Umstieg auf Mercedes-Modelle, deren Nummern kontinuierlich ansteigen, bis schließlich die magische 600 erreicht ist, erfolgt erst in den 70er Jahren.

Vor allem aber überschüttet Necko seine Frau mit Schmuck, der bei dem stadtbekannten Juwelier Opitz angefertigt wird. Ich kann mich an einen Geburtstag erinnern, an dem Necko ihr einen Strauß roter Rosen mitbringt. Annemi schenkt den Blumen keine Beachtung, da sie davon ausgeht, dass sie wie immer von der Chefsekretärin ihres Mannes, Gerda Singer, in Auftrag gegeben worden sind. Bei solchen Gelegenheiten sagt Annemi dann oft, und ihre Stimme klingt traurig, dass sie sich über einen von Necko selbst ausgesuchten Veilchenstrauß mehr gefreut hätte. In diesem Fall jedoch ändert sie ihre Meinung. Zwischen den Rosenblättern blitzt ein mehrkarätiger Brillantring hervor.

Parallel zu Neckos beruflichem und gesellschaftlichem Aufstieg entwickelt sich seine bemerkenswerte Karriere als Reiter. Beim Dressurreiten empfängt er die höchsten Weihen: eine Bronze-Medaille bei den Olympischen Spielen in Rom 1960, eine Goldmedaille in der Mannschaftswertung zusammen mit Boldt und Klimke 1964 in Tokio, Silber in der Einzelwertung und Gold in der Mannschaftswertung 1968 in Mexico City. 1966 kommt der Weltmeistertitel hinzu. Diese beachtliche Bilanz führt mein Pflegevater auf das beruhigende Gefühl zurück, nicht aufs Reiten angewiesen zu sein, um Erfolgserlebnisse auszukosten. Dennoch setzt Necko auch hier, gemäß einem weiteren, von ihm oft zitierten Wahlspruch – »Die Niederlage beginnt beim zweiten Platz« –, immer auf Sieg. Necko will bei allem, was er tut, der Erste sein, und meistens ist er das auch.

Ich sehe die ganze Familie von der Tribüne aufspringen und ihn anfeuern, als mein Pflegevater mit fast vierzig Jahren in Frankfurt-Niederrad den ersten Preis bei einem Pferderennen erringt, bevor er sich dem Springreiten zuwendet und sich im Sommer 1955 nach einem Schlüsselbeinbruch für das Dressurreiten entscheidet. Dieser Entschluss ist nicht nur eine Folge seines Unfalls, sondern auch einer Unterredung mit seinen Banken. Aus Sicherheitsgründen bestehen sie darauf. Am 28. Juni 1981 nimmt Josef Neckermann offiziell Abschied vom Turniersport. Ganz lassen kann er das Dressurreiten dennoch nicht.

Ich begleite meinen Pflegevater, als er die Einladung eines kleinen hessischen Turniers annimmt, dort eine Dressur-Kür zu reiten. Zu diesem Zeitpunkt hat er sich schon lange vom aktiven Reitsport verabschiedet. Die Veranstalter, die er seit Jahren kennt, versprechen sich von seinem Auftritt eine besondere Medienpräsenz. Ich stehe am Rande des Parcours und frage mich, warum mein Pflegevater sich das antut. Das Gehen fällt ihm sichtlich schwer, seine Bewegungen sind steif und wirken angestrengt, und nur mit fremder Hilfe ist es ihm möglich, sein Pferd zu besteigen. Als er mit seiner Dressurvorführung beginnt, frage ich mich das nicht mehr.

Von dem Augenblick an, in dem Necko im Sattel sitzt, strahlt er eine ihm sonst nicht eigene, gelassene Konzentration aus. Er ist wie verwandelt. Schon nach den ersten Schritten sind Pferd und Reiter zu einer harmonischen Einheit verschmolzen. Der Gleichklang wird zum Genuss. Necko sieht um Jahre jünger aus. Er ist voller Spannkraft und Energie. Auch das ist mein Pflegevater, ganz bei sich und weit weg von der Welt, der er bis an sein Lebensende glaubt, etwas beweisen zu müssen. Als er unter dem Jubel der Anwesenden, gestützt von Freunden, nach der Vorführung vom Pferd steigt, ist er wieder der gebrechliche alte Mann seiner letzten Jahre.

Das Reiten bestimmt von klein auf sein Leben. Mit den Pferden beginnt der Tag, ob in der elterlichen Kohlengroßhandlung in Würzburg oder später in der Kleebergstraße in Frankfurt, wenn er sich nach dem Frühstück erst in den Stall fahren lässt und danach in die Firma. Er möchte zu dieser frühen Stunde niemandem begegnen und wir ihm auch nicht. Nur das Hausmädchen Klärchen, das seit Jahrzehnten im Dienste der Familie Neckermann und schon lange kein Mädchen mehr ist, kann Necko zu dieser Zeit ertragen. Annemi schläft in der Regel noch. Klärchen, deren Tätigkeit sich mit keiner Berufsbeschreibung umfassend wiedergeben lässt, gießt ihrem Chef zum Frühstück wortlos den Drei-Minuten-Tee in die Meissner Tasse, stellt das Sechs-Minuten-Ei nebst Eierschneider daneben und legt eine Scheibe Weißbrot auf den Teller, von der sie zuvor den Rand abgeschnitten hat. Die Butter ist gleichmäßig verteilt. Unregelmäßigkeiten auf dem Butterbrot duldet der Chef, wie sie ihn nennt, ebenso wenig wie Unordnung im Allgemeinen. Was seine eigene Ordnung betrifft, nimmt er das nicht so genau, aber wer sollte ihn dafür zur Rechenschaft ziehen?

Jeden Abend, wenn Klärchen die von ihrem Chef im Badezimmer fallen gelassenen Kleidungsstücke aufhebt und in den Schrank hängt, ehe sie Anzug, Hemd, Krawatte, Krawattennadel, Socken und Schuhe für dem nächsten Tag auf dem »Herrendiener« drapiert, sammelt sie eine Handvoll Markstücke vom Boden des Badezimmers auf. Die Garderobe, die sie für ihren Chef zurechtlegt, entspringt nicht ihrem Stilempfinden, sondern Annemis detaillierten schriftlichen Anweisungen, die das Hausmädchen im Laufe der Jahre verinnerlicht hat. Die Tatsache, dass Necko das trägt, was für ihn vorbereitet wird, verhilft ihm zu einer der wenigen Ehrungen, die er sich nicht selbst verdienen muss: Er wird zum bestgekleideten Mann Deutschlands gekürt. Die von den Münzen ausgebeulten Hosentaschen, die selbst einen eleganten Anzug verunstalten, haben die Juroren nicht bemerkt.

Necko braucht die Markstücke, um sie immer dann zu verteilen, wenn jemand einen guten Witz macht oder eine schlagfertige Antwort gibt. Er liebt gute Witze. Dann klatscht er sich vor Begeisterung auf die dünnen, aber muskulösen Schenkel, bleckt beim Lachen die Zähne wie seine geliebten Pferde, wenn sie wiehern, und holt aus seiner Hosentasche, in der die Münzen klimpern, eine Mark hervor. Diese Marotte hat Necko von dem bewunderten Generaldirektor Friedhelm Küppers übernommen, dessen Assistent er in jungen Jahren gewesen ist. Er selbst hat damals auf ähnliche Weise etliche Markstücke verdient.

Wenn Großmutter Brückner sich morgens vergewissert hat, dass ihr Schwiegersohn bereits auf dem Weg in den Stall ist, setzt sie sich in den von ihm angewärmten Veloursessel an den Kaffeetisch. Sie akzeptiert die Ungestörtheit, die er zu dieser frühen Stunde für sich beansprucht. Dann vertieft sie sich in die Tageszeitung, die ihr Schwiegersohn auf dem Frühstückstisch zurückgelassen hat, und wartet ungeduldig auf Annemi, die zeitlebens freiwillig nie eine Zeitung in die Hand nimmt, es sei denn, es geht direkt oder indirekt um die Firma oder die Pferde. »Das musst du einfach wissen, Annemi!«, ruft Großmutter Brückner ihrer Tochter zu, wenn diese gegen zehn Uhr erscheint, und hält sie auf diese Weise auf einem zwar selektierten, aber doch aktuellen Stand des Zeitgeschehens.

*

In die Jahre in der Kleebergstraße fällt ein Besuch, den Annemi mit der freudigen Erregung eines Schulmädchens vor dem Abschlussball erwartet. Endlich ist es ihr gelungen, dem rumänischen Familienfreund und Vertrauten der Nachkriegsjahre, Ilie Popescu, ein Visum für die Bundesrepublik zu besorgen. Leicht ist das nicht, doch der Name Neckermann macht's möglich. Annemi ist voller Vorfreude. Jahrzehnte sind vergangen, seit Ilie ihr in einer Zeit, in der Necko noch im Gefängnis saß und sie mit ihren drei kleinen Kindern in Gräfelfing notdürftig untergebracht war, zur Seite gestanden hat. Die spöttischen Kommentare ihres Mannes, wenn Ilies Name fällt, überhört Annemi. Diese spontanen Reaktionen meines Pflegevaters und die Gesprächsfetzen, die ich in den Tagen vor Ilies Ankunft aufschnappe, lassen in mir das Bild einer tiefen Beziehung zwischen Annemi und ihrem rumänischen Freund aus schweren Zeiten entstehen. Margarete Jahoda, Ilies rumänische Vertraute und meine lebenslange mütterliche Freundin, bestätigt mir dies Jahre später.

Ihren Herzensfreund nach so vielen Jahren wiederzusehen macht Annemi glücklich. Auch Ilie Popescu ist glücklich, aber er macht sich Sorgen. Die wirtschaftlichen Verhältnisse haben sich seit damals zu seinen Ungunsten verändert, und auch seine Erscheinung, da macht er sich nichts vor, ist nicht mehr so einnehmend und elegant wie damals. Um sich für westliche Verhältnisse einzukleiden, verkauft Ilie vor seiner Abreise in Bukarest die wenigen Wertgegenstände, die er noch besitzt. Seine Vertraute Margarete Jahoda hilft ihm dabei. Schließlich kommt er mit einem neuen Hut auf dem Kopf und Hoffnung im Herzen am Flughafen in Frankfurt an. Für ihn und für Annemi, davon sind beide überzeugt, geht ein langersehnter Traum in Erfüllung.

Doch da ist Annemis durchorganisierter Alltag. Weil sie ihre Termine nicht ohne weiteres umstellen kann, nimmt sie nun nicht nur Großmutter Brückner und ihren Pudel Sascha überallhin mit, sondern auch noch Ilie. Der sanfte Rumäne sagt nicht nein. Selbst dann nicht, als sie mit ihm zum Friseur geht und ihm anschließend zwei neue Anzüge anfertigen lässt. Seine Bemühungen bezüglich der Garderobe sind umsonst gewesen, das erkennt er jetzt, aber er weiß auch, dass ihm Annemi, die er noch immer verehrt und liebt, nur Freude bereiten, dass sie ihn nicht verletzen will. Dennoch verletzt es ihn. Es wird ein teurer Aufenthalt für Annemi und ein trauriger für Ilie Popescu. Sie scheiden mit der unausgesprochenen Erkenntnis, dass Träume ihre Zeit haben und die Liebe auch.

Wenige Jahre später lädt meine Pflegemutter Ilie Popescu noch einmal nach Deutschland ein, und wieder kommt er. Sie tut es für ihn. Er tut es für sie. Am Ende dieses Aufenthalts ist ihr treuer Freund wieder neu eingekleidet. Er verfügt zudem über einen neuen Rasierapparat, eine neue Armbanduhr und seidene Krawatten, Kostbarkeiten, die ihn in der Bundesrepublik in den Augen meiner Pflegemutter zu einem akzeptablen Begleiter machen. Zurück in Rumänien, sind es für Ilie Popescu Wertgegenstände, die er verkauft, um zu überleben.

Wir stehen in Frankfurt am Flughafen, um Ilie nach einem zweiwöchigen Aufenthalt Lebewohl zu sagen, meine Pflegemutter und ich, an die anderen, die möglicherweise noch dabei gewesen sind, kann ich mich nicht erinnern. Als Ilie Popescu zur Passkontrolle geht, wird sein Gesicht aschfahl. Er kann seine Aktentasche mit seinen Papieren nicht finden. Seine fassungslose Reaktion macht unmittelbar deutlich, was in ihm vorgeht. Wenn er nicht rechtzeitig einreisen kann, bedeutet das zur damaligen Zeit seine sofortige Verhaftung, sobald er wieder rumänischen Boden betritt. Sein Entsetzen steckt uns an. Wir laufen suchend durch die Abfertigungshalle. Ich renne schließlich zum Check-in-Schalter zurück. Da steht sie, Ilies Aktentasche, achtlos in der Ecke, verbeult, das Leder abgewetzt, der Griff kaputt. Sie ist kein Objekt der Begierde.

Es ist eine Ironie des Schicksals, dass dieses unansehnliche Accessoire dem qualitätssicheren Blick meiner Pflegemutter entgangen ist. Ilie aber hat es gerettet. Wir stehen da und winken, und ich fühle, und Annemi fühlt es wohl auch, dass wir Ilie Popescu nicht wiedersehen werden. Es ist sein letzter Besuch in Deutschland. An der Enttäuschung, an der er bis zum Ende seines Lebens schwer trägt, hat er seiner großen Liebe keine Schuld gegeben.

Zu Ilies Ehren lädt Annemi noch kurz vor seiner Abreise die erweiterte Familie und Freunde ein, doch dieser Abend hat wie alle Feste jener Zeit nichts mehr von der Ausgelassenheit der frühen 50er Jahre. Annemi singt auch nicht mehr für ihre Gäste, von denen vielleicht keiner weiß, was für eine schöne Altstimme sie hat. Sie kommen inzwischen aus der gehobenen Frankfurter Gesellschaft und der bundesdeutschen Geschäftswelt, in der sich meine Pflegeeltern souverän bewegen. Entsprechend repräsentativ und konventionell fallen deren Einladungen aus.

Das gilt auch für die Nachmittagskränzchen, die Annemi im Beisein ihrer Mutter regelmäßig abhält. Bei diesen Gelegenheiten laufen die gute Seele des Hauses, Klärchen, und die Köchin Frau Kolb zu Höchstform auf. Die Tafel ist stilvoll gedeckt, die Kreuzstichtischdecke meiner Großmutter Brückner hat die Farbe des Meissner Porzellans, und die Blumendekoration ist auf beides abgestimmt. Die silbernen Platzteller mit den eingravierten Reiterfolgen der Familie, vor allem Neckos Siegen, hat Klärchen schon für die Schildkrötensuppe bereitgestellt. Die wird in eigens dafür bestimmten zierlichen Tässchen mit Deckel, die Kostbarkeit des Angebotenen unterstreichend, als krönender Abschluss solcher Nachmittage serviert.

Zu den Genüssen dieser Nachmittage gehören auch fünfstöckige Pumpernickel-Kanapees und der Erdbeerkuchen mit Mandelsplittern, dessen Mürbeteigboden dünn ist wie ein Blatt Papier. An Geburtstagen, an denen es in der vielköpfigen Familie keinen Mangel hat, schlägt für Frau Kolb die Stunde des Frankfurter Kranzes. Diese Torte aus Biskuitteig mit Schichten aus Buttercreme und Marmelade, die ringsum mit einem Gemisch aus Mandelkrokant und Buttercreme bestrichen wird, spornt die sonst eher behäbige Frau zu Höchstleistungen an. Die Kunst liegt in der Zahl der Buttercremeschichten. Bei jedem Geburtstag übertrifft sie sich selbst. Ihr einsamer Rekord liegt bei zwölf Lagen. Das ist am fünfzehnten Geburtstag meines Stiefbruders Johannes.

Ein weiterer Gradmesser von Frau Kolbs Kochkunst ist der »Karpfen blau«, mit dem sie an jedem Weihnachtsfest ihre Könnerschaft erneut unter Beweis stellt. Das, worauf es ankommt, ist die Zusammensetzung des Suds aus Kräutern und Gewürzen. Auf dem Höhepunkt des weihnachtlichen Festessens, wenn der Karpfen aufgetragen ist und Annemi gekostet hat, wird die Köchin, die aus diesem Anlass bereits eine frische weiße Schürze umgebunden hat, ins Speisezimmer gerufen und mit dem ihr zustehenden Lob bedacht. Diese Anerkennung im Beisein der ganzen Familie, vor allem aber ihres Chefs, ist für die Köchin das Weihnachtsgeschenk, auf das sie sich das ganze Jahr über gefreut hat.

In die Küche gehen wir Kinder, auch als wir keine Kinder mehr sind, nur selten. Da Frau Kolb die Speisen, die sie zubereitet, nicht selber aufträgt, bekommen wir sie kaum zu Gesicht. Wenn ich mich heute daran erinnere, fällt mir auf, dass unser Interesse an ihrer Person wie an all den anderen, die sich auf die eine oder andere Weise um unser Wohl verdient machen und mit denen wir unter einem Dach leben, nicht über die Arbeiten, die sie für uns verrichten, hinausgeht. Die Welt des Hauspersonals scheint an der Küchentür zu enden, da wo unsere beginnt.

In die Zeit des gesellschaftlichen und wirtschaftlichen Aufstiegs fällt auch der Bau der neuen, um ein Vielfaches größeren Firmenzentrale. Bereits bei der Eröffnung des Unternehmens am Ostbahnhof hat Necko einen größeren Standort für eine spätere Firmenzentrale im Frankfurter Vorort Fechenheim an der Hanauer Landstraße ins Auge gefasst. 1951 beginnt er von der Stadt wie von Kleineigentümern der Gegend Land aufzukaufen.

Als ich ein Praktikum bei der »Frankfurter Neuen Presse« mache, kann ich meinen Pflegevater überreden, ihn, sozusagen aus beruflichen Gründen, zu einer Pressebesichtigung der Baustelle in der Hanauer Landstraße zu begleiten, wohin die Firma 1960 umzieht. Damals ahne ich nicht, dass Architektur neben dem Journalismus meinen weiteren Berufsweg bestimmen wird. Mit einem Bauhelm auf dem Kopf laufe ich hinter meinem Pflegevater her, der in Begleitung von Journalisten die frischimportierten italienischen Arbeiter begrüßt, für die ein holpriges »buon giorno« und ein Händedruck von Josef Neckermann einen hoffnungsvollen Start in der Fremde signalisieren.

Necko ist einer der Ersten, der nach dem »Abkommen über Anwerbung und Vermittlung von Arbeitskräften« zwischen der westdeutschen und der italienischen Regierung von 1955 auf der Großbaustelle der neuen Firmenzentrale Handwerker aus Italien einstellt. Während Mitte der 50er Jahre die erste deutsche Reisewelle unter den Klängen von Conny Froboess' Schlager »Zwei kleine Italiener« beschwingt nach Süden rollt, brechen Tausende italienischer Gastarbeiter mit wollener Unterwäsche in den kalten Norden zu einem Neuanfang im Wirtschaftswunderland Bundesrepublik auf.

Als Architekten hat Necko, gut beraten, Egon Eiermann beauftragt, einen herausragenden Vertreter der Neuen Sachlichkeit. Eine Sachlichkeit, die Eiermann im persönlichen Umgang mit seinem Auftraggeber allerdings vermissen lässt. Es kommt zu ernsthaften Auseinandersetzungen, weil beide, der Bauherr wie sein Architekt, ihre Ideen ohne Kompromisse und sehr vehement durchsetzen wollen. Ich erinnere mich an einen Abend, an dem mein Pflegevater wütend nach Hause kommt, weil Egon Eiermann gegen seinen Willen, aber auf seine Kosten Hunderte der gerade erst installierten Wanduhren in dem riesigen Gebäude hat austauschen lassen. Sie haben dem Architekten einfach nicht mehr gefallen. Auch das an zwei überdimensionalen Kabeln hängende, aufwendige flügelähnliche Vordach der neuen Firmenzentrale stellt wegen der nicht vorhersehbaren Kosten das Verhältnis zwischen Architekt und Bauherrn auf eine harte Probe. Später indes eignet es sich vorzüglich als dekorative Kulisse für den spektakulären Empfang, den die Firma 1960 dem frischgekürten Bronzemedaillengewinner bereitet. Jahrzehnte danach werde auch ich mich intensiv mit Eiermanns Werk auseinandersetzen, allerdings nicht als Bauherrin, sondern als Herausgeberin von Architekturbüchern und als Kuratorin.

*

Trotz meines belasteten Wiedereinzugs in das Haus in der Kleebergstraße gibt es immer wieder gute Momente, in denen ich die Vertrautheit zwischen mir und meiner Pflegemutter ebenso genieße wie das vermeintliche Gefühl der Zugehörigkeit zum Familienunternehmen. Ich darf mir nach Musterungen im Neckermann-Atelier von den nicht in die Katalogkollektion aufgenommenen Kleidern die schönsten aussuchen und mir sogar zu Bällen Abendkleider anfertigen lassen. Die Anproben finden wie die meiner Pflegemutter in deren Ankleidezimmer statt, das mit seinem flauschigen, hellbeigefarbenen Teppich, den Familienfotos an den Seidentapeten, den Vitrinen mit Elfenbeinminiaturen und der über die zierlichen Sitzmöbel verteilten Steifftier-Menagerie etwas überraschend Intimes, Mädchenhaftes ausstrahlt. Bevor die Direktrice, immer eine Handvoll Stecknadeln zwischen den Lippen, die Kleider absteckt, serviert Klärchen Kaffee und Gebäck.

Bei diesen Anproben dabei zu sein, bedeutet für mich Wohlgefühl und Nähe. Festzuhalten sind diese Empfindungen nicht. Sie verfliegen wie ein Luftzug, sobald sich die Schleiflacktür des Ankleidezimmers wieder öffnet.

In diesem Boudoir meiner Pflegemutter, das schon immer der beste Ort für heimliche Vorbereitungen und Bekenntnisse ist, mache ich mich für die kirchliche Trauung zurecht. Es ist mein Hochzeitstag und noch früh am Morgen. Meine Pflegemutter hat gerade die Spitzenhaube, die den Schleier hält, an meinen Haaren befestigt und macht sich daran, die neunundneunzig Knöpfe meines aus Brüsseler Spitze angefertigten Hochzeitskleides zu schließen, als mir Zweifel kommen. Zweifel, ob meine Wahl des Bräutigams die richtige ist. Ich zögere, ehe ich sie schließlich frage, ob sie denn an ihrem Hochzeitstag ganz sicher gewesen sei, die richtige Entscheidung getroffen zu haben.

Annemi hält im Knöpfen inne und schaut mich an, erst überrascht, dann fragend. Ich fühle, ich bin ihr eine Erklärung schuldig, und füge hinzu, dass ich mir einfach nicht vorstellen könne, was es bedeutet, ein ganzes Leben mit einem Menschen zusammen zu sein. Sie sagt, dass es in der Ehe nicht um die große Leidenschaft gehe, sondern um Freundschaft, Vertrauen und Zuverlässigkeit. Das ist ihre Wahrheit, die sie jeden Tag aufs Neue lebt. Sie versucht mich mit den Worten zu beruhigen: »Ich bin ganz sicher, dass dich dein Mann nie verlassen wird.« Dass ich ihn verlassen könnte, kommt ihr gar nicht in den Sinn.

Noch aber ist es die Hochzeit meiner Schwester Juli, auf die die Familie wartet, nachdem diese bei ihren bisherigen Verehrern keine glückliche Hand bewiesen hat. Die potentiellen Ehekandidaten, die im Laufe der Jahre an ihrer Seite auftauchen, lassen, auch wenn zwei von ihnen einen Verlobungsring in der Tasche tragen, nicht auf eine längere Bindung hoffen. Julis Verehrer sind so unterschiedlich wie meine Schwester in der jeweiligen Phase ihres Lebens. Großmutter Brückner betrachtet Juli dann seufzend und meint: »Wenn sie erst mal den richtigen Mann findet, wird sie eine gute Ehefrau und Mutter.« Endlich glaubt meine Schwester ihn gefunden zu haben. Nennen wir ihn hier Heinz, an seinen Nachnamen kann ich mich ohnehin nicht mehr erinnern. Heinz sagt ja, und dies bereits wenige Wochen nachdem er ihr zum ersten Mal begegnet ist.

Noch nie ist in der Familie Neckermann eine Hochzeit so schnell beschlossen und geplant worden. Niemand äußert Bedenken bezüglich des Tempos, auch Annemi und Necko nicht. Der verständliche Wunsch, meine unberechenbare Schwester bald an der Seite eines Ehemanns berechenbar zu machen, ist stärker als die aufkeimenden Zweifel, das Ganze könnte doch etwas überstürzt sein.

Die Eheschließung meiner Schwester Juli soll wie die aller Kinder im Schlosshotel Kronberg im Taunus gefeiert werden. Das ist Neckermann'sche Familientradition. Die mehr als hundert Gäste sind eingeladen und befinden sich bereits auf der Anreise, das sechsgängige Menü ist bestellt, die Wachteln aus Italien sind bereits im Flugzeug nach Frankfurt und das mit Blütenapplikationen versehene seidene Hochzeitskleid hängt zum großen Auftritt bereit, da verschwindet Heinz, der Bräutigam, nachdem er meiner Schwester noch einen Brillantring an den Finger gesteckt hat, auf Nimmerwiedersehen.

Was Julis Hochzeit so kurzfristig hat scheitern lassen, wird nicht offiziell bekannt. Meine Schwester Uschi weiß es, und von ihr erfahre ich den Grund Jahrzehnte später, als ich mich bei meinen Recherchen mit ihr darüber unterhalte. Heinz, der Bräutigam, möchte nach den überstürzten Hochzeitsvorbereitungen noch ein ruhiges Wochenende allein mit seiner Braut verbringen. Annemi rät ihrer Pflegetochter Juli dringend davon ab. Sie ahnt Schlimmes. Meine Schwester hört nicht auf sie, und es kommt noch schlimmer.

Der strengkatholische und sichtlich konsternierte Bräutigam erklärt seinem Fast-Schwiegervater Josef Neckermann nach dem unheilvollen Wochenende in einer Unterredung unter vier Augen, er könne es nicht mit seinem Gewissen und seinem katholischen Glauben vereinbaren, Juli zu heiraten. Meine Schwester hat ihrem Bräutigam ihr bisheriges abwechslungsreiches Liebesleben gebeichtet. Die kurzfristig ausgeladenen Gäste, von denen die meisten bereits in Frankfurt eingetroffen sind, können nur noch kondolieren, statt zu gratulieren, die Wachteln aus Italien landen in den Abfalleimern des Schlosshotels, und meine Schwester ist eher wütend als traurig und erklärt, sie habe Heinz ohnedies nicht geliebt.

Als Juli kurz nach der geplatzten Hochzeit Unitarierin wird und einen Glaubensgenossen heiratet, fühlen sich Annemi und Necko von ihrer Verantwortung der Pflegetochter gegenüber entbunden. Meine Schwester quittiert deren Reaktion kindlich-trotzig und sicher tieftraurig mit einer in Reimen verfassten Einladung zu ihrer schon kurze Zeit darauf stattfindenden Hochzeit, die mit dem Satz endet: »Ihr werdet es sehen, wir schaffen es schon!«

Was sie zunächst schafft, ist der endgültige Bruch mit ihren Pflegeeltern, der auch ein an mich gerichtetes Verbot zur Folge hat. Sie erlauben mir nicht, an Julis Hochzeit teilzunehmen. Da ich noch minderjährig bin, hätte ich mich daran zu halten, heißt es, wenn ich mich nicht der Gefahr eines endgültigen Rauswurfs aussetzen wolle. Ich halte mich daran, aber ich spüre, dass es Unrecht ist, beides: es von mir zu verlangen und es zu befolgen.

Ich entdecke einen Brief, den ich an Juli geschrieben habe. Er trägt kein Datum und muss, wie dem Schriftbild zu entnehmen ist, in großer Eile oder großer Unruhe verfasst worden sein. Ob mir das schwerleserliche Schriftstück nur als Vorlage für einen Brief gedient hat, den ich dann in Reinschrift übertragen an meine Schwester schicke, oder ob dieser Brief in meinem Besitz das Original ist und sie darum nie erreicht hat, weiß ich nicht. Der Inhalt dieses Briefes ruft eine fast vergessene, traurige Erinnerung in mir wach. Diesmal sind die Rollen vertauscht.

Es geht um meine Hochzeit, und es ist meine Schwester, die nicht daran teilnehmen darf. Die in beiden Fällen das Verbot aussprechen, sind unsere Pflegeeltern. Sie untersagen mir, die ich inzwischen volljährig bin, zwar nicht ausdrücklich, Juli zu meiner Hochzeit einzuladen. Ich sei, so argumentieren sie, frei zu tun, was ich für richtig halte. Sie erklären mir allerdings auch, dass sie nicht kommen würden, sollte ich mich gegen ihren Wunsch für die Anwesenheit meiner Schwester entscheiden.

Wenige Wochen vor meiner Hochzeit schreibe ich Juli: »Ich bin selbst wohl am traurigsten darüber, aber ich darf Dich nicht zu meiner Hochzeit einladen, wenn ich will, dass Mutti und Papi kommen. Ich weiß, dass es sicher keine schöne Hochzeit wird ohne Dich. Ich habe schon oft deswegen geweint.« Wieder fehlt mir der Mut, das zu tun, von dem ich fühle, dass es richtig ist. Die Angst, die Beziehung zu meinen Pflegeeltern zu gefährden, ist stärker. Meine erste Hochzeit, die einzige im Kreise der Familie, findet ohne meine Schwester Juli statt.

Deren Hochzeitskleid, das die Direktrice des Neckermann-Ateliers angefertigt hat, kommt Jahre später, wenn auch zweckentfremdet, doch noch zu Ehren. Ich trage es zum Debütantinnenball, der 1964 zum ersten Mal in Deutschland ausgerichtet wird. Ich bin eine der Töchter aus gutem Hause, die auf diese Weise in die Gesellschaft eingeführt werden. Die langen Ärmel des jungfräulichen Hochzeitskleides werden entfernt, der Ausschnitt vergrößert. Ich bin fast sechzig Jahre alt, als ich wieder daran erinnert werde. Mein Sohn Matthias findet auf der Suche nach unserer gemeinsamen Vergangenheit ein Album mit Zeitungsausschnitten, Fotos und einer umfangreichen Korrespondenz, das diesem Ereignis gewidmet ist. Bei diesem ersten Debütantinnenball der deutschen Nachkriegsgeschichte im Casino in Wiesbaden, der in der wirtschaftlich erstarkten Bundesrepublik die dazu passende Gesellschaft etablieren soll, wird nach dem Vorbild des Wiener Opernballs nichts dem Zufall überlassen.

Nur bei dem vorgeschriebenen Alter der Debütantinnen, das offiziell mit siebzehn bis zwanzig Jahren angegeben wird, hat man wohl nicht nur bei mir ein Auge zugedrückt, da sonst die erforderliche Anzahl an jungen Damen nicht zustande gekommen wäre. Ich bin damals zweiundzwanzig Jahre alt. Bei der Garderobe kann ich mithalten, denn niemand sieht meinem Ballkleid seine ursprüngliche Bestimmung an. Es ist, wie es das Regelwerk verlangt, bodenlang und weiß. Vorschriftsmäßig sind auch die weißen Seidenstrümpfe, die weißen Satinschuhe, die weißen, langen Handschuhe und das Strasskrönchen.

Fürstin Metternich fungiert als Schirmherrin des Abends wie auch der »Gesellschaft Vereinigung für Wohltätigkeit e. V.«, die zu diesem Zweck ein Komitee für Debütantinnen eingerichtet hat. Dem großen Abend geht ein mit einem Zertifikat abgeschlossener Tanzkurs voraus, nach dem die Paare nicht nur den Kaiserwalzer links herum beherrschen müssen, sondern die Debütantinnen auch die sogenannte große Referenz, eine Mischung aus dem Knicks meiner Kindertage und einer tiefen Verbeugung. Am Ende sind es sechzig Debütantinnen, die in unschuldigem Weiß in die Gesellschaft eingeführt werden. Eine davon bin ich, und ich schwebe mit meinem zukünftigen Mann übers Parkett.

Der erste Debütantinnenball Deutschlands ist ein Medienereignis, doch er findet ein zwiespältiges Echo. Das Magazin »Stern«, in dem ich ernst und gefasst unter dem Titel »Der Ball der goldenen Töchter« eine ganze Seite einnehme, steht dem gesellschaftlichen Ereignis wohlwollend gegenüber. Die eher kritische Presse meint: »Die einen haben einen Namen, die anderen Geld.« Die Familie Neckermann kann sich inzwischen mit beidem schmücken.

Die förmliche Einladung der Fürstin Metternich an meine Pflegeeltern, eine ihrer heiratsfähigen Töchter zum Debütantinnenball anzumelden, bestätigt deren stetig wachsenden gesellschaftlichen Status. Die förmlich angekündigte wie formlos abgesagte Hochzeit meiner Schwester Juli ist dagegen ein Rückschlag. Sie markiert aber auch das Ende der pflegeelterlichen Hoffnung, Julis weiteren Lebensweg beeinflussen zu können. Bei ihrer Ausbildung hätten sie es noch tun können, doch die Förderung der Begabungen und Interessen von Töchtern, der eigenen wie der angenommenen, steht nicht auf dem eher konservativen Neckermann'schen Erziehungsprogramm.

Mit der Mittleren Reife von der Schule abgegangen, werden meine Schwester Juli und ihre Stiefschwester Evi ein halbes Jahr ins Ausland geschickt, um Fremdsprachen zu lernen. Evi geht in die USA, Juli nach Paris, wo sie sich unglücklich und wohl auch unpassend verliebt. Sie wird früher als vorgesehen und ohne Französischkenntnisse von den Pflegeeltern nach Frankfurt zurückbeordert. Danach versucht sich Juli als Mannequin auf Neckermann-Modenschauen und absolviert eine Schneiderlehre wie ihre ältere Schwester Uschi, ohne jedoch die Meisterprüfung abzulegen.

Kurz darauf beschließt Juli, aufs Land zu ziehen. Dieses Intermezzo hat sich durch eine kleine Szene unauslöschlich in meinem Gedächtnis eingeprägt. Ich sehe sie vor mir in einem durchsichtigen orangefarbenen Minikleid. Sie steht in schwarzen Stöckelschuhen im Kuhstall eines heruntergewirtschafteten Bauernhofs in Heide bei Hamburg, den sie gerade gekauft hat, und ist fest entschlossen, Bäuerin zu werden. Ein Scheitern, wie auch in diesem Fall, erschüttert meine Schwester nur vorübergehend. Sie ist ohnedies immer auf dem Sprung. Schließlich macht sie eine Ausbildung zur Kindergärtnerin und arbeitet einige Jahre in diesem Beruf.

Als ihr der Kindergarten samt Kindern zu anstrengend wird, physisch und psychisch, beschließt Juli, sich einer Landkommune im Raum Hessen anzuschließen, um dort auf dem Feld und in der Küche zu arbeiten. Aufkommenden Schwierigkeiten in dieser Wohn-, Arbeits- und Lebensgemeinschaft geht meine Schwester aus dem Weg, indem sie sich kurz entschlossen zur Altenpflegerin umschulen lässt. Als sie auch dieser Beruf zu sehr belastet, beginnt sie dank eines weiteren Umschulungsprogramms des Arbeitsamtes eine Tischlerlehre. Ihre selbstgeschnitzten Produkte verkauft meine Schwester auf dem Wochenmarkt einer hessischen Kleinstadt. In den letzten Jahren ihres kurzatmigen Lebens gibt sie Yogaunterricht.

Ähnlich orientierungslos wirken die religiösen Eskapaden meiner Schwester. Sie tritt nach einer Phase tiefer Religiosität unter Protest aus der katholischen Kirche aus und wird Unitarierin, wie ihr damaliger Mann und Vater der Söhne Dirk und Holger. Danach wendet sie sich vehement Bhagwan zu, mit Leib und Seele und mit ihrem Geldbeutel, der am Ende dieser übersinnlichen Affäre leer ist. Als sie in ihren Erwartungen und auch sonst betrogen vom Hauptquartier des Gurus in Indien nach Deutschland zurückkehrt, ist meine Schwester, die ihre gesamte Garderobe orange und rot gefärbt hat, enttäuscht und desillusioniert.

Kurz vor ihrem plötzlichen Tod am 26. November 1995 nimmt Juli wieder den katholischen Glauben an, rechtzeitig genug, um mit einer kirchlichen Beisetzung im Grab der Eltern und des Bruders in Würzburg bestattet zu werden. Meine Schwester hat ihren zweiten Herzinfarkt nicht überlebt. Sie muss im Schlaf gestorben sein. Zwei Tage liegt sie tot in ihrem Bett, ehe sie gefunden wird. Zu ihren Söhnen Dirk und Holger hatte sie seit Jahren keinen Kontakt mehr. Nach Auskunft meiner ältesten Schwester Uschi hat sie versucht, ihre Söhne zu finden, die beide nach Berlin gezogen sind. Wie so oft in ihrem Leben gibt sie auf, noch bevor sie ihr Ziel erreicht hat.

Nach Julis Tod setzt meine Schwester Uschi die Suche fort und wird fündig. Bei Julis Beerdigung ist kein Mitglied der Neckermann-Familie, die ja auch einmal ihre Familie gewesen ist, anwesend. Die Pflegeeltern sind bereits tot, und die Stiefgeschwister Peter, Evi und Johannes sind nur durch einen Kranz vertreten. Am Grab meiner Schwester stehen ihre beiden Söhne Dirk und Holger, ihre beiden Schwestern Uschi und ich und ein paar Freunde ihrer letzten Jahre. Zwischen den wenigen Blumen und Kränzen liegt eine nicht zu übersehene Holztafel, auf der in Zierschrift steht: »Danke für Deine Scheißerziehung«. Holger hat sie für seine Mutter gemacht. Es kommt in seiner Sprache einer verspäteten Liebeserklärung gleich.

Erst Jahre nach ihrem Tod wird mir die Tragik, die ihr Leben von klein auf überschattet hat, in ihrer Unentrinnbarkeit bewusst. Nach dem Tod der Eltern, deren Nähe und Zuwendung Juli als Baby wie als zartes, kränkliches Mädchen schon zu deren Lebzeiten vermisst, wendet sich die Neunjährige der neuen Mutter im Überschwang kindlicher Zuneigung und Anpassungsfähigkeit zu. Sie möchte endlich ein richtiges Zuhause haben. Doch da erkrankt Juli erneut an Bronchialasthma und wird zusammen mit Evi in eine Klosterschule in den bayerischen Kurort Bad Reichenhall geschickt. Für meine Schwester kommt der erneute Ortswechsel einer Verbannung gleich.

Was sie dabei am tiefsten trifft, ist der plötzliche Verlust der neugewonnenen Mutter, in die sie alle Hoffnungen auf Nähe und Zärtlichkeit gesetzt hat. Als sie später erkennen muss, dass die ihrer Pflegemutter entgegengebrachte kindliche Liebe von Annemi nur halbherzig und nicht bedingungslos erwidert wird und ihre hochgespannten Erwartungen an die neue Familie sich nicht erfüllen, gerät ihr ohnedies labiles emotionales Gleichgewicht dauerhaft aus dem Lot. Ihr ganzes Leben lang sucht sie nach ihrer Identität, die in diesen Jahren zerbrochen ist.

Die Entwicklung meines Stiefbruders Johannes, der nach dem Abitur seinen Bachelor in den USA macht, verläuft dagegen zur Freude der Eltern in den erhofften Bahnen, auch wenn sie dem Verlobungswunsch ihres Sohnes mit Ingrun Möckel, einer ehemaligen Miss Germany, Miss Europa und ganz offiziell drittschönsten Frau der Welt, zunächst skeptisch gegenüberstehen. Niemand in der Familie hat etwas gegen die amtlich bescheinigte Schönheit der Auserwählten, wohl aber gegen den Ruf, der damit verbunden sein könnte. Dass Annemi und Necko dennoch zustimmen, ist ein gelungenes Beispiel für die rhetorische wie strategische Begabung meines Stiefbruders. Er erklärt, dass er Ingrun Möckel nicht heiraten, sich aber mit ihr vorübergehend verloben wolle, da dies in den USA, wo beide zu diesem Zeitpunkt leben, erforderlich sei, um seine Freundin nicht zu kompromittieren.

Als Johannes seine Verlobte schon bald darauf zum Traualtar führt, hat niemand mehr etwas dagegen einzuwenden. Die Hochzeit findet am 30. April 1966 im Frankfurter Dom statt. Ein Jahr, nachdem ich den Schulfreund meines Stiefbruders Johannes geheiratet habe. Es ist die letzte in einer langen Reihe von Hochzeiten, die alle im Schlosshotel Kronberg im Taunus ihren krönenden Abschluss finden.

Die Zeitschrift »Quick« hat die Exklusivrechte für die Berichterstattung erworben. Darin enthalten ist auch die Teilnahme am Polterabend und an der standesamtlichen Trauung, die in Bischofswiesen stattfinden. Unter der Überschrift »Über die Hochzeit der Schönheitskönigin Ingrun Möckel mit dem Versandhausprinzen Johannes Neckermann« wird, mit dem Hinweis, dass »Quick ganz private Fotos von der Drei-Tage-Hochzeit« zeigt, auf sieben Seiten berichtet. Wie in einem guten Fortsetzungsroman steht auf Seite 35 dieser Ausgabe der fettgedruckte Vermerk »Wie reich sind die Neckermanns? Bitte blättern Sie um!«. Der Leser, der dies tut, erfährt, dass 1965 im Frankfurter Versandhaus in dreißig Neckermann-Kaufhäusern, in 76 Verkaufs- und Auftragsannahmestellen, in zwei Lebensmittel-Supermärkten und vier Textilfabriken 1,2 Milliarden Mark umgesetzt wurden; dass 70 000 Bundesbürger im selben Jahr mit dem Neckermann-Reisedienst NUR in den Urlaub geflogen sind und 19 999 Kraftfahrer sich bei der »Neckura« versichern ließen. Dass die schöne Schwiegertochter auch im Einsatz für den Umsatz ein Gewinn ist, hat sie schon ein Jahr vor ihrer Hochzeit als Titelmodell für den Neckermann-Katalog 1965 unter Beweis gestellt.

Im schmerzlichen Wissen um die späteren Ereignisse berührt es mich noch immer, als ich Jahrzehnte später diesen Zeitungsbericht in Händen halte und die Fotos betrachte: Ingrun und Johannes am Polterabend lachend das zerschlagene Geschirr zusammenkehrend, Ingrun auf dem Standesamt, das erste Mal ihren neuen Nachnamen Neckermann schreibend, das Brautpaar beim Anschneiden der fünfstöckigen Hochzeitstorte, Ingrun im Brautkleid aus fünfzehn Metern Brüsseler Spitze, und schließlich das Paar bei seinem letzten öffentlichen Auftritt dieses Tages, dem Weg in die Hochzeitssuite des Schlosshotels.

Johannes und Ingrun Neckermann bekommen drei Kinder, Markus, Julia und Lukas. Die ersten Jahre sind Bilderbuchjahre, dann beginnt die Entfremdung. Auch Annemi, die ihre Schwiegertochter wie kaum einen anderen Menschen in ihr Herz geschlossen hat, kann ihr, die zunächst ihre Ehe zu retten versucht, schließlich aber resigniert, nicht helfen. Meine Schwägerin Ingrun beschließt, nach fast zehn Jahren wieder die berufliche Selbständigkeit zu wagen und an ihre frühere Karriere als hochdotiertes Model anzuknüpfen. Das Portfolio, mit dem sie ihre Rückkehr ankündigt, zeigt eine Frau Mitte dreißig in unterschiedlichen Posen und Outfits, im Bikini auf dem Fahrrad, im Abendmantel neben einer schwarzen Limousine, im Sportdress mit Sonnenbrille und schließlich tanzend im Dirndl. Nicht nur die im Portfolio angegebenen Körpermaße überzeugen, sie ist noch ebenso schön und strahlend wie am Tag ihrer Hochzeit.

Glücklich ist sie damals nicht mehr, sosehr sie sich in ihrer bis dahin so strahlenden Lebensfreude auch bemüht, alles zum Guten zu wenden. Darüber aber wird in der Familie nicht gesprochen. Die Fassade wird nicht nur nach außen gewahrt, sondern auch untereinander. Jeder trägt seinen eigenen Schutzschild vor sich her. Die unverbindliche Freundlichkeit innerhalb der Familie lässt keine unkontrollierten Gefühlsausbrüche zu, auch keine offenen Auseinandersetzungen. Die Geschwister können sich ohnedies nicht untereinander helfen oder raten, denn für beides ist nur Annemi zuständig. Die Gespräche finden in der Regel unter dem Siegel der Verschwiegenheit in ihrem Ankleidezimmer statt.

Umso erfrischender ist es, wenn Annemis ältere Schwester Lieselotte, Lilo genannt, die nie ein Blatt vor den Mund nimmt, zu Besuch kommt. Sie ist das schwarze, wenn auch von ihrer Mutter besonders geliebte Schaf, welches jedoch das weiße, Annemi, noch heller erstrahlen lässt. Lilo ist weniger schön, weniger elegant und weniger damenhaft als ihre Schwester, dafür intelligenter, selbständiger und spontaner. Vor allem aber ist sie unkonventionell und unangepasst und gilt in der Familie als Enfant terrible.

Lilo ist meine Lieblingstante und eine der zahlreichen Verwandten, die Necko in der Firma anstellt. Sie wird Leiterin der Neckermann-Filiale in Stuttgart, wo sie meine Schwester Juli nach erneuten privaten wie beruflichen Fehlschlägen unter ihre Fittiche nimmt. Kommt Tante Lilo zu Besuch, ertönt ihre rauchige, rostige Stimme durchs ganze Haus. Als ich noch klein bin, klingt sie für mich geheimnisvoll und verworfen. Es ist eine Ahnung, die durch die eher distanzierte Haltung Annemis ihrer Schwester gegenüber noch verstärkt wird.

Tante Lilo heiratet dreimal. Ihr erster Mann, Kurt Apitz, ist Professor an der Charité in Berlin. Im Dezember 1943 wird er bei einem Fliegeralarm schwer, aber nicht lebensgefährlich verletzt. Er stirbt zwei Jahre später zusammen mit seinem Bruder und anderen Gästen eines Berliner Lokals, in dessen Weinkeller die Gruppe flüchtet, als Fliegeralarm gegeben wird. Die Weinfässer platzen durch den bei dem Luftangriff entstandenen Druck. Alle Menschen, die im Keller Schutz suchen, ertrinken im Wein.

Der zweite Mann meiner Tante Lilo ist ein Jugendfreund, der sie über diesen Verlust hinwegtrösten will. Erst lässt sie sich trösten und danach scheiden, als sie fühlt, dass sie ihn nicht lieben kann. Eine Scheidung hat es in der Neckermann-Familie seit Generationen nicht gegeben. Es ist ein Skandal. Ihr dritter Mann, Ullrich Bräuer, stellt ebenfalls ein Novum für die Familie dar. Er ist mehr als zehn Jahre jünger als seine Frau. Auch er arbeitet in der Stuttgarter Neckermann-Filiale. Tritt das Paar gemeinsam auf, entsteht der Eindruck, als lägen mehr als zwanzig Jahre zwischen den beiden. Lilos Ehemann Ullrich geht schwimmen, spielt Tennis und hält sich fit. Er ist das Bild eines attraktiven, drahtigen Mannes in den besten Jahren.

Das Bild meiner Tante Lilo ist dagegen gekennzeichnet von Maßlosigkeit. Sie trinkt zu viel, raucht zu viel und isst zu viel. Manchmal auch zu wenig. Wenn ihre Schwester Annemi ihr ins Gewissen redet, weil sie zu dick geworden sei, nimmt Lieselotte genauso schnell wieder ab, wie sie die Pfunde zugelegt hat. Ein Umstand, der sich zwar vorteilhaft auf ihre Figur, nicht aber auf ihr Gesicht auswirkt. Die miteinander verzahnten, sich überlagernden Vertiefungen und Buchten um Augen und Mundwinkel nehmen den Charakter einer topographischen Landkarte an.

Die Ehe der beiden ist glücklich und dauert bis zu Lilos Tod. Gerade dieser erfreuliche Umstand stellt eine weitere Irritation für die Familie dar, vor allem für Annemi. Es passt nicht in ihr Lebensmuster, dem zufolge man unter Missachtung von Disziplin und Selbstverleugnung keine gute Beziehung führen kann. Für sie und somit für den Rest der Familie gilt: »Eine Frau muss für ihren Mann da sein, und sie muss schön sein.«

Meine Tante Lilo ist auch taub für die Bitte ihrer Schwester, sich von ihrer Haarfarbe, die zwischen Auberginerot, Ziegelrot und Orange changiert, zu verabschieden und ein ihrem Alter gemäßes Grau zu wählen. Auch während ihrer langen Krankheit und Leidenszeit, die sie mit großem Optimismus und der Disziplin, die Annemi bisher an ihr vermisst hat, erträgt, leuchtet ihr immer schütterer werdendes Haar in feurigem Rot. So ist meine Tante Lilo. Im Tod darf sie es nicht mehr sein. Gegen die Bedenken ihres Mannes, der sie bis zu ihrem Ende liebevoll pflegt, sich jedoch gegenüber den Wünschen seiner Schwägerin nicht durchsetzen kann, werden die Haare der Toten auf Anweisung ihrer Schwester entfärbt. Im geöffneten Sarg, an dem die Trauernden ein letztes Mal von Lilo Abschied nehmen, liegt eine alte, unbekannte Frau mit schneeweißem Haar, die älter aussieht als ihre leibliche Mutter. Meine Pflegemutter ist davon überzeugt, ihrer Schwester im Tod die Würde verliehen zu haben, die sie während ihres Lebens hat vermissen lassen.

Auch wenn Annemi glaubt, mit Haltung und Selbstdisziplin für den Umgang mit Schicksalsschlägen gewappnet zu sein, ist sie dem plötzlichen Tod ihrer Schwiegertochter Ingrun hilf- und fassungslos ausgeliefert. Ingrun Neckermann, die Lichtgestalt, der liebenswürdigste Mensch, dem ich je begegnet bin, verunglückt im Alter von sechsunddreißig Jahren bei einem Autounfall auf der Landstraße in Frankreich tödlich. Die Familie steht unter Schock. Der 25. Oktober 1977 ist ein schwarzer Tag für alle, die Ingrun gekannt haben. Es ist das einzige Mal in Jahrzehnten, dass Annemi keinen Weihnachtsbrief schreibt. Der Tod ihrer geliebten Schwiegertochter lastet zu schwer auf ihr. Es gibt keine Worte dafür.

Dazwischen 9

»Erinnerst du dich noch?«, rief ihr ältester Sohn, als sie zusammen mit seiner Frau und den beiden Kindern die geschwungene Freitreppe des »Winter Palace« in Luxor am Ufer des Nils emporstiegen und aus dem gleißenden Licht der im Zenit stehenden Sonne in das geheimnisvolle Halbdunkel der prunkvollen Eingangshalle traten. Mit den edlen Perserteppichen, den glitzernden Kronleuchtern und den goldenen Spiegeln, die das Bild der mannshohen Keramikvasen mit den kunstvollen Blumengestecken vielfach zurückgaben, erinnerte das Ambiente an den Palast des Kalifen Harun al Raschid in den Geschichten aus Tausendundeiner Nacht und ihr Sohn mit seiner mächtigen Zwei-Meter-Statur an Ali Baba.

»Erinnerst du dich?«, rief er noch einmal, und in seiner Stimme schwangen Erkennen und Überraschung mit. Beides spiegelte sich auf seinem mit über vierzig Jahren noch immer jungenhaften Gesicht wider. Erst als er seine Frage wiederholte, kam auch ihre Erinnerung zurück.

Das, was Mutter und Sohn vor fast dreißig Jahren erlebt hatten, hatte sich wie ein Alptraum, aus dem sie gerade noch rechtzeitig erwacht war, in ihr Gedächtnis eingraviert. Nur den Ort, an dem alles begonnen hatte, erkannte sie nicht gleich wieder.

Der ehemalige Palast König Faruks, im viktorianischen Stil um die Wende des vergangenen Jahrhunderts von den Briten inmitten eines tropischen Gartens errichtet und später in ein Luxushotel umgebaut, in dessen prächtiger Eingangshalle sie sich jetzt niederließen, war noch derselbe überwältigende, einladende Ort. Damals jedoch waren sie nicht willkommen.

Leicht war es nicht gewesen, den Vater, bei dem der gemeinsame Sohn aufwuchs, davon zu überzeugen, ihr den vierzehnjährigen Jungen in den Osterferien für eine Reise nach Ägypten zu überlassen, ein Traum, den Mutter und Sohn teilten, auch wenn sie sich in den zurückliegenden Jahren nicht oft hatten sehen können. Nun sollte er in Erfüllung gehen.

Die Reisegesellschaft, der sich Mutter und Sohn angeschlossen hatten, wurde, kaum in Luxor angekommen, mit einer unliebsamen Überraschung konfrontiert. Ihre Zimmer waren belegt. Mit dem Überlegenheitsgefühl europäischer Touristen beschloss die Berliner Reisegruppe zu streiken. Sie besetzte nicht nur die bequemen Brokatsofas der Lobby, sondern ließ sich in Ermangelung weiterer Sitz- und Schlafgelegenheiten auf den flauschigen Teppichen nieder. Nach zwei Nächten ohne Schlaf, die den empörten Schrei nach Gerechtigkeit allmählich versiegen ließen, während sich bleierne Müdigkeit breitmachte, landete die erschöpfte Reisegruppe auf einem der unzähligen ausrangierten Touristendampfer, die in Fünfer-Reihen hinter- und nebeneinander auf dem Nil ankerten und auf ihre Verschrottung warteten.

Ihr Sohn war der Einzige, der diese Entwicklung als ein unerwartetes Abenteuer genoss. So lange, bis er sich durch die unhygienischen Bedingungen eine schwere Darminfektion zuzog. Nach dem kläglich gescheiterten Protest schloss sich die Reisegruppe noch einmal zusammen, diesmal in Sorge um den Vierzehnjährigen, den sie als jüngsten und unternehmungslustigsten Reisebegleiter ins Herz geschlossen hatte.

Als die Gesellschaft, wie im Reiseprogramm vorgesehen, schließlich in Abu Simbel ankam, verbesserte sich zwar die Unterbringung, nicht aber der Zustand ihres Sohnes. Das Fieber stieg weiter an. Als er nachts im Delirium zu phantasieren begann, klopfte die Frau in Panik an jede Zimmertür des Hotels, ob nicht jemand Antibiotika bei sich habe. Da es in Abu Simbel kein Krankenhaus gab, ließ sie einen Arzt ins Hotel rufen, einen älteren, kleinen, quirligen Mann mit unruhigen, aber freundlichen Augen, zu dem sie Vertrauen fasste. Zu ihrem Sohn gewandt, meinte er, während er den mitgebrachten Tropf in Ermangelung des dazugehörigen Ständers an der Wandlampe über dem Bett befestigte, er werde bald wieder gesund werden, schließlich sei er groß und stark wie ein Pharao. Zwei Tage und zwei Nächte saß sie am Bett ihres Sohnes und beobachtete seinen unruhigen, von Fieberschüben unterbrochenen Schlaf. Nie zuvor in ihrem Leben hatte sie eine solche Angst empfunden.

Allmählich stabilisierte sich der Gesundheitszustand des Jungen. Doch es gab nur ein kurzes Aufatmen. Als sie endlich im Flugzeug nach Kairo saßen, der ersten Station auf dem Weg nach Hause, betraten zwei bewaffnete Soldaten die Maschine und erklärten in gebrochenem, kaum verständlichem Englisch, dass das Flugzeug nicht starten werde und niemand es verlassen dürfe. Eine Begründung gab es nicht. Auch ihre Bitte, mit ihrem kranken Kind von Bord gehen zu dürfen, wurde abgelehnt.

Sie lagerte ihren Sohn mit Hilfe anderer Passagiere auf dem Boden zwischen den Sitzreihen. Zur Angst um ihn, die sich wie Blei auf ihre Brust legte und ihr das Atmen erschwerte, der zunehmende Sauerstoffmangel tat sicher ein Übriges, kam ihre Hilflosigkeit. Nach einer langen, bangen Nacht, in der sich unter den Passagieren eine Lethargie aus Angst und Ohnmacht ausbreitete, unterbrochen nur von dem monotonen Gemurmel der Gebete in ihr unverständlichen Sprachen, startete die Maschine am nächsten Mittag gen Luxor. Wochen danach erfuhren Mutter und Sohn, dass in den frühen Morgenstunden vor ihrer Ankunft in Kairo die Mörder des ägyptischen Präsidenten Anwar as-Sadat, die fünf Al-Jihad-Attentäter, hingerichtet worden waren. Vermutlich hatte man Anschläge befürchtet und darum den Luftraum über Kairo gesperrt.

Als Mutter und Sohn Tage später im Kairoer Flughafen auf den Abflug nach Frankfurt warteten, stieg dichter schwarzer Rauch vom Tower auf und hüllte das Flughafengebäude innerhalb weniger Minuten in eine undurchdringliche Wolke. Der Tower brannte. Auf dem gesamten Flughafengelände fiel die Elektrizität aus, Soldaten hinderten die Menschen mit Maschinengewehren daran, das Flughafengebäude zu verlassen, in dem ihr Sohn mit neuerwachter Energie und alter Taschenlampe auf Erkundungstour ging, während sie selbst eine Patience nach der anderen legte, um sich zu beruhigen. Als die wartenden Maschinen schließlich ohne Tower-Überwachung, wohl aber mit der Hilfe Allahs in den diesigen Himmel über Kairo starteten, sah sie dies als eine glückliche Fügung des Schicksals an.

Drei Jahrzehnte später saßen Mutter und Sohn, diesmal zusammen mit seiner Familie, noch einmal in der Lobby des »Winter Palace«. Und in den Geschichten, die er seinen Kindern von den bestandenen Abenteuern erzählte, gab er dem »Fluch der Pharaonen« seine ganz eigene Interpretation. Doch was er damals voller Stolz als Trophäe mit nach Hause brachte, das waren keine sagenumwobenen Grabschätze, sondern die Schläuche und Kanülen der Infusionen.

Mutter und Sohn hatten es damals geschafft, und sie hatten es gemeinsam geschafft. Die Reise war ein großer Schritt auf einem jahrzehntelangen Weg der Annäherung. Einem Weg, auf dem seine beiden Kinder, ihre Enkel, schließlich die entscheidende Brücke zwischen ihnen bildeten. Auf ihr konnten sie einander behutsam begegnen.

Neunter Ort

Haus Kirchborn

Kirchborn, wohin meine Pflegeeltern 1968 ziehen, ist für beide die Erfüllung eines Lebenstraums, auch wenn es nicht die gleichen Träume sind, die sie mit dem neuen Zuhause verknüpfen. Für meinen Pflegevater ist, wie er schreibt, »das Herrlichste an unserem neuen Domizil: Stallungen, Reitbahn, Dressurviereck in Olympiamaßen und Koppeln befanden sich auf demselben Grundstück«. Annemis Lebenstraum dagegen ist wesentlich vielschichtiger.

Seit dem Tag, an dem sie Necko im Alter von dreizehn Jahren zum ersten Mal begegnet ist, teilt sie mit Liebe, Disziplin, Verantwortungsbewusstsein, Loyalität und schließlich Durchhaltevermögen den Lebensweg ihres Mannes. Annemi ist und bleibt die Frau an der Seite Neckos: des dynamischen Jungunternehmers, des Wirtschaftswunderkönigs, des Dressurweltmeisters, des Olympiasiegers und des Sporthilfe-Gründers. Oft räumt Annemi ihrem Mann im privaten und gelegentlich auch im beruflichen Umfeld Hürden aus dem Weg. Ihr eigener Parcours ist es nicht.

Haus Kirchborn ist ihr erstes ganz und gar eigenes Projekt. In der Gemeinde Dreieich-Götzenhain, rund zwanzig Kilometer von Frankfurt entfernt auf einem viele Hektar großen Gelände mit eigenem kleinen Teich gelegen, lässt Annemi es nach ihren Ideen und Wünschen vom Firmenarchitekten Helmut Flieger erbauen. Zum ersten Mal ist sie die Schöpferin ihres eigenen Universums. Das von ihr bis ins kleinste Detail geplante neue Zuhause ist wie die kostbare Fassung für einen geschliffenen Diamanten: ihr unter Verzicht eigener Träume geschaffenes Lebenswerk, das nach mehr als einem halben Jahrhundert in Kirchborn seinen krönenden Abschluss finden soll.

Wenn sich die geschwungenen schmiedeeisernen Torflügel zum Anwesen automatisch öffnen, führt ein von Bäumen eingefasster Kiesweg zur halbkreisförmigen Auffahrt des Herrenhauses. Zu Fuß verirrt sich selten ein Fremder hierher, denn das Grundstück liegt versteckt am Waldrand. Nur zur feierlichen Begrüßung der prominenten neuen Nachbarn wartet die stolze Gemeinde mit der Kapelle der Freiwilligen Feuerwehr, dem Schülerchor und dem in Götzenhain ansässigen Heimatdichter auf, der dem berühmten Neuzugang ein eigenes Gedicht widmet.

»Wir kamen wirklich ›nach Hause‹«, schreibt Necko in seinen *Erinnerungen.* In den ersten Jahren ist er auch noch davon überzeugt und genießt nicht nur die Nähe zu den Stallungen, es erfüllt ihn auch mit Stolz, Familie, Freunde und Geschäftspartner auf sein herrschaftliches Anwesen einzuladen. Im Laufe der rund zehn Jahre, die meine Pflegeeltern dort leben, lässt Neckos Begeisterung allmählich nach.

Er stürzt sich, nachdem er seine Firma 1976 nach zähem Ringen an die Karstadt AG verkaufen muss, auf die von ihm vor Jahren gegründete Stiftung Deutsche Sporthilfe, die zum Wohl der Spitzensportler große Verdienste erwirbt und ihn, seinen Gründer, zurück in die öffentliche Arena führt. Eine neue, von Annemi ersehnte Zweisamkeit wird es nicht mehr geben.

Für Neckos unternehmerisches Scheitern, das sich in der Übernahme durch Karstadt manifestiert, hat sein Sohn Peter eine Erklärung parat: »Mein Vater hätte erkennen sollen, dass seine soziale Weltanschauung und seine Unternehmerprinzipien nicht länger harmonisierten. Eine der wesentlichen Antriebskräfte für sein unternehmerisches Wirken begann zu zerbröckeln. Die Menschen in der Bundesrepublik waren zu wohlhabend geworden, sie brauchten Josef Neckermann nicht länger.« Unabhängig von der Frage, was mein Stiefbruder unter »zu wohlhabend« versteht, sind die Hintergründe der Übernahme, wie Annemi im Weihnachtsbrief von 1976 schreibt, wesentlich »vielfältiger«.

Dieser Brief macht, besser als jedes offizielle Dokument, das in diesem Zusammenhang herausgegeben wird, deutlich, wie die Familie den Untergang der Firma Neckermann erlebt. Der Weihnachtsbrief beginnt mit den Worten »Unsere Kapitulation ist unterzeichnet worden« und fährt fort: »Ich saß mit Johannes, Inki und Frau Singer hier, auf Neckos Rückkehr wartend. Er kam dann auch von einer sechzehnstündigen Verhandlung, in der es für uns um Sein oder Nichtsein ging, wie ein Schatten nach Hause. Das Unternehmen war gerettet und damit die Existenz von Zigtausenden, wir konnten aufatmen, wenn für uns selbst auch nichts geblieben ist von einem Lebenswerk, das mit so viel Idealismus geboren und geführt worden ist. Die vorangegangenen Wochen und Monate waren eine Hölle für uns.«

Annemi schreibt, dass es »im April mit Verhandlungen mit Karstadt begann, die zu keinem Vertragsabschluss führten, da der Vorstand sich nicht einigen konnte. Im Juni kommt es durch eine weitere Konzession von Necko zu einem neuen, endgültigen Vertragsabschluss, der als eine weitsichtige Tat für unser Unternehmen gepriesen wurde. Hierbei erneuerte Necko seine Zusage, nach dem Abschluss mit Karstadt und der Umwandlung in eine Aktiengesellschaft aus der aktiven Geschäftsführung auszusteigen. Nun brauchten wir nur noch die Zusage vom Kartellamt.« Und sie fährt fort: »Die Unruhe und Unsicherheit bei unseren Mitarbeitern und Kunden wuchs mit jedem Tag. Ein Teil der Banken kündigte die Kreditlinie auf, und nun begann eine schwindelnde Talfahrt, der Vergleich für die Firma Neckermann musste vorbereitet werden.« Voller Stolz schreibt Annemi: »Da läutete die Startglocke für den alten Kämpfer Necko. Die ganze Bundesrepublik mobilisierte er bei Tag und Nacht, von den Gewerkschaften bis zum Bundeskanzler. (...) Aber nun ging es nicht mehr um Tage, sondern um Stunden, und am 20. November endlich kam das ›ja‹ vom Bundeskartellamt. Wir atmeten auf, das Schlimmste schien abgewendet. Aber jetzt wollte Karstadt nicht mehr und stellte unerfüllbare Bedingungen an die Banken, die nun alle Anstrengungen machten, mit uns zu retten, was zu retten war. Montag, 29. 11., soll nun endlich der Vergleich angemeldet werden. Eine Welt brach für uns zusammen.«

Man kann davon ausgehen, dass auch die Persönlichkeitsstruktur meines Pflegevaters zu dieser Entwicklung beigetragen hat. Was für seinen legendären wirtschaftlichen Erfolg in den deutschen Nachkriegsjahren, den sogenannten Wirtschaftswunderjahren, zu denen Necko maßgeblich beigetragen hat, entscheidend gewesen ist, sein dynamischer Unternehmergeist, seine Risikobereitschaft, sein ganz auf seine Person ausgerichteter autoritärer Führungsstil, der keinen Widerspruch duldet, und seine einsamen Entscheidungen, das alles passt nicht mehr zu den sich im Laufe der Jahrzehnte verändernden Managementstrukturen der Wirtschaft. Ein Team von Experten mit verteilter und gleichberechtigter Verantwortung, das will, das kann der Einzelkämpfer nicht akzeptieren. Das ist nicht seine Welt. Mein Pflegevater kämpft einen letzten großen Kampf, um, wie es in Annemis Weihnachtsbrief steht, »zu retten, was zu retten ist«, dann gibt er sich geschlagen, aber er gibt nicht auf. Er sattelt um.

Mein Pflegevater ordnet seine vielfältigen Aktivitäten neu, verlagert seine Schwerpunkte und widmet sich intensiver denn je der Sporthilfe, auf deren jährlichem »Ball des Sports« er sich souverän und charmant, sein stereotypes Lächeln auf den geschlossenen Lippen, im Mittelpunkt der bundesdeutschen Society bewegt. Annemi begleitet ihn nur noch selten zu solchen Anlässen, sie ist krank. Doch sie genießt die sonntäglichen Frühstücke, wenn alle Stühle um den überdimensionalen runden Tisch im ebenfalls runden, weiträumigen Speisessaal, der sonst nicht so häufig zum Einsatz kommt, mit Familienmitgliedern und Freunden besetzt sind, bevor sich die Tafelrunde in die nicht am Reiten Interessierten, die das hauseigene Hallenbad bevorzugen, und die weitaus größere Zahl derjenigen teilt, die mit oder ohne Reitdress zu den Stallungen aufbrechen.

Ingrun hat zusammen mit Johannes und den Kindern viele Wochenenden in Kirchborn verbracht. Kurz nach ihrem Tod 1977 wird der Platz neben dem jungen Witwer von der Jugoslawin Lil eingenommen, die im Versandhandel der Firma Neckermann arbeitet und in nahtlosem Übergang als Kindermädchen für die Halbwaisen Markus, Julia und Lukas eingestellt wird. Als solches wird sie zunächst bei allen Familienfesten mit und ohne Kinder eingeführt. Die letzte Haushälterin der Familie Neckermann, Maria Engelberti, die als junges Mädchen mit zwei Koffern voller Kochbücher, einer Ausbildung als Hauswirtschaftlerin, aber ohne Berufserfahrung aus der Eifel nach Frankfurt kommt, um ihren Dienst bei meinen Pflegeeltern anzutreten, erinnert sich, dass das neue Kindermädchen, für das sie, in der Annahme, es gehöre zum Personal, bereits in der Küche gedeckt hat, am Esstisch im Speisesaal Platz nehmen darf. Johannes und Lil heiraten 1979 und ziehen nach Johannes' Ausscheiden aus der Firma Neckermann in die USA. Später erwirbt er für sich und seine zweite Frau, die Kinder sind inzwischen aus dem Haus, ein Anwesen am Schuyler Lake im Staat New York, das er »Lakeview« nennt.

Kirchborn ist Annemis Zuhause, vom ersten Tag an. Sie fühlt sich wohl inmitten der Natur und nah am Wald, in dem sie täglich mit ihren Hunden spazieren geht. Als ihr Pudel Sascha stirbt, schreibt meine Pflegemutter in einem Weihnachtsbrief: »Ich wollte treu sein und ehrlich um ihn trauern, aber ich muss gestehen, länger als ein Vierteljahr habe ich es nicht ausgehalten, und nun ist ein kleiner Sony da, ein silbergrauer Zwergpudel mit einem zauberhaften Gesichtchen.« Auf ein Tier, das ihr gehört und das nur sie liebt, kann und will sie nicht mehr verzichten. Pudel Sony wird in Kirchborn zu ihrem engsten Gefährten. Annemi lässt ihn von der bekannten Pferdemalerin Inge Ungewitter, die auch einige von Neckos Lieblingspferden in Öl festgehalten hat, in Pastelltönen malen. Sonys Fell glänzt silbergrau, sein Halsband ist aus Strass und sein Blick traurig.

Das Gemälde erinnert mich an ein Porträt meiner Pflegemutter, das an exponierter Stelle im Wohnsalon in Kirchborn hängt. Ich habe es nie gemocht, obwohl Annemi sehr schön darauf aussieht. Auch dieses Gemälde ist in Pastelltönen gehalten, die Nerzstola, die auf ihren Schultern liegt, ist silbergrau, fast so wie Sonys Fell, und statt des Halsbands aus Strass, das den dünnen Pudelhals ziert, trägt Annemi eine doppelreihige Perlenkette mit einem kirschgroßen, von Diamanten eingefassten Saphir. Auch ihre Augen blicken den Betrachter mit einem Anflug von Traurigkeit an, selbst wenn die Lippen ein Lächeln andeuten. Beide Gemälde lösen bei mir das Gefühl aus, zu viel Zuckerwatte gegessen zu haben, und beide stimmen mich melancholisch.

In der Welt meiner Pflegemutter wie in ihrem Herzen nehmen Tiere, die lebendigen und die mit dem Knopf im Ohr, einen wichtigen Platz ein, und beide sind in Kirchborn zu Hause. In einem Weihnachtsbrief berichtet Annemi von »einem Erpel und seinen zwei Entendamen und sieben entzückenden klitzekleinen Entenkindern«, die sich im Teich vor dem Haus niedergelassen haben. Meine Pflegemutter macht sich, wie sie berichtet, »großes Kopfzerbrechen wegen der Familienverhältnisse der Enten« und informiert den geneigten Leser auch über das Ergebnis: »Der Entenpapa entschwand mit neuer Freundin und ward nie mehr gesehen.«

Es gab Zeiten, in denen ich die rührend kindlichen Zeilen aus der Feder meiner Pflegemutter, einer erwachsenen, lebenstüchtigen Frau, die den Zenit ihres Lebens längst überschritten hat, belächelt habe. Inzwischen aber offenbaren mir diese Briefstellen einen Menschen, der nichts lieber möchte, als sich in diese heile, überschaubare Welt zu flüchten.

Auch Annemis Lieblingsbücher, die in einem kleinen Schleiflackregal in ihrem Schlafzimmer stehen, entführen sie in eine andere Welt. Ihre Begeisterung für die Autorin Anne Golon und deren Protagonistin Angélique beschäftigt mich immer wieder. Welche Momente der Identifikation mit der Heldin kann es für Annemi gegeben haben? Muss sie den ausschweifenden Lebenswandel der Romanheldin nicht rundweg verurteilen? Ich sehe meine Pflegemutter vor mir, wie sie abends vor dem Einschlafen ihre Lieblingslektüre zur Hand nimmt und in der abenteuerlichen Welt Angéliques ebenso wohlig versinkt wie in ihren seidenen Kissen.

Die Heldin ihrer Bettlektüre ist nicht nur unwiderstehlich schön, sie kann sich auch ungehindert den Liebesfreuden mit unterschiedlichen Partnern hingeben, denn, und das ist der entscheidende Ansatz für die Akzeptanz meiner Pflegemutter, Angélique liebt in Wahrheit nur einen, ihren Mann, den sie in allen Romanen und später auch Kinoverfilmungen sucht. Angélique hat aber noch einen weiteren Pluspunkt in Annemis Augen: Sie ist ihren Kindern eine liebevolle Mutter, obwohl die Unbill ihres unsteten Lebens sie immer wieder von ihnen trennt. Vielleicht hat diese Lektüre meiner Pflegemutter dabei geholfen, den Zwängen, die zunehmend auf ihrem Leben lasten, denen von außen und denen von innen, wenigstens ein paar Buchseiten lang zu entkommen.

Den vertrautesten Kontakt hat Annemi in all den Jahren zu Evi, daran ändert sich auch nichts, als ihre Tochter mit ihrer Familie nach Kanada auswandert. Evi telefoniert mit wenigen unvermeidlichen Ausnahmen ihr ganzes Leben lang täglich mit ihrer Mutter und bleibt bis zu deren Tod ihr kleines Mädchen. Die ein ganzes Leben andauernde symbiotische Beziehung zwischen Mutter und Tochter spiegelt ein Gruppenfoto wider, das auf einem Familienfest im Schlosshotel Kronberg aufgenommen wurde. Es zeigt die Familie auf der breiten Schlosstreppe, diesmal ohne die angeheirateten Ehepartner und die inzwischen dazugekommenen Enkel. Neun Menschen sind darauf abgebildet. Auf der obersten Stufe rechts und links im Bild stehen meine Schwester Juli und die Stiefschwester Sigrid Apitz. Beide lächeln, den Kopf zur Seite geneigt, in die Kamera. Sie wirken freundlich, aber unscheinbar. Darunter in der Mitte befindet sich meine Schwester Uschi im schwarzen Abendkleid mit Perlenschmuck an Ohren und Hals. Sie sieht elegant und attraktiv aus, und sie weiß es. Die rechte Bildseite neben ihr füllt, breitbeinig und selbstbewusst, mein Stiefbruder Johannes aus. Mit den damals modischen, von seinen Geheimratsecken ablenkenden Koteletten, der breiten Krawatte und der weißen Weste erinnert er mich in seiner lässigen, dandyhaften Pose an den jungen Josef. Links neben Uschi blicke ich braungebrannt und fröhlich in die Kamera. Was man auf diesem Bild nur andeutungsweise sieht: Ich trage einen rot-grün-goldenen Chiffonanzug mit kurzen Pluderhosen, mit dem ich im Kontrast zu den übrigen Frauen der Familie in ihren eleganten langen Abendroben wie ein schillernder Paradiesvogel wirke.

Die unterste Treppenstufe gehört, von Peter und Necko stolz eingerahmt, meiner Pflegemutter und ihrer Tochter Evi. Sie sind der strahlende Mittelpunkt, der alle Blicke auf sich vereint. Dicht aneinandergeschmiegt, wirken sie auch optisch wie eine Einheit. Mutter und Tochter tragen weiße, bodenlange, verspielte Abendkleider, duftig wie ein Frühlingshauch. Der Unterschied der Roben liegt nur im Detail: Das Kleid meiner Stiefschwester Evi ist mit goldenen Pailletten und einem goldenen Seidengürtel geschmückt, das ihrer Mutter mit einem lilafarbenen Seidengürtel und zartlila Blümchen. Bis auf diese Details gibt es keine Unterschiede zwischen den Frauen, nicht in der Ausstrahlung und nicht in der Größe. Selbst die Haarfarbe, ein in Goldtönen leuchtendes Blond, der kurze dauergewellte Haarschnitt, die Lippen und das Lächeln sind identisch.

Meine Stiefschwester Evi, die ebenso Zarte wie Zähe, die mit dergleichen Besessenheit wie ihr Vater, jedoch ohne seine herausragende Begabung Dressur reitet, heiratet, als sie erkennt, dass sie nicht bis ans Ende ihres Lebens mit ihrer Mutter zusammen sein kann, und bekommt zwei Kinder: Josef Johannes, Jo-Jo genannt, und Martina.

Ihr Erstgeborener, Jo-Jo, ist mit seinen schwarzen Haaren und seinen ebenso schwarzen, strahlenden Augen ein auffallend schönes Kind. Er ähnelt der ersten großen Liebe meiner Stiefschwester, einem kleinen Jungen namens Oliver Grimm, aufs Haar. Sie hat ihn in ihr Herz geschlossen, seit sie den etwa Sechsjährigen 1955 an der Seite von Heinz Rühmann in dem Film »Wenn der Vater mit dem Sohne« zum ersten Mal auf der Leinwand sieht. Später begegnet sie ihm leibhaftig, als sie über die Filmagentur die Adresse des Jungen und seiner Familie ausfindig macht. Nach einem Besuch bei Kaffee und Kuchen steht für sie fest, so soll auch ihr Sohn aussehen. Und er tut es. Jo-Jo ist ein besonders hübscher

Junge, später ein schöner junger Mann, und er hat Geschmack. Auf Familienfesten, bei denen, um die Tanzpaare zu mischen, alle Damen einen Schuh in einen Korb legen müssen, ist es der sechsjährige Jo-Jo, der für jeden Tanzpartner einen Schuh und damit dessen Tänzerin auswählt. Stilsicher greift er immer erst die schönsten Schuhe heraus, später ist es mit den Mädchen genauso.

1978 ereignet sich die erste Tragödie seines jungen Lebens. Mit siebzehn Jahren gerät Jo-Jo mit seinem Motorrad auf einer regennassen Kurve ins Schleudern. Er stürzt und wird von einem Baufahrzeug überrollt. Das eine Bein wird unterhalb des Knies amputiert. Der Schock sitzt tief. Es ist nicht nur das beklagenswerte Schicksal, das die ganze Familie bewegt, der beinamputierte Enkel wirft auch einen ersten Schatten auf das bis dahin ungetrübte Bild der makellosen und leistungsstarken Familie Neckermann. Jo-Jo fühlt es, und er will beweisen, dass er trotzdem einer von ihnen ist.

Die Großeltern erkennen die Bemühungen ihres Enkels an. Im Weihnachts-Rundbrief von 1980 schreibt meine Pflegemutter: »Jo-Jo hat eine neue Prothese, mit der er sehr gut zurechtkommt. Er läuft Ski, tanzt, spielt Tennis, fährt Auto, ein Unwissender merkt überhaupt nichts.« Auch Necko findet in seinen *Erinnerungen* anerkennende Wort für seinen Enkel: »Jo-Jo zeigte sich als echter Kämpfer. (...) Er trainierte so lange, bis man beim Gehen nicht mehr merkte, dass er unterschenkelamputiert war.«

Von den Schmerzen mit den immer neuen Prothesen, der Kraft, die es den Enkel kostet, ist in den Weihnachtsbriefen nichts zu lesen. Seine Mutter Evi erzählt mir auf der Goldenen Hochzeit der Eltern, als ihr Sohn bereits tot ist, davon. Sie ist Jo-Jos engste Vertraute, und sie kennt den Leidensweg ihres Ältesten besser als jeder andere. Sie ist ihm dankbar für die Anstrengungen, die er auf sich nimmt, um über die Amputation hinwegzutäuschen. Doch auch wenn Außenstehende den Makel nicht mehr wahrnehmen, Jo-Jo bleibt ein Gezeichneter. An die Haushälterin Maria Engelberti, die inzwischen für die sporadisch auftauchenden Enkelkinder der ruhende Pol im Hause Neckermann ist, schreibt er einige Monate nach seinem Verkehrsunfall: »Noch immer gibt es Nächte, in denen ich alles noch einmal erlebe. Vielleicht hätte ich es vermeiden können, wer weiß! Nur eines weiß ich, dass ich trotz aller rührenden Hilfe meiner Eltern allein mit meinem Schicksal fertig werden muss und dass ich das auch schaffe.«

Jo-Jo hat es nicht geschafft. Er hat keine Chance. Am 16. August 1984, dem Tag der Goldenen Hochzeit seiner Großeltern und dem 24. Hochzeitstag seiner Eltern, nimmt sich Jo-Jo das Leben. Er springt in der Nähe von Haiger, wo er wie damals sein Vater Hans Pracht zum Speditionskaufmann ausgebildet wird, von einer Autobahnbrücke.

Die Geschichte, die mit einem Streich beginnt, endet mit dem Tod. Jo-Jo will seiner ehemaligen Freundin Silke, die seit seinem zwölften Lebensjahr seine große Liebe ist, aus Enttäuschung darüber, dass sie ihn verlassen hat, einen Denkzettel verpassen. Mit Wissen gemeinsamer Freunde und der Hilfe seiner neuen Freundin, die in einem Labor arbeitet, gibt er auf einer Feier Kupfersulfat in Silkes Getränk. Als das Mädchen mehrfach erbricht und erfährt, was sie getrunken hat, bekommt sie Angst. Ihre Eltern, die sie ins Krankenhaus bringen, in dem sie drei Tage zur Beobachtung bleiben muss, verlangen von Jo-Jo, dass er den Krankenhausaufenthalt bezahlt, da die Kasse bei Fremdverschulden nicht für die Kosten aufkommt. Und sie möchten, dass er sich entschuldigt. Als Jo-Jo versucht, seine Stereoanlage zu verkaufen, um die Krankenhauskosten begleichen zu können, verbietet es ihm seine Mutter. Sie möchte auch nicht, dass er sich entschuldigt.

Wochen später meldet sich die Staatsanwaltschaft, um zu prüfen, ob es zu einer Anklage kommt. Als die Presse beginnt, sich für den Fall des Neckermann-Enkels zu interessieren, reagiert Evi ihrem Sohn gegenüber mit den Worten »Wenn es zur Anklage kommt, kann ich dir nicht mehr helfen«. Es kommt nicht zur Anklage, helfen kann sie ihrem Sohn dennoch nicht mehr. Mutter und Sohn haben beide Angst: Jo-Jo vor seinen Großeltern und seine Mutter vor ihren Eltern. Meine Stiefschwester Evi, noch immer erst Tochter und dann Mutter, wagt nicht, mit ihren Eltern offen darüber zu sprechen. Es gelingt ihr nicht, sich in dieser entscheidenden Situation von deren übermächtiger moralischer Instanz unabhängig zu machen. Sie schweigt und lässt ihren Sohn schweigen. Beide sind sie hilflos.

Das alles spielt sich wenige Tage vor der Goldenen Hochzeit meiner Pflegeeltern ab. Evi möchte das Bekenntnis über die vermeintliche Schande, die ihr Sohn über die Familie gebracht hat, hinauszögern und hofft, bis nach dem Fest warten zu können. Als Jo-Jo glaubt, an jenem 16. August 1984 könnte der gefürchtete Zeitungsartikel über den Neckermann-Enkel, der angeblich seine ehemalige Freundin vergiften wollte, erscheinen, sieht er, verstrickt in ein Netz aus Ausweglosigkeit und Abhängigkeit, nur noch den einen Ausweg. In seinem Abschiedsbrief bittet Jo-Jo um Verständnis für seine Tat, denn es sei ihm unmöglich, »seinen Großeltern nochmals unter die Augen zu treten«.

Die Familie sitzt beim Mittagessen im Haus meiner Pflegeeltern. Die leiblichen Kinder, Peter, Evi und Johannes, sind zur Feier der Goldenen Hochzeit aus den USA eingetroffen, die Haushälterin Maria serviert gerade eine Früchteplatte zum Nachtisch, als das Telefon klingelt und mein Stiefbruder Johannes den Hörer abnimmt. Am anderen Ende ist die Polizei. Es gibt keine Worte, und es gibt keinen Trost, es gibt nur Disziplin. Ein für den gleichen Abend angesetztes Essen im Gut Neuhof wird nicht abgesagt. Annemi besteht darauf, dass ihre Tochter Evi trotz des unfassbaren Verlustes mitgeht. Evi gehorcht, so wie sie es immer getan hat.

Die Haushälterin Maria Engelberti fährt Evi und deren Mann Hans zur Beerdigung. Er kommt nicht darüber hinweg, dass sich sein Sohn das Leben genommen hat. »Selbstmörder«, sagt er zu seiner Frau, und Maria betrachtet ihn nachdenklich im Rückspiegel, »wurden früher nicht katholisch beerdigt.« In der Kirche, hinten beim Eingang, steht Jo-Jos ehemalige Freundin Silke. Auch sie möchte sich von dem Toten verabschieden, wird aber von einer Freundin der Familie Neckermann aus der Kirche gewiesen. Silke ist in den Augen der Anwesenden die Schuldige.

Jahre später sieht Necko die junge Frau wieder, da sie im selben

Geschäftshaus in Frankfurt arbeitet, in dem er sein letztes Büro hat. Als er nach Hause kommt, meint Necko zu seiner Haushälterin Maria: »Sie ist eigentlich ein nettes Mädchen.«

Bei der Trauerfeier für seinen Enkel Jo-Jo ist mein Pflegevater noch anwesend, zum Grab geht er nicht mit. Er kann den Schmerz nicht mehr ertragen. Eine befreundete Ärztin bringt ihn nach Hause. Mein Pflegevater schreibt in seinen *Erinnerungen,* und aus den Zeilen ist zu spüren, dass er den Tod seines Enkels nie überwinden wird: »Ein harmloser Dummejungenstreich war ihm zum Verhängnis geworden.« Doch er weiß auch, und diese Erkenntnis hat ihn tief getroffen, dass sein Enkel ein Opfer des übermächtigen, auf Leistung und Erfolg basierenden Systems Neckermann geworden ist. In seinen *Erinnerungen* schreibt Necko über seinen Enkel: »Er litt unter der Übermacht unseres Namens, fand für sich kaum Möglichkeit, er selbst zu sein: Jo-Jo Pracht.«

Wie tief der Tod ihres Enkels meine Pflegeeltern getroffen haben muss, ist während ihrer zwei Tage später offiziell begangenen Goldenen Hochzeit nur zu erahnen und später Neckos *Erinnerungen* zu entnehmen. Wie immer gilt auch für den Tag, der die Krönung ihrer Ehe sein sollte und der von einer unfassbaren Tragödie überschattet wird, das Familienprinzip: Haltung bewahren. Annemi und Necko tun es, und sie erwarten es von allen Anwesenden. Eine Begnadigung gibt es nicht. Meine Pflegeeltern haben auch mit sich keine Gnade. In meiner Erinnerung sehe ich kein einziges Bild von diesem Tag vor mir, auf dem sich die Familienmitglieder tröstend in die Arme nehmen, auch nicht während des abendlichen Festes, das wie geplant im Schlosshotel Kronberg stattfindet. Nur die Tanzkapelle wird ausgeladen.

Die Trauer hat sie nicht vereint, die Familie und die engen Freunde, die an den Feierlichkeiten der Goldenen Hochzeit meiner Pflegeeltern in der Kirche und später im Schlosshotel teilnehmen. Ein rauschendes Fest ist es nicht mehr geworden, aber auch kein besinnliches. Das Schweigen und Verschweigen, das schwer auf allen Anwesenden lastet, aber von niemandem durchbrochen wird, beginnt am Morgen beim ökumenischen Gottesdienst in der katholischen Kirche in Götzenhain. In der sechs Seiten langen Rede des Pfarrers Gerhard Zühlsdorf kommt das Wort Tod nicht vor. Er spricht nur von der »tragischen Weise, unter der der Enkel hergegeben werden musste«. Der Enkel aber wurde nicht hergegeben, er hat sich hingegeben, einem Opferlamm gleich. Der Pfarrer nennt nicht einmal den Namen des Toten. Jo-Jo Pracht bleibt anonym. Er ist ein trauriger Held, und traurige Helden feiert man nicht. Sie werden totgeschwiegen. Ein zweifacher Tod.

Dem Dankschreiben, das Annemi und Necko später an alle Gäste schicken, legen sie das Programm der Goldenen Hochzeit und eine Liste der Namen der siebenundneunzig Anwesenden in alphabetischer Reihenfolge bei. Sie gibt einen Einblick in das damalige Umfeld meiner Pflegeeltern. Dazu gehören neben der umfangreichen Familie der treue Chauffeur Walter Bauer und Klärchen ebenso wie Graf und Gräfin Landsberg und Irmgard von Opel. Auch der russische Cellist Mstislaw Rostropowitsch, der zu Ehren von Annemi und Josef Neckermann einige Bach-Solosonaten spielt, schmückt die Gästeliste. Angekündigt im Programm ist zudem ein Dia-Vortrag meines Stiefbruders Peter, der in der Familie von Jugend an die Rolle des Familienfotografen übernommen und akribisch wahrgenommen hat. Die Dias aus mehr als fünfzig gemeinsamen Jahren meiner Pflegeeltern zeigen eine glückliche Familie. Aber auch Peter verschweigt, lässt aus, lässt nicht zu.

Kein Foto ist von dem gerade verstorbenen Jo-Jo auf der Leinwand zu sehen, auch keines von der tödlich verunglückten, von allen geliebten Schwiegertochter Ingrun, obwohl deren Kinder Markus, Julia und Lukas anwesend sind. Als ich meinen Stiefbruder Peter an diesem Abend frage, warum er seine Schwägerin aus der Familienchronik gestrichen habe, antwortet er, dass er niemanden traurig machen wolle.

Auf einem Foto, das an diesem Abend nicht gezeigt wird, sind beide abgebildet: Ingrun und Jo-Jo. Die Braut beugt sich lächelnd zu dem etwa fünfjährigen Jungen hinunter, der in der Kirche Blumen gestreut hat. In großen Büscheln hat er sie aus dem Korb geworfen und bereits nach der Hälfte der Strecke zum Altar den gesamten Inhalt des Korbes verteilt. Das Foto, das nur die Köpfe der beiden, einander zugewandt, zeigt, strahlt fast unwirkliche Lebensfreude aus. So behalte ich sie in Erinnerung.

Jo-Jo wird auf den Hügeln von Cedar Valley auf dem höchsten Punkt des kanadischen Newmarket begraben, wo meine Stiefschwester Evi Pracht mit ihrer Familie lebt. Der Friedhof ist Tag und Nacht geöffnet und ganz in der Nähe ihres Hauses, so dass Evi, wie sie schreibt, »immer mal schnell bei ihm vorbeischauen« kann.

*

Im Verhältnis zwischen Annemi und ihren eigenen Kindern hat das Thema Dankbarkeit wohl keine wesentliche Rolle gespielt. In der Beziehung zwischen den Pflegeeltern und den Pflegekindern ist es allgegenwärtig. Der unausgesprochene Vorwurf der Undankbarkeit bestimmt über Jahrzehnte das Verhalten zwischen Annemi und den drei Lang-Töchtern. Miteinander darüber geredet haben wir nie. Natürliche, selbstverständlich beanspruchte Rechte wie die zwischen Eltern und Kindern gibt es nicht und können darum auch nicht eingefordert werden. Dankbarkeit bekommt einen bitteren Beigeschmack. Die Tragik dieser Beziehung sehe ich heute in der Unfähigkeit aller Beteiligten, der Pflegeeltern wie der Pflegekinder, auch wenn die Rollen ungleich verteilt sind, sich dieses Verhaltensmuster bewusst zu machen und gemeinsam zu durchbrechen: das der Gebenden und das der Nehmenden, das der Dankbarkeit Fordernden und das der Undankbaren.

Als ich dieses über Jahrzehnte verinnerlichte und fast ebenso lang nicht in Frage gestellte Muster schließlich doch durchbreche, gerät das Beziehungsgebäude zwischen mir und den Pflegeeltern und damit auch der Familie aus den Fugen. Es fällt wie ein Haus aus Karten in sich zusammen.

Aus meinen zunächst kindlich-trotzigen, später ironisch-überheblichen Versuchen, die Bindung an meine Pflegefamilie zu lösen und damit auch den emotionalen Mangel, die Einsamkeit und die Enttäuschung dieser Jahre hinter mir zu lassen, ohne zu erkennen, wie sehr mich diese Phase meines Lebens geprägt hat, erwachsen mir im Widerstand ungeahnte Kräfte.

Der Kontakt zu meinen Pflegeeltern ist dennoch nie abgebrochen, allerdings auch nicht weiter belastbar. Während des sich viele Jahre hinziehenden Krebsleidens meiner Pflegemutter, das sie trotz ihrer unerbittlichen Disziplin und unzähligen Operationen nicht bezwingen kann, besuche ich sie mehrmals in ihrem letzten Zuhause im Nachbarort Dreieichenhain, wohin Annemi und Necko nach dem Verkauf ihres Anwesens in Kirchborn gezogen sind. Statt in einem weiträumigen herrschaftlichen Landhaus mit Vorfahrt, das genauso gut in Beverly Hills hätte stehen können, wohnen sie nun in einer von vielen Villen, die sich wie Handtücher an der Wäscheleine aufreihen. Annemi und Necko fühlen sich wohl dort. Vielleicht, weil das neue Zuhause ihren veränderten finanziellen Verhältnissen und ihren persönlichen Bedürfnissen entspricht, zu denen noch immer Zusammentreffen mit der weitverzweigten Familie gehören, aber keine großen Gesellschaften mehr.

Meine Pflegemutter ist nach einer weiteren Operation sehr geschwächt. Bei einem meiner letzten Besuche zusammen mit meinem jüngsten Sohn Lukas erscheint sie in einem hellblauen, flauschigen Morgenmantel mit sorgsam gebundener Satinschleife zum Frühstück. Es ist noch sehr früh, aber sie ist bereits so geschminkt, als wollte sie gleich ausgehen. Nur ihre Augen sind trüb und haben sich noch tiefer in ihre Höhlen zurückgezogen, die dunklen Ringe darum herum bilden einen traurigen Kontrast zum hellen Blau der Lidschatten. Kerzengerade sitzt Annemi neben Necko am Frühstückstisch.

Ich weiß, dass sie Schmerzen hat, und ihr Mann weiß es auch. Das zuvorkommende Lächeln, das mein Pflegevater während des Frühstücks aufgelegt hat, wirkt hilflos. Als Necko meinen Sohn Lukas fragt, warum er denn keinen Appetit habe, schaut dieser ihn verlegen an. Lukas fühlt sich unwohl, aber er sagt nichts. Als wir allein sind, fragt er mich: »Müssen wir noch mal hierher?«

Ich sehe, wie vorsichtig meine Pflegeeltern miteinander umgehen. Sie sind befangen und in sich gefangen. Es fällt ihnen schwer, die ein Leben lang praktizierte Haltung zu bewahren: Annemi, weil das Aufsein sie erschöpft und sie dennoch ihrem Mann das Gefühl geben möchte, dass trotz ihrer Krankheit alles noch so ist wie früher, und Necko, weil er weiß, dass nichts mehr so ist wie früher, aber so tut, als ob er es glaubt.

Nach ungefähr zwanzig angespannten gemeinsamen Minuten am Frühstückstisch steht Necko auf, küsst seine Frau auf die Stirn und sagt besorgt: »Annemi, geh wieder ins Bett und übernimm dich nicht.« Hilflos verlieren sich seine Worte im Raum. Die beiden Menschen, die mehr als ein halbes Jahrhundert miteinander gelebt und durchlebt haben, haben keine Sprache mehr, einander zu erreichen.

Es ist die Lebenstragik meiner Pflegemutter, dass sich ihr Mann, ihre Familie und ihre Umwelt an das von ihr vorgegebene Bild eines Menschen ohne Schwächen, physische wie psychische, gewöhnt haben. Als Annemi, durch ihre Krankheit gezeichnet, diese sich selbst auferlegte Rolle nicht mehr erfüllen kann, steht sie sich hilflos gegenüber und ihre Umwelt ihr, vor allem Necko. Er tut, was er bei privaten Problemen immer getan hat, er zieht sich in seine Arbeit zurück. Obwohl es inzwischen nur noch die Sporthilfe ist, gibt es noch immer genug Termine außer Haus, die er wahrnehmen kann.

Auch Annemis Kinder, die eigenen wie die angenommenen, sind hilflos und müssen erkennen, wie schwer es ist, die Beziehung zur Mutter auf einem neuen Koordinatensystem aufzubauen, bei dem gleichberechtigte Liebe und freundschaftliches Vertrauen an die Stelle von abhängiger Liebe und Bewunderung treten. Es gelingt ihnen nicht.

Die Reden, die ihre Kinder, Peter, Johannes und diesmal auch Evi, inzwischen selber Familienväter und -mütter, zu Annemis siebzigstem Geburtstag halten, legen ein eindrucksvolles Zeugnis davon ab. Sie erinnern in Tonart und Duktus an die Auftritte ihrer Kindheit: Peter, ernst, inhaltsschwer und voller Bewunderung, Johannes mit lockerer Zunge und kindlichem Tonfall, Evi verlegen wie ein kleines Schulmädchen. Sie sind im Dialog mit ihrer Mutter wieder zu kleinen Kindern geworden, die zwar nicht mehr das Christkind suchen, aber noch immer die Liebe ihrer Mutter.

Meine Stiefschwester Evi versucht es mit Reimen: »Nun werf ich alle Regeln über Bord/und melde mich als Frau zu Wort.« Es hat sie Überwindung gekostet, weil Frauen nach der Vorstellung meines Pflegevaters nicht in der Öffentlichkeit auftreten, nicht einmal im fast familiären Rahmen einer Geburtstagsfeier. Sie wird von den Anwesenden mit derselben wohlwollenden Geduld bedacht wie damals beim Vortrag von Annemis Weihnachtsgedicht vom Winter, »der sich auf leisen Sohlen einstellt«.

Der siebzigste Geburtstag meines Pflegevaters ist das einzige Mal, das Annemi die Familienregel, dass Frauen keine Reden halten, durchbricht. Wie inzwischen die meisten Neckermann-Familienfeste seit dem Umzug nach Kirchborn wird der siebzigste Geburtstag meines Pflegevaters auf Gut Neuhof bei Frankfurt gefeiert. Der 5. Juni 1982 ist ein herrlicher Frühsommertag. Mit meinem jüngsten Sohn Lukas und meinem damaligen Mann Dietmar bin ich aus Berlin angereist. Bundespräsident Dr. Karl Carstens wird aus diesem Anlass mit einem Hubschrauber eingeflogen und landet zum ungläubigen Staunen meines Sohnes auf dem Acker neben dem Gutshof. Zu Ehren meines Pflegevaters sind die großen deutschen Dressurreiter dieser Zeit gekommen, um für ihn eine Olympia-Quadrille zu reiten: Willi Schultheis, Ann Kathrin Linsenhoff, Harry Boldt, Herbert Krug, Reiner und Ruth Klimke, die Theodorescus, Uwe Sauer und Gabriela Grillo. Dass meine Halbschwester Evi in der Quadrille mitreitet, macht beide stolz, Vater und Tochter.

Annemi hält ihre Rede nicht frei, sondern liest den Text ab, an dem sie lange gearbeitet hat. Sie erinnert sich an unbeschwerte, verliebte Jungmädchentage, sie erzählt, wie Necko, als sie zurück ins Internat Schloss Wieblingen muss, vor den Augen ihrer Eltern auf den fahrenden Zug springt oder wie er nachts pfeifend und beladen mit Pralinen und Sekt vor ihrem Fenster steht. Trotz der mehr als zweihundert Gäste spricht Annemi nur zu ihrem Mann.

Sie erzählt, wie er überraschend auf einem Rosenmontagsball aufgetaucht sei und alle Konkurrenten aus dem Saal geprügelt habe. Dann geht sie über zu seinen Erfolgen im Beruf und im Sport und bekennt, dass sie an seiner Seite über »höchste Höhen und durch tiefste Tiefen« gegangen sei: »Das Leben mit dir ist nie langweilig gewesen. Du hast es mir aber oft nicht leicht gemacht, und es gab Augenblicke, da hätte ich gerne meine Koffer gepackt und wäre von dir geflohen, aber wohin mit sieben bis zehn Kindern, und was wird aus dir?«

Dass aus seinem Vater etwas Großes geworden ist, daran lässt sein Sohn Peter keinen Zweifel. Seine den Vater glorifizierende Rede entspricht in ihrem unreflektierten, fast kindlichen Überschwang nicht der eher sachlichen, nüchternen Art meines Stiefbruders. In der bedingungslosen Verehrung, die der Älteste seinem Vater entgegenbringt, finden sich Parallelen zu Neckos Bewunderung für seinen Vater Carl Josef.

Der Eigenbrötler und Außenseiter, als der sich Peter schon in jungen Jahren auf dem Familienfoto auf der Treppe in Oberursel dargestellt hat, ist mein Stiefbruder immer geblieben. Er, der als Junge mehr Zeit mit seinen Schäferhunden als mit den Geschwistern verbringt, der lieber Berge besteigt und Tennis spielt als zu reiten und später lieber hinter seinen wissenschaftlichen Büchern sitzt als auf einem Chefsessel, hat nicht die Vitalität und Genialität seines Vaters, auch nicht die Frechheit und Lebenslust seines jüngeren Bruders Johannes. In Ohio, wohin mein Stiefbruder Peter nach der Firmenübernahme durch Karstadt mit seiner Frau Jutta und den Kindern Christian und Susanne auswandert, macht er an der Columbia-Universität seinen Doktor in Volkswirtschaft. Nach einer Geschäftsreise, die ihn nach Japan und China führt, erkrankt Peter. Zu spät erkennen die Ärzte den gefährlichen asiatischen Virus. Mein Stiefbruder erleidet einen Hirnschlag und verbringt die letzten acht Jahre seines Lebens im Rollstuhl in unfreiwilliger innerer Isolation, von seiner Familie liebevoll betreut. Er stirbt 2006 im Alter von siebzig Jahren.

Und wieder ist es mein Stiefbruder Johannes, der in seiner Rolle als selbsternannter Familiensprecher die Medien informiert und im Magazin »Bunte« ein Interview zum Tod seines Bruders gibt. Neben einem kleinen Foto des Verstorbenen schmücken ein Porträt von Johannes, das ein Viertel der Seite einnimmt, und zwei weitere von seiner vor Jahrzehnten verstorbenen ersten Frau Ingrun den Bericht.

Drei Jahre zuvor, im Frühjahr 2003, sehe ich Johannes zufällig im Fernsehen in einer sonnabendlichen Ratesendung über Gestalten der Geschichte. Bei dem Fernsehauftritt trägt Johannes einen dunklen Zweireiher, eine weinrote Seidenkrawatte und rote Socken, die unter der Hose hervorblitzen, als er lässig die Beine übereinanderschlägt. Die lange Nase und die Geheimratsecken, an denen alle Männer der Neckermann'schen Linie zu erkennen sind, sind noch spitzer geworden. Seine Vorliebe für Schmuck scheint er auch in vorgerücktem Alter nicht abgelegt zu haben. Eine Krawattennadel mit Brillanten, ein Brillantring und ein Goldarmband zeugen davon.

Seine Erscheinung und sein Auftreten sind nicht unsympathisch. Er spricht leise und mit einer gekonnten Stimmmodulation, die mich an seine Rede bei der Schlüsselübergabe anlässlich der Einweihungsfeier der Firmenzentrale am Ostbahnhof erinnert. Der Interviewpartner fragt: »Was bewundern Sie an Ihrem Vater Josef Neckermann am meisten?« Seine Antwort ist glaubwürdig und klingt spontan, selbst wenn er sich auf die Fragen gut vorbereitet hat: »Seine Vielseitigkeit, seine Kreativität und dass er einen Weg gefunden hat, seine Träume zu realisieren.« Johannes, diesen Eindruck vermittelt er mir in dem Fernsehauftritt, hat auch seine Träume verwirklicht, selbst wenn sie wenig mit denen seines Vaters zu tun haben. Vielleicht hat er es ja richtig gemacht. Das System Neckermann hat ihn nicht gebrochen.

Aus dem gewitzten kleinen Jungen mit Zahnspange, Haarklammer und Lederhose, der am Heiligen Abend ein Konkurrenzunternehmen zum Kaufladen der Geschwister aufmacht, ist vielleicht kein guter Kaufmann geworden, aber ein geschickter Händler alter Kunst und alter Weine. Den Höhepunkt seiner Karriere stellt 2009 die Auktion »Sammlung Neckermann« im Auktionshaus Nagel in Stuttgart dar. Die Bezeichnung »Sammlung Neckermann« legt fälschlicherweise nahe, dass es sich bei den Exponaten um während eines langen Lebens von Josef und Annemi Neckermann zusammengetragene Objekte handelt, die für potentielle Interessenten nicht nur einen realen, sondern auch einen ideellen bis sentimentalen Wert haben. Stattdessen stammt der weitaus größte Teil der Stücke aus dem Besitz ihres Sohnes und Kunsthändlers Johannes.

Die »Bunte« reagiert auf die Auktion mit einem nicht mehr ganz so freundlichen Artikel. Die Überschrift »Alles muss raus!« erinnert weniger an eine Versteigerung als einen Schlussverkauf. Auf die Frage des Journalisten »Warum versteigern die Neckermanns ihr Tafelsilber?« meint Johannes: »Materielle Werte spielen irgendwann keine so große Rolle mehr.«

Dass der letzte noch lebende Sohn Josef Neckermanns selbst das goldene Streichholzetui mit den Initialen JN und die vierteilige lederne Schreibtischgarnitur seines Vaters, die er schon als kleiner Junge auf dessen Arbeitstisch gesehen hat, anbietet und sogar das im Auktionskatalog als Lieblingsbild seiner tödlich verunglückten ersten Frau Ingrun angekündigte Gemälde »Die tausendjährige Eiche« von Carl Friedrich Lessing unter den Hammer bringt, hat wohl mehr mit mangelnden ideellen Werten zu tun.

Mit diesem traurigen Ausverkauf, der in der Geschichte der Familie Neckermann eine unrühmliche Zäsur bildet und bei dem meine Schwester Uschi in Erinnerung an gemeinsame Kaffeekränzchen bei Annemi zwei Porzellanschälchen für Gebäck ersteigert und die treue Haushälterin Maria Engelberti im Andenken an ihre Herrschaft zwei Schildkrötensuppentässchen mit Deckel, eile ich der Zeit weit voraus. Zunächst vervollständigen besagte Schälchen und Suppentassen noch den Geschirrbestand des Neckermann'schen Haushalts.

Maria Engelberti, die meine Pflegeeltern bis zu deren Tod liebevoll betreut, hat, wie vor ihr Klärchen, das System zwischen Herrschaft und Hausmädchen, in dem Überstunden nicht mit Lohn, sondern mit guten Worten abgegolten werden, nur zu Beginn in Frage gestellt. Marias Bitte, eine Unfallversicherung für sie abzuschließen, stößt bei Annemi auf Unverständnis. Sie empfindet das Ansinnen als Vertrauensbruch: »Wie kannst du so etwas verlangen, wir sorgen doch für dich, wenn du etwas brauchst.« Dass sich die berufliche Realität im Laufe der vergangenen Jahrzehnte verändert hat, nimmt Annemi, ganz in ihrer Weltordnung von Herrschaft und Bediensteten gefangen, gar nicht wahr. Im Alter von dreißig Jahren darf Maria Engelberti, eine füllige Blondine mit Lachfalten und Lebenslust, nur bis zehn Uhr abends ausgehen. Annemis moralischer Imperativ gilt auch für das Personal. Als Maria zusammen mit ihr einen Dokumentarfilm über den »Ersten Kuss« anschaut, schaltet ihre Chefin den Fernseher unvermittelt mit den Worten ab: »Dafür bist du noch zu jung.«

Die tatkräftige Maria ist aus dem Leben meiner Pflegemutter schon bald nicht mehr wegzudenken. Sie nennt sie »mein Mädchen für alles«. Maria ist nicht ihre Angestellte, sie ist ihr Eigentum. Die so Vereinnahmte hat sich nie ernsthaft gewehrt. Ihre eigene Mutter ist nicht anders mit ihr umgegangen. Maria sagt: »Meine Mutter sitzt mit dem Hintern auf der Familie, Annemi hat sie mit den Krallen im Griff.«

Die Haushälterin Maria gehört zu den wenigen Menschen, die Annemi in ihren letzten Lebensjahren wirklich nahegekommen sind. In dieser von Krankheit gezeichneten Zeit sind es nicht die eigenen oder die angenommenen Kinder, bei denen Annemi endlich so schwach und hilflos sein kann, wie sie sich fühlt. Es ist die Haushälterin Maria, die sie mit dem Rollstuhl spazieren fährt, sie auf ihren kräftigen Armen ins Bett trägt, bei ihr wacht und ihr Mut zuspricht. Maria hat diese Nähe als Glück empfunden. Das gehört zu ihren guten Erinnerungen.

Als die Ärzte bei meiner Pflegemutter Jahre zuvor zum ersten Mal Krebs diagnostizieren, empfindet Annemi das als persönliche Niederlage, doch sie ist nicht gewillt, klein beizugeben, und schon gar nicht, die Prinzipien preiszugeben, die sie ein Leben lang aufrechterhalten hat: Selbstdisziplin und Perfektionismus. Die ihr von den Ärzten dringend geratene Chemotherapie lehnt sie ab, da ihr durch diese Behandlung die Haare ausfallen würden. Eine Perücke möchte sie nicht tragen. Die Ärzte können sie auch nicht dazu bewegen, ungeschminkt in den Operationssaal zu gehen, sie erklärt sich notgedrungen nur bereit, ihren Schmuck abzulegen. Dem Wunsch der Ärzte, vor der Operation den Nagellack zu entfernen, da Beschaffenheit und Färbung der Nägel Auskunft über bestimmte Aspekte ihres körperlichen Zustands geben, kommt Annemi lediglich insoweit entgegen, als ihre Haushälterin Maria, die ohnedies im Krankenzimmer bei ihr schläft, sie mit einem Azetonfläschchen und einem Wattebausch bis zur Tür des Operationssaals begleiten darf, um dort wenigsten, vom kleinen Finger den Nagellack zu entfernen.

In ihren letzten Lebensjahren wird meine Pflegemutter von einer tiefen Traurigkeit heimgesucht. Als ihr der Neurologe Professor Freitag ein Medikament verschreiben möchte, mit dem man, wie er meint, »die Welt rosarot sieht«, lehnt sie ab. Psychopharmaka, die ihre Empfindungen und ihre Wahrnehmung verändern könnten, kann sie nicht für sich akzeptieren, selbst um den Preis der Depression. Annemi kämpft, aber sie tut es auf ihre Weise, still und zäh, und sie bleibt sich treu. Über ihre körperlichen und seelischen Leiden spricht sie auch in dieser Zeit nicht. Sie hat es nie getan.

Stattdessen liest sie nun viel. Die Welt der Angélique, die sie einst so fasziniert hat, ist in weite Ferne gerückt. Nicht mehr Anne Golon ist jetzt ihre bevorzugte Autorin, sondern Elisabeth Kübler-Ross. Deren Bücher helfen ihr dabei, den Gedanken an den Tod, dem sie schon so nahe ist, zuzulassen. Sie liest die *Interviews mit Sterbenden, Was können wir noch tun?* und *Reif werden zum Tode*. Wann genau dieser Moment da ist, an dem meine Pflegemutter beginnt loszulassen, weiß nicht einmal die treue Maria, und doch spürt sie die Veränderung.

Noch ein letztes Mal fasst Annemi Mut zum Leben und erzielt einen Teilerfolg. Nach dreizehn Operationen und unsagbaren Schmerzen, die ein weiterer Tumor an der Wirbelsäule verursacht, stellt sich eine vorübergehende Besserung ein. Im Frühjahr 1989 besucht Annemi zum ersten und einzigen Mal gemeinsam mit ihrem Mann die Osterfestspiele in Salzburg. Es ist das letzte Konzert, das Herbert von Karajan dirigiert, mit dem meine Pflegeeltern durch gemeinsame Konzerte für die Sporthilfe befreundet sind. Annemi blüht noch einmal auf. Für sie ist Musik die größte Beglückung ihres Lebens geblieben, und diesmal erlebt sie sie an der Seite ihres Mannes. Zwei Monate später ist sie tot.

An Pfingsten, als die Familie auf dem alljährlichen Reitturnier in Wiesbaden ist, muss Annemi wieder ins Krankenhaus. Es ist der erste warme Frühlingstag des Jahres, die Sonne scheint ins Krankenzimmer, und Maria meint, als sie den Koffer ihrer Chefin auspackt: »Das ist ein gutes Zeichen. Es wird Sommer.« Meine Pflegemutter dreht sich sichtlich geschwächt zu ihr um und sagt wie zu sich selbst: »Diesmal komme ich hier nicht mehr raus.« Eine weitere Operation, die erforderlich wäre, um die anhaltenden Blutungen zu stillen, lehnt sie ab. Als die Ärzte ratlos das Krankenzimmer verlassen, wird Annemi ganz ruhig und sagt zu Maria: »Jetzt warte ich auf keinen mehr. Ich gehe.« In ihrer letzten Nacht wachen Maria und meine Schwester Uschi an ihrem Krankenbett.

Am nächsten Morgen kommen mein Pflegevater und meine Stiefschwester Evi, die aus Kanada angereist ist, noch rechtzeitig, um Abschied zu nehmen. Annemi stirbt am Pfingstdienstag, dem 16. Mai 1989, um fünf Minuten nach zwölf. Wenige Stunden vor ihrem Tod spricht sie immer wieder davon, ob es das gleißende Licht tatsächlich gibt, das beim Übergang vom Leben zum Tod am Ende des Tunnels aufleuchten soll. Ich bin sicher, meine Pflegemutter hat es gesehen.

Maria, die Vertraute ihrer Leidenszeit, geht mit Annemi auch das letzte Stück des gemeinsamen jahrzehntelangen Weges. Sie kleidet sie für ihren Gang ins Jenseits so sorgfältig, wie Annemi es selbst zu Lebzeiten immer getan hat. Im Sarg trägt meine Pflegemutter ein dunkelblaues Kleid mit weißem Kragen und passenden dunkelblauen Schuhen. Die golden schimmernden Haare umrahmen das schmale, blasse Gesicht. Ihre Lippen leuchten in dem gleichen kräftigen Rot, das sie immer benutzt hat, auch die Augenlider sind so wie immer hellblau geschminkt. Meine Pflegemutter hätte sich gefallen.

Als das Hausmädchen Klärchen, inzwischen hochbetagt, mit weißen, störrischen Haaren, aber ungebrochener Treue zu ihrer Herrschaft, Maria beim Ankleiden hilft und sieht, dass die Chefin mit Schuhen aufgebahrt ist, ist sie entsetzt. Nur nichtverheiratete Wöchnerinnen, die bei der Entbindung sterben, dürfen im Sarg Schuhe tragen. Das hat Klärchen schon als Kind gelernt. »Die unehelichen Wöchnerinnen müssen gutes Laufwerk haben«, meint sie, »weil der Weg der Sünderinnen in den Himmel voller Dornen ist.« Ihre Chefin aber ist in ihren Augen eine Heilige. Klärchen fragt Maria auch, ob sie drei Pfennige unter die Zunge der Toten gelegt habe, um den Fährmann zu bezahlen. Maria hat es nicht getan, stattdessen gibt sie der Toten unbemerkt von der Familie den kleinen Steiff-Teddy, den Annemi in den letzten Jahren ihres Lebens immer bei sich hat, in die Hand, damit sie auf ihrer letzten Reise nicht allein ist.

*

Wenige Wochen nach der Beerdigung meiner Pflegemutter kommen bei einem Abendessen im Haus in Dreieichenhain, in dem nun Necko allein von der Haushälterin Maria versorgt wird, noch einmal die silbernen Platzteller mit dem Kordelrand und den eingravierten Turniersiegen der Familie zu Ehren. Diesmal nicht, um als Untersatz für die Essteller zu dienen, sondern um die Schmuckstücke aufzunehmen, die an diesem Abend unter den Neckermann-Kindern und den dazugehörigen Schwägerinnen aufgeteilt werden. Aus diesem Anlass reist der bekannte Juwelier Schnauffer zusammen mit seiner Frau eigens aus Frankfurt an. Seit langem hat er akribisch Buch über den beachtlichen Schmuck seiner Kundin Annemi Neckermann geführt.

Weil der vor Jahren angeschaffte Tresor in Schrankformat nicht in Annemis Schlafzimmer aufgestellt werden kann, da dies aus statischen Gründen nicht möglich ist, kommt er schließlich in den Keller neben Marias Zimmer, wo er, hätte man ihn im ersten Stock aufgestellt, aufgrund seines enormen Gewichts ohnedies durch den Fußboden hindurch gelandet wäre. Juwelier Schnauffer holt, nicht ohne körperlichen Einsatz, Schubfach für Schubfach aus dem Tresor nach oben, um sie in der Mitte des Esstisches zu platzieren, an dem die Anwesenden gerade gespeist haben. Es ist ein kostbarer Nachtisch. Jedes der Kinder darf unter den Augen Neckos und des Juwelierehepaares reihum nach einem Schmuckstück greifen und es auf den silbernen Platzteller vor sich legen. Jutta flüstert ihrem Mann Peter ins Ohr, was sie gerne haben möchte, Evi, die einzige leibliche Tochter, passt auf, dass sie nicht zu kurz kommt, nur Johannes bleibt gelassen. Er ist noch nie zu kurz gekommen, und außerdem kennt er sich mit den schönen und kostbaren Dingen des Lebens am besten aus.

Abseits vom Hauptschauplatz gibt Necko seiner Haushälterin Maria für ihre aufopfernden Dienste eine dreireihige Perlenkette mit Brillantverschluss. Es ist sicherlich nicht das kostbarste, wohl aber das persönlichste Stück der Sammlung. Die Perlenkette sei, so erzählt er Maria, das erste Geschenk gewesen, das er seiner Frau gemacht habe. Er hat die Kette damals auf Raten abgezahlt. Der Brillantverschluss, ursprünglich Annemis Verlobungsring, ist erst später eingearbeitet worden. Maria trägt dieses Schmuckstück nicht oft, denn es gibt nur selten eine passende Gelegenheit, aber wenn sie es tut, dann voller Stolz.

Ich bekomme einen Ring mit Brillanten und Perlen aus dem Erbe meiner Pflegemutter. Ich habe ihn nie an ihrer zierlichen Hand gesehen. Er ist groß und unförmig. Noch am selben Tag, an dem ich den Ring in einer dunkelroten Samtschachtel per Einschreiben erhalte und ihn in den Tiefen meiner Handtasche verstaue, entschwindet er mir auch schon wieder. Handtasche und Ring werden gestohlen. Einen Tag später wird mir die Tasche von der Polizei zurückgebracht. Meine Papiere sind noch darin, nur der Ring ist weg. Das ist mein Geschenk an die Götter, denke ich, man kann nicht alles haben. Die Gemme aber, mit der mich meine Pflegemutter vor Jahrzehnten überrascht hat, eine antike Brosche aus Gold und Elfenbein, in die ein Gesicht eingraviert ist, besitze ich noch heute.

Mein Pflegevater verändert sich in seinem letzten Lebensjahrzehnt zusehends. Er wird weicher, duldsamer, beinahe zugewandt. Er ist ein geliebter, liebevoller und gelegentlich polternder Großvater für seine vielen Enkel. Da er während gemeinsamer Essen hin und wieder mit der Faust auf den Tisch schlägt, nennen sie Necko eher liebevoll als ängstlich »Opa Donnerwetter«. Während er sich früher, unzufrieden über die sportlichen Leistungen der eigenen Kinder, verbal von ihnen distanzierte, indem er Annemi erklärte: »Deine Kinder kapieren es nie«, und sich dabei aus Wut den Hut über Augen und Ohren zog, ist das bei den Enkeln anders. Auf sie lässt er nichts kommen.

Die von Karin Weingart und Harvey T. Rowe gegen Ende seines Lebens aufgezeichneten *Erinnerungen* meines Pflegevaters, die zwei Jahre vor seinem Tod erscheinen, haben den alternden, nachdenklich gewordenen Mann tief bewegt. Es wühlt ihn sichtlich auf, noch einmal so intensiv in seine Vergangenheit einzutauchen, die er, bis dahin ganz auf die Zukunft gerichtet, durch eigene Recherche und mit der Unterstützung zahlreicher Helfer zutage fördert. Auch Ansätze von Selbstzweifeln bahnen sich einen Weg. Necko telefoniert während dieser Zeit oft mit meiner Schwester Uschi, mit alten Freunden und entfernten Verwandten. Er nimmt Kontakt zu Menschen auf, die er schon fast vergessen hat, und dies nicht nur, weil er sie um Hilfestellung beim Erinnern bittet, sondern weil er bei seinen Nachforschungen plötzlich wieder an sie denkt.

Die Beschäftigung mit seiner Vergangenheit bringt für meinen Pflegevater auch zwielichtige und dunkle Momente zurück. Der Wunsch, sie nach Jahrzehnten doch noch zu erhellen, ist groß. Es ist nicht nur Ruth Gatzke, die ehemalige Sekretärin meines Vaters, mit der Necko in dieser Zeit wieder sprechen möchte. Er hat es versucht. Auf ihre Rückrufe, von Neckos lebenslanger Vertrauten Gerda Singer entgegengenommen, bekommt Ruth keine

Antwort. Gerda Singer veranlasst und überwacht auch die Entsorgung von unzähligen Akten ihres Chefs, den sie in Gegenwart anderer immer mit »Herr Neckermann« anspricht. Zwei Tage vor dessen Tod bringt der letzte Privatchauffeur meines Pflegevaters, Herr Messmer, Stapel von Akten vom Büro in das Haus im Hainerweg, um sie dort in den Container zu werfen. Die Haushälterin Maria Engelberti wundert sich beim Anblick der unzähligen Ordner mit den Namen ihr bekannter und unbekannter Personen und denkt: »Das ist ja wie bei der Stasi.«

Nach Annemis Tod schreibt mein Pflegevater ein Testament. Maria Engelberti kann sich noch an den Tag erinnern, da die Abreise ins Ferienhaus nach Rottach bevorsteht. Es dauert lange, bis er fertig ist. Necko kann nur unter großen Anstrengungen schreiben, da die Gicht die Hände fast steif hat werden lassen. Aus diesem Grund wird in den letzten Jahren seines Lebens ein Stempel mit seinem Namenszug als Unterschrift anerkannt, den nur er besitzt. Als Necko an diesem Tag endlich den Füllfederhalter zur Seite legt, nachdem er das Testament eigenhändig zu Papier gebracht hat, sagt er zu Maria: »Da steht auch was für dich drin.« Eine ähnliche Äußerung hat Necko auch gegenüber meiner älteren Schwester Uschi gemacht. Nach offiziellen Angaben gibt es kein Testament.

Als mein Pflegevater 1990 mit einem Herzinfarkt im Bürgerhospital in Frankfurt liegt, besuche ich ihn. Abgesehen davon, dass er in einem Einzelzimmer liegt, weist nichts auf den berühmten Patienten hin. Nur wenige Blumensträuße stehen auf dem Tisch vor dem Fenster. Ich bin der einzige Besuch, und er freut sich sichtlich. Mitten im Gespräch unterbricht er mich, weil ihm etwas von weit her in den Sinn gekommen ist. Er macht sich Vorwürfe, dass er mir seiner Ansicht nach beim Verkauf meines Grundstücks in Dreieichenhain nicht geholfen habe. Ich hatte das Gelände, das ich während meiner ersten Ehe gekauft habe, ebenso vergessen wie den späteren Verkauf nach meiner Scheidung.

Näher hätte es gelegen, dieses Gespräch unter vier Augen dazu zu nutzen, meinen Pflegevater endlich viele Dinge zu fragen, zu denen ich früher nicht den Mut hatte. Ich habe ihn noch immer nicht, vielleicht auch weil ich die Nähe zwischen uns nicht zerstören möchte.

Stattdessen spricht Necko von seiner Mutter und meint enttäuscht, so als wäre er noch der kleine Junge von damals: »Mutsch hat Walter mehr geliebt als mich.« Sich im Krankenbett aufsetzend, fügt er wie zur Erklärung hinzu: »Sie hat ihn im Testament bevorzugt, sie hat ihn immer bevorzugt.«

Ich erzähle meinem Pflegevater, dass meiner Großmutter immer bewusst gewesen sei, dass Walter nicht nur der jüngere Bruder, sondern auch der schwächere war und ihre Hilfe brauchte. Was ich nicht sage, aber denke, ist, warum Necko noch immer glaubt, dass sich Liebe am Geld misst. Sein Bruder Walter ist lange vor ihm an einem Herzinfarkt gestorben.

Als Necko noch einmal das Gespräch auf seine Mutter bringt, sage ich ihm, während es an die Tür klopft und eine Krankenschwester einen Strauß weißer Gladiolen hereinträgt: »Ich weiß, wie sehr sie dich geliebt hat, weil ich weiß, wie sehr sie mich geliebt hat.« Es ist eine gute Begegnung zwischen meinem Pflegevater und mir, und sie fühlt sich auch so an. Es hätte ein Neuanfang werden können, aber dafür bleibt uns keine Zeit mehr.

Das letzte Mal sehe ich meinen Pflegevater in Berlin zusammen mit meinem Mann Dietmar. Es ist kurz vor seinem Tod. Er ist in Begleitung seiner Sekretärin und Vertrauten Gerda Singer zu einer Veranstaltung der Sporthilfe nach Berlin gekommen. Wir treffen uns im »Kempinski« am Kurfürstendamm zum Abendessen. Necko hat eine kleine Wunde an der Stirn, die er mit einem Pflaster verdeckt. Er ist mit dem Kopf auf das Waschbecken gefallen, als es ihm beim Rasieren schwarz vor Augen wurde.

Dieses Treffen ist neben dem Besuch im Krankenhaus in meiner Erinnerung die persönlichste Begegnung mit meinem Pflegevater, und es ist eine Begegnung auf Augenhöhe. Ich fühle mich wohl in seiner Gegenwart, und ich fühle mich frei. Ich beobachte sogar eine Wärme und Verschmitztheit an ihm, die mich an meine Großmutter erinnern. Zum ersten Mal erzähle ich Necko von unserem Leben damals im Gartenhaus in Würzburg. Er staunt, wie vertraut meine Großmutter und ich miteinander gewesen sind, was sie mir alles erzählt hat und woran ich mich noch erinnern kann. An diesem Abend ist eine Nähe zwischen uns, die auf einer gemeinsamen Liebe beruht, der Liebe zu meiner Großmutter, seiner Mutsch.

Necko stirbt am 13. Januar 1992. Der unheilbare Krebs wird durch Zufall im Oktober 1991 während eines Aufenthalts im Rottacher Ferienhaus entdeckt, als er sich bei einem Sturz verletzt und in der Klinik untersucht wird. Die Diagnose lautet Lungenkrebs im letzten Stadium. Necko wird nicht mehr operiert. Es gibt keine Hoffnung. Sein letzter offizieller Auftritt ist eine Kuratoriumssitzung. Er ist so abgemagert, dass Wolfgang Schäuble, der neben ihm im Rollstuhl sitzt, zu ihm sagt: »Ach, Herr Neckermann, was müssen wir beide alles aushalten.« Als er Maria Engelberti davon erzählt, klingt in seiner Stimme kindlicher Stolz mit.

Anfang Dezember ruft Necko im Beisein seiner Haushälterin Maria die »Bild«-Zeitung an, um dem Chef vom Dienst mitzuteilen, dass er fünfzehn Kilo abgenommen habe. Am nächsten Tag ist diese Information der Aufmacher des Massenblattes. Necko kann es nicht lassen. Das Interesse der Öffentlichkeit bleibt ihm wichtig, auch noch in den letzten Wochen seines Lebens. Mein Pflegevater ist wie ein altes Zirkuspferd, das unter dem Applaus der Menge noch eine Abschiedsrunde drehen will.

Neckos Wunsch, auch von der Nachwelt nicht vergessen zu werden, ist so stark, dass er das Ferienhaus in Rottach seinem ältesten Sohn Peter vererbt. Ausschlaggebend ist dessen Versprechen, aus dem Ferienhaus ein »Neckermann-Museum« zu machen. Necko möchte, dass dort seine Erfolge in Beruf und Sport dokumentiert werden und auf diese Weise seine Medaillen, seine Pokale, die Gemälde seiner Pferde sowie Unterlagen und Filmaufzeichnungen zur Firmengeschichte wie zu seinen sportlichen Höhepunkten der Nachwelt erhalten bleiben. Zu dem versprochenen »Neckermann-Museum« ist es nicht gekommen. Nach Neckos Tod verkauft sein ältester Sohn Peter das Anwesen. Sein jüngerer

Sohn Johannes erledigt in der Auktion der »Sammlung Neckermann« den Rest.

Maria Engelberti ist auch in der letzten Nacht seines Lebens bei ihrem Chef. Sie schläft in Annemis Zimmer, in dem sein Krankenlager eingerichtet ist, auf einer Matratze auf dem Boden. Maria ist die Einzige, die in der Todesstunde meines Pflegevaters bei ihm ist. Im Haus im Hainerweg befinden sich auch meine Stiefschwester Evi und Gerda Singer. Um zwei Uhr morgens hört Maria, dass Necko noch etwas sagen will. Er spricht noch leiser als sonst. Sie kann die Worte nicht verstehen. Er liegt auf der Seite, die Beine angewinkelt, die eine Hand unter dem Kopf und atmet gleichmäßig. Er ist nicht mehr aufgewacht. Am 13. Januar 1992 um 2.30 Uhr steht sein Herz still.

Maria Engelberti kleidet auch meinen Pflegevater für seinen letzten öffentlichen Auftritt. Er sieht elegant aus wie immer. Auf dem Totenbett trägt Necko einen dunkelblauen Anzug aus feinem Stoff, dazu seine Lieblingskrawatte, weiß mit blauen Punkten. In seiner geschlossenen rechten Hand ist ein Markstück. Maria hat es ihm, in Erinnerung an seine lebenslange Gewohnheit, eine schlagfertige Bemerkung oder einen guten Witz mit einer Münze zu belohnen, zugesteckt. Vielleicht ist es auch für den Fährmann gedacht.

»Wenn ich alt bin, werde ich fromm«, hat Necko gesagt, als er noch jung ist. Als er alt ist, erinnert er sich wieder daran. Er findet tatsächlich zum Glauben seiner Kindheit, der Jahrzehnte ein Muster ohne Wert war, zurück. Einen unerfüllten Traum aber nimmt mein Pflegevater mit ins Grab. Er wäre gerne Papst geworden.

Danach

… bleibt Dankbarkeit, Dankbarkeit dafür, dass ich vor vielen Jahrzehnten die Flucht aus der Familie, in der ich groß geworden bin, mit angekratzter Haut, aber heilem Ich überstanden habe. Dankbarkeit gegenüber meinen Pflegeeltern, dass sie mich entkommen und später wieder Momente der Annäherung zuließen, obwohl sie so waren, wie sie waren, und mich darum nicht so sein lassen konnten, wie ich bin.

Nach einem atemlosen Liebes-, Familien-, Berufs- und Karriereleben mit all seinen Gratwanderungen, Luftsprüngen und Abstürzen weiß ich, dass es keine Alternative dazu gibt, man selbst zu sein. Das eigene Ich, das, was man formt, behauptet, beschützt, verteidigt, in Frage stellt und schließlich annimmt, ist das einzig ungeteilt Eigene, was wir haben, und darum auch das Einzige, was wir uneingeschränkt und verschwenderisch geben können.

… bleibt Liebe, die sehnsuchtsvolle Liebe zu meinen Eltern und meinem Bruder, die mein ganzes Leben begleitende, alles umfassende Liebe zu meiner Großmutter Neckermann, die tragfähige Liebe zu meiner Schwester Uschi, die bedingungslose Liebe zu meinen Söhnen Matthias und Lukas, die vertrauensvolle Liebe zu meinen, mir durch zwei Ehemänner zu- und ans Herz gewachsenen Söhnen Nikolas und Moritz, die zärtliche Liebe zu meinen Enkeln Nina, Felix und Bené, die dankbare Liebe zu deren Müttern Carmen und Elisabeth, die herzliche Liebe zu Anja, die Teil der Familie geworden ist, die liebevolle Verbundenheit zum Vater meines Sohnes Lukas, Dietmar, das freundschaftliche Gedenken an meine früh verstorbene Galeriepartnerin

Helga Retzer und die späte tiefe Liebe zu meinem Mann Hans Jürgen, mit dem ich gerne alt werden möchte, noch älter, als ich es jetzt schon bin.

Mit großem Dank an meine Agentin Frauke Jung-Lindemann.

Eva Mattes

Wir können nicht alle wie Berta sein

Erinnerungen
416 Seiten. Gebunden mit Schutzumschlag
zahlreiche s/w-Abbildungen
ISBN 978-3-550-08811-7
www.ullstein-verlag.de

Ein wildes Leben

Mit 15 steht sie in Michael Verhoevens Antikriegsfilm *o.k.* zum ersten Mal vor der Kamera. Mit 16 sorgt ihre Rolle in *Wildwechsel* für den ersten deutschen Fernsehskandal. Heute deckt sie als Konstanzer *Tatort*-Kommissarin Klara Blum spektakuläre Fälle im Dreiländereck auf.
In ihrer Autobiographie erzählt Eva Mattes von ihren Begegnungen mit Rainer Werner Fassbinder, Werner Herzog, Peter Zadek und anderen Größen aus Film und Theater. Die bewegende Lebensgeschichte einer Frau, die zwischen den Rollen zu sich selbst findet.

»Berta ist famos. Aber so können wir nun mal nicht alle sein ... Eva Mattes kann.« *Brigitte, Elke Heidenreich*

»Was für ein Leben. Was für Erinnerungen.«
Berliner Morgenpost

ullstein

Louise Jacobs

Café Heimat

Die Geschichte meiner Familie
Mit zahlreichen Abbildungen

ISBN 978-3-548-36969-3
www.ullstein-buchverlage.de

Café Heimat – das ist die Erforschung der eigenen Familie, vom Rampenlicht der legendären Kaffeerösterei Jacobs bis ins Schattenreich von Verfolgung und Emigration. Auf der Suche nach ihren eigenen Wurzeln unternimmt Louise Jacobs eine bewegende Zeitreise durch das 20. Jahrhundert.

»Ein mitreißend erzähltes Stück Zeitgeschichte«
Stern

»Ein Werk im Stile der Buddenbrooks«
Frankfurter Allgemeine Zeitung

- Franz Josef Lang ✱184…
  ⚭ Jula Lang (geb. Urbach) ✱184…
  - Jula Neckermann (geb. …) ✱1878 †1963

- *Hans Lang* *✱1862 †1918*
  ⚭ Margareta Lang (geb. Kessler) *✱1874 †1937*
  - *Greta Knab (geb. Lang)* *✱1898 †1958*
    ⚭ Emil Knab *✱1891 †1963*
    - *Dr. Helmut Knab* *✱1921 †2010*
    - *Dr. Annemie Dom (geb. Knab)* *✱1922 †2006*
    - *Margareta Knab* *✱1933 †2002*
  - *Maria Barbara „Maja" Stautner (geb. Lang)* *✱1899 †1986*
    ⚭ Dr. Hans Stautner
    - *Christa Mühldorfer (geb. Stautner)*
  - Maria Jula Babetta „Mady" Lang (geb. Neckermann) ✱1909
    ⚭ *Dr. Hans Lang* *✱1906*
    - Hans „Mockel" Lang ✱1931
    - Maria Barbara „Uschi" Homm (geb. Lang) ✱1932
      ⚭ *Joachim Homm* *✱1928*
      - Maria Barbara Homm ✱1957
      - Hans-Joachim Homm ✱1958
      - Florian Homm ✱1959
    - Jula Margareta „Juli" Lang ✱1938
      ⚭ *Uwe Grave* *✱1928*
      - Dirk Lang ✱1964
      - Holger Lang ✱1966
    - Eva Kristin „Tini" Feireiss (geb. Lang) ✱1942
      ⚭ *Dieter Hummel (1. Ehe)* *✱1942*
      - Matthias Hummel ✱1967
        ⚭ *Carmen Hummel (geb. Mandrila)* *✱1968*
        - Nina Hummel ✱2000
        - Felix Hummel ✱2003
      ⚭ *Jürgen „Louis" Riedemann (2. Ehe)* *✱1936*
      ⚭ *Dr. Dietmar Feireiss (3. Ehe)* *✱1931*
      - Lukas Feireiss ✱1977
        Elisabeth Asefa *✱1979*
        - Bené Asefa Feireiss ✱2003
      ⚭ *Hans-Jürgen Commerell (4. Ehe)* *✱1960*